南京艺术学院美术学学科

名师研究

刘海粟卷

丁涛 著

东南大学出版社
·南京·

图书在版编目(CIP)数据

刘海粟/丁涛著. —南京：东南大学出版社，2012.11

(南京艺术学院美术学学科名师研究)

ISBN 978-7-5641-3806-6

Ⅰ.①刘… Ⅱ.①丁… Ⅲ.①刘海粟(1896～1994)—人物研究 Ⅳ.①K825.72

中国版本图书馆CIP数据核字(2012)第247291号

装帧设计 谢燕淞 夏媛媛
版面设计 刘庆楚
责任编辑 刘庆楚
责任印制 张文礼

刘海粟

出版发行：东南大学出版社
社　　址：南京四牌楼2号　邮编：210096
出 版 人：江建中
网　　址：http://www.seupress.com
经　　销：全国各地新华书店
印　　刷：江苏凤凰盐城印刷有限公司
开　　本：787mm×1092mm　1/16
印　　张：31.25
字　　数：780千字
版　　次：2012年11月第1版
印　　次：2012年11月第1次印刷
书　　号：ISBN 978-7-5641-3806-6
定　　价：328.00元

本社图书若有印装质量问题，请直接与营销部联系。电话：025-83791830

总　　序

毋庸置疑，名师与高徒是检验一所大学、一个系科之历史与成就的最为有力的标尺。名师不乏高徒，而高徒则又往往成为名师。自 1912 年刘海粟创办“上海图画美术院”(后更名为上海美术专门学校)始，到 1952 年由上海美专、苏州美专、山东大学艺术系于无锡合并为华东艺专，再到 1958 年迁址南京、次年升格更名为南京艺术学院，几经沧桑变迁，南京艺术学院的美术学学科文脉已逾百年之久。我们之所以在全国同类艺术教育院校中备受瞩目和关注，其重要缘由正在于名师汇聚，文脉的薪火相传有序而得力。

在南京艺术学院美术学学科百年的历史沧桑中，无数人的人生和命运与其发展互为纠结、血脉相连，南艺为他们提供了施展才华的舞台，而他们在美术学上的成就以及人格魅力则成为南艺的百年文脉中不可或缺的重要组成部分。张大千、黄宾虹、潘天寿、潘玉良、陈之佛、谢海燕、朱屺瞻、吕凤子、丰子恺、关良、刘抗、郑午昌、倪贻德、傅雷、颜文樑、吕斯百、蒋兆和、罗赤子、汪声远、李超士、常书鸿、俞剑华、刘汝醴、温肇桐、陈大羽、李长白、苏天赐……，正是这一大批现当代美术史上显赫的身影构成了南京艺术学院这百年老校的动人华章，也印证了“所谓大学者，非谓有大楼之谓也，有大师之谓也”的著名论断。

艺术对于一个人乃至对于一个时代、一个民族的作用不容忽视，然而在我国现当代功利主义思想对艺术教育的冲击同样尤为明显。刘海粟先生早在 1936 年《艺术的革命观——给青年画家》一文中便指出：“看现在的教育组织法，专提倡工科、理科及生产科(即职业教育)，觉得文艺没有用的。诸如此类，可证明当道者并不明白艺术教育的重要性。我不反对理科，也不反对工科，更不反对职业教育。

不过这些都属于物质的。但精神的也非要注意不可。一个人生活在世界上，不仅光为了吃饭，有时他的精神生活比物质生活更重要。一方面要解决口，一方面也要解决耳朵和眼睛。耳眼完全根据于感官方面的，换言之，就是精神生活的工具。故不仅是吃饱穿暖就算了。在这里我们尽可以简单的明了艺术是什么东西了。艺术反映了一个时代的精神，体现了一个时代的思想结晶，同时表达了一个民族的文化特性。凡是一个民族的强盛和衰落，一定客观地反映在它的艺术上。我国近百年来文艺的盛衰交替，正是反映了这个客观的现实。"时过境迁，刘海粟先生的话似乎更具现实意义。不过人们对艺术的精神需求较之以往显然是大大提高了，尤其是当人们沉浸于物质盛宴的浮华表象下，我们更是感受到一些艺术大家以及艺术教育名师的重要价值。欣慰的是，我们南京艺术学院拥有着如此众多的已进入史册的画家、美术理论家、美术教育家。应该说，他们作为一种最珍贵的艺术资源不仅属于南艺，更属于我们整个中华民族。

故而，值南京艺术学院即将迎来百年华诞之际，我们决定出版这套"南京艺术学院美术学学科名师研究"系列丛书。基于历史上在南京艺术学院工作过的名家数量众多，因此我们这套丛书所选的研究对象仅限于一些长期执教我校的成果卓著、影响深远的美术名家。第一批我们率先推出他们中的十二位：刘海粟、陈之佛、谢海燕、郑午昌、颜文樑、罗赤子、俞剑华、刘汝醴、温肇桐、陈大羽、李长白、苏天赐。他们不仅碑留艺坛、籍著我院史册，而且在美术创作、美术理论和美术教育等几个主要方面对构筑我院美术学学科具有突出的奠基和引导作用。我们研究的指向和涉面在于，追溯名师的生平和事艺轨迹，揭示名师的创作和教育思想，评析他们的学术成就，诠释他们的治学风范。我们期望在研究中尽量避免只是停留在史料的钩沉、资料的编辑上，而是能向纵深推进，由表及里地作立体性的观照，让我院在美术学学科的建设过程中一直融汇着名师们的教育思想、学术精神，在时代的光照下，面貌日新！同时当我们追忆他们非凡的人生以及杰出的艺术贡献的时候，更希望在他们灿烂光辉的映照下能产生新的名师与高徒。这也正是我们编辑出版这套丛书的主旨所在！

南京艺术学院美术学院院长　张友宪

2011年10月31日于二乾书屋

目 录

第一篇 美术综观

第二篇 成绩览胜

第三篇 档案集锦

第四篇　活动年表

第一篇　美术综观

第一章　生活艺术历程

作为一代艺术大师、艺术名师，刘海粟在圈子内外都享有非凡的荣光盛誉。无论从社会学角度抑或是艺术学角度看，他的一生都带有传奇的色彩。时代造英雄、英雄造时代，他是在特定的社会氛围——“极残酷无情、干燥枯寂的社会里”冶炼出来的艺术天地间的“孙悟空”（艺术叛徒）；这位罕见的艺术奇才，从青少年时代起就立志“要发展东方固有的艺术，研究西方艺术发展的蕴奥”，他深信“艺术能够救济现在中国民众的烦苦，能够惊觉一般人的睡梦”（1912年），深信“救国之道，当提倡美育，引国人以高尚纯洁的精神，感发其天性的真美，此实为根本解决的问题”（1919年7月《美术》第二期）。为践行自己的理想，他一生不畏艰难、披荆斩棘、勇往直前。不仅倡导艺术教育，而且钟情艺术创造，并成为中国近现代美术教育史、美术发展史上不可忽视的大家巨匠。

这一切转眼已成过去。需要指出的是，这“过去”积淀出来的经验、成果、哲理，完全可以引为我们继往开来的依据和参照，视为我们得天独厚的一笔精神财富。海粟大师并无可供炫耀的大学文凭和学位，而他在艺术实践中取得的卓越成就，足以使那些学历学位耀眼而成绩平庸者汗颜！写到这里，联想到清华大学过去国学院的导师陈寅恪，也是没有博士、硕士学位和正规大学文凭的学者，而成就却誉满国内外。这对我们今天有不少学校绝对化地以学历学位取人的做法，当有借鉴和警示作用吧！因为这种做法本身，就违背了“实践是检验真理的唯一标准”。收起话锋，让我们来看看刘海粟艺术、生活所走过的道路吧！

一、童年

“常州显象聚文星”，这是乾隆年间著名诗人袁枚，对常州文人辈出的赞叹。

刘海粟寿过百秩，算是老寿星了（图为刘海粟在百岁庆典上）

上溯一百年，当甲午战争的硝烟已经消散，中国大地依然被沉重的铅云笼罩着的艰难岁月，1896 年 3 月 16 日（清光绪二十二年丙申二月初三），刘海粟在常州城青云坊一所古老的宅院内出世了。在当地，他是继 17 世纪丹青高手恽南田之后的又一颗艺坛明星。

不过，他的先祖却是安徽凤阳人，明朝洪武年间迁移江苏常州。刘氏家族代相承传，于常州已经成为颇有声望的书香门第。祖父刘镛、父亲刘家凤，均属世家子弟。祖父早已仙逝；其父字伯鸣，民族意识强烈，13 岁投笔从戎，参加太平天国农民起义，奋战六年。当他在雪夜返归故里时，刘海粟的祖母已经认不出自己的儿子，只是凭着手臂上的痣，才识别出来。此后，他的父亲终生不应科举，以经营银庄为生，临终遗嘱以明代衣冠入殓。刘家凤平生乐于急人之难，具有宽厚而侠义的心肠。

刘海粟是家凤最小的儿子，排行第九，所以小名被呼为刘九。又因出生时脐带盘在肚子上，得名刘槃。入学时还起了个学名叫季芳。后来到上海办学，才取苏轼“渺沧海之一粟”句意，自号“海粟”的。早年读书时曾有人讥笑他是“长毛”的儿子，这使他惶惑不解、大哭一场。回家后，慈爱的母亲才将那段讳莫如深的家史诉说出来。他的母

刘海粟作父亲肖像(原为油画)

亲洪淑宜是清代著名经济学家、文学家洪亮吉的后代,娴熟诗文,是海粟结缘文化的最早启蒙者。她教他一句一句诵读唐诗,教他念洪亮吉的诗文,给他讲历史故事,她要有意识地来塑造自己宠爱的儿子,让他将来成为一个正直而有教养的人。

童年时代刘海粟一度喜欢同守门人的儿子祥福一起玩耍。祥福心灵手巧,会糊漂亮的风筝。有一回海粟的堂兄看中了他制作的风筝,提出要换,他不大乐意,争了两句,被海粟的叔父刘家麟听到,认为“以奴欺主,乱了纲常”,便叫人吊打祥福。祥福叩头求饶,刘海粟和他的堂兄也请求不要再打,叔父却暴跳如雷,骂他“没有出息”。这件事在海粟幼小的心灵中引起了怀疑:同样都是人,为什么这样不平等?从此,他对这位等级观念森严的叔父,十分不满。

刘家楠木厅旁有个书坊,匾额上书写着“静远堂”三字,这是刘氏家族子弟的蒙馆,海粟6岁便到这里学习。他带着幼稚的新奇目光,开始正式接受中国传统的文化教育。同学中有长辈堂房叔叔、姑姑,有堂房的哥哥、姐姐以及表兄妹等,约有三十多人,最初读的是《三字经》、《百家姓》、《千字文》,“人之初,性本善”、“赵钱孙李,周吴郑王”、“天地玄黄,宇宙洪荒”……朗朗的儿童读书声,回荡在静远堂上空,也振奋着少年海粟的精神。接着学习的是“四书”、“五经”之类,深奥的词语,虽经塾师讲解大意,受业者仍一知半解并不明白,只是循着老师的音调诵读。海粟9岁那年,在塾中捧读《论语》时发生了这样一件事,老师摇晃着脑袋领读《论语》时唱道:“子曰‘曲肱而枕之’”;此后又唱道:“子曰‘肉割不正不食’”,一般同学哇哇跟着读过去了,并不在大脑中耽搁,而海粟却盘旋出一个问号来:“‘曲肱而枕之’,说的是随随便便,‘肉割不正不食’分明要求规规矩矩,这哪里像孔夫子一个人说的?”他便当即打断老师的咏吟大胆质疑,老师一下子被“将”住了,不禁怒火中烧,大声呵斥道:“不许问!”同时用戒尺让学生来领略老师的尊严。小海粟感到不解,感到委屈,他决心报复一下这位长袍马褂先生。几天后,他去杂货店买了一串鞭炮藏在身上,等到放学后,悄悄尾随老师走到桥口,迅速燃起鞭炮,噼噼啪啪声突然在老师脚边响了起来,老师着实吓了一跳,定神后才发现是正在奔走而去的“刘季芳”的恶作剧,他气极了,顾不上回家立即找到刘府告状。

家塾的日课除读经典外,下午主要是写字、画画。这也是海粟最感兴趣的活动。字，最初临欧阳询的《九成宫》，继而临柳公权的《玄秘塔碑》、颜真卿的《麻姑仙坛记》；画，以恽南田的白描花卉为主，得就地取材之便。因为常州原是清代著名工笔花鸟画家恽南田的故乡。此外还临《芥子园画谱》。方法是用油竹纸印着画稿描摹。他的哥哥姐姐们谨细谨微描得十分认真，唯独海粟不受约束，任性而为，画得很快、很草率。老师每每要皱起眉头批评他"乱画、乱涂、画得很差"！直到他晚年时还在作品中调侃自己题写"海粟乱涂"句。

为了避开和塾师的冲突，在海粟10岁时，家中将他转入了带有新学意味的绳正书院就读。

二、绳正书院的佼佼者

和静远堂家族蒙馆相比，绳正书院是一个崭新的天地。这里除了开设经史、歌赋等课程外，还有国文、舆地、时务、数学等新鲜内容。师生关系也比蒙馆显得自由、和谐。海粟的求知欲在绳正书院得到了更大程度的满足。他仿佛感到，在祖宗留下来的经史之外，还有另一个博大的知识世界，少年的视野豁然开阔了许多。

海粟在绳正书院以强闻博记、多才多艺而受到老师的喜欢和同学们的尊重。小小年龄竞争心理突出，无论什么功课他都要力争前茅。1905年的暑假前，学校举办了隆重而有趣的游艺会，说唱、猜谜、演讲等节目异彩纷呈。海粟被班上同学推选登台作书法表演。他既不怯生也不心慌，在一百多双眼睛注视下，用幼稚的手紧握大笔，集柳公权书《玄秘塔碑》成句，书写了"逢源会委、勇智宏辩"八个大字，笔力很有一点刚劲老沉意味，下面掌声雷动了，老师和同学们带着惊奇的眼光，称赞他是"神童"！海粟的才能最初在群体生活中脱颖而出。

作画依然是他读书之余的最大爱好。他当时的画既充满着孩提的天真，而又大胆、特别，超过了一般同学。他特别喜欢画几笔"红梅"。在他家住宅的庭院中，有棵传家的梅树，那劲健的枝干，迎着冰雪盛开的艳红花朵，常常使海粟流连忘返。在绳正书院里，砖墙上还嵌着几幅石刻梅花屏条，系晚清知名画家彭玉麟所作，老干虬枝，笔法奇峭，别有一番风韵，海粟在那里曾经怀着很大的兴味纵笔临摹，领略到一点画梅的奥秘。他在后来几十年的创作生活中，多次以红梅为表现题材，藉以抒写胸臆，根源就在这儿。

刘海粟早年与父母等家人的合影

当时在家族成员中,他的叔父刘家麟是反对他学画的,他曾经对小海粟说:“只有五房刘寿恒那样的哑巴阿叔,才去学没有用处的恽南田派花鸟,七房的跛子是为了糊口,不能登大雅之堂才去习绘事。你是个聪明孩子,应当读书做大官,荣宗耀祖。”刘海粟不以为然,大胆地顶撞了他一句:“你一辈子,不才当上个芝麻绿豆大的官儿吗?我将来还要专门学画,用不着你来管!”他的这位叔父仅做过一任知县,却终生要人喊他“老爷”,爱摆架子、爱训人,海粟从小就对他没有好印象。

海粟在绳正书院读书也好、学画也好,一直受到父母的关心和引导,特别是母亲,除了常常给他讲解诗词外,还给他讲做人的道理。母亲教导他说:“士必先器识而后文艺。器识包括人品道德、学识修养。无品而艺高者,杨素、刘豫能诗,蔡京、严嵩工书,钱牧斋诗文俱佳,注杜诗见解不凡,终为人品所累,见轻于士林,为人不齿。”

在长辈中对他思想影响很大的还有一位姑父屠寄,号敬山,是常州的著名学者、历史学家。清末康梁变法成立了京师大学堂,他曾在那里教过书。海粟由绳正书院放学回来,姑父空时都要给他讲点历史及画家故事。见到海粟临画便对他谈起恽南田甘于贫苦终身不仕的品格,指出师其画应知其人。并说:“习绘事、治史均当以人品为重。人之患在贪，立身首在不苟取，自幼即当如是。”他的姑父还讲了一个小故事，使海粟久久不能忘怀：

> 屠寄的父亲庭芝公以文墨为生，收入极少，常常用豆腐渣果腹。屠寄6岁时，有一天在田埂上玩耍，看到地上有一只木鱼，便捡起来一边敲着，一边走回家。庭芝公见到后便问明缘由，勃然发怒说：“别人丢失的东西怎么可以随便拾回来呢？现在谋生艰难，木鱼是和尚化缘诵经换取衣食之具，你拿来作玩具，不是要断绝人家的生计么？”说着将屠寄拉到田埂上站着，等候失主，一连三天，没有人来找，最后便将木鱼放回原处。

海粟由此悟出了一点道理：气节方面的磨砺即便小事也不能放过。

屠寄还曾经不厌其详地给海粟讲解司马迁的《报任少卿书》。司马迁贫贱不移，威武不屈，身受宫刑，忍辱负重，以凌越千古的豪情完成名著《史记》的可贵精神，常使海粟赞叹、敬佩不已。

他的这位姑父还是个新派思想家，他把海粟的表兄元博送到日本留学，归国后从事新学教育。他们每每谈到政事得失，总是慷慨激越，认为中国应该废君权、搞共和才有救。少年刘海粟受到影响，滋生了朦胧的反封建意识。在绳正书院写了多篇感世的策论，并装订成册，自己用毛笔题上《刘槃策论》，珍藏起来。

三、去布景画传习所受业

刘海粟14岁那年，他的慈爱的母亲病逝了。过度的悲痛和伤感使他生了一场大病。病愈之后，他想换换环境，向父亲提出到上海去学习美术，一方面是兴趣所系，另一方面免得在家中处处触景生情，陷入丧母的痛楚中。然而父亲却是另有考虑，他要海粟到银庄当学徒，谋个生计，同时留在自己身边也便于照料。父子没有想到一起去，冲突产生了。叔父刘家麟是热望于仕途经济的人，反对海粟学画比刘家凤更激烈，认为如以画为业便是败坏刘家门第的大逆不道行为。然而海粟秉性执著，拿定了主意便不肯改变。又哭又闹，加上他的姑父从中调停，父亲终于在最宠爱的小儿子面前让步了。

事有凑巧，《时报》在醒目位置登载着“上海布景画传习所”的招生广告；另外，原来在绳正书院教授地理、历史的谭廉老师已经调到上海商务印书馆做编辑，谭老师对海粟一直关心和器重，广告刊载时适逢谭老师逗留常州，他热情地给刘家凤表示愿意携带海粟去上海。年少的海粟决定离开故乡外出闯一闯的心愿就要实现了，兴奋得夜不成寐。自从母亲去世后，保姆吴妈对他的体贴、照料更是无微不至，她一直陪着他守睡灵堂。在海粟临行前的晚上，她含着泪仔细帮他收拾行装，并且再三叮咛说：“细少爷，出门一切都得自己当心啊！”

上海布景画传习所创办人周湘

火车的汽笛冲破晨雾长鸣，海粟由谭廉老师照应着乘沪宁线的早车到达了上海。人声的喧腾，市井的繁华，使初出茅庐的海粟又惊、又喜、又茫然。真是天外有天，这样的世面他还是第一次见到。东西南北一下子辨认不清，伴着目不暇接的大城市风光，他紧跟着谭老师穿街过巷。他们先将行李存放在科学仪器馆，以后径往八仙桥走去。位于那儿的布景画传习所无异于闹市中的桃源，流水垂杨，风光绮丽，散发着城郊的清新气息。

传习所的小洋房内，容纳着四十几位同学，最小的是刘海粟和陈抱一，才十几岁，也有三四十岁的。周湘老师既是主办者也是唯一的授课者。他生于 1871 年，没有受过正规美术教育，早年，支持康有为变法的大臣翁同龢对他比较赏识。戊戌政变之后，他因有“康党”嫌疑亡命日本，遇到一位同学，其父任驻英、法外交官，请他当秘书，他才有机会到欧、美与外国画家交游。1907 年到传习所任教，有《周湘山水画谱》及《山水树石谱》四册传世。1933 年病故于上海。

教室内同学们摆开三脚架，由老师领着一道作画。两位小同学刘海粟和陈抱一坐在前面，稍后于老师而分列两侧。最初使用水彩色，老师画一次，同学们便挥毫照临一次，亦步亦趋地依样画葫芦。布景画习作的第一幅作品便是画宽阔的马路以及鳞次栉比的树木、房屋透视。小海粟竟然画得很有深度，树上还洒着点点阳光，周湘老师夸奖了他，同学们带着惊羡的眼光纷纷围上来观看。特别是年长的乌始光、杨柳桥同学，将一双手做成镜筒式样对着他的画欣赏，啧啧称赞，要将他的画借去临摹。后来，干脆将他的一幅幅画要去，张挂起来，海粟感到十分快慰，他第一次领略到西洋画不同于中国画的意趣，虽然当时的表现能力还是极其幼稚的。同学中乌始光已四十岁出头，算是老大哥，他与海粟很要好，将海粟当小弟弟一样爱护。两人还经常在一起讨论时事，切磋艺术，一起外出画画。有一次乌始光约刘海粟外出游玩，中午在乍浦路宝亭饭馆吃西餐，价廉味美，给海粟印象很深，加上那儿的环境还充满着诗情画意，后来刘海粟兴办学校就选择了这块宝地。那次用过午餐后，他们信步走到附近的别发和普鲁华两家洋行，意外地第一次看到了许多印刷精美的欧洲名画册。刘海粟当即购买了西班牙戈雅、委拉斯贵支等巨匠的杰出印刷品，拿回宿舍后，立即又去油漆店买来色粉与亚麻仁油调和，首先临摹了一幅委拉斯贵支的女裸背面像，又临了戈雅的斗牛图。看着画册，抚摩着自己临摹的作品，他的身心被喜悦和振奋感充盈着，这都是以前见所未见、闻所未闻的西画大作啊！此后，课余时间他便经常光顾外滩洋人开张的书店，或看或买。当他半年后结束传习所的学习生活返回常州时，携带了不少书籍，其中就有印得很精致的格列柯、委拉斯贵支、伦勃朗和戈雅的作品选集。

四、不幸的婚姻

也许由于布景画传习所单调、刻板的学习方法，使海粟决定辍业返回故里。但是学习绘画的劲头并未稍减，他要按自己的意愿来畅游绘画的海洋，一批精美的外国画册，成了他的良师益友，他如饥似渴地临摹欣赏。同时，他还攻读了文明书局出版的《贞德传》、《拿破仑传》、《罗兰夫人》，以及卢梭的《民约论》等新书，书中洋溢着的民主主义思想，在他的心灵深处激起了波澜。时当祖国动荡、变革的岁月，一批有识之士纷纷向西方寻求真理，力图振兴中华，美术上当然难以例外。姑父屠寄对他说："中国的君主专制已经过时，应该搞共和"，"你喜欢艺术，我来替你办个图画、音乐研究所吧"。真是有志不在年高，15 岁的海粟，居然与几位亲属一道在家乡常州办起一个图画专修馆。地点仍在几净窗明的"静远堂"内，来学习的人主要是族中兄妹。办学不算正规，除了学习恽氏花鸟外，再临习西洋画册上的作品，热热闹闹，持续约一年多时间。

历经人世沧桑的刘家凤，对于小儿子锐意学画的行动并不满意，但也无可奈何。为了将海粟稳定在身边并谋求一个安适的职业，他决定尽快给海粟完婚。

辛亥革命那一年，海粟 16 岁。之前，他与表妹杨韫玉在私塾读书时就结下了青梅竹马的情谊。杨韫玉资质聪颖，爱好书画，富有才气，海粟的父亲也很喜欢她。海粟与表妹渐渐长大起来，拘于封建礼教，他们开始"授受不亲"了，这样就更增加了双方的思念、爱慕之情。当海粟的姐姐慕慈悄悄询问弟弟的婚姻理想时，海粟曾激动地表示，"非表妹莫属"，并要求姐姐帮忙。后来她果然对父亲提起海粟与韫玉的婚事，老人最初也欣然同意。现在这件事到了父亲想解决的日程了，慎重地请来命相家合婚，却被认为"八字相克"，加上叔父又从中作梗，理想的婚事顿成泡影。海粟很懊伤，埋怨姐姐出力不够，但姐姐实在一筹莫展。

更加事与愿违的是，经过媒妁之言，他的父亲决定让海粟与丹阳大户、在清代任过宁波知府的林家小姐婚配。

迫于父命，年轻的海粟和林小姐在隆重的仪式中拜了天地。家中喜气洋洋，而新郎海粟却眉宇紧锁、心事重重。他不愿和一位素昧平生的女性结合。洞房花烛夜他独坐桌前，默默地看烛影摇曳；他不明白，为什么终身大事要由算命先生来决定？表妹的倩影出现了，他捂着脸微微地叹息着。夜已深，新娘林佳并没有睡着，她猜测新郎是否嫌陪嫁的东西少了？便起床走过来，将贴身荷包钥匙放到桌上，轻轻地对海粟说："你开橱看一看。"海粟摇摇头说："你误会了，东西我不用看。"就这样坐着熬到凌晨，一夜没有合眼。天刚启明，他赶到父亲房间，泪流满面，刘家凤一看情况不妙，追问海粟："为什么？"海粟顶着父亲说："没什么！"好心的姐姐也来劝说海粟，"新娘蛮好，何必这样古怪？"海粟不答，只是痛哭着要求取消这门亲事。"新婚蜜月"对于海粟无异于吞噬苦果，他几乎是被禁闭在家里一个月。回门时间到了，他被迫和新娘一起去到丹阳林家。

林家是个大户，在丹阳有显赫的门庭。家中有许多藏书，但是却积满了灰尘。海粟的两位舅兄，都是抽鸦片烟的能手，他们要请海粟尝尝鸦片的味道，这更增加了海粟的厌恶情绪，因此在林家的几天耽待，使他如坐针毡。当他的父亲也赶到丹阳的时候，海粟急切地去看望老人，坚决要求离婚。刘家凤爱子心切，心也有所动了。海粟不愿再返林家，便一人匆匆逃到了上海，准备到日本留学去，当时，他的长兄刘际昌正在日本读书，他想一定可以对他照顾。

海粟在上海的太姑母不愿他远离故土，打电报找来了海粟的父亲。刘家凤说什么也不能让小儿子浪迹海外。经过亲朋们的再次调停，父亲妥协了，退了亲事；海粟也作了让步，不出国而留在上海。

逗留上海期间，受到当时改革浪潮的冲击，他萌生了兴办美术教育的念头。便找到在布景画传习所的老同学

1912 年创办上海图画美术院之刘海粟

乌始光商议，两人志同道合，经过反复切磋，打算在上海创办美术学校的主意确定了，还拟了一个初步计划，物色了师资人选。当时主要的困难是创办的经费来源，怎么办？刘海粟的父亲和长兄际昌，在海粟创业的关键时刻，给予了极大的支持：他们一起解囊相助，集资三千元！

五、创业迈出了第一步

经过一番筹划，就在推翻清代 267 年的封建专制王朝，建立中华民国的 1912 年 11 月 23 日，刘海粟同乌始光、张聿光等几位画友一道，以开拓艺术教育为己任，在上海乍浦路七号一栋西式楼房，挂上了一块“上海美术院”的招牌。七十年前，在黑暗、愚昧、贫穷的中国，以市场经济崭露头角的上海滩，一座小小的美术学校并不显眼，然而，它毕竟为中国美术教育史谱写了新的一页。

创业者刘海粟当时只有 17 岁。修长的身材，方圆的脸，目光炯炯有神，他已脱却了一般少年的稚嫩，而显得英俊持重。一开始他在美术院便宣布了三条办学宗旨：

> “第一，我们要发展东方固有的艺术，研究西方艺术的蕴奥；
>
> 第二，我们要在极惨酷无情干燥枯寂的社会里，尽宣传艺术的责任，因为我们相信艺术能够惊觉一般人的睡梦；
>
> 第三，我们原没有什么学问，我们却自信有研究和宣传的诚心。”

这三条宣言揭载于报纸之后，引起社会上一些遗老遗少的嘲笑。有人公然提出：“美术是不登大雅之堂的东西，要办专门学校去学，未免多此一举”，还有人说：“图画也有学堂了，岂不可笑”，“艺术与生计无关，不值得研究”，云云，不一而足。

刘海粟并没有屈服于世俗偏见，而是充满着信心和热情。虽然开创之初只有 12 名学生，但那股求艺的虔诚和执著精神，却燃起了美的火花。当年位于苏州河畔的乍浦路，清静幽美，刘海粟经常伫立在乍浦路桥上凭栏眺望，黄浦江的晨曦、苏州河的夕照，灯火明灭，渔船点点，他的身心消溶于这浓郁的自然美景之中。描写风景不应该走出画室吗？他看到凡是名作都是来自大自然的事实，因此对于那些“仿大痴”、“仿仲圭”的作品，深表遗憾！他认为“纸抄纸”

上个世纪 20 年代上海美专校门景象

是没有出息的。他要和学生一起，拥抱大自然，漫步河畔、桥头，现场作画，用画笔去揭示生活的美，表达自己的激情。

办学经验，对于刘海粟近乎一张白纸。半年布景画传习所的生活，是他一生中仅有的一次美术专业训练。为了充实自己，他报名参加了日本东京美术函授学校的学习，从“ABC”入手，名目有透视学、色彩学、木炭画技法等项。然而学习的“拦路虎”是不识日文。怎么办？花力气自学。他特地请了一位也在上海工作的亲戚陆露沙医师做指导。陆医师曾东渡留洋，深通日文。他对于刘海粟的创业精神十分赞赏，愿意鼎力相助。当了校长的刘海粟，白天的时间被公务、教学占去了，只有晚上的时光可以付出。他不厌其烦地背记单词、弄懂语法，躺到床上后依然不休，像念经一般常常仰望帐顶轻声诵读，直到深夜。从生疏到熟悉，他的日文水平迅速提高起来，刻苦终于赐给他读通外文函授讲义的乐趣，并使他因此初步悟到了一些西洋画教学的基本方法。为了学以致用，他首先拜托在虹口公园近处开设书店的日本友人内山完造先生，从日本买回来一批

上海美专著名教授——傅雷

石膏模型头像、半身像等，试用于课堂教学。内山完造先生还热情地代他购买了很多日本出版的美术书籍，这使他有条件进一步接触到凡·高、高更、塞尚、马蒂斯的艺术，耳目为之一新。

上海美术院正式招生授课，始于1913年2月。初设绘画科，又分正科、选科两班，科目偏重实技训练，带有传习所性质。刘海粟执教色彩学等课。当时的青年学子，诚如刘海粟在《上海美专最初十年的回顾》一文中所说，“大家拿着十分好的精神、十分足的气力、十分浓厚的兴味，去寻思、去逼拶，真有不容片刻偷闲之慨”！

但是，办学中的经济困难依然存在。他的父亲每月50元“津贴”显然不足。他的大哥后来是云南盐务稽核所总办，一向洁身自好，每天盐税收入几十万两银子。这笔巨款只需存入银行一天，利息就是几百元。但他大哥不愿这样做，只是在自己的工资之内抽出钱来支持学校费用。刘海粟的伯兄赠送他一部宋拓柳公权《玄秘塔》，纸墨绝佳，清劲沉厚，古气森然。他爱若拱璧，经常临写。但学校在1913年4月，房租及教员工资到了无法开支的程度，出于无奈和急需，刘海粟只好请乌始光将此帖送通运公司抵押了400元，以解决学校燃眉之急。

上海美专著名教授
——黄宾虹

六、“英雄之字典，无难字可知”

受命于时代，初创的上海美术院日见兴旺起来。宛如羽翅逐渐丰厚的雏鸟，开始在新的天地中试飞一样，年轻的刘海粟，怀着对艺术教育的虔诚，迎着困难，努力拓进！

学校人数逐渐增多，校舍已难以容纳。1913年2月，首先由乍浦路迁至爱而近路（今海宁路），扩充了教室；12月又迁校舍于北四川路横浜桥畔。1914年夏复迁校舍于海宁路。四迁西门方斜路白云观东的宝隆里，五迁同路南洋女子师范旧址。1922年终于在旧法租界的菜市路落成新建校舍。

上海美专著名教授
——潘玉良

系科设置也在适应着学校的发展不断调整、增加，至1920年1月，已扩充设有中国画科、西洋画科、工艺图案科、雕塑科、高等师范科、初级师范科。在刘海粟的招聘下，名流学者纷纷涌至上海美术院执教，如张大千、黄宾虹、潘天寿、丁悚、汪亚尘、关良、俞寄凡、李超士、吕凤子、吕澂、许醉侯等人，可称一时之盛。校名也从最初的上海美术院，于1915年更名为上海图画美术院，1920年更名为上海美术学校，1921 年最后定名为上海美术专门学校，留下了前进的足迹。

在办学历程中，刘海粟富于创举，用他自己当时的话说叫做：“刻刻追到前面去”。例如，首次将旅行写生正式纳入课程内容。1918 年 4 月，他亲自带西洋画科的 15 名学生，奔赴杭州西湖，白天外出对景作画，或踏步或泛舟，置身于三潭印月、雷峰塔、高庄、西泠桥、苏小小墓等处，晚上则聚于佑圣观巷 68 号舍馆，围着灯火评议切磋作品。由于野外写生为国内鲜见，引来不少报刊争相报导，记录了当时写生时“聚而观者、途为之塞”的动人景象。在杭州市省教育会内举办了“上海美专首次旅行写生成绩展览”，二百多幅作品使观众赞誉不绝。

上海美专著名教授——倪贻德

再如，刘海粟倡导并在上海首次实行男女同校。时在 1919 年春天，缘起于神州女学图画专修科毕业生多人，联名致函刘海粟要求到上海美专插班深造，开始遭到有关部门的反对，刘海粟辩解说：“世无男女马路之分，为什么一定要分男女学校?”他毅然冲破世俗陋见，成功此举。出身青楼而最终驰誉世界的女雕塑师、名画家潘玉良，就是我国艺术教育史上第一批男女同班的学生之一。刘海粟每谈及此，总是感慨系之，他说：“发现人才、培养人才，也得斗争！我们需要追求美的勇士，才能让艺坛大放光彩。”

上海美专著名教授——俞剑华

在艺术教育中，他不只是重视实技训练，还注意到理论建设。刘海粟在上海美专中设置了中外美术史、美学、艺术思潮、艺术教育学等课程，并自执“艺术思潮”教鞭。1918 年 11 月，他又创办了第一期《美术》杂志，为国内之首。刊物中阐明美术要义，介绍西欧艺术，宣传提倡美育。年底，鲁迅以庚言为名，在《每周评论》上撰文热情赞扬，文中说：“民国初年以来，时髦人物的嘴里，往往说出美术两个字，但只是说的多，实做的却少。直到现在，连小说杂志上的插画家还极难得，何况说是能创作的大手笔。所以翻印点旧画，有如败家子弟，偶然有几张破烂旧契的人，都算了美术界人物了。这一年两期的美术杂志第一期，便当这寂寞糊涂时光，在上海图画美术学校中产出，……就大体着眼，总是有益的事居多，其余记述，也可以看出主持者如何热心经营，以及劳苦的痕迹。”鲁迅最后又说：“这么大的中国，这么多的人民，又在这个时候，却只看见一点美术的萌芽，真可谓寂寞之至了。但开美花的，不必定是块根，我希望从此能够引出许多创造的天才，结得极好的果实。”

上海美专著名教授——张弦

在第一期《美术》杂志上，刘海粟撰写了掷地有声的发

上海美专著名教授——刘抗

刊词，他说：“昔拿破仑有言，英雄之字典，无难字可知，世界事业无不由难而易，本杂志之刊，即从难字入手。明知萌芽时代，选材不易精当，草创伊始，编制不能完备。遽欲贡献于社会，未有不为大难所哂者。然不佞以沧海之粟，效测海之蠡。素挟一不畏难之思想。”他寄希望于《美术》杂志，求其能“发辉国光，增进世界种种文明事业与欧西各国竞进颉颃。俾美术前途隆隆炎炎兮，如旭日之光；蓬蓬勃勃兮，如阳春之景”。

在这段时期，他写出了大量美术专题论文，如《绘画上必要之点》、《西洋风景画略史》等，为荒凉寂寞的艺术园地增光添彩。

七、蔡元培的关心与北京之行

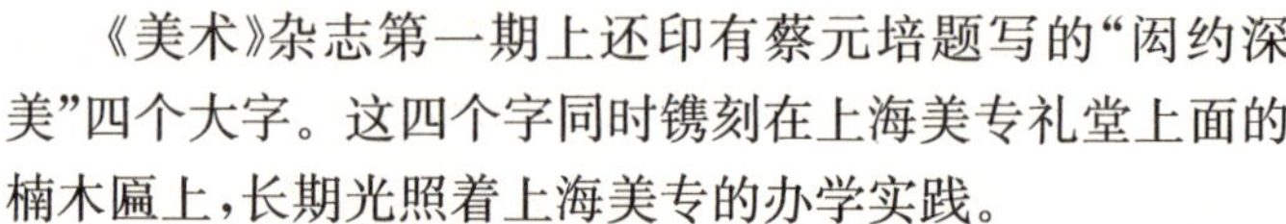

上海美专著名教授
——谢海燕

《美术》杂志第一期上还印有蔡元培题写的“闳约深美”四个大字。这四个字同时镌刻在上海美专礼堂上面的楠木匾上，长期光照着上海美专的办学实践。

蔡元培是我国近现代卓有影响的思想家和教育家。1917 年在《新青年》杂志上发表了《以美育代宗教说》一文，使刘海粟深受感染。刘海粟怀着十分崇敬的心情给蔡元培写了一封信，希望他能对上海美专给予支持，蔡先生很快便寄来了亲笔复信。1919 年 12 月，上海美专成立校董会，蔡元培义不容辞地担任了主席，当时的成员有梁启超、沈恩浮、黄炎培、王一亭、赵椈椒等人，蔡并推荐了黄炎培为驻沪代表。黄炎培任江苏省教育会副会长，会址在美专对面，他为人热忱，工作负责。刘海粟经蔡元培介绍结识黄炎培后，感到谈吐十分投机。黄炎培是蔡元培的学生，他建议刘海粟要进一步扩大艺术视野，不妨往北京走一走。

上海美专著名教授
——潘天寿

刘海粟早就向往北京。1921 年深秋，他写信给蔡元培表示了这一夙愿。蔡元培迅即回函，一方面表示欢迎，另一方面还约他到北大画法研究会作《欧洲近代艺术思潮》的学术讲演。刘海粟高兴之余，却有些惶恐不安：自己学识有限，加之并未留洋，欧洲原作未见，能在殊有名望的北京讲坛上陈词吗？但他毕竟有胆有勇，还是决定去试一试！

12 月 5 日，他带着美专高年级学生丁远同学，同乘火车入京。那年月火车速度缓慢，经过了一天一夜的旅程，到达北京，人已经很困顿了。

走出车站，蜿蜒拓展的城墙呈现在眼前。蔚蓝的天空覆盖着绚烂的古建筑，护城河水清冽，微波粼粼。城下人闹马嘶，车辆穿流，骆驼彳亍。我国古城的典型风光，使刘海粟不禁产生了一种民族文化的自豪感。画家的创作激情奔涌起来。住在东方饭店的次日，他便站在护城河的对岸，用热烈的感情将前门的景色织成画幅，北京留给刘海粟的美好印象，都被融汇在画面上了。这幅里程碑式的作品，后来参加了1929年巴黎秋季沙龙的展出。

上海美专著名教授
——周碧初

刘海粟到达北京不久，便去背阴胡同拜访蔡元培。不料蔡因脚上生疮，正住在东交民巷德国医院。刘海粟又专程赶到病房，见蔡先生开刀后精神颇好，便痛快地攀谈起来。

蔡元培性格温厚，说话极有条理。他兴致勃勃地对刘海粟说："你来得正是时候，我在医院里很寂寞，看了一些艺术评论和画册，欢迎你常来谈谈。"刘海粟不无拘谨地答道："我很年轻，治学办校缺少经验，请蔡先生多多指教。"

"你已经画过几年，有一定心得，用不着过谦。你的画有塞尚和凡·高的味道，而表现出来的个性，又完完全全是中国人的本色，有东方画的气韵，潜修苦练，大有作为，"蔡元培握着刘海粟的手深情地说。"关于上课，蔡先生可有什么嘱咐？我还有些担心呢！"刘海粟已经消除了拘谨感，诚挚地说出了自己的心里话。

上海美专著名教授
——王贤

"要大胆，镇定自若。我看到《美术》杂志上你写的文章，又看到你的画，完全可以胜任。画得好，就有说服力，画是会说话的啊！"

为了在讲坛上显得老成些，26岁的刘海粟在到北京之前就蓄起了一撮胡须。来后受到蔡元培的鼓励更增强了信心。在讲课那天，他沉着地登上讲坛，用颇为浓郁的常州口音，连续讲演十次，受到了听众的好评。不久，平民教育会又请他讲演了《什么叫社会艺术化》的专题。

刘海粟在北京逗留的几个月，没有虚度时光。他探访名胜古迹，先后画了《长城》、《天坛》、《雍和宫》，又在中山公园写了三张古柏，渐渐积累了36幅油画和水彩。每天下午，他都到医院画些素描，后来又给蔡公作了油画像。在蔡元培的病房里，经常有名流学者光顾，这使刘海粟有机会结识了李大钊、许寿裳、经亨颐、胡适、顾孟余、高仁山、谭仲达等名流，还有国画家陈师曾、王梦白、姚茫父，油画家吴法鼎、李毅士等人，促膝交谈，使他受益匪浅。

上海美专著名教授
——马公愚

由北京高师美术研究会、平民教育社发起，刘海粟于

上海美专著名教授
——刘海若

1922年1月15日—17日在北京举办了油画、水彩画作品展览，轰动一时。蔡元培为此发表了《介绍画家刘海粟》一文，加以赞扬。说刘海粟的绘画倾向于后期印象主义，色彩和线条都有强烈的表现，但和那纤细女性的技巧主义完全不同，“处处可以看出他终是走自己要走的路。自己抒发自己要抒发的情感”。

对于事业共同的执著追求精神，使蔡、刘之间的友谊不断加深。老年的刘海粟每谈及此，都是怀着崇敬和无限怀念之情，忆颂“蔡先生”的历史功绩。现在刘海粟住宅还保存了70多封蔡元培的信件；另外还有在1935年，刘40岁生日时，蔡元培为他写的寿联一副，联语为：

技进乎道，庶几不惑；
名副其实，何虑无闻？

上海美专著名教授
——吴弗之

这副对联，历经浩劫而幸存。它是蔡元培与刘海粟相知的见证，也是长者对后生的治学教诲与期望。

八、康有为收为学生

除了蔡元培，康有为对刘海粟的帮助也很大。康有为给上海美专新校舍“存天阁”的题额，是浇铸着友谊的印记；他们的交往肇始于“天马会”画展上。

在促进学术交流、弘扬美术的主旨下，1919年春天，刘海粟与江新、王济远、丁悚、陈晓江、汪亚尘等人一道，发起创立了新美术团体“天马会”，定期组织作品观摩，并通过展览形式与群众见面。12月20日至25日于江苏省教育会举办了第一次绘画展览，引起社会的注目。它在寂寥的画坛，首先奏起了美的交响旋律。

上海美专著名教授
——何元

1921年盛夏，“天马会”在上海霞飞路尚贤堂（即今南洋医院）举办画展。那里绿树成荫，碧草如织，是陈列书画作品的理想场地。“天马会”的作品经过慎审，以富有创新的特点吸引着观众。一天下午，康有为带着女婿潘其旋和两名随从前来参观。当时刘海粟不在场，由王济远和丁悚负责接待。辉光盈室的诸多作品，使康老兴趣倍增，连连赞许。特别是在刘海粟的《雷峰塔》、《回光》、《埠》等几幅油画前，驻足欣赏多时。待他看完画幅，王济远递上一张六尺宣纸，请他赐墨留作纪念，老先生欣然同意。并且提出“我想找刘海翁谈谈”。

刚巧刘海粟踏着石阶进来，与康有为在展厅门口不期而遇,王济远、丁悚赶忙上前介绍。

“你是刘海粟的儿子吧?”康老目光炯炯发出了洪钟般的声音。“我是刘海粟!”“你就是刘海粟? 你太年轻了!”

刘海粟面对这位领导戊戌变法的思想家早就十分钦佩。康老现在亲临“天马会”画展,使刘海粟感到分外的欣喜、振奋。

康有为当众夸赞他的油画“老笔纷披、气魄雄厚”。又问他中国画家“服膺何人”?

“黄大痴、吴仲圭、倪云林、沈周、徐渭、八大、石涛等等,都是震烁古今的杰出画家。他们的杰作不仅仅表现了自然美和艺术美,更重要的是表现了画家卓绝千古的人格。”刘海粟回答得很爽快。

上海美专著名教授
——李宝泉

“在西洋画家当中呢?”康老眼角漾出笑纹继续发问。

“达·芬奇的作品博大精深;拉斐尔的作品表现了人类纯洁的爱;米开朗琪罗用雕塑倾诉了人间疾苦……”

康有为毫不掩饰地纵声大笑,握着刘海粟的手说:“太妙了! 明天请到我家来作客。我有吴仲圭、沈石田的真迹;也有拉斐尔、米开朗琪罗的油画,那是我在欧洲时,请高明画家临摹的,你来欣赏好了。”

次日八时,刘海粟来到愚园路712号康有为的住宅。

这是一个清静幽雅的住所,篱笆垣门内,花木扶疏、绿草如茵。环绕假山有清流依傍,曲径尽头则是茅庐迎面。茅庐外面的栏杆、门、窗全用未曾剥皮的树杆做成,散发着田园气息。

上海美专著名教授
——刘庸熙

庐内又是一番景象。地上铺着地毯,正中陈列着三尊造型庄严的大佛,两旁是几件意大利的雕塑,靠墙的大书橱里,陈放着颜色泛黄的线装书和皮脊烫金的精装本图册。

康有为热情地接待了刘海粟。宾主一边欣赏着古今中外的书画名作,一边品评,十分快慰,谈谈说说,不觉已到午餐时刻。

餐桌上,康有为兴犹未尽,干脆提出要收刘海粟做他的学生。他说:“我的学生很多,林旭8岁就能做诗,梁启超16岁中举,谭嗣同著书立说……我有这么多学生,就少一个会画画的。你17岁办美术学校,画得也不错,我非收你做学生不可。”刘海粟高兴之余不免感到惶恐,便进一步问道:“康老先生看我能学什么呢?”康有为表示,可以跟他学书法、学诗文,认为这些学好了,对画画是很有帮助的。他特地取出一本《万木草堂藏画目》给刘海粟看,原来康有

上海美专著名教授
——汤洵美

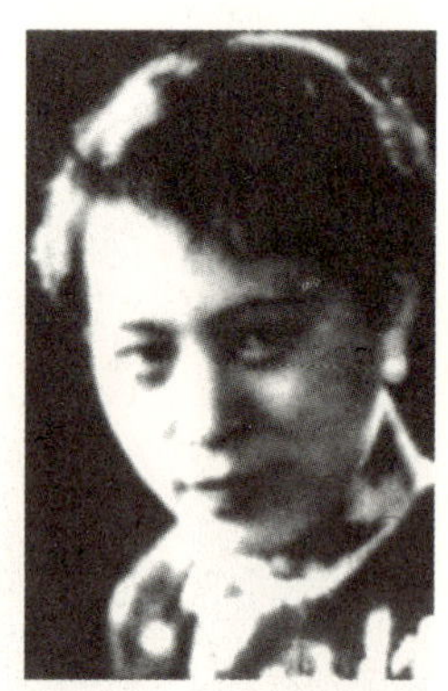
上海美专著名教授
——汤凤美

为收藏的中外名画很多。

这时，康有为又取出他在参观“天马会”后，应王济远之求，为留给上海美专做纪念的巨幅诗文。刘海粟观后赞赏不已。康老书法苍劲松秀，个性强烈。起首写的一首七律，是对拉斐尔的高度评价。在紧接着大段题跋的结尾，对刘海粟创办美专，给予了肯定，寄托了希望。跋文说：“刘君海粟开创美术学校，内合中西，它日必有英才，合中西成新体者其在斯乎！”

会见继续到晚饭之后。康有为约他以后每星期五来寓所谈诗论文、学习书法。

刘海粟从康有为那里受到教益最多的是书法。他本来是学颜鲁公的，康有为不赞成他从颜体入手。要他先写《石门颂》，再临《石门铭》。他按照康有为的指点各写了一篇，得到老师的首肯。康有为对写字要求一丝不苟，悬腕、中锋。刘海粟回忆说：“我到 80 岁以后，还能画点中国画，能够悬腕写生，能画细小的松针，笔力还不太弱，都是康先生给我打下的基础。我学康先生的书法，开始力求形似，1922 年我画的《言子墓》，题字就近似康体，这一阶段可以说是我对康体的吸收融化时期。20 年代末期，我就开始摆脱康体的束缚，尽力表现自己的书法艺术个性。”

上海美专著名教授
——马育麟

九、对康师大胆陈言

两年后，广州肇庆一带水灾严重，上海广肇公所征得关心家乡民瘼的康有为的同意，在《申报》、《新闻报》刊登广告，由他写字义卖救灾。他久享书名，又是健在的历史人物，广告一披露，每天求书者二三十人。由于康老年事已高，体力不支，加上讲学会客，时间有限。因此决定委托刘海粟每天临摹对联十余副，选定后再加盖“康有为”的印章。这样，刘海粟一方面分担了康老的负荷，另一方面也锻炼了书艺，并支持了义卖救灾。这种有意义的合作，更加深了他们忘年之交的友谊。

上海美专著名教授
——刘狮

康老好客，晚年也乐此不疲。

有一回，日本下台的前首相访问中国，康老请来作客。在宴会上，康老直率地对他说：“日本蕞尔小国，明治维新告成，一跃而为世界列强之一，中国如变法成功，何逊于贵国？”又有一次，康老在宴会上当着外国朋友的面，诋毁孙中山先生，说孙先生搞革命不会成功，他们观点永远不会一样。

等客去人散，默然了片刻，刘海粟出于对孙中山先生伟大业绩的崇敬，忍不住自己的看法而要一吐为快，便诚恳地对康老说："请老先生以后不要再当众评论中山先生，他和您都是革命家，政治主张可以不同，救国热忱并无二致，他的革命精神，在史册上自有其不朽地位！"

康有为勃然作色，拍着桌子对刘海粟斥责：

"你也太胆大了，他革他的命，我不是什么革命，为什么要相提并论？他的学问可以和我相比吗？"

"海粟知道老师不喜欢随声附和，才说出自己的管见，是非老师可以评断，但决不说假话。所谓革命就是除旧布新，旧的东西不合适，提出新的东西来代替它。不仅政治上如此，艺术上、思想上也是如此。我不懂政治，说不出什么深奥的道理。您主张君主立宪，孙先生主张民主政体、五族共和，他比您更进一步，一切都彻底重新做过，所以绝大多数人跟着他的潮流走，皇帝终被推翻了。"

"你哪里学来的这些道理！"他怅念前尘，似乎悲从中来，长叹了一声。刘海粟也不好再说下去。刚巧这时有客来访，这便告辞而去。

过了几天，刘海粟又去请教。康有为不仅没有计较这件事，反而很兴奋地说："你很聪明，敢讲实话，诚为可贵。虽然你的道理并不能说服我，但我还是喜欢说直话的学生的。"

刘海粟听完之后，很受感动，后来也就经常敢于在康老面前提出对问题的不同看法。

以后"美专"每逢有较大的纪念活动，刘海粟常常将康有为请来。康有为多次给美专学生讲授过书法。

康有为还兼通中医，刘海粟几次生病，他都亲自来看，为刘按脉开方，可以说是关怀备至。这些处方至今尚存部分。

1927年，康老72岁，刘海粟曾到十六铺送他去山东青岛崂山。此时康老已入暮年，面对军阀横行、外强侵夺、民不聊生、国无宁日、风雨飘摇的局势，他壮志难酬、郁郁寡欢，轮船渐渐远去，康老立于甲板上，左手扶着栏杆，右手向刘海粟频频挥动。群鸥戏水，天风拂衣，谁知那次分手，竟成了师生的永诀。过不多久噩耗传来，刘海粟十分悲恸。

转眼半个世纪过去了，1984年秋，刘海粟应青岛市政府邀请，为康有为重新撰写了碑文，碑文中肯定了康有为的学术成就和历史功绩："……公博学善文，擅诗书，精鉴

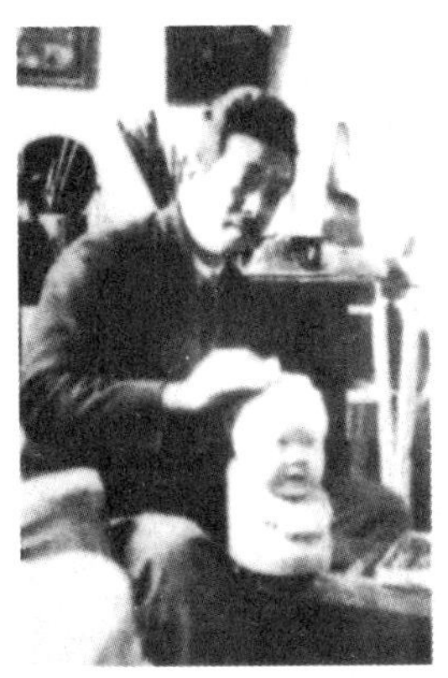

上海美专著名教授
——张辰伯

上海美专著名教授
——诸闻韵

上海美专著名教授
——王远勃

上海美专著名教授
——莫运选

赏，力主革新，志不得遂，郁郁终于青岛……”，同时抒写了自己的感情：“铭曰：公生南海，归之黄海，吾从公兮上海，吾铭公兮历沧海，文章功业，彪炳千载！”

1985 年 10 月 31 日，江苏古籍出版社的同志，带着新近出版的康有为《大同书》手稿，去拜会刘海粟，在上海衡山宾馆的接待室内，他手捧《大同书》，往事历历、如见故人，不禁激动地说：“康先生要变法，就和西太后斗争，这就是革命。戊戌爱国维新运动提出过前人未曾提过的内容，把‘变器不变道’，发展到‘变器又变道’，是中国近代史上重大的转折，也是辛亥革命的前奏！现在我们应该对康先生作出公正的评价。”

康有为的严谨治学精神和勇于斗争的性格，对刘海粟兴办美术教育、从事艺术创作有很大的影响。在“模特儿”事件中显示的勇气即是突出的例证。

上海美专著名教授
——汪声远

十、“模特儿”与“封建礼教”的最初冲突

创业是艰难的，不仅在于物质条件的限制，更在于封建守旧势力的攻讦、非难。

1915 年 3 月，上海美专（当时叫图画美术院）西洋画科三年级学生，首次安排了人体模特儿实习课。寻找模特儿十分困难，最后找到了一个男孩，名叫和尚，年龄 15 岁。初来时猜疑不定，日子一长也就安定了。这是我国艺术教育正式使用人体模特儿的开始。到了 8 月，学生只习童体写生，渐渐感到厌倦；同时，仅仅画童体并不能满足基本功训练的要求。于是刘海粟要大家设法寻找壮年模特儿。但是当时的习俗迷信，以为被人家画了躯体，会减少精神，损伤元气。甚至有人说“把灵魂画了去会死的”，所以无人应征。后来有一个校工，愿当模特儿，但只肯裸半身。刘海粟想，先裸半身，日子久了也许能习惯，再全裸或许没有问题。不料这个人始终不肯裸露全体，认为那样是对他的侮辱。学校方面为解决教学迫切需要，便提高待遇多方招聘。开始来的人不少，一旦进了画室要脱尽衣服，便咋舌而奔。连续二十余人，都是如此。不论怎样说服开导，都无效果。因此刘海粟对最后来的一个人便讲定条件，如果临时逃脱，便要罚款。那人满怀信心、勇气百倍地说：“我一定不会逃跑。”可是一进画室，他说：“我情愿受罚。”刘海粟问他为什么，他说：“在众人面前赤身露体，实在办不到！”刘海粟接着问：“你身上有毛病吗？”答道：“没有毛

上海美专著名教授
——许征白

上海美专著名教授
——陆一飞(陆抑非)

病。”“既然没有毛病,为什么不肯露体呢?”刘海粟又追问他。那人说:“实在太难为情了。”

“人人都有身体,衣服是为了保护身体而穿,并不是为了我们的身体不可被人看见而穿衣服。你好好的事情不做,为什么情愿受罚呢? 你自己仔细想想看。”

那人听了刘海粟的话,想了一会觉得不错,便慢吞吞地把衣服脱去,露出了紧张的肌肉,显示出一种高音的曲线。肌肤上透出复杂的色调,血液蕴涵其中作不息的流动,使初习人体的学生惊喜而兴奋。

1917 年,上海美专选出学生的习作 50 多件,在张园安铠第举行成绩展览会。展览会上陈列的人体素描习作,使清静的张园掀起了轩然大波。事情发生在某女校校长同他的夫人、小姐参观后,他大骂“刘海粟是艺术叛徒,是教育界的蟊贼! 公然陈列裸体画,太伤风化,非惩戒他不可”。并立即写了一篇文章,题为《丧心病狂败坏风化之展览会》,投之《时报》,发难攻击。又到江苏省教育会告诉沈信卿先生,请上书省教育厅下令禁止,以敦风化。可是《时报》和省教育会未予置理。他十分不满,以为世道日非,诤言不彰。

这是有关模特儿问题的第一次斗争。

1919 年 8 月,刘海粟和几位画友,在静安寺路环球学生会举行画展,继续展出了表现人体的油画作品,再次舆论哗然。当时报纸发文斥之为狂妄,非薄不足道,并且有许多人直接写信痛骂。有一位海关监督看了展览,痛斥有伤风化,便请工部局查禁。当工部局派人前来时,展览会已经闭幕,事情不了了之。

1920 年 7 月,上海美专设法雇佣女模特儿,首先雇了一个俄国女子。也许是受到“五四”新文化运动的洗礼,在中国土地上继续雇佣女模特儿也不太稀奇了,北京美专、上海神州女校美术科以及其他美术研究所等,也有了人体模特儿。社会上对于人体模特儿也似乎有所了解。刘海粟觉得一般人爱美之观念渐深,略感慰藉。

不料于 1924 年,上海美专学生饶桂举在江西南昌举行绘画展览会,陈列了几幅人体素描,江西警察厅勒令禁闭。禁令说:“裸体画系学校诱雇穷汉苦妇,勒逼赤身露体(名为人体模特儿)供男女学生写真者。在学校方面,则忍心害理,有乖人道;在模特儿方面,则含苦忍羞,实逼处此;在社会方面,则有伤风化,较淫戏淫书为尤甚。……不谓上海美专画妖刘海粟、江小鹈辈孽徒,新近毕业回赣之饶

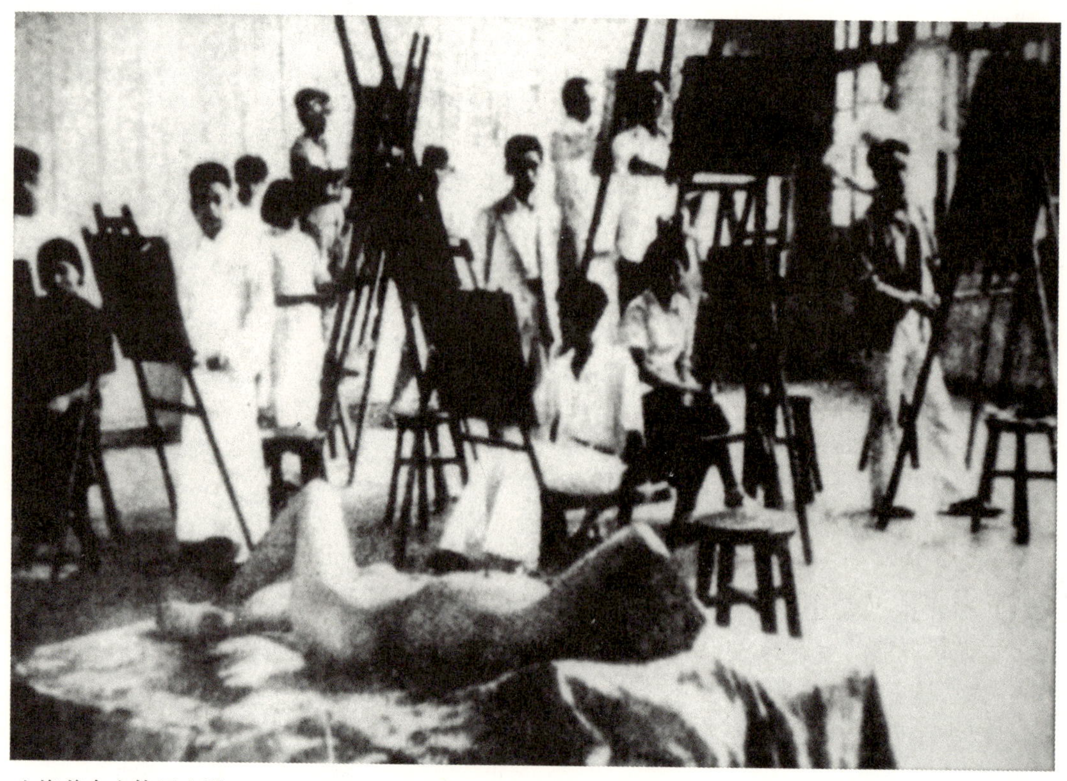

上海美专人体写生课

桂举者，以初出校门，默默无名，急欲献技自炫……青年学生，兴致勃勃，群以睹裸体画为快。”于是“通令各区署队，一律查禁”。

刘海粟接到饶桂举的告急电报，当即分别写了二封信给当时教育部部长黄郛及江西省长蔡成勋，请求撤销禁令。并援举欧西各国艺术学校课程中设置模特儿的重要性，加以说明。还力斥江西省教育会韩志贤之狂妄，且于各报发表。

黄郛见了这信，非常同情，即咨江西省当局，撤销原令。不意在上海的少数轻薄少年、无业流氓，利用这个机会，拍摄娼妓裸体照片。甚至电影院、戏院开幕前，放映几张裸体画，也叫做模特儿，淆乱黑白，诈骗金钱。一般人便说:“这是刘海粟倡导的，这是艺术叛徒的功绩”，把一切罪恶，都加在刘海粟一个人头上。

十一、道学先生们继续发难

事件并未就此结束。几个回合的斗争，揭开了艺术和礼教冲突的序幕。

1925 年 8 月 24 日，江苏省教育会开会，大会上通过了禁止模特儿的提案。当时刘海粟在北京看到了报纸的刊载，非常气愤，难道一批高级知识分子连这点常识都没有？于是马上写了一封信去询问，信中说："……各国美术学校以及美术研究院中，靡不设置人体模特儿，以为艺术教育上不可或缺者也。凡稍读艺术书报者，闻模特儿其名，必联想及与科学上之化验器具，同一作用，事极泛常，曾无惊奇之足言。……然贵会议案辞弗谨严，未分黑白，将遗世人以惶惑无措，是非不辨。兹本君子慎思明辨之义，请贵会明白其辞，修正前议，布之天下，曷胜感祷之至。"这封信，同时在《时事新报》上发表出来。

过了几天，便收到江苏省教育会的复信，大意说因为报上的标题为《本会请禁模特儿》而有所误会，其所请禁的是无赖市侩托其美名之裸体画，与刘海粟初衷一致。禁止以营利为目的、诲淫为宗旨的妓女裸体照片、画片，自然不错。但教育会的议案实在没有说清楚。

刘海粟的信公开发表后，引来两种反映：一种是以王一之的信为代表，此人对美术研究颇有心得，信中认为"因少数荡妇之行为，归罪于学术试验之模特儿，因些微之弊，而忘实在之利益者，因噎而废食也。……中国艺术之路尚赖明哲之奋斗焉"。

而另一种反映，却是顽固派的淫威毒焰。有位市议员叫姜怀素的，竟砌词呈请当局，严禁模特儿，严惩刘海粟。文章在《申报》及《新闻报》上同时发表。

刘海粟奋起而发文予以一一驳斥，并表明了决心和态度："富贵不能淫，贫贱不能移，威武不能屈，鄙人提倡艺术上模特儿之志不能夺，姜君指为祸首，欲请治以罪者，鄙人无敢辞，可指曾参为杀人，可治苏格拉底为死罪，何独不可以刘海粟为祸首？一时之是非可泯，万世之公论维何，末世投倡，通人不作，滔滔末流，纳清泉于浊壑，口仁义而心淫秽。传曰：'哀莫大于心死。'呜呼！姜君，盍休乎言。"

文章发表后，姜怀素缄默了，可是接着刘海粟便收到了上海总商会会长兼正俗社董事长朱葆三的一封信。信中带着威胁口吻说："如谓欧西风俗不以裸体为耻，我中国乃礼教之邦，先生亦中国人士中之佼佼者，必欲以夷狄之恶俗，坏我中国男女之大防，是诚何心哉！""本社主张正俗，呈部有案，对于社会上风化，有维持之责。历请华洋官厅，严禁淫书春册，不止一次。今观先生之蔑弃礼教若此，谨先申其劝告，从违与否，是在足下……"云云。刘海粟针锋相对，当即驳斥一信："……至执事谓鄙人欲以夷狄之恶俗，坏我中国男女之大防。诚如执事言，则欧美美术学校之设置模特，胥为腐风蚀俗之器，彼邦宁无明达之士如执事者，展抒崇议，以矫其非乎？呜呼！居今日而尊中国为礼教之邦，鄙欧美为夷狄，闭门造车，坐井自豪，虽三尺童子亦耻之。……今之伪道君子，未尝学问，口仁义而心盗跖；言夷狄而行媚外。乡愿者德之贼也，使孔子复生，亦必以杖叩其胫。犹曰名教名教，揽镜自窥，徒暴其丑耳！”

其次，刘海粟针对他的威胁，进一步指出其“阳鄙欧美为夷狄，阴实效忠于洋官厅”的丑恶嘴脸：“艺术上之模特儿，既与中国礼教截然二事，……执事请禁之道多矣，无谓华洋官厅不足以显其威。欲请洋官厅严申禁令，则英法国立私立美术学校设置模特儿，较中国为先，较中国为盛。执事可请英法当局先禁本国学校，再及于租界之中国学校。如谓中国政府与英法政府，有提倡模特儿之嫌疑，执事更进一步，可请国际法庭惩治之。执事阳鄙欧美为夷狄，阴实效忠于洋官厅，前后矛盾，判若两人，是存何心？是存何心？”

刘海粟真理在胸，言词铮铮，压下了朱葆三的气焰。然而，有趣的是，不到一个星期，刘海粟又接到朱葆三的一封亲笔信。信中说：“我已经八九十岁，精力已衰，养病在家，早就不过问外面的事了。究竟什么人冒充我的名字呢？”是朱的推托之词还是确有冒名生事者，不得而知，让历史存此疑团吧。但是，在各种小报上，还时有文章漫骂、污蔑刘海粟。不过两三个月后，也就平静下来。原以为相安无事了，谁知封建营垒中又进一步鼓噪，刮起了更大的妖风。

十二、“联军统帅”恼羞成怒

那是1926年4月15日，上海美专师生披着清新的晨风在杭州西湖写生胜景。当刘海粟正沉浸在葛岭初阳台用画笔捕捉日出的喜悦中时，几位奔跑得气喘吁吁的同学，手持报纸激愤地对刘海粟说：“刘先生，那号人又来禁止模特儿了，而且还要封闭美专哩！”

刘海粟抬起头，“上海县长危道丰严禁美专裸体画”的大号字标题，分明刺入眼睑。原来那批失理的封建卫道士并未善罢甘休，又串通了新任上海县长危道丰披挂上阵。模特儿的斗争升了级，这是官方的正式禁令。二三十位同学惶惑地围拢在校长身旁，刘海粟搁了画笔站起来，痛心而又坚定地说："天塌不下来，你们安心求学，一切自有我负责！"

天阴沉下来，刘海粟思绪沸腾。从葛岭收拾了画具，回到寓所便觉得身体不大舒适，到了晚上，寒热大作，在病榻上他将这事告诉了王济远，请他在西湖负责指导同学继续学习，自己决定次日返沪。第二天清晨，刘海粟抱病搭了沪杭快车，回到了上海。顾不得休息，立刻请了美专几个方面的负责人李毅士、滕固、俞寄凡等人来商讨对策。一方面应付事变，另一方面请几位先生回校安定师生情绪。半个小时后几位先生走了，刘海粟头痛得像炸开一样，眼睛也烧红了，但他还是不想休息，提笔疾书，痛斥危道丰。文章成后派人专程送给《申报》史量才，并附一信，请他伸张正义、大胆发表。这时刘海粟已经筋疲力尽，一头倒在床上，不能动弹了。学校将他送进了上海疗养院，躺在床上等待事变的发展。

4 月 17 日《申报》以《刘海粟函请孙、陈两长申斥危道丰》为题，发表了文稿。内容除了针对危道丰指令与布告辩述外，还援引欧西各国有关裸体模特儿的事实，加以论证。并严正指出："此辈不学之徒，狼狈厕议席，鄙颜为邑宰，其贻害地方，遏绝真理，罪不容赦！"要求对他们"严加申斥，以敬谬妄，而彰真理"。

事有凑巧，那天下午 5 点钟，孙传芳由南京往杭州途经上海。在沪之大小官员、士绅巨贾簇拥迎驾后，危道丰急不可耐地拿出报纸给他过目。孙传芳一面抽着雪茄，一面问道："什么叫做模特儿？"危道丰回答说："就是赤屁股的姑娘！"孙传芳接着便问："刘海粟是怎样一个人呢？"危道丰便加重语气说："是假借着模特儿骗钱的人。"这时在旁边的沈恩孚老先生忍不住了，不禁申言说："刘海粟是一位艺术家，很著名的学者；模特儿是……"话未说完，危道丰便气急败坏地立起来说："联帅，上海的事我不能干下去了，请另荐贤能吧！刚接任两星期，正在厉行整顿风化，刘海粟竟大胆辱骂长官，这是不能不严惩的！"言毕怒气未息，面孔涨得通红，孙传芳安抚地说："那末你去办理好了！"

当时孙传芳是"五省联军统帅"，大权在握。危道丰则是孙在日本士官学校时的同学，自然要狐假虎威。一席谈话，使模特儿事件的火药味浓厚起来。在座的丁文江、沈恩孚两位先生，担心刘海粟要受害，急忙赶到美专，请李毅士、滕固火速将刘海粟由疗养院移至学校居住。

几天以后，刘海粟的病渐渐好转，翻报阅读时，发现一则《刘海粟启事》，大致说前因一时之愤，开罪了危道丰，含有道歉的意思。他十分气愤，忽而大声狂叫："我的朋友，这样是丧失了我的人格！我抗议……"

上海美专笼罩在寂静、悲痛的氛围中。刘海粟百感交集，立即召集全体同学开会，狭小的会场里，七百多双迷惘而激动的眼睛聚焦在刘校长身上，他像疯了一样在讲台上吼叫起来：

"我拥护艺术，坚持真理！决不为威武所屈！裸体模特儿是学美术的基本功，不用不行！……"全场肃静，同学们泪水满面，愤怒填膺。

那天晚上，刘海粟写了一个声明，送到《申报》馆去，否定某日的启事，重申为艺术而坚持真理。不久接到了孙传芳的一封信，信中说："……模特儿止为西洋画之一端，必不以缺此一端而有所不足。美亦多术矣，去此模特儿，人必不议贵校美术之不完善。……望即撤去，于贵校名誉有增无减。如必怙过强辩，窃为贤者不取也。"

孫傳芳與劉海粟論模特兒書

▲孫傳芳致劉海粟函 海粟先生文席、展誦來書、備承雅意、願飾遊倩、概[illegible]關美術、稱誦泰西古藝、原本洞悉、如數家珍、[illegible]東西洋固有此式、惟中國則素重禮教、四千[illegible]即以裸裎袒裼為鄙野、道家天地為廬、尚兒[illegible]僅存、正不得謂前賢為拘泥、凡事當以適國性為本[illegible]人舍己、依樣葫蘆、東西各國達者、亦必不以保存衣冠禮教為非是、莫特兒止為西洋畫之一端、是西洋畫之範圍、必不以缺此一端而有所不足、美亦多術矣、去此莫特兒、人必不議貴校美術之不完善、亦何必求全召毀、俾淫畫淫劇易於附會、累牘窮辯、不憚繁勞、而不能見諒於全國、業已有令禁止、為維持禮教防微杜漸計、實有不得不然者、高明寧不見及、望即撤去、於貴校名譽有增無減、如必怙過強辯、竊為賢者不取也、 復頌日祉、孫傳芳啟、六月三日、

▲劉海粟復孫傳芳函 馨帥麾下、[illegible]奉手諭、[illegible]、敬悉帥

当年报上刊载的《孙传芳与刘海粟论模特儿书》

为了学术尊严，刘海粟不顾个人安危毅然复信回驳，说明艺术专门学校列入人体模特儿为绘画实习的必需课程，是根据民国十一年政府颁布新学制的规定，于法有据。并严正指出："学制变更之事非局一隅；学术兴废之事，非由一人而定。"拥有重兵的"联军统帅"震怒了，区区文人竟敢抗争，淫威之下，发出了一道"通缉刘海粟"的密令，同时密电上海交涉员许秋帆及领事团，交涉封闭上海美专和拘拿刘海粟到案。

十三、胜诉于法庭

危道丰得令后很起劲，每天催促法领事馆捕人。法领事无奈便派了一位探长程子卿同西探长石继以及巡捕等到美专找到刘海粟。程探长非常客气，对刘海粟说："奉领事馆命，前来保护，因为总司令部天天有电报来，叫封闭学校，但总领事认为这种情况决不能随便抓人，尤其对刘先生，更应该负责保护。因此，希望你不要出去，我们才能负责。"刘海粟对此表示了谢意。

以后程子卿每天清晨八时便赶到美专，晚上始返，与刘海粟寸步不离；有时拿些扇面、纸张来请刘写几个字。七八天后，总领事约请刘海粟谈话。就在那天下午四时，刘海粟与程子卿同乘汽车赶到领事馆。总领事名叫那齐，中等身材，态度和蔼。在会客室里他把孙传芳拍的十几个电报以及各报所载文章拿出来，客气地对刘海粟说："这事情非常严重，你总该知道吧？"

刘海粟点点头说："是的！他们禁止模特儿，我不答应，一定要据理反抗。你是知道的，在贵国有着许多的美术学校，各处陈列的艺术裸体雕刻和绘画很多，不必说，你一定明白这个道理。"那齐笑起来，他说："你看我的柜上，不是也有一个大理石的雕像吗？"并用坚定的声调说："我决计不来禁止你。"接着那齐提出了两点要求：一是要刘海粟守在学校；二是尽管继续使用模特儿，但不能让人参观，同时不要再和那些人辩论。刘海粟觉得这两点并不妨害学术研究，当即应允了。

不久报上载有"孙传芳严令各地禁止模特儿，前刘海粟强辩，有犯尊严，业已自动停止模特儿"之说，刘海粟意识到这大概是法领事的搪塞办法，也就犯不着再予辩论了。

可是，危道丰觉得气犹未消，隔不多时便起诉于上海法院，控告刘海粟侮辱长官人格，毁谤名誉，要求赔偿损失。法院送来了传票。刘海粟聘请了陈霆锐、吴经熊为辩护律师；承审这件案子的是推事郑雯。他们对刘海粟都非常同情和敬慕。郑很诚恳地对刘说："我一定帮你的忙，因为你没有犯罪。我想表面上让你罚五十块钱了结。但请你不要上诉，一经上诉要吃大亏，他们的压力很大。"刘海粟觉得这样做并不妨害他的人格也不泯真理，便认可下来。

开庭的一天，旁听席上有美专师生、各校学生、新闻记者等拥挤不堪。刘海粟应着传呼声随法警走上法庭。危道丰的证人姜怀素和他们的律师，先诉述经过，说刘海粟败坏风化，侮辱危道丰的人格，毁谤危道丰的名誉，请庭上严惩，并要求赔偿损失。庭上郑推事转问刘海粟："为什么要专门败坏风化？"

"我只是提倡模特儿，并不败坏风化，模特儿是美术学校学程上所必需的东西，不用不行，绝无败坏风化之理，"刘海粟简单作答。

郑推事说："今天不是辩论模特儿问题，主要的一点就是在侮辱危道丰的人格和毁谤他的名誉。"

刘海粟说："我并不曾毁谤他的名誉。"

"你又强辩了，你的文章里，明明是毁谤名誉。危道丰是政府任命的官吏，你骂他不学无术，招摇撞骗，这是铁证。"郑推事故意这样说。

刘海粟针对这一点也故意辩驳道："这两句话是用得非常适当的，并无任何恶意。我所说的不学无术，是指艺术而言，假使他懂得艺术，决不会禁止模特儿，而以为破坏风化。至于其他的学问，他有没有我不知道。他不懂艺术却是事实。"

"那么招摇撞骗呢？"郑推事继续问，"他是上海县长，怎么会招摇？"

"因为他是县长，他才想封闭美专，动不动要抓人，这不是招摇是什么？"刘海粟将语气加重了一点。说到这里，原告律师慌忙站了起来说："被告骂危道丰狼狈为奸，狼狈是兽类，是凶恶的东西，而且这两个字都从'犭'，完全是存心侮辱，无可逃遁的铁证。"郑推事听了，便说："总是侮辱、毁谤了。"

刘海粟见对方强词夺理，立即分辩说："并不！这是形容词，兽名对于人，并非侮辱。比如许多人因为爱他的子女，男的取名'家驹'，女的取名'阿凤'等，诸如此类，不一而足，驹是兽，凤是禽，自以禽兽为名，可知并无侮辱之处。

谁肯自己侮辱自己的儿女？非但不是侮辱，而且是爱护。又如‘麒麟童’，是自己题的名字，麒麟同样是兽，他自己侮辱自己吗？”一段有趣的答话，竟使法官忍俊不禁，旁听席上更响起了笑声。郑推事说：“你这话果然不错，但是你总是恶意。”刘海粟答道：“这种新闻是报馆刊载的，并不是我叫他们登的，可见并无侮辱的意思。”

这场富于滑稽剧意味的审讯，弄得姜怀素他们啼笑皆非。过了五六天，判决刘海粟罚洋五十元。因为事先通了气，刘海粟也就放弃了上诉，持续十年的模特儿事件，终于奏响了凯歌。

当初卫道士们送给刘海粟的“艺术叛徒”称号，本意是诋毁与詈骂，而郭沫若站在反封建的立场上，认为这正好是美誉、光荣。他给刘海粟的国画《九溪十八涧》的题画诗句“艺术叛徒胆量大，别开蹊径作奇画。落笔如翻扬子江，兴来往往欺造化……”已成为脍炙人口的篇章。

十四、东渡日本

解放前刘海粟曾两次东渡日本。第一次在1919年12月。他代表中国新艺术界出席日本帝国美术院的开幕大典。出席该大典的另一位中国名人是陈师曾。除出席大典外，他悉心考察了日本美术教育事业，返国后，编著了《日本新美术的新印象》，由商务印书馆出版。

第二次到日本在1927年。时当“四·一二”白色恐怖期间，军阀白崇禧的部下杨虎、陈群以“学阀”的罪名通缉章太炎、袁观澜、黄炎培、刘海粟等13位知名学者。刘海粟听从黄任之的劝告不得已而去日本避难。当时反动当局的倒行逆施显得荒唐可笑。诚如柳亚子在《刘海粟先生印象记》一文中所记载的：“1927年，我在日本东京市外井之头公园中，第一次遇到了他，却大家在过着亡命的生涯。这时候的当局者，大概嫌我的思想太左倾了，以为是有什么嫌疑之类，而对于海粟却又认为太右，加以学阀的头衔。做人是这样的不容易吧。我们一见面就笑起来。于是谈政治、谈文学，谈到拜伦，谈到曼殊，很是津津有味的。酒酣耳热之余，我便写了二首旧体诗送给他：(1)相逢海外不寻常，十载才名各老苍。一卷拜伦遗集在，断鸿零雁话苏郎。(2)白衣送酒陶元亮，皂帽居夷管幼安。一笑劝君钳口好，人间鸡犬尽淮南……”

刘海粟在这异邦的国土上，拜访了8年前于东京结识的画友藤岛武二、桥本关雪、石井柏亭、小室翠云等人，经常与他们聚叙一堂，交游论艺。日本诗人井土灵三在井之头公园特地为刘海粟租了一间画室，给他提供了作画的条件。

《朝日新闻》社记者看到刘海粟所作的国画，出乎意外，他们带着敬佩的眼光邀请刘海粟去作了一次学术演讲。听众济济一堂，由井土灵三担任翻译，讲题是《石涛与后期印象派》，其观点新颖，灼见扣人，深受听众欢迎。讲演内容发表在小室翠云主编的《新南画》杂志上，发行后迅速销售一空。

怀着宣扬祖国艺术的壮志，刘海粟突击画了几十幅画，加上随身带去的十几帧旧作，在《朝日新闻》社展厅举办了一次个人书画展，影响颇大。报刊都发表了消息与评论。《泰山飞瀑》为日本天皇购藏，并把象征最高荣誉的银杯赠给他。天皇的岳父购藏了《月落乌啼霜林寒》一画，前首相购去《峦树草堂》，河野义正买去《彤云素羽》。那次展览，柳亚子及其夫人郑佩宜都曾专程赶往祝贺。

展出收到了比预期还好的效果，刘海粟的声誉在日本渐著。

有一天，帝国美术院名画家桥本关雪宴请刘海粟及其他画界朋友。地点设在歌伎院内——这是当时有礼貌的请客。参加宴会的人好几位都是帝国美术院的名流。宴厅内一张桌子接一张桌子，甚有气派。宴会在歌舞旋律中进行。席间交流艺术，刘海粟年轻气豪，趁着酒兴侃侃而谈，并声称日本画是学我们中国的。日本朋友心中打算要考考刘海粟，便提议即兴挥毫留作纪念。歌舞伎们捧来了屏风素娟，并抢着研墨。笔会开始，他们要刘海粟率先。刘并不推辞，当即凌空逞毫，谁知不慎将一墨点滴于洁白的画面上，围观者正在惊愕，刘海粟却从容不迫地缘墨污疾下数笔，水墨并举，一只俯冲的鹏鸟跃然而出，赢得了一片掌声。桥本关雪兴致也起来了，紧握画笔，依持着红木架，精细地写就一株苍翠的青松，又是掌声一片。小室翠云略加思索，以装饰性的笔头铺陈云彩，行云穿松，再次获得喝彩声。刘海粟端详着画幅，尚感不足，便将清水泼向半干半湿的松针和流云，墨色遇水晕化，生机盎然，观众的情绪也随着沸腾起来。刘海粟便乘兴题上诗句：

云移怒翼搏千里，气霁刚风御九秋。

落款是："刘海粟大鹏，桥本关雪补松，小室翠云卷云。"水墨淋漓的画面，继续呼唤着刘海粟，他情不自禁地又添题上“刘海粟施水”五字，笔刚放下，掌声雷动，日本几位名画家交口称誉，并认为“施水”二字精妙绝倒，不可多得。海粟又一次为祖国争得了荣誉。

他两次赴日，注意访问、考察，从而发现日本在美术教育中借鉴于欧洲的地方很多。他思考着其中的原因，看来“要发展东方固有的艺术”，非“研究西方艺术的蕴奥”不可。这也正是创办上海美专的初衷之一。他决心到欧洲去一趟，在自己艺术探求的道路上，来一个重大的变革。

十五、首次旅欧

蔡元培担任南京政府大学院院长时，1928 年 3 月决定派刘海粟和吴敬恒、马叙伦一起，以驻欧特约著作员身份，去欧洲考察美术。因为中华书局约请刘海粟著述《海粟丛刊》等着交稿，故行程推迟到 12 月份。同行者还有妻子及长子刘虎。这次游欧，历时将近 3 年，到 1931 年 8 月回国，构成他人生道路上的一大转折点。从他的思想和艺术看，欧游前后区别显著。欧游后，他的作品开始步入了

1929 年刘海粟拜访巴黎美术学院院长贝纳尔（后右者为傅雷）

融汇中西之长的成熟阶段。到了法国以后，他曾与当代艺坛大师亚尔培斐那、阿孟琼、梵钝根、玛利士特尼、朗特司基等十余人，以及艺术行政专家保罗莱翁、台若岱亚，讨论艺术、交换个见。也曾周游意大利、德意志、比利时、瑞士等国，探寻名胜古迹，观赏希腊罗马文艺复兴以后的杰作。

在巴黎期间，他经常驱步罗浮宫，临摹世界名画。第一张临摹的是德拉克洛瓦的《但丁的小舟》，他为了抓准部位轮廓，多次打稿，先后花了几个月时间，临完之后，又将各细部的色调细细修正。这幅摹作，后来被罗浮宫以 1 200 法郎购藏。他临摹的杰作至今保存着的还有伦勃朗的《斐芭西出浴》、塞尚的《缢死者之屋》、德拉克洛瓦的《攻克君士坦丁堡》(局部)、提香的《基督下葬》等。1979 年，香港著名美术评论家黄蒙田看过这些画，十分感动地说："还没有一个人在临西方古典作品方面下过这么大的功夫呢!"

在那段难忘的岁月里，他还常和傅雷去梵蒂冈大教堂，一起欣赏研究达·芬奇、米开朗琪罗的作品。壁画很高，还有绘制在屋顶上的。他们仰头看累了，就躺下来看；眼花了，再用镜子反照下来低着头看。一天又一天，完全沉迷在艺术的境界中。

除傅雷外，那时天天到刘海粟的住处讨论学问的还有诗人梁宗岱。三个人不是娓娓清谈，便是争论不休，往往把刘妻从睡梦中吵醒，使她不得不下逐客令，傅、梁才恋恋不舍地告辞，次日又复如前。傅雷曾有一文回忆刘海粟当时在异国生活的情况说："我有时在午后一两点钟到他的寓所去，他住得最久的要算是巴黎拉丁区沙蓬街十八号罗林旅馆四层楼上一间小屋了，海粟刚从罗浮宫临画回来，一进门就和我谈当日的工作，谈伦勃朗的用色的复杂，人体的坚实……以及一切画面上的新发现。半小时后，刘夫人从内面盥洗室中端出一碗开水，几片面包，一碟冷菜，我才知道他还没吃过饭，而是为了'物质的压迫'，连东方饭菜的中国馆子里的定价菜也吃不起了。"可见物质生活是清苦的，然而精神却很充实。1930 年 6 月，刘海粟到达罗马的第二天，写信给傅雷说："今天又看了两个博物馆，一个伽兰，看了许多提香、拉斐耳、米开朗琪罗的杰作。这些人实是文艺复兴的精华，为表现而奋斗，他们赐予人类的恩惠真是无穷无尽呀！每天看完，总很疲倦，6 点以后，仍旧画画，光阴如箭，真使我着急。"显然，他没有在西方的花花世界中醉生梦死、虚掷时光，镀一镀金顶着虚名回国，而是"力学苦读，旷观大地"。

三年中，他写成杰作二百余幅，两次入选法国秋季沙龙；后又被特约出品于蒂勒黎沙龙。在巴黎艺坛已经盛名风行。1931 年 3 月，他又应德国佛兰克府（今译“法兰克福”。注意：本书外国人名、地名，一般用刘海粟使用过的汉译名称，以与刘海粟著作一致）大学中国学院的邀请演讲中国画学谢赫的《六法论》，并举行个人国画展。6 月又移海台堡展览，影响颇大。柏林东方博物馆馆长寇美尔博士等人闻讯，通过使馆专门和刘协商，邀请在柏林普鲁士美术院举办大规模的现代中国画展。时间定在 1934 年 1 月。

1931 年 6 月，刘海粟又于巴黎克莱蒙画堂，隆重举办了旅欧作品展览会。由法兰西国家学院委员裴那为主要负责人。他的作品《卢森堡之雪》为法政府购藏于亦特巴姆国家美术馆。巴黎大学教授赖鲁阿亲自作序。他高度赞扬了刘海粟在中、西画之间做了“沟通与融和的工作”，认为“他苦心探求的酬报，便是永远的进步”，并竭诚推崇说：“刘海粟确是一位大师，在这字的真意与古义上的大师，因为他有他的信徒，这不但是中国文艺复兴的先锋，即于欧洲艺坛，亦是一支生力军。”这次展览，报上佳评纷陈。

第一次旅欧，考察美术的同时，刘海粟宵旰劬劳，集所见所闻所感，写成《欧游随笔》一书。

十六、再次欧游

1932 年 10 月，刘海粟首次欧游作品展览会先后在上海、南京举行。当时作品分为“游欧之作”、“巴黎临摹”、“归后新作”、“欧游前作”四大部分，风格显示了不同历史时期的变化，反映了成功者前进的艺术征程。展览 16 天，参观者络绎不绝。蔡元培、沈恩孚、柳亚子、陆费逵、章衣萍、马相伯、陈树人、叶恭绰等名流为展览题字作序。吴稚晖先生称他的艺术为“前无古人，后开来者”；孙大雨先生评他的画具有“雄厚久远、旷阔、崛强、威与劲与力”的特色。

刘海粟第二次游欧，在 1933 年到 1935 年期间。此行的主要目的在于播扬我国艺术，按既定协议到柏林举行大规模中国现代画展。围绕这一壮举，曾由蔡元培、叶恭绰、李石曾、陈树人、刘海粟、高奇峰、朱家骅、狄平子、徐悲鸿、刘崇杰（驻德公使）等人组成了筹备委员会，成立了筹备处，并定出常务委员会人选。地点设在上海亚尔培路 331 号中央研究院内。1933 年 10 月常务会议公推刘海粟为全权代表，随带展品六箱，搭 11 月 13 日之意大利船“康丁凡特号”赶程赴欧，12 月 8 日晚抵达柏林。

1934 年刘海粟在德国柏林讲学作画

1934年刘海粟在德国办画展

刘海粟到德国后，每日接待很多来采访的记者，各报逐日刊登他的谈话及画展消息，引起德国朝野的普遍关注。

1月20日上午10时，中国现代绘画展览会正式在柏林普鲁士美术院开幕，赴会人数如潮，为以前各国画展所未有，堪称近代欧洲艺坛的一大盛事。那一天与会的各国大使、各地方政府代表、名流学者不下3 500余人。展览45天，每天观众达四五千人。全德各报一致称扬，佳评五百余篇。纷纷赞颂中国现代绘画，神韵生动，为超绝的理想世界，为万国画所不及。《东方舆论报》载文说："中国画术较之欧西者具有完全不同的出发前提，实令人惊奇。"《德国前途报》云："接老传统而充满着新生命者首推刘海粟、张大千、齐白石，及其生徒之作品为最著。墨调与着色均与昔日异调，其用笔也具有特异之节奏，其结构则在试验探讨中，其山水则不仅出于幻想的形成，而时时取材于大自然界，此处当亦有借诸西方元素者，但皆经消化改造而成中国之面目矣！"

展览馆的门外，每天有许多人排队拿着印有中国画家作品及照片的报纸，守候在那里，等着刘海粟签名。一种为国争光的荣誉感，在他胸中升腾起来，连日来为展览奔波的辛劳，消除殆尽。

此后，虽然国内不再供给经费，由于外国朋友尊重并推崇中国艺术，多方热情相助，展览又在汉堡、杜赛特夫、荷兰海牙、阿姆斯特丹、瑞士日内瓦、伯尔尼等地巡回展出。刘海粟在各地主持画展时，还应邀作了多次的学术演

1932年刘海粟在德国示范中国画

讲，如在普鲁士美术院讲《中国画派之变迁》、在柏林大学东方语言学校讲《何谓气韵》、在汉堡美术院讲《中国画与诗书》，在荷兰阿姆斯特丹讲《中国画之精神要素》，在伯尔尼瑞京美术大厦讲《中国绘画上的六法论》，将我国传统艺术的特点，生动而广泛地向国外介绍、宣传。

后来又应英政府邀请，1935年2月，中国现代绘画展览会在伦敦新勃灵顿画院举行。著名文艺批评家罗兰士泌宁为画展作序，他赞扬刘海粟的作品，不囿于中国旧画，而渗溶欧西名画之精髓。“此次携画来欧展览，其个人佳作，迥然不同凡响”，并进而认为“中画之气宇，似较西画为恬达”，“胸怀恒与自然企合无间，即觉无处不美，无处不适”。柏林人文博物馆特辟中国现代名画厅，陈列了中国现代名画16幅，其中有刘海粟杰作三幅：《松鹰》、《葫芦》、《扁舟吟兴》。

两次欧游，刘海粟的足迹遍及整个欧洲，声望空前。出国前，他的挚友徐志摩曾勉励他：“还得用谦卑的精神来体会艺术的真谛，山外有山，海外有海，……我们可以预期像他这样有准备的去探宝山，决不会空手归来，我们在这里等候着消息。”他没有辜负人们的期望，不仅探得“宝山”，而且诚如他自己所说：“搏全身之力以赴之，使吾国文化辉耀于群星间，使欧人一改秦无人之偏见。”

20世纪30年代刘海粟与成家和合影

1934年1月5日在德国举行“中国现代名画展”,图为柏林“中国名画展览会”一角

十七、在抗战岁月中

1935年,刘海粟从欧洲载誉回到祖国。途经南洋一些地区时,受到侨胞们的热烈欢迎。这使刘海粟十分感慰。虽然是一己绵薄之力,一旦肩负起促进我国艺术发展的重任时,就会得到大众的支持。到达上海后,中国现代绘画展览会筹备委员会设宴庆祝,蔡元培在席间赞扬他此行的光荣与成功。1936年7月,二度欧游作品展览会在上海大新公司四楼画厅举行,反响强烈,《时事新报》、《新闻夜报》等都出版特刊作了专题介绍。其特色正如当时的一篇画评所指出的那样:“二度欧游归来,作风更益雄浑,手法更益放纵,于粗疏犷野中见真力弥漫,于无规矩法度中见规矩法度。”

正当刘海粟沉浸在艺术创作焕然一新的喜悦中,不料政治形势突变,1937年7月7日,日军制造了卢沟桥事变。继而“八一三”战争爆发,日军大举进犯上海,刘海粟由国外回来后所酝酿的完整的艺术运动计划,并促进上海美专发展的打算,不得不暂告中辍,而将精力转到难胞救济事业的抗战行动上。1939年1月,上海美专师生救济难民书画展览会揭幕,刘海粟及美专师生捐画400幅,悉数售罄捐与难童教养院建筑院舍三幢。4月,又主办了中国历代书画展览会及吴昌硕先生遗作展览会,征集海上30多位著名收藏家珍品公开展览,旨在展示先民遗迹,振奋民族精神,同时为上海医师公会筹募前方医药救济经费。12月,刘海粟应雅加达华侨总会邀请奔赴南洋。次年1月份,他主持的中国现代名画义赈展览会在雅加达举行。以后陆续运往万隆、三宝陇、四水、玛琅等地巡回展出，激发起广大侨胞的爱国热情。所得经费，全部由当地华侨筹赈会管理，汇往国内，支援抗战。

1941 年 2 月，筹赈画展在新加坡举行。12 月，太平洋战争爆发，他在新加坡沦陷前夕乘船出走，途经印尼爪哇时乘船不幸遭敌机袭击，不得不暂时栖身于爪哇，并化名罗赫，托称是古董商，匿居在万隆一位董姓华侨朋友开设的洗衣店中。当时爪哇各处传说刘海粟已被捕，为安全计，几位朋友动员他避居到近海边的米司脱小镇去。他去后，即住在椰林间一位朋友的别墅内，环境十分清静。每天写字作画固然毫无干扰，但似乎又沉寂得令人难堪。每每挥毫之余，他就焦灼地思念起阔别在上海的妻子、儿女以及朋友们，甚有度日如年之感。

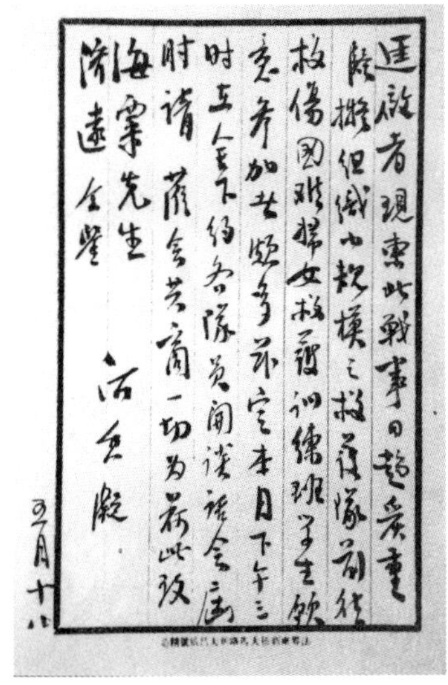
逕啟者現當此戰事日趨嚴重
際擬組織一大規模之救護隊前往
救傷因難得女救護訓練班學生
時請
蒞會共商一切為荷此致
海粟先生
何香凝
三月十八

抗战时期何香凝写给刘海粟的信

一晃 5 个月过去了。大约在 1943 年 2 月，一天清晨，他刚画好一幅红梅，正题上“悬崖标独操，绝壁抱孤芳”字句时，闯进来三位不速之客，原来是日军部特务机关的人。来者不善，其中一位单刀直入地对他说：“你不姓罗，你是刘海粟。”“也许你错认了吧？”刘赶忙辩解道。“不，绝不，你是中国著名的画家。”那家伙说着同时拿出一张刊有照片的报纸来。他们已有了详密的情报，既然如此，刘海粟便坦然承认了。临走，那人说：“刘君请你明白，你不可离开这里，你等待军部的问话。”

次日上午，日军部果然有人用车来将他载去。日军参谋丸崎大佐和华侨班班长丰岛等人，用威胁的语言，指出刘海粟假借筹赈名义，煽动华侨抗日是敌对行为，接着话锋一转，又用利诱的口吻说：“过去的事我们不算旧帐了，现在我们‘大东亚共荣’，尤其是有学问有思想的人，应该大家合作。”他们要求刘海粟参加他们的组织，刘海粟决然回绝了，他说：“我爱我的祖国，你们的组织我不能参加！”敌人的一番口舌未能奏效，最后丸崎玩弄骗术地说：“现在仍然送你回米司脱去住，你可以自由。”实际上刘海粟自此便被软禁起来。他的住处附近经常有特务出入，他当时那种压抑的心情是不言而喻的。他反复思忖着：“无论在爪哇、在上海或其他任何地方，总得始终保持亮节，忠贞不移，宁死不屈，不辜负生养自己的祖国，竭尽作为国民一分子应尽的义务。”

3 个月后，日军部又来人下达通知，要将刘海粟送回国内去。1943 年 5 月 19 日上午，日军用汽车接刘海粟到飞机场。在敌人的挟持下，刘海粟满怀愤懑登上机舱，随机穿行在阴云中，下午4时到达了上海市。

十八、“素描写出家国悲”

走下飞机，他的行李又受到一次严密的检查。日军部已派人驾车到机场等候。原准备将刘海粟径送军部，因刘感到疲惫执意要先回家，为了达到诱骗的目的，日人满足了刘海粟的要求，驱车直驶辣斐德路（今复兴中路）、吕班路（今重庆路）路口。

车抵家门，他雀跃拾级而登。他太想念渴别了四年的妻子儿女了。然而家中似乎充满了冷落凄寂，只有英伦和麟儿两个孩子迎上来。他紧紧将他们抱住，孩子们热泪盈眶，叫了一声“爸爸”。

“妈呢？”刘海粟急切地问孩子。

“到南京去啦。”大女儿英伦这样回答。

刘海粟头脑轰然。他的爱妻成家和（1933年结合）是知道他要回来的，为什么到南京去？他再问孩子：“妈妈去几天了？”英伦说：“去了两天。”

这时候他已走入客厅。厅中只剩了几张红木椅子，空立在靠墙的一边。左壁上挂着梁任公的对联，中间桌上陈列着周佛海夫妇的放大相片，上题“家和仁姐惠存，佛海、淑慧敬赠”。

工友福金从隔房进来，纠正孩子的话：“太太在上海，不曾到南京去，恐怕要离婚。”

刘海粟木然了。自从和她在新加坡分别后，他每隔一天，必给她修书一封，每周必汇款一次，直到1941年12月8日无法通讯为止。感情至诚如此，眼前的景况使他百思不得其解。

“陈公博、周佛海、萧乃震、陈彬和、岩井英一两个礼拜前还在这里吃过饭。”福金见刘海粟皱着眉在思索，便进一步说出事实。刘海粟百感交集，对福金说：“知道啦，不必多说了。”他又想起了他亲手创办的上海美专，他要福金打电话到美专将几位老同事请来。一会儿美专的王远勃、宋寿昌、黄启光、温肇桐来了，刘便询问他们关于四年来的各种情形，大家长吁短叹一番。沉默片刻，王远勃忍不住开口了：“家和回来之后，闹得满城风雨，听说他们请求日军部接你回来，为的是离婚。”

刘海粟凝思了一会，略显激动地说：“他们都是受过大学教育的人，总不会如此吧？”并接着严正地表示：“果然如此，我也不会强求不离。我素来尊重各人的人格、身体的自由，就是夫妇之间，彼此都有独立的人格。”

尽管这样想，刘海粟睡到床上后，依然辗转反侧、难以入眠，感到十分痛楚，临近天亮，才渐渐平静下来。他想：“爱是双方的，勉强不得；我既爱她，那么我更应该成全她。”

次日上午 10 时左右，金雄白律师前来。他说：“成女士委托我向你提出离婚问题，可是我心中觉得不忍，所以不愿以律师的身份，只以友谊的关系来和你谈。”

刘海粟将过去在星洲的情形约略告诉了金雄白，接着便问：“家和与我离婚后准备怎样？”“要和萧乃震结婚，”金雄白答道。

“萧是我的好朋友，我离沪去南洋，家中的事托他照应，在家和从星洲回来之前，我还写信给他继续拜托。现在他俩如其真的有了爱情，我应该成全他们的爱，因为我明白不论是谁，应该自己有自由的意志，而爱绝不是单方面的事。”刘海粟坦然地叙述着。

“刘先生，你不但是一位国际闻名的艺术家，而且你的思想、人格也如此伟大，佩服佩服！”金雄白听后非常感动。

有许多新闻记者以及刘海粟的旧友这时候都来了，金雄白起身告辞，刘海粟请他转言，希望萧、成永远相爱，一

刘海粟致金律师商洽与成家和离婚的信件

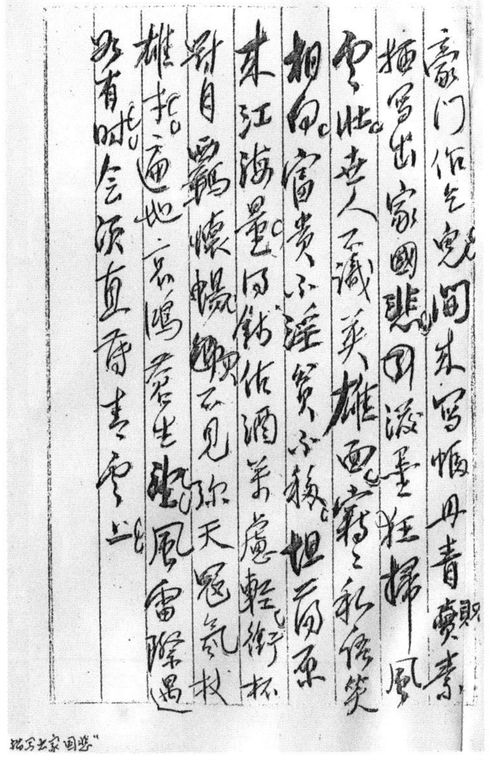

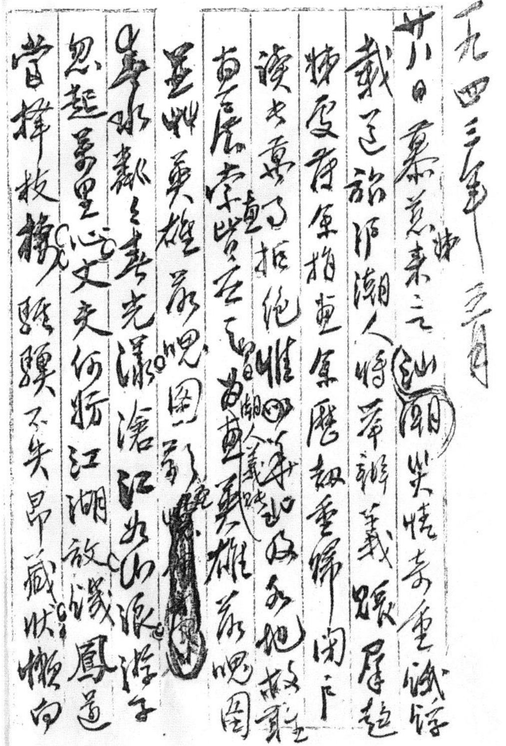

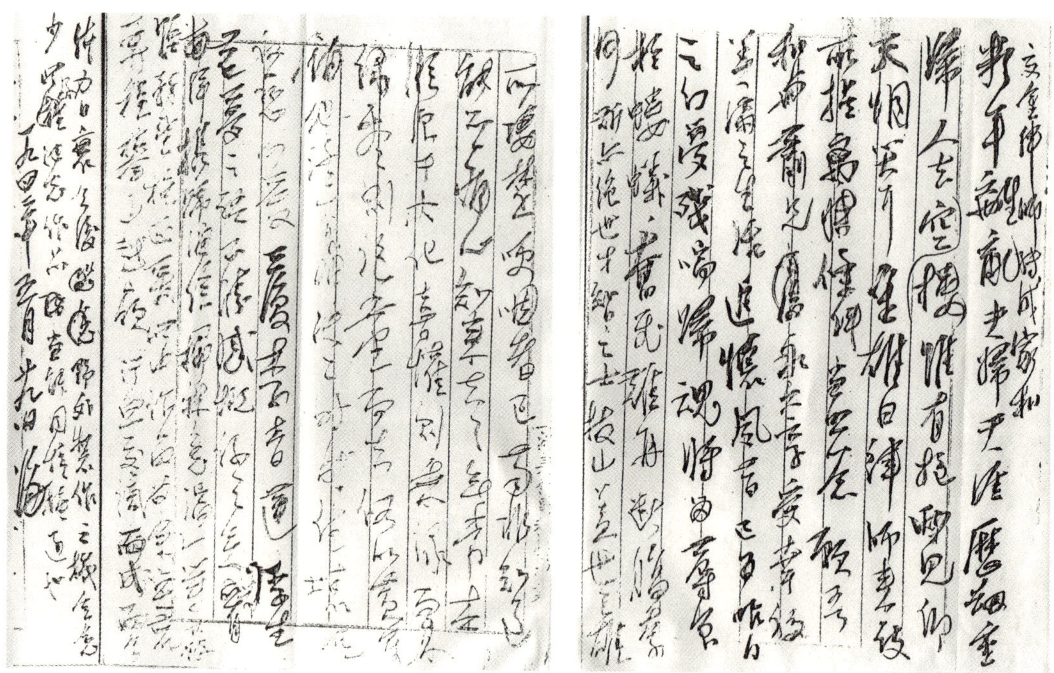

刘海粟致金律师商洽与成家和离婚的信件

切条件都不妨提出来。

记者们要求他发表对于时局及文化艺术的看法，他拒绝作答，只表示一点：今后在沪专心从事个人艺术研究工作。

1943 年 5 月 28 日，金雄白代成家和送来了离婚条件书。刘海粟看后说："希望老萧能始终如一的爱家和，女子是经不起几次波折的，其他意见没有了。关于物质的损失，一切都不计较；而存于家和处的 20 多幅油画，希望归还给我，这是汗与血交织成的纪念品，以后不可复得。"说完还托金律师带给成家和一封信："数年离乱，夫妇天涯，历劫重归，人去楼空，唯有抱两儿仰天痛哭耳！金雄白律师来谈，所提离婚条件，当照签。愿吾和与萧兄永远享其美满幸福之生活……"

这几天中，他的好友杨琪山几次来宽慰他，并言及萧的许多不良行为，然而刘海粟主意已定，态度不变。杨最后对刘说："海粟，你到现在还是一个书呆子。"

他并非书呆子，而是一位气度宽宏的艺术家。他用画笔来排除纷至沓来的断肠愁绪。感于国难家悲，他作了国画《英雄落泊图》，题诗中有这样的句子："素描写出家国悲，泼墨狂扫风云壮"，"富贵不淫贫不移，坦荡原来江海量"，以此自慰自勉。既是言志，又深刻地状写了当时复杂的心境。

十九、不受日伪的诱骗

1943年7月中旬,陈公博先后以“中日文化协会上海分会”和个人名义宴请刘海粟,均被婉言拒绝;不久又以“中日文化协会会长”的名义致函刘海粟说,“协会”公推他为“名誉理事”,刘海粟以“绝对不能担任”六个字作答复。不久日寇上野太忠登门,一开始便带有挑战性地指出:“陈会长请客,‘中日文协’推举先生为名誉理事,都未接受;委员们均认为先生是艺坛权威、文艺领袖,非参加不可!”

隔了两天,有位叫周化人的以“上海市教育会会长”名义写信给刘海粟,信中竟然声称,他已答应担任“名誉理事”并对此表示欣慰云云。刘海粟对于这种狡狯、欺诈行为,深恶痛绝,当即写一申明送《申报》刊布,但居然被他们压制下来。

长夜漫漫,刘海粟蛰居上海,深知处境弥艰。敌人的恐怖触角伸及于每一个角落,他的一举一动遭到严密的监视。无可奈何,只有让身心寄寓在绘画作品中,闭门作画,潜心于传统艺术的研究,才是当时可行的选择;于是他用几个月时间临摹并创作青绿山水,有时也到住宅附近的顾家公园写生。

“树欲静而风不止”,敌人又来找麻烦了。一天日人岩井英一前来游说:“大使馆正在计划组织一个艺术考察团,请先生为团长,去东京考察‘大东亚’战后日本艺术的动向……”,并拿出一份团员名单征求意见,在遭到刘海粟严词拒绝后,岩井带着不解的口吻说:

“刘先生,你过去三十年在文化运动、思想运动方面领导青年,为什么现在一切都不肯合作呢?”

“现在我明白,过去是错误的,一个画家应该在画室里做功夫,不必要做什么运动,发表什么文章。”刘海粟以这样的言辞答复了岩井。

沦陷区的日子令人压抑。许多关心刘海粟的朋友和学生都秘密带信劝他到四川去。但是又谈何容易!刘海粟当时深感自己为虚名所累之苦。1944年5月,他的许多朋友陆续离开上海,他心动了,打算试一试。20日清晨,他悄然拥进人声鼎沸的上海北站,他目击敌人——宪兵毒打凌辱乡民、小贩的情景,不禁涌出同情的泪水。祖国人民遭此不幸,何时能够天日重光?他乘上速度缓慢的火车直至下午5时才到达杭州。他两手提着衣箱,在人群

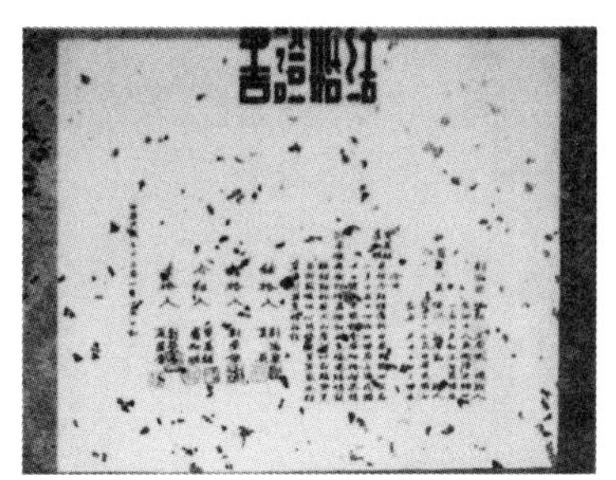

刘海粟夏伊乔结婚证书

刘海粟与夏伊乔结婚合影
（1944 年 1 月）

中挤着走出站门，这时忽然听到人迎面向他大声招呼："刘先生，你是刘海粟先生吗？"一位操北方口音的青年，走过来接过手提箱并和他握手，同时接着说："我在杭州总领事馆情报处办事，今天上午我们接到上海方面的电话，知道刘先生清早从上海动身来杭州，特来欢迎……"，他被专车送到了西泠饭店，时已傍晚，晚霞将天际渲染得片片殷红、片片鹅黄，宿鸟倦归，诗情画意浓郁。然而作为一位画家的刘海粟已无心欣赏这些，只有一句话映现在他的脑海："内行的计划彻底失败了！"在杭州虽然勉强画了几幅风景，但生活犹如笼中鸟，欲飞无门，第三天他便怅然回沪了。

到了上海，他更是足不出户，只与几位古董掮客来往，看一些书画，或拿出几幅收藏的旧画和饰物，交给他们出去卖掉，聊以度日。

敌人最后一次纠缠他是在 1944 年八九月间。有一天周佛海突然闯进他的客厅，想利用他的名声，以"中日文化协会"之类机构作招徕，再度要求他出任领导，但他矢志不渝，决不苟同，周终于受到冷遇扫兴而去。

刘海粟家庭发生变故后，就在这一年的春天，他和夏伊乔结为伉俪。在刘海粟浪迹南洋时，夏出于对艺术的追求，从刘海粟学画，师生感情笃厚。她对老师崇敬、尊重，和老师志趣相投，刘海粟的婚姻挫折，激起了她强烈的同情心，便决然只身回国，以身相许。他们在一起生活经受了各种严峻考验。特别是十年动乱中刘海粟蒙垢挨斗，无论是严寒或是酷暑，从"低头认罪"到下跪，扫街，打扫厕所，夏伊乔常常以身相代，让高龄的刘海粟免受很多凌辱和苦难。这种患难与共、肝胆相照的夫妻关系是很感人的。

抗战胜利后，国民党反动派又发动了新的内战。1948 年 6 月 5 日，上海美专进步学生包括地下共产党员在内的 8 人，被逮捕关进提篮桥监狱。刘海粟得知后十分愤慨，当即和当时的上海警备司令宣铁吾交涉，表示抗议，要求立即释放，并不顾一切亲自到监狱探望被捕的同学。在社会正义舆论支持下，受捕学生终于被全部释放。

二十、灿烂的阳光和阴影

1948 年冬天，时值上海解放前夕，物价上涨，民不聊生，社会秩序特别混乱。学校被迫停课，在美专校内就餐的一百多名学生，面临着断炊的威胁，从而给地下党支部要求学生留校、巩固学生会、准备迎接解放带来困难。形势令人焦虑，学生会干部与地下党的同志，便将这一非常情况急切地向校长刘海粟反映。刘海粟深为同情，当即慷慨挥毫作画，售出后换来大米、小菜，换来“袁大头”银元，伙食团终于继续存留下来了。

留校学生的生活有了保障，他们便以更大的热情，积极参加迎接解放的各项活动。

1949 年 5 月 27 日，上海回到了人民手中。第一天报上便刊登了上海美专学生如何欢欣鼓舞迎接解放的新闻报导；伴随着胜利的歌声，由上海美专绘制的巨幅毛主席画像，屹立在“大世界”高高的楼房上。灿烂的阳光驱散了天空的阴霾，新的政权诞生了。刘海粟情不自禁，与师生员工举杯同庆。他眼前有了指明灯，不再在茫茫黑夜中探求、摸索，他把在旧中国不能实现的愿望寄托于新的时代。

1952 年，全国高等学校院系调整。上海美专与山东大学艺术系、苏州美专合并，在无锡建立了“华东艺术专科学校”，年近花甲的刘海粟，被中央教育部任命为校长，他激动、感奋得彻夜难眠。当时新任上海市市长的陈毅同志对他亲切地说：“你挂个名好了，要在新中国更好地发挥你的创作才能，到各地去看看、画画嘛！”他没有辜负领导的期望，怀着对祖国无限热爱的赤子之心，解放几年来，迈步

50 年代刘海粟与夫人夏伊乔

去华北、西北、华东、华中等地区体验生活，写生创作。在无锡作国画《太湖环翠》，游北京作油画《颐和园》、《八达岭》，漫步苏州洞庭，写成国画长卷《莫厘缥缈图》，又作油画《震泽渔村》；赴西安作国画《骊山图》长卷……，真是激情盈怀，画笔日作不辍。特别是严冬深入安徽梅山、佛子岭水库工地，在零下十几度的气温下坚持写生，彻骨的寒冷在所不顾。有时则于烈日燃烧下挥毫弄墨，《铁船峰望玉门涧飞瀑》的创作，就是汗水的记录。那天作画连开水都未沾唇边，披着酷暑连续写生 6 个小时，次日臂膀上的一层皮全脱了。

倍增的干劲，使他在解放后的短短几年中，创作了近两百幅油画、一百多幅国画。1957 年 3 月，由美协上海分会主办的《刘海粟国画、油画展览会》，就是这一阶段成绩的集中体现。那次展出国画 69 件、油画 125 件，观众反映强烈，交口赞誉。

正当他精力充沛、可以充分施展才华与抱负的年代，不料在 1957 年下半年，帮党整风时，因对华东艺专迁校西安持有异议，被污指为妄图“复辟刘家店”；加之在“鸣放”时他尖锐地批评了苏联画派，并对我国的艺术教育提出了强烈的意见，而被错误地划为“右派分子”，一下沦为“二等公民”，校长的职务同时失去。从此，迎来的是社会冷遇，拥抱的是世事之外的萧条。他纳闷、惶惑，不明时政中的奥秘，只有激励自己在墨海中立定精神。在此后画的一幅《墨梅轴》中，他题写了“不是一番寒彻骨，那得梅花扑鼻香”，以状写自己受屈后的傲骨精神。在门可罗雀的那一特定阶段，心灵反而净化起来。他专心致志，或在家认真临写散氏盘、毛公鼎和狂草，或画画遣兴，或置身上海博物馆观摩历代名画真迹，在书画艺术中找到慰藉。

刘海粟（1953 年 6 月长城脚下）

颇为不幸的是，1958 年他得了中风症。当时华东艺专已由无锡迁至南京，更名南京艺专（次年即成南京艺术学院），他由沪至宁参加学校知识分子交心活动，开会间隙做广播体操时突然晕倒，当即被送到解放军八四医院抢救、治疗。他是位闲不住的画家，稍感病愈，1960 年便开始握管作画。第二次中风复发于参加上海文艺界座谈会的 1963 年。那天天气闷热，坐车时已觉头昏不适，会上因头脑胀痛而没有发言，散会时刚刚立起便跌倒下来，送到华东医院治疗、调养后，不久便恢复了健康。两次中风竟然奇迹般地未给他带来任何后遗症。他曾得意而诙谐地对人说："我有'四得'，故百病可除。四得为：放得下、睡得着、吃得下、拉得出"，这里透露了艺术家宽广的胸怀。当第二次中风还未彻底好转时，他又扶杖到公园写生去了，在国画《红杜鹃花轴》中题词道："最爱无花不是红，艳阳凭借有东风"，乐观的神采，溢于字里行间。

二十一、在"文革"逆境中

风云突变，一场全民性的劫难席卷而来。1966 年开始的十年动乱，对于有"右派"前科的学术权威刘海粟，毫无疑义会被作为专政的重点对象。在"大破四旧"、"横扫一切牛鬼蛇神"的社会狂吠声中，他被扫地出门，全家人一起棲身到别家两间阴暗的地下室内。在那腥风血雨的岁月，他的家被抄了 24 次，损失物品 20 多箱，抄出的书、画，焚烧了整整 5 个小时。当他看到珍藏的字画和自己的作品被无情的火焰吞没时，忍不住老泪纵横，这是几十年心血的结晶啊！

以后的日子怎么过？开始几夜，他实在难以入眠，心情抑郁而悲恸。但他毕竟是位能解脱自己的艺术家，他想，身处逆境，接受艰苦生活的考验并不难，难的是控制感情，在遭到不公正的待遇时要能够"制怒"。不然精神一崩溃，肉体很快随之毁灭。他想到了曹操随遇而安、逆来顺受的话语，想到了诸葛亮淡泊明志、宁静致远的言词，心地豁然了。他要利用宾客不来的难得时机写字作画、修养身心。权将书画当作特殊"气功"，"天行健，君子以自强不息"。

那时他的住处没有门，他忠实的老伴夏伊乔用几块油画布和破箱子把小屋一分为二，并经常坐在入口处，替他"看风"。屋内没有桌子，他便俯身于地上写字作画。有找岔子的登门，夏便大声叫道："老头子呀，头还疼么？起来吧；×××同志，您请坐，我喊他一声。”刘一听“警报”，立即收摊，然后出来答话。这样做总算未招来麻烦。

他忘不了一位好心的女学生，从旧货店帮助买来了一盏旧台灯，火光照亮了陋室，也温暖了他的心，他画得更起劲了，把一切烦恼暂时置之度外。

1968年春，他奉命搬回旧居四楼顶上一间堆放破烂的小屋中，满地狼藉，躺着撕坏的书刊、碑帖、古画。祖国的传统文化遭此厄运，令人断肠！他抑制住自己的悲愤，从中找出一本残破的《群玉堂帖》，内有米芾写的《学书》一章，便用破笔旧纸临了一遍，别具风味；接着又临写了《毛公鼎》和《散氏盘铭》，那段时间也写了狂草、行草，还画了不少画。有次创作了一幅水墨意笔《渔翁图》，画一渔翁盘膝斜倚在溪边石碛上，溪侧小船上搁着一根渔竿，内涵渔翁失业之意。题诗云：“行藏山水双蓬鬓，啸傲乾坤一布衣。抛却纶竿坐终日，清风明月伴渔矶”，沉痛语言以恬淡出之，发人深省。

1971年冬，刘海粟又一次蒙受更大的垢辱。因所藏旧书报中被搜得载有蓝苹（即江青）丑闻的旧报，遂被定为“现行反革命分子”，并受到大会批斗。他感到这莫明其妙的打击十分荒唐，批斗会后坐卧在床上神情有些茫然。老伴夏伊乔安慰着他，使之心境舒坦了些。司马迁、苏东坡等历史人物在逆境中的奋发事迹又映现在他的脑际，真是英雄自古多磨难。这时传统文化中两句策励自己的警句不禁脱口而出：“宠辱不惊，看庭前花开花落；去留无意，望天上云卷云舒”。他还写下了一句话叫“不发脾气要争气”，他相信历史会给他作出公正的结论。

不久，他又恢复了作画写字的习惯，并且着意探讨中国画的创新之路，尝试泼墨、泼彩等多种新手法。1972年暮春写就《荷花轴》，题云：“用墨难，施水更难，秃笔病臂写雨中荷花，虽点画烂漫，而真气流衍。”显然这里既有艺术的见地，还隐含着他对人生的求索。

艺术创作的收获，使他的精神抖擞。1973年4月20日他在给新加坡周颖南的信中说：“我强烈地想作画，只要体力许可，我就动笔画，创作是无休止的。我告诉您实话，没有劳动和辛苦，决不能得到真善美的东西，因为这是一定的规律……不息劳动创作，能够使您伟大，而享受到真正幸福。”

1975年“四人帮”在反击所谓政治上的右倾翻案风时，掀起了批“黑画”的狂澜。刘海粟再次无端被牵连。他所写的草书杜诗《秋兴八首》，内中有“夔府孤城落日斜，每依南斗望京华”句，被附会为“梦想台湾蒋氏复辟”；他所画的《黄山始信峰》国画，内中题跋有“到此方信，岂有此理，不可思议”，此为古人颂扬黄山句，被武断谬斥为“又一次攻击文化大革命”。这次他遭到批判后不禁哑然失笑，笑那些不学无术、指鹿为马的家伙！当时，有位好心的学生悄悄对他说：“如果把先生的‘黑字黑画’示众，一定会引起震动！”刘海粟哈哈大笑起来，回答道：“艺术品只怕封，不怕‘示众’！不管‘红’展、‘黑’展，真正的艺术品是不朽的！”

1975 年刘海粟作画情景

“四人帮”倒台前一年，他过 80 岁生日，作了一幅《设色云山图》，题曰：“乘兴泼墨泼彩，神韵无毫差，视余豪气犹昔，他日未易量也”；那次同时还口占一首七律，其诗句如“五洲行遍犹寻胜”，“且揩双眼看沧桑”，字斟句酌，处处洋溢着对前途的乐观情绪，预感着寒冬将尽，春神降临神州大地的日子为时不远了。

二十二、“今日荷花别样红”

十月一声惊雷，“四人帮”被钉在了历史的耻辱柱上。已届耄耋大年的刘海粟，艺术激情宛如决堤之水，倾泻奔腾！他笔耕墨耘不事稍息。1977 年题画署名还加上了“年方八二”，说自己“才刚刚八十二岁”，何等乐观！分明青春重返了。“毕竟西郊八月中，风光不与四时同，接天莲叶无穷碧，今日荷花别样红”，轻盈抒情的节奏，是他那年 9 月初去西郊公园写生时的心境。他在给一位教授朋友的信中说：“……这几个月来，我兴奋地画了很多画，是我极力创新的。……我在创作的激狂中，在工作室里作了将近四个月的画，有时一天写三四幅，有时苦思周匝，五日一水，十日一山。紫藤、红梅、白凤、大鹏、荷花、葡萄、奇峰、急流……往往每幅都要经过五六次之多的泼墨泼彩。完成后题上诗跋，时而狂草，时而行楷，自己张挂起来，大声呼叫，得意忘形……”很显然，政治上的雪消冰融，已经打开了海粟老人的创作闸门，其势澎湃，不可遏止。

1979 年，他的“反革命”错案被彻底平反；错划的右派，被予以改正。6 月，增补为政协全国委员会委员。10 月，再度出任南京艺术学院院长，出席了中国文学艺术工作者第四次代表大会，并当选为全国文联委员。

同年 6 月，中国美术家协会、中国美术馆、中国美术家

80年代初刘海粟于南京艺术学院挥毫书写情景

协会上海分会联合主办的刘海粟绘画展览会在北京中国美术馆揭幕，观众反响强烈。美国著名喜剧演员鲍勃·霍普愿以高价购买12幅，为“中美友好、文化交流”计，经文化部商定，刘老同意出让两幅——中国画《牧牛图》和《重彩牡丹》，获酬金7万元，全部献给了国家，他兴奋地表示：“在我有生之年，此心耿耿，继续努力，进一步为祖国作出贡献。”“刘海粟”，这个沉沦了的名字，在艺坛又开始再现他的光辉。

展览11月份移至南京展出，旋又于次年1月份展出于上海美术馆。当时《解放日报》、《文汇报》都曾以整版篇幅介绍了他的艺术成就。意大利国家艺术学院鉴于刘海粟艺术的世界影响，于1981年7月聘任他为该学院院士，并给他颁赠了金质奖章；同时，还荣获了意大利艺术大学功勋艺术证书。对于这些，海粟老人激动而深情地说：“艺术是属于全人类的，荣誉是属于祖国的。”

“老骥伏枥，壮心不已”，他没有就此停止自己攀登艺术高峰的步伐。而是驰南奔北，不停顿地挥舞画笔。1982年上半年，他曾南游闽粤。出发不久，在厦门欢度了春节。辛酉除夕宴庆之余，刘老不禁怀念起张大千等在台湾的友人来，即兴赋诗一首：“岁月堂堂又及春，每逢佳节倍思亲。长桥若可连双峡，我辈甘为担石人”，可谓情真意切，激人共鸣。刘海粟与夫人2月14日离开厦门经汕头赴广州。在汕头小憩正逢上乍寒乍暖的早春时节，他要去拜会一下风景优美的妈屿。妈屿在汕头市东面，是汕头港的门户。他去那里写生时适有零星小雨，而海老兴致却不减，徒步登上六角亭，纵目观看苍茫海景，白帆点点，海鸥翱翔，使他如痴如醉，当即作成油画《妈屿潮音》，表现了“天风海涛曲未终”的意境。到广州后，为了摄取南国风光，他曾在街头伫立两个小时，用油画笔捕捉燃烧的红棉丰姿。人们劝他休息，他说：“不累，站着画笔力更劲健。”

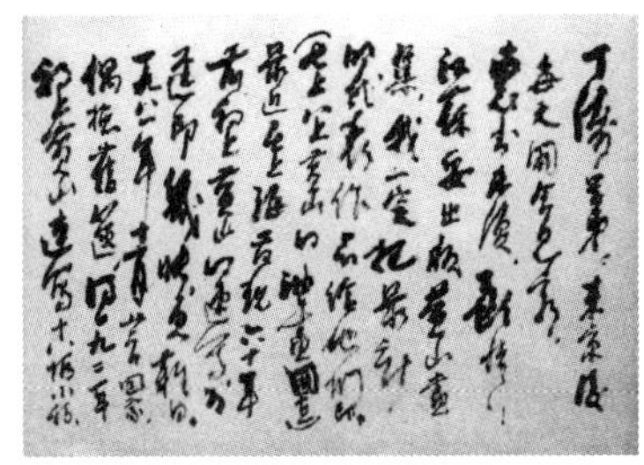

上世纪 80 年代初刘海粟写给丁涛的信，介绍其 1921 年初上黄山作速写小稿等情况（之一）

在应邀赴山东举办个人画展的同时，他曾连续两天，驱车到泰安岱庙，对景当场写生，以苍劲的笔力，画汉柏四巨幅。其中一幅题诗云：“一管擎天笔，千秋动地歌，贞心凝铁石，风雪发虬柯”，其神韵气概，殊属罕见。

到 1982 年，海粟老人从事艺术活动整整 70 年。上海、广州、汕头等地相继举行了庆祝活动。12 月 25 日，江苏省高教局、文化局、文联、美协江苏分会、南京艺术学院和省美术馆，于南京联合举行了庆祝会。海粟老人红光满面，他十分感谢大家给予他的尊重和荣誉，他表示自己还是个小学生，仍要不断努力，他说：“题画中用的‘年方八七’，不光是不服老，也有仍在学习的意思，学问无止境，艺术无止境！”那次庆祝活动，全国美协副主席华君武、书记处书记彦涵，中国画研究院副院长黄胄等，专程从北京赶来参加。会议一直沉浸在欢愉的热浪中。会上有人朗诵了海老那首掷地有声的近作《金缕曲》：

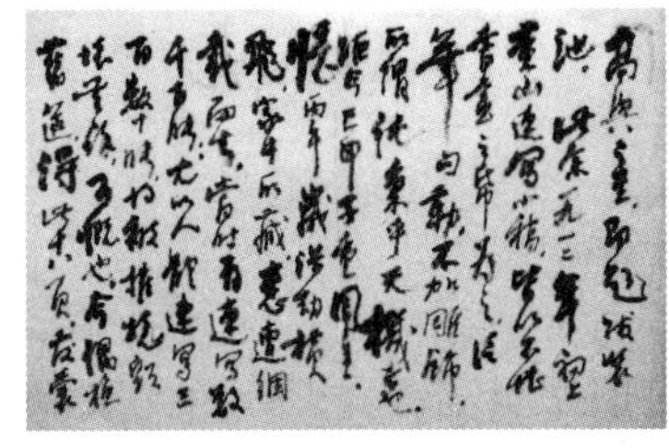

上世纪 80 年代初刘海粟写给丁涛的信，介绍其 1921 年初上黄山作速写小稿等情况（之二）

浪迹乾坤外。历沧桑，平生阅尽，陆离光怪。青梗峰前奇石古，历劫巍然不坏。从入世，曾经沧海。港沪缁尘衣尽染，呈才华，赖有通灵在。凭一字，万金卖。

休嫌鬓上韶华改，八十七，灯辉月满，而今刚届。天上人间长相照，犹记米颠下拜。忆往事，何须增慨。笔墨淋漓吾岂老，关难偿，不尽丹青债。身幸健，志高恺。

在这里，艺术大师艰辛的成长历程和晶莹博大的胸襟，被极为生动、真实地状写出来。

唯其“身幸健，志高恺”，1983 年，88 岁高龄的刘海粟，才可能以整整一个夏天的时间，用酣畅的笔墨、艳丽的色彩，为钓鱼台国宾馆创作完成了巨幅国画《曙光普照神州》。当时的国务院总理赵紫阳和国务委员谷牧到钓鱼台看望海粟老人及其作品时，不禁连声称赞：画得好、很有气魄！

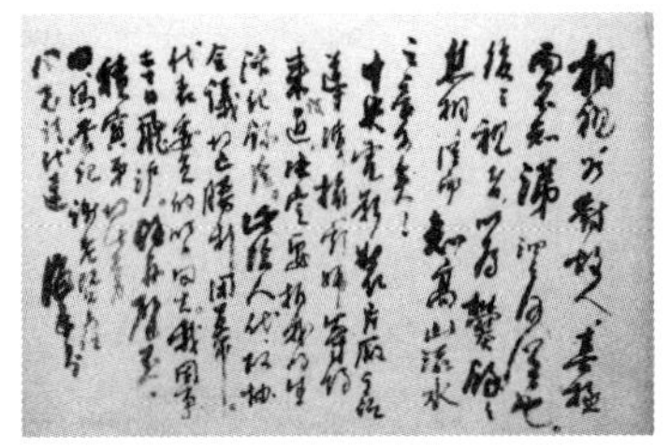

上世纪 80 年代初刘海粟写给丁涛的信，介绍其 1921 年初上黄山作速写小稿等情况（之三）

二十三、九上黄山绝顶人

《曙光普照神州》，是瑰伟雄奇的黄山写照，是海粟老人钟情祖国壮丽山河迸发出的心灵火花。从1921年他第一次踏着曲折草径攀缘黄山，到1982年九次登临，为画史构筑了奇迹。

初访黄山时的甘苦至今还深深地储存在他的记忆中。当时他和家住歙县的一位美专学生同行。自汤口出发先到桃花溪，三里之外便听到涛声轰鸣。鸟唱泉和的幽径去处，神往中使他们加快了步伐。蜿蜒的小径，茅草、刺条毫无顾忌地破人衣衫。有时需要躬着腰身，抓住树根秋草，慢慢攀缘。早晨出发，下午2时半才爬上鲫鱼背。两人的衣衫透湿，坐在巨石上气喘如牛，"狼狈"地相视而笑。鸟瞰崖下，群山拱服，一片瀚海；天海小平原被云烟推出，翠碧如洗，啊，美极了！爬山的疲劳，一下子被驱散掉不少。刘海粟用毛笔急忙勾勒了这魅人的倩影，算是为黄山的第一次也是很有回味意义的写照。

第二次上山，沿途赶路从容，在屯溪、歙县都曾经小住，还画过秀美的十六孔白玉石大桥。

现存最早的黄山之作是1935年所画。其中一幅《黄山松》的题跋记录了当时的情状：

> "乙亥十一月游黄山，在文殊院遇雨，寒甚。披裘拥火犹不暖，夜深更冷，至不能寐。院前有松十数株，皆奇古，刘海粟以不堪书画之纸笔写其一。"

另有一幅《孤松》，上有陈独秀富有哲理的题识特别引人，跋曰："黄山孤松，不孤而孤；孤而不孤。孤与不孤，各有其境，各有其用。此非调和折衷于孤与不孤之间也。"

一年之后刘海粟四上黄山，"大寒游黄海，不唯人烟绝迹，飞鸟亦罕"。这里呈现出来的一种荒空之境，给他的画面提供了另一种意趣。

五上黄山的画，已经全部丢失。他印象较深的一幅画是《梦笔生花》，那时"笔"尖上不止一株小松，而是一丛小树，姿态多端，宛如小而精绝的盆景。

第六次登临黄山已是解放后的1954年。大师在散花坞和玉屏楼一下便耽待了三个多月。魂萦梦系，激情喷涌。这久别的奇松、怪石、云烟、飞瀑，一旦重逢，令他更为陶醉。当时他精神昂奋，健步徐行直达云谷寺。旋又驱步

1982 年刘海粟在黄山写生

北海。那一阶段，每天启明他便出门，或在清凉台上眺云海，或去始信峰巅候日出，或到光明顶上写起伏的山峦。入暮云光叆叇、翠雨空濛。他常和结邻的丁玲、戴岳、陈登科、李可染等友人闲步林间幽径，或在阳台闲话，看云入窗户，月上山尖。

他曾经屹立在狮子峰上，欣赏西海群峰上的落日余辉。发现凹凸不平的峰峦，披麻、解索、斧劈，皴法纷陈，他恍有所悟，中国的传统山水画，不都蕴含着顽强的现实主义精神吗？一切技法正是源于大千世界啊！将奇松、怪石、云海、飞泉，从不同的角度，用不同的手法大量收入笔底。他国画油画并举，镜头迭变，收获颇丰。除中国画《西海门图卷》、《黄山人字瀑》、《清凉台》和《黄山纪游》外，还有不少油画作品，如《黄山散花坞云海》、《玉屏楼望天都峰彩云》、《黄山西海门》等，两个画种，一种情怀，在艺术魔力下，表现上时见相互渗透之趣，且处处高扬着博大的民族气派！

人世沧桑，转眼 26 年过去了。他七上黄山时已到了 1980 年的夏天。他带着无限喜悦的心情，在有关同志陪同下踏上了黄山的征程。离宁后经芜湖、泾县，沿途兴致勃勃地参观了采石矶、太白楼、芜湖工艺美术厂、泾县宣笔厂和宣纸厂，受到热烈欢迎和盛情款待。登上太白楼时，他大笔一挥而成“静宇江天”四字，并题了“丹青不知老将至，天地常在壮观间”等联句，情怀沉壮，气势雄健，为主人所称赏。

7 月 18 日他到达黄山。渴别多年的故友终于重逢了，激情润湿了眼角，往事涌上了心头。“昔日黄山是我师，今日我是黄山友”，长期以来在艺术上他受到黄山很多恩惠，这次见面怎能不紧紧拥抱呢！次日他便坐在观瀑亭的石凳上奋笔挥洒。“蛰龙翻空翠涛响，玉虹吐雨秋波爽”，自千仞石壁倾泻而来的百丈泉直冲画外，注入了海老的心田。他画笔不停，连日来写就《白龙潭》、《青鸾舞雨》、《莲峰紫霞》、《云谷晴翠》等多幅作品，国画、油画同时并举。每日稍暇，还常与谢海燕等人切磋论艺，研讨国画泼墨泼彩新技法。

八上黄山之前，有人问他：“您已经 86 高龄了，还能上险峰么？”他兴奋地回答说：“感谢朋友们的好心。上山这件事的本身，就是为了要和我自己较量一番！”1981 年 7 月 31 日，他毅然第八次登上了黄山。

一天中午，海老攀清凉台写狮子林烟云，太阳炙热，有一位由广州来的七十余岁的旅客，见此情景，惊奇而感动，主动撑起自己的阳伞给海老遮挡烈日，同时赞不绝口地说：“老当益壮，不愧为我辈的榜样。”有次在海拔 1840 米的光明顶气象站写天都峰夕照，时已近晚，山风飒飒，凉气逼人，他一直画到夜幕垂帘方才收笔，归途漆黑，只能借助手电筒微弱的光亮前进，帽子也被树枝刮了下来，海老对陪伴者笑着说：“真有兴味，有诗意！我游历过欧洲不少名山，没有比得上黄山美好！”

在写生之余，他几乎每天晚上都要和陪同的青年画家谈艺论画或接待来访者，“散花精舍”内经常洋溢着海老爽朗的笑声。中秋之夜，月明几净，他与夫人夏伊乔以及青年画家等 11 人共聚一堂，合作巨幅国画以志庆贺，最后海

刘海粟于黄山作画情景（1981 年）

老挥毫题记云："百花齐放，日新又新，锲而不舍，百年树人。"

1982年他以87岁高龄第九次攀登黄山。两个多月的艺术劳动，使他的住处挂满了新作。知名作家曹禺和吴祖光以及美籍生物学家牛满江教授都曾顺程登门拜访，他们很钦佩海老这种献身于艺术的坚韧不拔的精神。他的黄山之作，有的如电影宽银幕镜头波澜壮阔，有的像隽永的抒情诗篇，丝丝入扣，出神入化，令人荡气回肠。

海老的一首"七律"唱出了他九上黄山的心曲："黄岳雄姿峙古今，百年九度此登临。目空云海千层浪，耳熟松风万古音。莲座结跏疑息壤，天都招手上遥岑。一轮独爱腾天镜，中有彤彤报国心"。这是多么博大而赤诚的境界啊！

二十四、香港的足迹

刘海粟与香港感情殊深。早在1935年6月旅欧主持《中国现代绘画展览》后，返沪途经香港，就受到过香港美术界的热烈欢迎，宴请席上，人们提出要求，竭诚希望他来港举行画展，后因事冗一直未能实现。每想及此，刘海粟便有负疚之感。

刘海粟于黄山作画情景(1981年)

物换星移，一种温润的精神气候在流行。1977 年 8 月，刘海粟的亲属故朋，如刘英伦、周良复、罗忼烈、饶宗颐、周颖南等人，率先在香港大会堂高座八楼举办了《海粟老人书画展览》，展出诸家私人收藏的国画、油画、书法作品 70 多件，大师的毫端辉光终于铺陈在香港艺坛。观众欢欣雀跃、川流不息，《华侨日报》评论说："老人之老当益壮，魄力健存……功力已臻化境，令人深为钦佩！"

海粟老人亲临香港主持个人书画展览，则是在 1981 年 1 月，陪同前往的还有当时江苏省文化局副局长郭铁松和南艺副院长谢海燕等人。这次展览系由新鸿基（中国）有限公司主办，集古斋赞助。1 月 6 日揭幕那天，大会堂低座展览厅气氛热烈，观众挤满了大厅。刘海粟红光满面，在夫人夏伊乔和子女陪伴下，与来宾频频握手致意。他兴致很高，一再表示自己数十年来致力于艺术的创新，今天仍在继续，希望大家看后多提意见。展出的 150 多幅作品，上达 1922 年，下限 1980 年，生动地展示了老人半个多世纪以来的创作历程。特别使观众驻足赞叹的是后期深入开拓的"泼墨""泼彩"山水、花鸟画，它铸溶了中西画法之长，而明显地突破了传统国画的程式。

刘老到香港后一直很忙。除了主持展览，曾应邀去香

刘海粟 1981 年应邀赴香港举办画展，在文华大酒店举行新闻发布会

1981 年在香港展览会上与包玉刚、李嘉诚在一起

港大学、中文大学等院校作学术演讲,每天还得接待众多的来访者。

一天,有人叩门,带来了老朋友张大千先生从台湾写来的信和画册,张大千信中措词热情,并说:“这本画册还没有出版,首先送给你大先生”,刘海粟深为感谢,昔日的友谊腾地浮现在眼前,他托那人带信,希望大千先生能到内地来观光,也好畅叙别后之情,还可以联合举办画展。那人回答说:“他本来要来看你,他不能动,身体没有你好。”老人爽朗地大笑起来,说:“请转告大千先生,我辈都要为祖国尽早统一效微薄之力,到那时一切都好办了。”

没过几天,刘海粟的侄儿、台湾著名美术家刘狮,携同儿子、媳妇、孙子特地赶来。见到刘海粟老人后全家扑通跪下,声泪俱下地说:“我们对不起你老人家,使你受我们牵连,在大陆吃了许多苦头,被共产党搞得家破人亡……”,海老不禁一愣,忙说:“不对,不对,家未破人不亡,我现在不是好好的吗!”刘狮镇静了一下:“九叔,你不是被抄家、批斗、扫地出门了?这些辛酸事,我们全知道啦!”老人听后激动起来:“那是‘四人帮’干的!‘四人帮’不是共产党!我们这个中央英明极了,这个你们要区别开来。那批家伙不光迫害我,连最重要的共产党员刘少奇、彭德怀、贺龙同志都被他们迫害了!现在我来,是共产党

1981 年在香港新鸿基公司主办的“刘海粟书画展览”上为开幕式剪彩

叫我来的。”海老接着还神采飞扬地讲述了他最近一系列的艺术生活。一番话完全出于刘狮意料之外,他惶惑了,短暂的沉默使他转换了话题,绘声绘色地描述起台湾豪华的生活来,并说张大千在台湾就有 15 幢别墅,等等,求老人到台湾去安度晚年。老人一听纵声大笑:“15 幢算什么? 在大陆到处都有我的别墅——每到一处,各省市的大宾馆都会热情接待我。”接着又说:“刘狮啊! 你不妨到大陆来看一看嘛。地大物博,将来四化建设成功起来,这是世界上第一流的社会主义强国! 你们叫我到台湾去,我要去,但是要保证我能回到大陆。”侄儿没有说动叔父,却被叔父触动了游子之心。

2 月 19 日,又有人来拜会刘海粟,再次恳切邀请刘海粟赴台。并说这事可由老人的故交——台湾故宫博物院院长蒋复聪出面,手续蒋先生一手办理。海老立即爽快地答应了,“但要有个条件”,老人声若洪钟地接着说:“我要光明磊落地去,台湾当局也要保证我光明磊落地返回大陆,我要看许多朋友,统统要去看!”后来台湾当局的答复是:“去了要回来,还要公开宣布,答应不了。”海老一听又哈哈笑起来了,老人笑他们目光短浅,笑他们心怀叵测……

刘海粟的这次画展,按事先规定重价售出了 20 几幅作品。老人没有因此中饱私囊,而是将所得无私地奉献。他在港给南京艺术学院领导发出的电报中说:“我爱祖国、爱南艺、爱下一代,画款港币一百万元献给国家,愿望悉数

1981年刘海粟在香港中文大学讲学

拨给南艺，三分之一作为奖学金，其余购买图书、器材。”作为祖国孕育的儿子，他袒露了自己的一颗忠心！

展览会上还有刘海粟以雄健的笔力题写的“精神万古，气节千载”，联句，原属非卖品，而画展顾问包玉刚却爱不忍释，竟以十万港币购去，这事传为“一字万金”的佳话。接近春节时，他挥毫写就了“福寿”两个大字，又被一位潮州籍的许先生商购而去。有人对他说：“刘老呀，你写一百张不就有两百万嘛”，老人笑着答道：“我不是来卖画卖字的，目的要宣传祖国的文化艺术。画家不要光盯在钱眼上，要惜墨如金。”言简意赅的几句话，响亮地反映了中国正派艺术家不为金钱所惑的可贵品格。

二十五、名古屋行旅

台历翻转到1984年6月8日。

以刘海粟教授为团长的江苏书画家代表团一行6人，应中部日本书道会的邀请，来到了名古屋。这是一座整洁、美丽的城市，近十五年有了长足的发展，处处给人以新颖的感觉。他们被安排在市内最大的饭店观光大厦住宿。在那里，中部日本书道会安排了隆重的欢迎仪式。晚上的宴会气氛更为热烈，与刘海粟同样高龄的书道会会长桑原干根，特地赶来参加，并发表了热情洋溢的欢迎词，对中国江苏书画家代表团专程参加中部日本书道会创立50周年纪念活动，表示深切的谢意。刘海老在祝词中说，1919年他东渡日本，旅程长达15天，今天不到2小时就到达，今非昔比，让人感到两国一衣带水，格外亲近。他希望中日两国人民在文化艺术方面有着更多的交流和合作。

次日，天气分外晴朗，刘海粟等人去爱知县美术馆参观展览。这座文化建筑风格别致，宛如放大了的玉雕艺术品，点缀着名古屋的市容。馆内的展览厅宽敞、明亮。《南京艺术学院名誉院长刘海粟教授书画展》和《江苏书画展》计有 64 件作品，被陈列在一、二两室；700 多件书道会部分会员的作品，则布置在其他展室中。这些凝聚着中日传统文化的书艺珍品，经过精工装裱，显得分外典雅美观。

6 月 10 日那天尤其令人难忘。室外，阳光灿烂；室内，人们在欣赏着瑰丽、神奇的《绘画大师刘海粟》大型电影纪录片，影片展示了海老九上黄山的光辉业绩。看完电影，稻垣菘圃先生激动地说："通过这部电影，先生们一定能够十分清楚地看到刘先生是一位伟大的世界艺坛巨人！比国宝还重要的刘先生，在百忙中特地赶来参加书道会纪念活动，没有比这个更使大家高兴的事了。对此，我再一次表示衷心的谢意。"讲到这里他已热泪盈眶，在座的很多人眼睛都湿润了。友谊的纽带，正在伸延……

艺术交流的书画挥毫盛会，更使友好的热浪推向高潮。宽敞的宴会大厅内，三张特大的挥毫台并立着，中间一张，上铺红毡，两旁的桌子则以黄毡覆盖着。衣着多彩的观众，布满四周，洋溢着喜庆气氛。挥毫开始，电视台和报社的摄影记者们，紧张而忙碌地攫取镜头。中国代表有 5 人参加了表演。海粟老人带头，他从容握笔，在红毡台上泼墨写成《鲲鹏展翅图》，气势磅礴、雄健。这时场内观众掌声雷动，经久不息。两侧表演台由夏伊乔、陈大羽、尉天池、郁宏达挥写，中部日本书道会部分成员也相继即兴挥毫。在表演场地的另一侧，电视录像几乎在同时放映着挥毫的实况。祝贺会的晚宴上，随着舞步乐声，宾主之间交换了书画作品。当海老的作品在热烈的掌声中展示时，稻垣菘圃先生又一次激动地说："刘先生留下的杰作不仅是中部日本书道会的宝贝，也是名古屋的宝贝，更是日本的瑰宝。"

6 月 11 日，他们一行由名古屋到达东京。受到我国驻日使馆宋之光大使及其夫人等人的热情款待。日本著名画家平山郁夫，也应宋大使邀请提前来到使馆。共进午宴时大家谈得十分高兴和融洽。会上，平山郁夫还和海老愉快地商定，不久将于东京举办刘海粟画展。平山主动提出，将准备为自己搞展览的场地，让出来给海老（日本展览须预约二年）。他说："您 57 年前在东京搞过画展，半个世纪过去了，57 年后再办，是世界罕见的。"

下午5时半，他们离开使馆，去京王饭店下榻。日本南画院院长76岁的片桐白登先生已恭候了两个小时。遇见后兴奋地说，到中国访问刘先生五次都没有见到。刘老的《黄山纪游》画册，他认真地临摹在两本册页上，一本以线条为主、一本以泼墨为主，现在特地来请刘老指教。刘海粟深受感动，当即在画册上题写“得一知己终身无憾”句，同时动情地说：“中日友好世代永相亲，传无极。”

14号上午，刘海粟一行，在京都有幸瞻仰了周总理1919年于岚山留下的诗草石碣。石碣上铭刻着总理的光辉名字，这不正是中日人民历史上友好的见证之一吗！海老颇有兴致地告诉大家，他也曾于1919年到达岚山，真可谓历史多巧缘。这时他不禁想起了30年代与总理的交往。虽然往来不多，然而印象很深。周总理曾住在上海思南路，有天晚上专程到刘海粟家作客，并说：“您是一位爱国的画家，所以外国人很尊敬您，我想中国的老百姓也一定敬重您。”这些话使刘海粟至今受到鼓舞。后来直到1954年，周总理才有机会和刘海粟叙谈，在总理启发下，他懂得了为人民服务的道理。想到这里，无限怀念之情油然而生。

在日本他们还游览了金阁寺、南禅寺，领略了日本古老的民俗风情。结束后于15日返回祖国。

二十六、第四次东渡

1985年5月，日本樱花盛开的季节。

在上海飞往东京的波音客机内，海粟老人与夫人夏伊乔正在兴奋地交谈。不久前——4月17日上午，全国政协主席邓颖超在中南海西花厅亲切接见他们时的情景，依然

1985年刘海粟夫妇与日本首相中曾根康弘在一起观画叙谈

历历在目。邓大姐对刘海粟说:“您是位爱国的画家,您在晚年更加如此。听说在十年内乱中您受了很大的委屈,我向您慰问,向您道歉”,这些感人心腑的话语,宛如一股暖流,浸润了海粟老人的全身,鞭策他在人生道路上勇往直前。这次东渡,他是应日本朝日新闻社和日中友好服务中心的邀请,赴日举办个人画展的。国家领导人的慰勉,使他更感到此行职责的重大,决心要为祖国争光,为中日文化交流作出新的贡献。

5 月 9 日上午,《刘海粟中国画展》在日本东京高岛屋画廊隆重开幕。之前,厅外已经布满了等候的人群,其中不少是日本各界知名人士以及报刊记者,异邦人民欢迎的热切情绪由此可见一斑。开幕式由朝日新闻社立石先生主持,宋之光大使和日本著名画家平山郁夫先后致祝词。平山郁夫说:“刘海粟先生是中国画坛上的巨匠,绘画艺术的顶峰,早在 1927 年,刘先生在朝日新闻社举办画展,震动日本画坛。事隔半个多世纪,我们能再次为刘先生举办回顾展览,意义深远,可庆可贺!”展出开始后,大厅内群体蠕动,人们极有兴味地欣赏着大师作品的风采神韵,不断发出赞美的话语。展厅气氛蒸腾、壮观,在场的一位权威性报纸记者激动地说:“我参加过许多重要画展的开幕式,从未看到这般热烈的场面。”

在展览开幕的特别大厅内,一位彬彬有礼的中年男子,手持《刘海粟画展图录》,走过来行鞠躬礼,操闽南乡音对海粟老人说:“我早就敬仰先生的艺术成就,今天能亲见先生和先生的大作,使我终生难忘。在这幸福的时刻里,请先生能满足我的要求题字留念。”在旁边的宋之光大使赶忙介绍说:“刘老,这位是东京国际通讯社社长,咱们的台湾同胞黄远竹先生。”海老一听介绍,连称幸会,并立即挥毫馈赠一首近年的诗作:“同是炎黄子若孙,盈盈一水卅年份。九州铸铁休成错,海外归来看彩云。”字里行间,情真意切,牵引了黄远竹怀念海峡两岸同胞的情丝,使之热泪盈眶;在场的人们,也禁不住欷歔赞叹。记者们则纷纷以摄影、摄像机等,迅速地捕捉了这一难得的瞬间。

5 月 15 日,日本首相中曾根康弘在别致的首相宫邸,接见了刘海粟夫妇。中曾根治政之余,酷爱琴棋书画,在日本素有“文人宰相”的雅称,对于海粟大师自然早就钦慕。中日恢复邦交以来,他曾三次访华,但未能与海老面晤,引为憾事。而这次“文人宰相”与“艺术大师”有缘一见,便如故友重逢,乐不可支。海老深情地忆述了 1919 年第一次访日的情况，首相听后诙谐地说："那时我刚两岁。今天见到刘老先生，我感到自己也定能长寿哩。"一席有趣的话，使四席笑声骤起，旋即化为友谊的芳香，渗透于人们的心田。在愉悦的气氛中，刘海粟向中曾根转达了邓颖超的问候，并赠送了一幅他27岁上黄山时所画的《后海云雾图》立轴。海老说："黄山是我的知己，我九上黄山，常画黄山。"说着画卷打开，引人入胜的画面上，云笼雾锁，峰现峦没，造化玄机跃然而生。中曾根大为赞赏："太精彩了！思路很活。它表达了黄山的忧悒神情。"海粟老人对中曾根如此理解艺术，深为钦佩，并说："首相的书法也写得很好"，中曾根连忙回答说："实在不敢当，在书法方面，还得向您老人家好好学习。"真是翰墨结良缘！日本政坛领袖与中国艺坛巨子促膝谈画论书，是各国交往史上罕见的趣闻！当时，日本各大通讯社纷纷以醒目标题，如《文人宰相受宠若惊》、《文人宰相会见中国艺坛巨匠》等等，加以宣传报导，一时间成为人们颇有兴味的议论话题。

日本东京南画院院长片桐白登先生，虽已以较高的造诣享誉艺苑，但仍谦逊好学，对海老至诚至敬。继1984年拜谒大师后，在次年刘老到东京举办画展期间，他又多次专程拜访，并对海老说："先生画的黄山云雾是活的，我临的黄山云雾却是死的，今后还得向先生您好好学习。"晚宴上，南画院的先生、女士们，欢声笑语，热情招待海粟老人，并一致表示要以海老为师，学习中国水墨画。有位年过半百的学者，竟竭诚地跪于海老面前，申明他的学习决心。

二十七、寿翁的舞步与神笔

海老的脚步不因年迈而稍缓。1985年他虽进入90高龄，却依然云游四海，调研丹青。深圳、南京、上海、贵阳等地，都为他举行了隆重的祝寿活动。老人童颜鹤发，满面春风。牛年二月初二他诞辰那天，在深圳清露堂前，"深圳市各界人士庆祝刘海粟大师九十大寿"的大幅标语赫然入目。两旁对联："三百里特区琼楼连广宇奔眼底钜匠一笔挥就；九十龄高寿白首卧松云运椽毫大鹏展翅腾空。"寿堂正中，草书"寿"字熠熠生辉。祝寿会上，梁湘市长热情洋溢的讲话，表达了深圳人民对艺术家的敬意。老人兴奋地表示，"人生有限，艺术无涯。要继续努力，为精神文明建设和世界艺术的发展作出贡献。"祝寿会上一片喜庆气氛。

庆祝活动延续到夜晚。深圳侨社华侨酒家富有民族气息的二楼舞厅，随着舒缓轻柔的舞曲声，舞伴们翩翩起舞。在闪亮的镁光灯照耀下，海粟老人挽着夫人夏伊乔，应着舞乐也欢快地跳了起来，慢三步，快三步，他们陶醉在乐曲的旋律中。事后，他和记者谈起，那晚的舞曲是《蓝色的多瑙河》，乐曲中有马蹄声和鸟鸣声，说着还用手在沙发扶手上打起节拍来。当海粟老人看到自己与夫人共舞的照片时，高兴地说："好，好！九十岁跳交谊舞，很新鲜、很新奇，跳交谊舞是一种社会文明，既是娱乐，也是艺术，这新闻有意义。"

他不愧是一位生命力活跃的艺坛奇杰。自 5 月去日本举行画展返回祖国后，不久足迹又到了贵州的土地上。

8 月 8 日清晨，海粟老人一早便起床漱洗，他决定要去领略黄果树瀑布的雄姿。那天丽日高照、天空蔚蓝。海老在他的亲人、学生和宾馆经理的搀扶下，由住地沿山的石级缓缓而下。夫人夏伊乔也兴致盎然地携带了画具，偕从香港来的小外孙女白瑜以及学生潘小娴，伴随刘老左右。他们边行边看，迎面兀立、气势非凡的黄果树瀑布，每个角度都会呈现出一种独特的美感。他们漫步到山腰的一处转角点，那里正好平视对山，倾泻的瀑布全景尽收眼帘，美极、妙极！老人稍歇片刻后，便摊开长卷宣纸，静坐默察，继而靠近扶手，慢步思索。这时周围游人的叽喳声、身旁工作人员的走动，他似乎都充耳不闻、视而不见了，他的身心已全然被瀑布所浸润。倏然，他取笔饱蘸浓墨，疾下数笔，瀑布的激越、雄浑的神貌，立即飞入画面；旋又以墨涂点泼倾，拱奉瀑布的岩石、植被、藤萝，随着大师落下的笔墨纷至沓来。画幅中银瀑急湍，瀑花飞溅，浓墨、淡墨顿化为活脱的艺术形象。这一阵，老人运笔急切，枯湿并举，大有一气呵成之势。

围观的人群，屏声静气，目光随着画笔不断运转；摄影师们则紧张而快速地摄下这一个个难得的镜头；当地的布依族兄弟也闻讯赶来，争相亲眼看一看这位当代艺术大师的风采神韵。

"泼墨"大局已定，海老暂搁画笔，略一思索便手执画碟，将稀释的颜色一次又一次地泼向画纸上的岩石、青苔、植被位置。远山近岭，或淡或浓，或少或多，随心所欲。色依墨存，墨因色醒，墨色交融而又层次分明，远、中、近景的浓淡、明晦、虚实，织成了和谐、悦目的"交响乐章"。屏息的人群中赞叹声开始冲唇而出。大自然纯真的美，竟被艺术家如此惟妙惟肖地揭示出来，观赏变成了一种幸福和享受，观众全然被魅人的艺术陶醉了。

最后，海粟老人施展“泼水”的手法。他端着盛满清水的画碟，全神贯注，腾空泼向画幅。他边走边浇，忽疾忽徐，水顺势落纸，自然汪汇，海老再用画笔略加疏导，仿佛神差鬼使，山色、水势、倒影、绿潭，转瞬间变得更加动人。一幅气魄博大的黄果树瀑布图，终于在海老的毫端跃然生辉了。一支神笔，点化了无限生机！

二十八、巴黎久别重逢

巴黎，这一吸引着人们的艺术繁荣之都，常常激起海粟老人的眷恋之情。早在欧游期间他就三次身临其境，从这里汲取了西方丰富的文化营养，而建树了自己融汇中西之长的独特绘画风格。故地重游的念头，近年来愈益强烈起来。

愿望实现了。法国对外关系部文化、科学、技术总局不远万里发来了邀请书。海粟老人在参加了全国政协六届四次会议后，于 1986 年 4 月 11 日偕夫人夏伊乔、幼女刘蟾，离开北京飞赴法国访问。

“百岁开一”，童心不泯。快慰的心绪笔墨难以表达。老人踌躇满志地笑着对人们说：“51 年后能再游巴黎算是一个奇迹，亦可称是创历史纪录的壮举。”

他下榻在位于巴黎市中心的“卢浮协和宾馆”。到达的第二天，便怀着拜会“故友”的迫切心情前往艾菲尔铁塔。过去辞别欧洲之前，他曾在这里度过一宵，晚霞透过鳞次栉比的屋顶和塞纳河上的波光，温柔地抚摩着巨塔，给了他以诗意的满足。在他的心目中，铁塔是一座纪念碑，是巴黎桂冠上的宝石。这次他怎能不好好“亲亲”她呢！然而海老与陪同者一行刚抵铁塔下边，天公不作美，风雨骤至。人们担心老人的健康，都劝他改日再来登塔，但海翁兴致不减，执著地说：“既来之，就一定要上去。我们中华民族从来就有这种勇气，我虽九十高龄，就要看看风雨中的巴黎全景。”在人们的小心照应下，老人一鼓作气，终于登上了高达 320 米不胜风寒的铁塔顶层，披襟临风的海老微笑了，他纵目四顾，阅尽花都风貌。下来后老人激动不已，诗句脱口而出：“云涌风驰九十秋，攀登忘喜亦忘忧；昂首铁塔惊天近，更喜珠峰在上头。”他说，人生就要有这样的价值，做学问就要有这样的态度，贵在不断进取！

在法国外交部代表柯乃柏先生的精心安排和我国驻法国大使馆文化参赞李志华等人的陪同下，海粟老人每天用半天时间重访了巴黎许多博物馆、美术馆、教堂等名胜古迹；还常常与故交新友促膝谈心、释艺论画。记者和外宾们，对于海粟老人的记忆力，对于他侃侃健谈的风采，佩服之至。

5 月 24 日，海老驱车前往离巴黎不远的“巴比松画派”所在地，访问米勒的画室并欣赏了法国许多著名画家的作品，在这里，他精神十分振奋，仿佛呼吸到了最清冽、最圣洁的空气。他对采访的记者说：“在历史上西方国家出现过多少杰出的画家啊！但同任何事物一样，文化艺术的发展也有高潮和低潮。我感到西方在绘画艺术方面高峰时间已经过去，但不久肯定会有新的东西出现。”

逗留巴黎期间，他不惮劳累专程前往远离市区 60 公里的凡·高墓地瞻仰，向这位激情横溢的荷兰画家献上一束鲜花，表达自己多年的怀念。海老也曾巡礼于 80 公里以外的莫奈故居，对于这位“万象毕尽、穷极造化”的印象派大师，老人也是翘指以赞，深为钦佩。他还特意凭吊了故友毕加索的故居，参观了新建的毕加索美术馆。对于毕加索的艺术，海老这次进一步阐明了他的见地，他说：“毕加索是当代西方有影响的画家，虽然对他晚年的抽象派画法，我不是完全同意，但他毕竟是一位大学问家，懂得多方面传统绘画艺术。他的抽象派艺术与现在有些人的随便乱涂乱画，最后连自己也不明白画的什么完全不同。一种具有真正意义的创新，是有渊源、有理论、有思想的，决不是也不能为‘奇’而‘奇’！”

6 月 16 日，在爱丽舍宫总统府举办的宴会上，法国总统密特朗和夫人亲切会见了海老伉俪。总统热情地握着大师的手，连连问候；并对海老馈赠他中国画《黄山》表达了诚挚的谢意。

时任中共中央总书记的胡耀邦在结束访法时，18 日晚在我国驻法大使馆会见了刘老及其夫人，十分关心地询问了海老近年的生活及工作情况，并加以慰勉。

日程紧凑、内容丰富的法国之行，历经两个多月而圆满结束。豪迈乐观的海粟大师，满载着法国人民的深情厚谊，于 20 日中午，在机场恋恋不舍地与送行的中、法官员和诸多友好人士，一一握手话别。他向大家表示，下次可能会带作品到巴黎参加画展；大家祝福刘老健康长寿，盼望他重访巴黎。

二十九、再访狮城

接受新加坡艺术协会盛情相邀，1987 年 5 月 25 日，92 岁的海粟大师，偕夫人夏伊乔离开北京乘飞机经广州到达新加坡。在樟宜机场，受到新加坡交通与新闻部高级政务次长何家良、新加坡艺术协会会长何和应、中华美术研究会会长桂承平以及著名画家刘抗、黄葆芳等人的热烈欢迎。

这是第二次踏上新加坡的国土，转眼忽忽已近半个世纪了，海翁不禁感慨系之。40 年代，抗日烽火燃遍祖国大地的岁月，刘海粟南下举办筹赈画展，当时的情景都还历历在目。他第一次是由印尼乘船到达新加坡的，时在 1940 年 12 月 23 日。到码头迎接的主要是华人社团领袖及上海美专旧友。次年 2 月 23 日，于中华总商会举办了大师的画展，由陈嘉庚主持，中国驻新总领事高凌百剪彩，出席开幕典礼的有郁达夫、杨惺华、曾纪辰、高敦厚、刘抗、黄葆芳、胡载坤等社会名流。画展原定到 3 月 4 日结束，因人潮如流，延期到 8 日结束。

那次在新逗留期间，大师经常和郁达夫、刘抗、徐君濂、黄葆芳等合作诗画。特别是刘画郁题的作品很多，可惜多数在战乱中丧失。一天，大师完成一帧《祝融峰图》，郁认为是稀有佳作，即在画池绢边上题七绝一首："七十二峰最上层，望衡九面竞崚嶒；年来宗炳垂垂老，卧看风雷笔底凝。"有一天几人相聚合作，刘抗画竹，徐君濂画石，黄葆芳写红梅，海翁补松及点苔，郁达夫则即席题以绝句："松竹梅花各耐寒，心坚如石此盟磐；首阳薇蕨钟山蓼，不信人

1987 年 5 月 25 日海粟大师及其夫人夏伊乔到新加坡，一出机场闸门即受到艺术界人士的热烈欢迎

间一饱难。”是时正值抗战之秋，诗句藉伯夷、叔齐不食周粟的故事，歌颂文人气节，从而表达民族爱国思想。种种逝去的都是难忘的日子，怎能不使海翁与新加坡形成一种情缘之结！

如今旧地重游，抱憾的是，一些当年相知的旧朋挚友如郁达夫、林文庆、胡载坤等都已作古离去，可谓“访旧半为鬼，惊呼热中肠”；当然也有令海翁十分可喜的一面，即，沧桑人世，今日的新加坡已非昔日可比，发展神速，塑造得如天堂一般，在国际上受到高度评价。他进而兴奋、幽默地说：“如果当年不是因为逃避战难离开新加坡，我早已成为新加坡公民了。”

这位与新加坡艺坛很有缘分的艺术大师，继 1941 年开过画展之后，腾越几十年，在 1985 年 6 月 2 日，又出席了在新加坡国家博物院画廊举行的“刘海粟画展”开幕式，一支画笔使历史遥相呼应，传奇色彩够浓郁的了。展出的 50 幅中国画作品在当地引起轰动当在意料之中。画展的影响，诚如新加坡社会发展部政务部长庄日昆在开幕词中所赞扬的那样：“刘海粟大师 92 岁高龄了，仍然不远千里应邀来我国举行画展，这种毕生献身艺术的精神，令人钦佩和感动，值得我国年轻艺术工作者认真学习，这次展览将对本地艺坛产生冲击作用。”狮城画坛巨子刘抗致辞更是热情洋溢：“毕加索是 20 世纪西方最伟大的艺术家，而刘大师则是 20 世纪东方最伟大的艺术家。”

海粟不仅举办画展，还在 21 日晚上，欣然应《联合早报》和《联合晚报》之邀，在晚报礼堂作《谈艺术创作》的专题讲座。海翁声音洪亮、侃侃而谈，激起听众极大的兴味。讲座不只是纸上谈兵，大师还即席挥毫，横涂竖抹，泼墨而成《黄山图》，气势雄伟壮观。这幅佳构，被当地大华银行以 10 万元购藏，而海翁又将所得 10 万元支票，亲手惠予新加坡宗乡会馆联合会主席黄祖耀，作为会馆基金的补充。刘老对新加坡宗乡会馆总会颇为钟情，他认为总会对团结华人起很大的作用，海粟期望捐款能协助加强本地华裔的文化活动，发扬海外华人的传统文化精神。

1987 年 6 月 27 日于新加坡摄影家蔡斯民工作室作西洋裸女人体写生

艺术的讲座与示范，还继之在南洋美术专科学院进行。7 月 8 日下午，海翁泼笔写就《鲲鹏展翅图》，并题上诗句：“云移怒翼搏千里，气霁刚风御九秋”，境界开阔，诗书画相得益彰。面对洋溢兴奋、钦佩之情的美专师生和在场的艺术爱好者，他畅谈了一生追研东西方绘画艺术的心得和感受，又放谈了美术与人生的关系。且谆谆要求大家勤奋学习和努力，遇到不如意的事情要放宽胸怀，“不发脾气要争气”。

大师在狮城的艺术续缘和观光活动，以写生裸女达于高潮。鉴于特定的人文氛围，在新加坡的艺术教育中至今未见人体写生课程的安排。惊感于此，海翁乘着办画展、作画、讲学、观光的兴致，意欲命笔创作，在新加坡摄影工作者蔡斯民的热情、周详的安排下，于 6 月 27 日，和他的两位高足——当地著名画家陈文希和刘抗，分别以油画、速写和色粉笔作画，联袂进行了人体艺术的写生创作。最初安排的是当地的时装名模，后因故临时更换了一位年轻的西洋美女，写生半天而成。大师笔下手扶椅背恬然端坐的女人体，色彩绚丽如交响乐章，浇铸着一种生命的活力和张力，显见有着强烈的后期印象派表现意韵。大师的夫人夏伊乔女士说，自 1943 年结婚以来，她未见过老先生在国内画人体画；老人本身收藏的两百余张人体素描画，在文革期间被抨击为毒草而付之一炬；她说：“第一次见老人画人体画，是在 1981 年他们受邀到香港开画展期间，朋友替他找来了一法国小姐做模特儿。这次在新加坡画裸体画，是多年来的第二次。”从 20 年代初年轻的刘海粟首倡模特儿写生，至今 60 多年了，高龄的海翁在异国再倡人体艺术，并躬行垂范，在艺术教育发展史上，确实具有不同寻常的意义。

海翁的狮城之行，为当地传为佳话的还有“三位大师一个良宵”。7 月 10 日晚上，在灯光通明的大华银行大厦迎宾厅里，海翁与潘受、刘抗三位及其他贵宾们欢聚一堂，论书议画，其乐融融。海翁首先用行书写下“物华天宝，人杰地灵”八个大字，拙厚灵动，刚健雄秀，观者啧啧称赞；继由 76 岁高龄的潘受先生，以行草书题写吟咏刘老作黄山图的诗句：“居然一粟包沧海，泼墨能成缥缈峰，直与黄山同肺腑，尽将逸气化云松。”墨迹清逸多变，刘老看后连声叫好，认为自己的诗不如潘受写得好。接着再由 77 岁的

刘海粟作中国画《黄山风云》（1981 年）

刘抗先生题写“怀才不露，吐气如虹”行书句。除了三位名师相继挥毫外，夏伊乔也用草书题写“鹤寿”两字参与笔会；《联合晚报》总编辑陈正，最后题写“壮哉，辉耀银河”作奉陪。以书画会友的聚会活动，一直沉浸在欢快愉悦的氛围中。大师由衷赞扬新加坡是个美丽进步的国家，人民生活是幸福欢乐的。并说：“我这次在新加坡住了几个月，感觉上自己也成了新加坡公民，能够适应这里的生活了。”

海翁夫妇新加坡之行，促进了中新文化友谊的发展，给狮城人民留下了难忘的亲情、友情。一位记者热情洋溢地撰文称赞道：“初次见到这名 92 岁的刘大师，是在酒店他的房里。平易近人，很有长者风范，是他给我的第一个印象。之后，我们出外用晚餐两次，而且是到小餐室吃具有本地特色的小食。刘老及其夫人，不但吃得开开心心，赞不绝口，而且这两次，我们都是乘‘的士’来回酒店与餐室，并非如外面所传，非马骞迪汽车，就请不到大师夫妇。”

9 月 12 日，海翁夫妇圆满结束对新加坡的展览访问，飞抵香港。

三十、黄山十上拓奇境

“年方九三何尝老，劫历三千亦自豪，贾勇绝顶今十上，黄山白发看争高”。这首壮志冲天、豪情盈怀的七绝，成为海粟老人继 1982 年九上黄山之后，再次诚访老友黄山前的“宣言誓词”。

人山情缘，笔底风云。执著于艺术追求的海翁，1988 年 7 月 12 日上午，顶烈日、冒酷暑，携夫人等由南京驱车前往安徽黄山。中午途径泾县略事休息，晚上 8 时半抵达黄山云谷山庄。

第二天早晨，海翁不顾旅途疲劳，就急于外出作画，虽经随行人员劝阻，而老人意志坚决，大家只好迁就着他，随行到温泉观瀑楼。遗憾的是，与七上黄山时连绵阴雨天相反，干旱已逾月，景点瀑布顿失，真是无可奈何。于是赶路到桃花溪上的白龙桥。猛然间，他的视线被溪畔一株古树所吸引，藤蔓缠绕如龙腾其间，而树下的巨石则类如庞然蹲虎，大师的创作热情一下被激发出来，旋即命笔大写，从十上黄山的《龙虎斗》一画开始，利刀阔斧、焕然生气的画面，标志着海翁最后一次登临黄山旗开得胜，笔端山势又拓新境。欢语不止的桃花溪，撩拨起海翁的诗兴：“光怪陆离真似梦，泉声云浪梦如真。似锦妙景心中画，十上黄山像又新。”

14日上午，海翁一行乘坐缆车到达白鹅岭缆车站，后又转往北海。很多游客听说刘海粟上山来了，欢欣雀跃，呼着跟着，一直送到散花精舍。海粟老人休息片刻，又急着要去用画笔表现梦笔生花。对黄山，他总是那样情浓意切。尽管烈日当空，人们挥汗如雨，而他还是在散花坞山巅摆开了为山友写形攫神的阵势。

面对干旱控罩下的“梦笔生花”，昔日的那种烟云缭绕、瞬息万变、顿现顿隐、奇幻神妙的景象不见了，此时此刻，给海翁展示的是清晰的身姿、实在的体态。海翁凝神环视，迁想翩翩，不经意间，云气霞光、祥烟瑞雾倏地从心底蒸腾出来，弥布于眼前，于是捉笔挥写，顷刻而成。他认为，对黄山这位挚友的情性十分了解，黄山就是变幻不息的活泼泼的生命征兆。因此凡落于笔墨者，都是海翁心中的黄山。诚如画题所示：“年方九三上黄山，绝笔天梯信笔攀，梦笔生花无定态，心泉涌现墨潺潺”。

几天之后，海翁一行又迈向始信峰腰。这里是他多次上黄山的必到之处。伫立在此，那些丞相观棋、仙人对弈、观音渡海、达摩面壁等天然神秘、饮誉游客的种种景观，便能尽收眼底，置人于天上人间融为一体的妙境。油画《石笋矼》，使宛如春笋般峰群以及山石云树的独特组合，在强烈交响的色块、劲健有力的线条表现下，显得磅礴苍莽、生机盎然。不仅围观者，作者自己也陶醉其中，认为这幅画“一扫人间俗气，充满了热烈浪漫的童心”。由他的夫人夏伊乔建议，一行几人又在这幅画前合影留作纪念。值得一提的是，海翁意犹未尽，此后对这一题材又以国画加以表现。在五尺宣纸上，以石青泼彩，与山后丹嶂相辉映，墨色交融，浑然一体。海翁当时作画的亢奋的心情，有题为证：“人世沧桑大变迁，黟山郁律自巍然。师生几共游旧日，桃李春风又六年。横翠嶂，起白烟，冥搜物象近日边。争高千仞山皆浪，裂壁云岚石笋寒。一九八八年七月十九日石笋矼泼彩画，刘海粟十上黄山，九十三岁”。

8月7日，难得的雨后天晴。山体接受了洗礼，景象一变。海翁兴奋地登上了白鹅岭，极目远眺天都、莲花、佛掌诸峰。并以金笺纸泼墨泼彩，一举成功，得中国画《晨光晴岚》图，泼彩时，于近中景处用米家笔法点以石青，单纯质朴，别生意蕴。

此后第三天，他又用金笺纸状写《黑虎松》，不禁忆及李可染先生当年同画的情景，画题中云：“一九五四年夏，与可染同学同画黑虎松和西海。朝夕讨论,乐不可忘。今可染已自成风格,蔚然大家,松下忆之,忽忽三十四年矣!”

1988年的黄山“十上”,简直是快马加鞭、兼道倍行地与时间争艺术了。海翁带着前所未有的良好心态,鼓荡着老骥伏枥的拼搏精神,务求将黄山的神韵气质,毫无闪失地溶解到他神奇的笔墨中去。或写或泼,或墨或彩,均可达于出神入化、物我两忘之境。

黄山哺育了刘海粟,刘海粟吞吐了黄山烟云。他将黄山瑰丽变化的美,用大泼彩、大泼墨的全新技法,极为生动而富于强力地揭示了出来。一位画家,一生十次登临黄山,揭橥其玄关妙谛,难道不是画坛绝唱吗!为此笔者曾在一首词里赞颂道:“博识标新路,丹青拓奇境,抒豪情,黄山十上攀绝顶。岁月跨世纪,风骚翁独领。”

海翁第十次攀登黄山,在那里住了近两个月时间。虽届耄耋高龄,却是勤勉作画不辍,完成国画、油画达40余幅,堪称奇迹!其间,新加坡著名画家刘抗、陈人滨和摄影家蔡斯民曾专程拜会,抱着继续学习的愿望参观海翁现场写生作画,同时也看了大师十上黄山的大部分作品,刘抗看时曾惊呼起来:“这么多,比九上的作品更奇瑰了!”

海粟一行于9月9日结束黄山之行,驱车返回上海。

为世人所关注的《刘海粟十上黄山画展》于1988年9月12日在上海美术馆揭幕。祝贺的花篮甚多,使展厅喜气洋溢。那天观众如潮,先是争看大师的仪容风采,后是激赏大师的幅幅杰作,盛况确是空前。在画展开幕式上剪彩的是组织委员会主任汪道涵,参加画展开幕式的有刘靖基、叶公琦、曾庆红、毛经权、夏征农、陈至立、胡立教、朱屺瞻、沈柔坚、吕蒙、谢海燕等一千多人,气氛热烈。时为上海市委书记的江泽民除亲临祝贺外,并专门为画展撰写了序文,文云:“刘海粟教授年方九三,十上黄山,啸烟霞,抚琴泉,与奇峰对语,临古松长吟,拥抱黄山,人山合一,跳出云海,吞吐黄岳,古所未闻,今亦仅见。更能抒健笔,化情为墨色,打破古今中西界限,尽兴挥洒,蕴藉无穷。为昔日师长立传,今朝良友写真。山笔交辉,公之于众,与国内外朋友同享神游之乐。”文中对海老的艺术探索精神,以及作品的品味和成就,以诗化的语言,极富激情地给予了高度的评价和赞扬。那次展览,展出海翁十上黄山新作及此前黄山代表作计中国画70幅、油画30幅。画中所洋溢出来的浓郁的笔情墨趣,所深沉内蕴的对自然和生活的诚挚的爱,种种奇思遐想和艺术张力,都足以使观众获得难以言

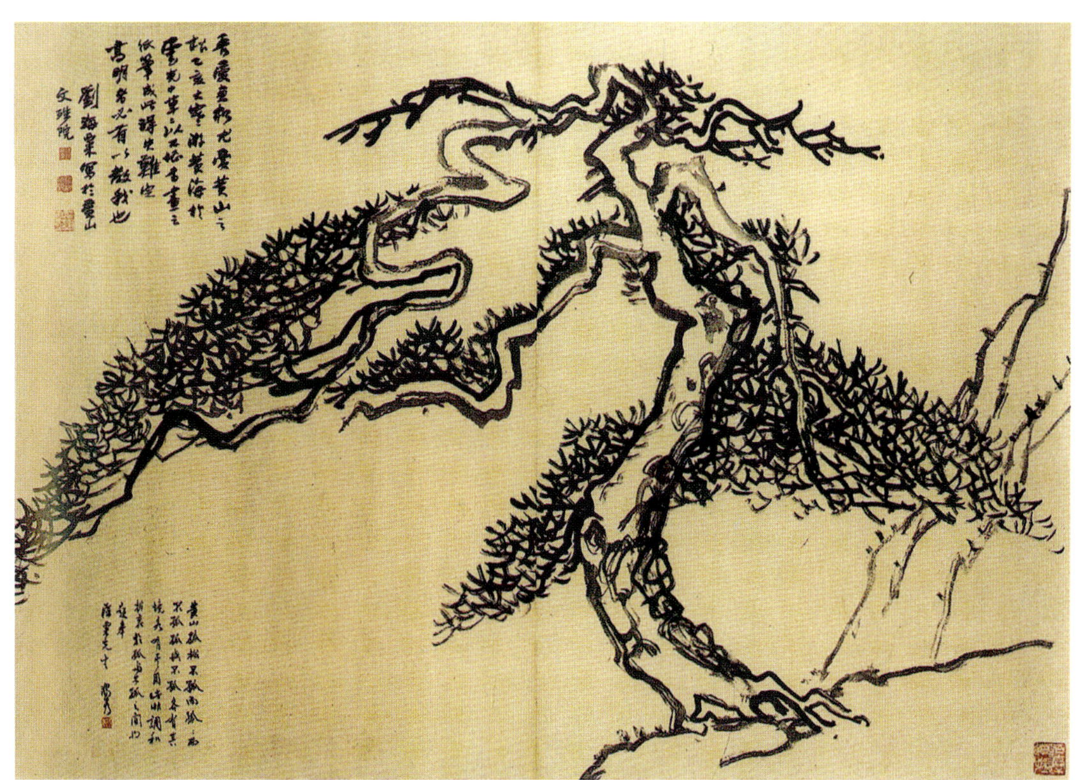

刘海粟中国画《黄山孤松》（1935 年）

传的审美抚慰！著名画家沈柔坚在《观刘海粟十上黄山画展》一文中感奋地说："这些画幅中回旋着一种惊人的力量，这股力量雄浑泼辣，是画家刘海粟所特具的，它是坦荡的心胸、刚强的意志和坚韧的毅力的总和。"

9 月 14 日，在上海市文化局会议厅隆重举行了庆祝刘海粟从艺 75 周年学术座谈会，海翁在会上高兴地畅谈了自己的艺术生活和感想。他的至友著名艺术教育家、书画家谢海燕，在以《海粟老人十上黄山和他的黄山画》为题的发言中说："海粟老人十上黄山新作品，是他七十年画黄山、入黄山、出黄山的艺术概括，是他整个艺术生涯中读万卷书行万里路，师古人敢于超古人，师造化敢于欺造化，自己走自己路的结果。他有一颗赤诚的童心，有老当益壮的风骨，所以能够永葆艺术青春。"

三十一、百岁寿辰庆典

1994 年 3 月 16 日，上海。时令虽近"春分"，室外春寒料峭，冷意依然；然而，虹桥宾馆内却是人声鼎沸、热气腾腾。为表彰刘海粟先生的卓越贡献，发扬他的敬业精神，继由上海市人民政府全额投资在虹桥新建"刘海粟美术馆”之后，上海市文化局在宾馆的嘉庆厅隆重举办了“祝贺刘海粟先生百岁寿辰”庆典活动。到会参加庆典的宾客多达500多人。除当时的上海市委副书记陈至立及市委、市人大等各有关部门的领导同志外，有来自美国、新加坡、德国、日本、港澳台地区的70多位嘉宾，以及全国十几个省市的部分艺术家、海老的学生、海老所在单位南京艺术学院领导、教师代表，上海市美术界、新闻界及各方人士，集合成蔚然壮观的祝寿人流。文化部、中国美术家协会等各有关方面纷纷发来贺电、贺函，计有40多件。

上午10时许，当百岁寿翁刘海粟及其夫人夏伊乔女士等缓步进入厅堂时，近十架摄像机、上百只照相机的镜头，投向那春风满面、身着大红羊毛衫、几与世纪同步的老人，记下这历史的美妙瞬间，留住这老骥伏枥的寿翁风采。海翁及其夫人被一批贵宾奉陪着就位于主席台上特大的祝寿圆桌正中位置，背后幕面中央饰以圆形红地巨幅醒目的金色寿字，左右辅以两对仍为圆形的红底吉祥图案，台面周边花团锦簇，桌上一侧烛光闪闪；台侧两面，电子大屏幕正以现代科技放像的准确度，亲切而又不间断地同步展示着热烈的现场场景，使喜庆的气氛、圆满的视感充溢着整个大厅。祝寿活动紧凑而热烈。市文化局局长孙滨、市美协主席沈柔坚等在发言中盛赞了刘老的艺术成就以及他80多年来为我国现代艺术教育事业所作出的杰出贡献，对大师在艺术上孜孜追求、融汇古今中外、勇于进取、不断创新的精神和气魄，表示十分敬佩。会上，陈至立代表吴邦国、黄菊向刘老赠送了一只漂亮、精致的吉祥如意木雕，诚祝老人健康长寿。上海戏剧学校的十位小朋友载歌载舞，向刘老敬献了100枝他最喜爱的红玫瑰。上海京剧院演员唐元才、李炳淑，献上了海翁特别喜爱的京剧唱段《铡美案》和《穆桂英挂帅》。庆祝活动的有趣安排，使喜庆的高潮迭起，欢声笑语不断，海老的精神一直处于兴奋状态。他面对祝寿宾客富有激情地立起来致答词说：

> “各位领导，各位亲爱的同志们，亲爱的兄弟姐妹们：我今天到家了！感到温暖，衷心愉快、高兴。生平未有。
>
> 我这次1988年十上黄山，我到了黄山，还能走到天都峰、始信峰，每天泼彩泼墨，画了许多画。回来在上海美术馆举行《十上黄山画展》，盛况也像今天一样。
>
> 那时江泽民同志、朱镕基同志，书记、市长和各位

刘海粟在百岁华诞庆典上讲话之一(1994 年)

领导都很关怀我、鼓励我,给我大力支持。最难忘的是我们的老市长汪道涵同志,他说‘九十岁展览由我主持剪彩,这次仍然为你剪彩。’我说我要努力,好好学习,画画。

这次出去,一直不见回来。现在我回来了。五年了。先受德国邀请,后来去了欧、美、新加坡、日本、台湾、香港几十处地方,展画、讲学、即席挥毫,当场画,收获很大,影响之大,身感之深,向所未有。我大耋之年,精力已衰,日日夜夜,孜孜不倦,志在报国!弘扬中华文化,为人类贡献,为炎黄子孙扬眉吐气!为社会主义祖国争光!奈我年老不学,还没有完全做到。很惭愧!还要努力!

回来以后,我深深地感激!不但感激,还要继续努力。我一百岁还是个开始。我还要十一上黄山。还要到四川、三峡许多地方。我还要创新,不断地创新,一切都是为祖国。

我们中国在飞腾,上海在飞腾,很快速上去。邓小平同志英明伟大,改革开放,建设有中国特色社会主义,我们大家同心同力,上下一致,每个人都贡献出力量,使中国发展到世界的最前列。目前中国经济发展、繁荣、稳定。我这次到世界各地看了看,哪里有我

刘海粟在百岁华诞庆典上讲话之二(1994 年)

们地方这样好?别的不说,我到浦东看看,大桥好极了,气概非凡!中国的前途是不可限量的。我在德国、美国,这些国家给我博士、院士、教授等荣誉,要给我绿卡定居,我说我还是回国,我们中国第一。"

这一番海翁生前最后一次在公众场合的即兴讲话,显然洋溢着百岁老人的豪情壮志,并因此久久浇灌在人们心头。这里映现着一种献身于人民艺术的极为难得的品格、境界,而成为人们效法的榜样之一。对海翁的致辞,宾客们报以雷鸣般的掌声。掌声中老人在工作人员帮助下吹灭了 100 根蜡烛之火,并切开了直径 1.5 米由 60 多只蛋糕组成的三层生日大蛋糕,由来宾们分享。在整个寿宴进行中,宾客们纷纷举杯向百岁寿翁祝福,热浪、喜气使人们的心潮经久澎湃着。

下午 2 时多,著名中国画家程十发、吴青霞,新加坡国画界泰斗、陪刘老十上黄山的刘抗等人,分别在七只画案上或书或画以艺术创造为刘老祝寿祝福。3 时过后,海翁来到嘉庆厅,兴致很高地在一张六尺整幅宣纸上逞毫挥写:"遍历五大洲四海风云;横跨三世纪百年沧桑。"写来笔力苍劲、气势恢宏,从内容到表达,都富于强烈的艺术冲击力。海翁夫人夏伊乔也随场提笔助兴。来宾中除部分人当场以书画祝寿外,此前不少书画家已有 240 多件书画、雕塑、祝寿礼品送往上海美术馆,于祝寿前日起公开展出。中有笔者贺寿词《千秋岁》一首,引录以表达当年为海翁祝寿时的心声:

祝嘏高悬,百寿人同庆。艺坛泰斗辉光盈。博识标新路,丹青拓奇境。抒豪情,黄山十上攀绝顶。岁月跨世纪,风骚翁独领。道守一,勤耕耘。童趣永不泯,壮志薄星云。皓月也,中有彤彤报国心。

三十二、辞世前后

百岁庆典之后,海翁因对艺术创作及一生作品捐赠归宿问题的思考与操劳,加上年事已高,1994 年 5 月 14 日因病住进了上海华东医院。虽然日见消瘦,而精神却依然抖擞。7 月 26 日,笔者曾随南艺领导专程赶赴医院探望刘老及其夫人夏伊乔。面带喜悦的海翁,坐在活动椅子上由病房被推到接待室。在静谧、洁净的接待室内,他关心地询问了学校的办学情况,并很有兴致地翻阅了我们带去的 1994 年第三期《艺苑·美术版》,说:要搞好艺术教育,要抓学术研究,培养优秀人才。看上去当时他的健康状况有所恢复,下一步准备分别参加上海和常州两地先后兴建的刘海粟美术馆开馆庆典活动。

然而,天悖人意,8 月初海翁的病情有发展的征兆。体温常见升高,时有恶心欲吐感。8 月 6 日下午,华东医院专门安排护士进行特别护理。傍晚,身体发烧,19 时 45 分老人开始气喘吁吁、心跳加快。21 时许,鉴于病情恶化而发出病危通知。刚回到衡山宾馆不久的夏伊乔复匆匆返回医院。22 时许,老人面对身旁值班的弟子袁拿恩说:“很累了,要休息”,这六个字,成为海老存世的最后一句话。

华东医院院长立即组织主要医生和院外的几位专家对老人进行了紧张的抢救,终因肺部感染导致心力衰竭,回天无力,一代画坛泰斗、艺教宗师刘海粟,带着未能十一上黄山的遗憾溘然长逝。时在 1994 年 8 月 7 日零时 38 分。

次日晚上,与海粟大师相濡以沫半个多世纪的老伴夏伊乔在接受记者采访时十分悲恸地说:“我一点也没有想到他走得这么突然。昨天晚上我走时他还蛮好的,我还跟他说,你放心住在医院,多吃点东西,他点点头,我回到住处不久医院来电话说他病危,我惊呆了。好像是一场梦,不像是真的一样。现在我仍觉得他不应该是这样一回事,可事实是这样。人生就是这个样子,生老病死是没有办法的。”夏伊乔带着深沉的悼念接着说:“老人一生非常辛劳,我非常感动,我也非常珍视我们半世纪的情义。对他的未了之事,我会尽自己的最大努力去办的。”

享誉世界艺坛的刘海粟教授,大星陨落,海内外美术界为之震惊。连日来,唁电唁函纷飞上海。江泽民、胡锦涛、王兆国等党和国家领导人,宋任穷、习仲勋、张爱萍等海粟大师的生前好友,先后发来唁电,对一代宗师的逝世深表哀悼。

吴邦国、黄菊等上海市党政领导对大师的逝世,深感痛惜,对后事的处理很为关心。曹克明副书记专程赴沪代表江苏省委、省政府吊唁艺术大师。

刘海粟大师治丧小组由文化部副部长高占祥、上海市委副书记陈至立、江苏省委副书记曹克明等三人任组长,谢海燕、朱屺瞻、程十发、陈大羽等为治丧小组成员。

刘海粟大师遗体告别仪式,8 月 18 日上午在上海龙华殡仪馆举行。

1987 年刘海粟在上海为夏伊乔 70 寿辰书写“爱”字

清晨,连日晴朗的上海市,突然雷声大作悲雨骤降,苍天似在为华夏失去艺坛泰斗而挥泪致哀。吊唁大厅沉浸在悲痛的气氛中,来自海内外的一千多位各界人士,冒雨为横跨世纪献身于艺术事业的百岁老人作最后送行。

海翁戴法式帽的大幅彩色照片悬挂在大厅正中,室内花圈、花篮林立。厅堂前面紧密地排布着江泽民、李瑞环、朱镕基、胡锦涛、荣毅仁等党和国家领导人、中共中央宣传部、统战部、国家教委、全国政协办公厅、文化部、中国文联、全国美协、新华社香港分社、民盟中央以及海内外各团体和知名人士的唁电唁函,并摆放着他们所送的花圈。

海粟大师身着深灰色西服和生前喜欢的深红色斜纹领带,被带有花朵的白色大绣巾覆盖着;他戴着平时常戴的那副眼镜,神态安详地静卧在水晶棺内。水晶棺四周,铺展簇拥着美丽的棕竹和鲜花。

8 时 45 分,中共中央政治局委员、中共上海市委书记吴邦国,上海市市长黄菊,江苏省委书记、省长陈焕友,海协会会长汪道涵等,手持一支散发着淡香的康乃馨,在低声回荡的哀乐声中,缓步进入大厅,将鲜花轻放在海粟先生遗体前面,并深深地鞠躬三次。然后,向守候在遗体旁的夏伊乔女士及刘海粟先生的亲属代表一一握手表达慰问和关心。

在为海粟大师送行的队伍里,不仅有党政领导,还有

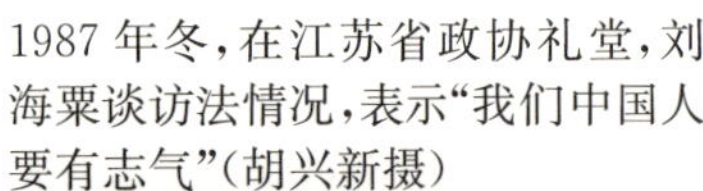

1987 年冬,在江苏省政协礼堂,刘海粟谈访法情况,表示“我们中国人要有志气”(胡兴新摄)

各界知名人士以及海老的学生，另有不少是与海老素昧平生的工人和农民，他们怀着对这位名享海内外的艺术大师的崇高敬意特意赶来。刘海粟先生的办学至友、相知为最的老同事谢海燕教授，默立于海翁遗体旁老泪纵横，两人的感情，正如他在挽联中所倾吐的那样："高山仰止，往事历历办学岁月，风雨同舟，肝胆相照，始信天涯存知己，翁去寸肠断；巨星陨落，痛失一代艺教宗师，画坛顿衰，心潮难平，但得伟业垂史册，丹青耀瀛寰。"海老当年的学生、著名画家陈大羽教授，在遗体旁已经泣不成声。

大厅正中两旁，在醒目的位置悬挂着海翁的老相知、老朋友，104 岁的老画家朱屺瞻撰写的巨幅挽联："昔日鹏翼扶摇刘郎年少丹青染出新天地；而今斗柄折损海翁已去江山顿失老画魂"，仰慕之意、痛悼之情溢于言表。

9 时 55 分，送行仪式结束。10 时 5 分，在一片肃穆悲切的氛围中，海翁的亲属向安卧在黑色棺木中的长者作最后告别。10 时 10 分，海老的灵柩缓缓步入炉膛，喷薄的烈焰熊熊燃烧，大师的躯体和灵魂，化着一缕轻烟，袅袅升向苍穹，而将一生创造的宝贵精神财富永留人间。他那辉煌的艺术生涯，将给人们以恒久的引导价值和示范意义。

国家教育委员会在悼念的唁函中评价说：

> "刘海粟教授是我国新美术运动的拓荒者，现代艺术教育的奠基人。自 1912 年创办中国教育史上第一所美术院校起，以其学贯中西、艺通古今的渊博学识，为国家培养了大批美术人才，以其中国画、油画、诗词、书法、美术史论等方面的卓越成就，饮誉中外，将毕生精力贡献给祖国的美术事业，刘海粟教授的逝世是中国美术教育事业的一大损失……"

中华人民共和国文化部在唁文中对海翁评价说：

> "刘海粟先生是饮誉海内外的杰出的美术教育家和艺术大师，是我国新美术运动的拓荒者和现代艺术教育的奠基人。他学贯中西、艺通古今，成就卓著，为发展我国文艺事业、加强我国同世界各国文化交流，作出了重大贡献。他的逝世是我国艺术界及至世界艺术界的重大损失。我们要学习他热爱祖国、热爱人民的崇高品德，学习他一丝不苟、严谨治学的科学态度，学习他兢兢业业、诲人不倦的优良作风，为我国艺术事业的繁荣和发展作出贡献。"

海粟不朽！

第二章　贡献、价值评析

一、品格·信念·童心——刘海粟的艺术能源析

艺术大师刘海粟教授，驰骋中外艺坛计有大半个世纪。他以那自始不渝的满腔热忱，挥毫瓖墨，攫形取神，为人们提供了十分丰富的精神食粮。他兼长中国画和西洋画，无论是风景、人物或者是花鸟、静物，无论是泼墨写意或者是重彩工笔，乃至诗词、书法、鉴赏等，都有他自己独特的成就。海粟老人才华横溢，特别是改革开放以来，在对中国传统国画"推陈出新"的实践中，蝉蜕龙变，大胆开拓新的境界，作出了非凡的贡献。试看那铺采的塘荷、泼彩的黄山，艳而不火，丽而不媚，其神采一下便叩开人们爱美的心扉。再看那超脱酣放、水墨淋漓的奇嶂异峰，涵浑汪茫，意境恍非人间，使观众心胸顿觉豁然开朗。他的每幅作品，都是那么生动别致，令人振奋并受到鼓舞。

刘海粟作中国画《踞虎图》
（1943 年）

海老身历新旧民主革命和社会主义革命的重大历史变革，政治风云的大动荡，决定了老人的艺术道路崎岖曲折。他一生经受过多次恶浪的无情冲击。然而，他像一株劲松，历劫不败屹立于艺苑。1912 年，年仅 17 岁的刘海粟，因不满封建婚姻，冲破牢笼出走上海。在辛亥革命风潮的影响下，抱着改革社会的宏愿，提倡美术教育，受到蔡元培先生的大力支持。同年 11 月 23 日，海粟在上海乍浦路创立我国第一所美术学校——上海图画美术院（即上海美专之前身），为现代美术和教育史增添了光辉的一页。随着美术教育的开展，阻力便接踵过来了。1917 年美校举行的成绩展览中，因有人体写生，海粟教授被某女校校长诟詈为"艺术叛徒"、"教育界之蟊贼"；1926 年盘踞华东五省的联军总司令、大军阀孙传芳，竟公然下令禁止使用人体模特儿，密令封闭美专，缉拿刘海粟。为了民族的艺术事业，刘海粟不畏强暴，坚持斗争，最终取得了胜利。

1943年,海老隐居印尼,不受日伪利诱,继续把精力浸润于美术杰构中。……新中国成立后,1957年,在"左"倾路线影响下,海老不幸在政治上受到迫害。十年浩劫期间受害更甚:1967年被抄家荡产,画家多年的作品和庋藏古画,惨遭践踏;继而在1971年,因所藏旧书报中被搜得载有蓝苹(即江青)丑闻的旧报,被诬为"恶毒攻击无产阶级司令部",以"现行反革命分子"论处,使海老蒙冤含垢。对这些莫须有的罪状以及人身的攻击、摧残,海老却处之坦然,丝毫没有动摇他献身艺术的决心。他常以在逆境中成长的历代史学家、文学家自勉。司马迁、苏东坡等历史人物的奋发精神鼓舞着他,他那如椽的巨笔,只要可能,一刻也不肯耽搁。即令是笔被歹徒们夺去,他还要以手比划,以心作画,去状写那胸中的丘壑。他坚信,他所从事的事业是崇高的,是为人民所需要的,是会得到历史的承认的。他那赤诚的心,宛如一团熊熊燃烧的烈火,永远不能扑灭。

鲁迅先生曾说:"美术家固然须有精熟的技工,但尤须有进步的思想与高尚的人格。他的制作,表面上是一张画或一个雕像,其实是他的思想和人格的表现。"海粟老人的绘画风貌博大、纯正,神如其人。正像他自己所说:"我对于我个人的生命、人格,完全在艺术里表现出来";并且认为:"作为一个艺术家,首先要有崇高的品质,然后才有伟大的艺术"。他一生坎坷,却又是那么光彩照人。早年画国画《言子墓图》,大画家吴昌硕曾题"海粟画此有神助耶"之句,倍加推崇;1919年,到日本东京考察美术,参观日本帝国美术院第一次美术展览;此后,又曾与当地许多名画家交游论艺,他那雄浑磅礴的油画,被誉为"东方艺术之狮",为民族争得了光荣。康有为先生赞赏他的艺术云:"合中世之妙为大家矣";著名的民主革命家、教育家、科学家蔡元培先生,表扬他的艺术"必能引起特殊之美感","为美术开阔新天地";郭沫若先生则在他的早期作品《九溪十八涧》画幅上即兴题诗:"艺术叛徒胆量大,别开蹊径作奇画,落笔如翻扬子江,兴来往往欺造化,此图九溪十八涧,溪涧何如此峻险,鞭策山岳入胸怀,奔来腕下听驱遣,石涛老人对此应一笑,笑说吾道不孤了",对海老及其艺术作了高度评价;1929年,他的油画《卢森堡之雪》,被法国收藏在国家美术馆中,获得"大师"的美誉。1949年全国解放以后,他更是致力于艺术生活新天地的开辟。1952年担任华东艺术专科学校校长;1962年特邀出席全国政协会议并列席全国人民代表大会,受到周总理的亲切会见和勉励;1979 年 6 月,增补为全国政协委员会委员,同年 10 月,再度出任南京艺术学院院长;1980 年,被意大利国家学术院聘为院士……。在这些荣誉面前,他依然一如既往地醉心于艺术规律的探求。他是中外著名的大画家,名高望重,却十分平易近人。尤其对于后辈、对于青年,他总是那么热情、诚挚。每当置身于青年中,往往谈笑风生不能自已,启发、鼓励,谆谆教导、亲密无间。被大家紧紧簇拥着,受到爱戴和尊重。他与人交往,无论地位高低,总是以诚相见,一视同仁。一位曾经和他日夕相处照顾他生活的工友,原无文化,在老人的勉励支持下学字习画,提高了文化,海老还赠送了两幅手迹。这些都足以说明刘海粟教授不一般的品格、气度。他常常教导学生,在人生的道路上应努力做到"宠辱不惊",任其风云变幻,"失意泰然,得意淡然"。要不骄不躁,循着既定的目标,坚韧不拔地走下去。经得住委屈、诽谤和打击,信念不变,对艺术坚贞不渝。海粟老人数次健笔题写"精神万古、气节千载"的对联,正反映了老人自我修养的严格要求,也是老人一贯行动的道德准绳。无怪乎老人蒙冤的艰难岁月,表现得那样泰然和坚定。他"为了中华民族的艺术事业,一定要坚持多画画",这种顽强和百折不挠献身于艺术事业的精神,正是海粟老人品质的可贵之处。

在阴霾弥天的暗淡日子里,海老更是寄情于丹青,索安于画幅。1972 年画《渔翁盘膝图》,题诗云:"行藏山水双蓬鬓,啸傲乾坤一布衣;抛却纶竿坐终日,清风明月伴鱼矶",用借喻状写了文化专制主义的罪恶后果,抒发了作者内心深处的不平之情。1975 年,继上年大批所谓"黑画"之后,中国美术界空气更加窒息,面临万马齐瘖的局面,海老置之不顾,而使身心进一步遨游于艺海,在笔墨的创造中驱除一切烦恼。所作设色云山图题词云:"乘兴泼墨泼采,神韵无毫差,视余豪气犹昔,他日未易量也",显示了在逆境中有增无减的叱咤风云的气概和不可撼移的决胜信心。同年曾画古松,题诗云:"……二千余年风霜饱,苍然鳞甲欲成龙,龙有老时松不老,望之俨若九头狮……",此画丈二巨幅,气势雄浑逼人,通过塑造的艺术形象,进一步表现了海老高尚的情操与宽阔的胸襟。

"四凶"破灭、硝烟甫息。海粟老人绘画激情空前高涨。老画家把一幅幅凝聚着强烈时代特色和个人风格的作品,无保留地奉献给人民。1977 年 9 月初,去西郊公园对荷花写生,泼墨铺采,连成四幅,其中一幅题诗云:"毕竟西郊八月中，风光不与四时同，接天莲叶无穷碧，今日荷花别样红”，这首绝唱，虽由宋人杨万里诗句演化而来，而两字之易意趣迥异，老画家情绪鼎沸，对党和人民的一片丹心，溢于字里行间。

刘海粟教授确是“老骥伏枥，志在千里”的艺术耆宿，他那正直、豪放的性格，算是找到了赖以归宿的时代了。1978 年，外宾曾以巨款购买海粟老人两幅杰作，老人将所得全部献给国家，这样的慷慨无私，令人钦佩。从这里也使我们进一步窥探到画家品格的内涵。早在其办学初始阶段，他在北大作学术讲座时就说过：“真的艺术家，只是努力表现他的生命，表现他对客观世界的看法，他的信条是即美、即善。他实无希求；名利不能动他的心，更不足引他追逐”，海翁以自己的行动实践了自己的主张。

我们研究大师的艺术，更要研究他那内蕴的精英。这个精英是什么？童心。海粟题画常用“年方八二”、“年方八三”等，即是童心的表白。他对生活有着强烈的甚至执著的爱。唯其如此，他对生活的感受才会那么新鲜，才会那么深切而不落俗套。这也正是“童心”所显示的典型特征。如果艺术家对于时代、对于生活是麻木不仁的，是旁观者，艺术生命也就告终了。海粟老人曾对我们讲过：“童心在，艺术生命永恒，很重要，童心意味着幻想、创造，意味着纯真、坦白、诚实，艺术创造离开了纯真，就没有生命了。”从他晚期的一批作品看，无不呈现出生命的活力，并不像出之于年届耄耋的老人之手。那奔突的峰峦，浩森的云海，绚丽的花鸟，刚劲清新而又生机勃勃，可以说是“大”与“力”的结晶。那恣肆挥洒、不主故常的笔法，那果敢而深有颤动的色彩，那腾龙翻虬的线条，那恢宏淋漓的水墨，处处表达出祖国山河的壮美，洋溢着神州花草的芳香，同时，也是老画家赤诚性灵的再现。老画家十上黄山的壮举，无疑表明了画家的童心未有稍变。《泼彩黄山》(左下题：庚申夏刘海粟七上黄山画，年方八五；印章为“别开蹊径作奇画”、“曾经沧海”)，在墨底上泼以斑驳、灿烂的石青、石绿、赭石、藤黄、朱砂等，使这许多鲜明浓烈的颜色，交相辉映，形成丰富的层次和铿锵的节奏，意境新颖、奇特。像这种独出一格的山水胜景，分明是作者用心灵为黄山谱写的交响乐章，是作者以深刻敏锐的眼光，对黄山美的尽情揭示和颂扬，也是作者对生活作出的热情的解释。

海粟老人反对无动于衷地描写对象，反对矫揉造作地表现对象，他要求“竭诚”、要求“尽情”。他的作品不屑受

刘海粟老而弥坚，
精神贯注地作画情景

任何教条的束缚和羁绊，而是如石涛所说的那样“我之为我，自有我在”，“我自发我之肺腑，揭我之须眉”，往往兴致所到，横涂竖抹、逶迤成章。海粟老人这一富有强烈个性的特点，早年形成，晚年更盛。其源也正在于童心长存。30年代，诗人徐志摩曾经在海粟作品《巴黎圣母院》画幅前大呼“啊，你的力量，已到画的外面去了”，时过境迁，在横跨大半个世纪的今天，再来看海粟老人的作品，画面所显示的力量，则更是内外充盈的了。国画《鲲鹏展翅九万里》，劲松破云、巨翼搏天，具有何等的气派！其势简直可以拔山移海。海粟老人由童心酿成的豪迈性格，给他在艺术上除尽雕琢痕迹提供了条件，也是其作品形成奔放风格的主要依据。如果说海粟老人是再现美的自然的杰出画家，那么首先在于他是自然的美的极为敏锐的发现者。他带着一颗探奇抉奥的童心，对于那些容易被平凡的画家所忽视的自然的美，能洞察幽微，使之成为创造性的艺术劳动的对象。海粟老人几次为后辈画家的展览作品题写“美在斯”三字，明白阐发了从事艺术劳动必须善于发现美和重视美的重要性，同时也是对中青年画家的赞扬和鼓励。有作为的艺术家们，都应该是襟怀童心去提炼生活美的灵魂工程师，海粟老人已给我们树立了榜样。

海粟老人的“信仰”、“童心”，致使他几十年如一日地勤奋、刻苦，自强不息。他在1956年访问西安时讲过：“在学习上是没有止境的。我在学习上一直不满现状，立志探索新路，为中华民族的绘画艺术苦斗”，实践一再证明老人言行如一。酷暑严寒，他不顾年迈踏步郊外，对景写真。1976年初春，竟在摄氏零下九度的气温下去野外作画；夜阑人静，老人灯光不灭，展纸挥毫。有时竟废寝忘食，作画至深夜一时多。1977年，海粟老人在给一位教授的信中说：“……这几个月来，我兴奋地画了很多画，是我极力创新的。……我在创作的激狂中，在工作室里作了将近四个月的画，有时一天写三四幅，有时又莨思周匝，五日一水，十日一山。紫藤、红梅、白凤、大鹏、荷花、葡萄、奇峰、急流……往往每幅都要经过五六次之多的泼墨泼采。完成后题上诗跋，时而狂草，时而行楷，自己张挂起来，大声呼叫，得意忘形……”如此艰辛而又如此欢乐！这一段形象、生动的自述，启发我们去思考海粟艺术成功的重要因素。显然，老人的长期磨炼，使他成长为一位具有多方面才华的杰出画家。他两次东渡日本，两次西游欧洲，考察、展览、讲学，博览、临习世界名画。洋画的精液，注入了他那劲健的血管，使他大开眼界，从而滋润了创新的灵感；对于传统绘画，更是孜孜以求地研习，他遍学各家，其中尤以马远、夏珪、黄子久、沈石田、董其昌以及石涛、石溪对他的影响显著。鉴于老人雄厚的中、西画基础，他的艺术，便能在“洋为中用、古为今用”、“推陈出新”的方针指引下，纵横捭阖，新意层出不穷。在一次泼写荷花的创作中，老人得意之余不禁欣喜题写：“淋漓笔墨如风狂，泼出园荷几枝香，参到野狐禅透彻，忽然笔法胜清湘”，最后一句“忽然笔法胜清湘”，绝非作者妄自尊大的狂语，而是从几十年前艺术上和石涛相埒（见郭老《九溪十八涧》题句“石涛不孤了”），发展到超过石涛的真实写照，是老人长期以来刻苦治学的成果，也是海粟老人出众的创作个性的生动概括。

八十年代刘海粟与刘抗在黄山写生

透过海粟老人艺术作品本身，努力去寻觅和挖掘这些伟大艺术品的能源，对于深刻认识画家及其艺术也是十分必要的。从这些方面着眼，我们便不难找到学习和借鉴的钥匙。

二、艺苑不老松——刘海粟的艺术生活剪影

“年方九三何尝老，劫历三千亦自豪。贾勇绝顶今十上，黄山白发看争高。”这是海粟老人 1988 年 7 月黄山行前的“誓言”。真是一股壮气、万般豪情！以 93 岁高龄，敢于顶酷日、浴高温，披襟临风，逞笔于“西海”云烟松石，施墨于“云谷”晨光青岚，怎不令人敬佩、赞叹！1988 年 9 月 12 日《刘海粟十上黄山画展》在上海美术馆揭幕时，观众如潮，盛况空前。时任上海市委书记的江泽民同志专门为画展撰写了序文，文谓：“刘海粟教授年方九三，十上黄山，啸烟霞，抚琴泉，与奇峰对语，临古松长吟，拥抱黄山，人山合一，跳出云海，吞吐黄岳，古所未闻，今亦仅见。更能抒健笔，化情为墨色，打破古今中西界限，尽兴挥洒，蕴藉无穷。为昔日师长立传，今朝良友写真。山笔交辉，公之于众，与国内外朋友同享神游之乐。”文中对海老的艺术探索精神及其成就的品评，完全吻合于作品之实。很明显，画中所洋溢出来的浓郁的笔情墨趣，使观众获得了多么难得的审美享受！

而在上海为海翁举办隆重的百岁庆典活动时，老人身着大红羊毛衫，鹤发童颜，声音洪亮地表示：“我一百岁还只是开始，我还要 11 次上黄山！”会场上顿即掌声雷动，人们无不为他这种老而弥坚的气概所感动和折服。

刘海粟九上黄山写生情景
（1982 年）

刘海粟，1896 年 3 月 16 日出生于江苏省武进县。这位横跨世纪岁月、经历富于传奇色彩的艺教宗师，这位在中国和世界美术界深具影响力的书画泰斗，这位一生追求真善美、献身于人类艺术事业的大师，在近现代艺术发展史册上，无疑占有赫然醒目的一页。

在封建气息弥漫的历史时代，他在上海首倡男女同校，电影《画魂》中的主角潘玉良，从妓女到教授、名画家、雕塑家的历程，其转机的关键，就在于刘海粟能打破世俗偏见，果敢地将她录取到上海美专；他又在艺术教育中首倡使用模特儿，并因此与封建卫道士们唇枪舌剑地斗争前后达十年之久，在进步舆论的支持下终于获胜；从事艺术教育，他反对束缚学生，提出“图画的教与学，其手段方法，第一要尊重个性，因为人的性格各有不同，万不能强使划一”，“一切制度和办法都应以学生不受束缚、能研究真理为原则”，这些闪光的思想，发于上世纪 20 年代是难能可贵的；另一方面从办学总体考虑，他认为“学校教学本来是活的，是要依着时代的发展而改进的，决不可以依着死章程去办事”，以不变应万变的教育，难免被社会淘汰的厄运。

海粟老人在艺术创作上其所以拥抱大成，除了坚定的信念、豁达的性格、韧性的磨炼等精神因素外，践行于“闳约深美”当为其要。他的作品，贯通古今，融汇中西，个性鲜明。早在 1922 年北大校长蔡元培对刘海粟就作过这样的介绍：“他的个性是十分强烈，在他的作品里处处都可以看得出来。他对于色彩和线条都有强烈的表现，色彩上常用极反照的两种调子互相结构起来，线条也总是很单纯很生动的样子，和那纤细女性的技巧主义是完全不同。他总是绝不修饰、绝不夸张。拿他的作品分析起来，处处又可以看出他总是自己走自己要走的道路，自己抒发自己要抒发的情感。”考其画作：油画，从 1922 年的《北京前门》到 1979 年的《南京梅园新村》；中国画，从 1924 年的《言子墓》到 90 岁以后的黄山系列作品，博大的气象贯之以一，色彩和线条、情感和意趣，宛若水乳交融。一种人格，一种生命，自然映照在流光溢彩的画幅上。

他的渊博的知识，丰厚的学养、惊人的艺术创造力，是他投身时代洪流、自身努力搏击的结果。海粟老人是善于向传统学习、向自然学习的楷模，他收藏了不少古代书画精品，不断临习揣摩；他驱步大江南北，云游四海，写生不断。早在 30 多岁时曾先后两次欧游，举办画展、参观考察、交友论艺，视野因此而大为拓宽。1985 年他被邀去日本举办画展,日本首相中曾根康弘曾赞誉他的作品:"创造出一种新的艺术境界,无愧为世界美术史上一个光辉的里程碑";次年去法国,又受到密特朗总统的高度评价。也正是在法国——1931 年举行个人画展时,刘海粟被巴黎大学教授路易·赖鲁阿撰文誉为"中国文艺复兴大师",文中说:"刘海粟确是一位'大师',在这字的真意与古义上的大师,因为他有他的信徒,这不但是中国文艺复兴的先锋,对于欧洲艺坛,亦是一支生力军。"海粟老人艺术的世界影响由此也可见一斑。

大师在 87 岁生辰纪念时就曾回顾往事,填词一首,内中有句:"浪迹乾坤外。历沧桑,平生阅尽,陆离光怪","忆往事,何须增慨。笔墨淋漓吾岂老,关难偿,不尽丹青债。身幸健,志高恺",气势豪迈之至!

三、创业、追求、开拓、报国——刘海粟业绩综论

1994 年 8 月 7 日,一代艺术宗师刘海粟谢世于上海,引起了海内外特别是美术界的震惊。损失难以弥补;而他的精神及其在艺苑辛勤耕耘近一个世纪的光辉业绩,却显然为民族文化史册谱写了魅人的一页。唯其如此,从中央领导到海内外文化界众多的有识之士,才可能被激发出深切的悼念之情,纷纷发出唁电、唁函,抚慰英灵、寄托哀思。历史是有情的、公正的,它忠于实践的真谛,为一位披荆跋涉、终身追求真善美的艺术家,为一位与现代美术发展史同步、不计毁誉、将艺术奉献给祖国和人民的艺术家,划上了一个圆满的句号。

接近一个世纪,刘海粟对中国美术及美术教育作出的杰出贡献,很难以一篇文字尽述,不免挂一漏万。下面我们试图从四个方面来简要地加以剖析:

1. 可贵的创业精神

刘海粟的青少年时代,正值中国社会大变革的时代。1911 年推翻封建帝制的辛亥革命运动,1919 年的"五四"新文化运动,使中国的上空,滚动、轰鸣着变革的风雷。

1912 年民国元年,17 岁的刘海粟与其画友乌始光、张聿光、丁悚等一道,抱着艺术救国的认知,以拓荒者的胆略,在上海创办了"上海图画美术院"(后更名为"上海美术专科学校"),从此揭开了以专门学校从事美术教育的序幕。宣言有三条:"第一,我们要发展东方固有的艺术,研

究西方艺术的蕴奥；第二，我们要在极惨酷无情、干燥枯寂的社会里尽宣传艺术的责任，因为我们相信艺术能够救济现在中国民众的烦苦，能够惊觉一般人的睡梦；第三，我们原没有什么学问，我们却自信有这样研究和宣传的诚心。”明确的宗旨及其从肇始到发展壮大的长期延续性（直到1952年全国高等院校调整为止），奠定了“上海美专”为我国第一所美术院校的历史地位。

回顾当年的新兴艺术教育，大抵发轫于“废科举、兴学堂”的时代氛围。1902年由李瑞清创立的两江师范学堂，曾于1906年特别增设了图画手工科，可惜招生两个班后即告中辍；同时，北方保定优级师范，也援例开办艺术科一班，上海徐家汇土山湾教会内，也有以油画表现宗教题材的美术训练，教员均为法国传教士（并不公开招生）。上述虽非专门学校，但毕竟沾染了中国现代艺术教育的曙光。此外值得一提的是，1911年夏，周湘创办的显然具有培训班性质的“布景画传习所”（刘海粟、乌始光、丁悚等都曾是该所学员），遗憾的是限于人力、物力不足，又无健全的组织，在艰难撑持中不久停办。

有鉴于此，作为富于生命力的独立的美术学校，上海美专的崛起才获得了不寻常的意义。中央美术学院在1979年内部刊印的《中国现代美术选讲纲要》中，对上海美

上海美专人体写生课

专早期的历史作过充分肯定性的评价："从 1912 年到 1921 年这十年间是上海美专迅速发展的十年，在这十年中不难看出新文化运动对它的影响，而上海美专也正是在新美术运动中起过相当的作用，而被载入史册。"

刘海粟在上海美专的主体地位，具有历史的确定性。之初，由于年少他自任副校长，而由年长的乌始光和张聿光先后担任校长。几年后即出任校长（延续近四十年），丁悚任教务长。诚如《中国大百科全书・美术》中所记："上海美术专科学校，中国现代第一所私立美术学校。刘海粟长期任该校校长。"叙述是可信的、符合实际的。

刘海粟的创业精神，突出表现在勇于开风气之先，独绝流俗、超越寻常。例如，在弥漫着封建气息的土地上，于 1915 年首倡人体模特儿写生。并因此被斥为"艺术叛徒"、"教育界的蟊贼！"，围绕"模特儿"事件的论争，前后达十年之久。刘海粟的对手，是一批身居显位的封建卫道士，上至五省联军总司令孙传芳，下至上海正俗社社长姜怀素。对抗，需要冒着随时被拘捕的危险，刘海粟则不畏强暴、据理力争，终于在进步舆论的支持下，把握胜券。从此，艺术教育中使用模特儿得到了确认和推广。有必要说明的是，据传 1914 年李叔同在浙江省立第一师范学校图画手工专修科采用男性裸体模特儿供学生写生，虽亦属可贵但却未能形成社会性的效应。从对"人体模特儿"倡导和推广角度考察，刘海粟显然功不可没，说他"首倡"，是有着丰富的、可歌可泣的实践内容的。

刘海粟曾在 1918 年为创办《美术》杂志（中国第一本）而撰写的发刊词中说："昔拿破仑有言：'英雄之字典无难字'。可知世界事业无不由难而易"，"若人人存一畏难之心，故步自封，此学术终无显明光大之一日"，等等，表明刘海粟的创业精神，知难而进。同年 12 月 29 日，鲁迅在《每周评论》第 2 号发表题为《美术杂志第一期》的评介文章，高兴地表示："开创之初，自然不能便望统一。就大体着眼，总是有益的事居多，其余记述，也可以看出主持者如何热心经营，以及推广的劳苦的痕迹。"

除上述之外，刘海粟在艺术办学中制定新式学制，实行男女同学，为杜绝学生的师承模仿习气而废除考试和记分法代之以严密的成绩考查，把野外写生纳入教学内容等等，在中国现代美术教育的初创期都带有明显的开拓性而示范于后来者。

2. 持恒的艺术追求

对艺术的忠诚、执著,对生活的钟情、热爱,贯穿于刘海粟的整个生命历程中。

上世纪的两次欧游,是刘海粟艺术生涯中的闪光篇章。他“力学苦读,旷观大地”,遍历欧洲诸邦,参观了许多著名的博物馆,并与当代欧洲著名画家裴那、阿孟琼、梵钝根……以及汉学家赖鲁阿,文学家泌宁等讨论艺术,同时,抓紧时间用心临摹大师们的佳构,如提香的《耶稣下葬》、伦勃朗的《浴后》、德拉克洛瓦的《但丁之小舟》、米勒的《拾穗》等等,从中尽情汲取艺术营养。另外,除了举行展览、应邀讲演、参加集会,还努力画了许多幅油画。第一次欧游回国,1932 年在上海举行画展的目录里所载欧游作品即达 109 幅之多,如《巴黎圣母院夕照》(1931 年)、《威尼斯之夜》(1931 年)、《罗佛宫之雪》(1931 年)等就是当年汇报展出的杰作。其中《巴黎圣母院夕照》,写圣母院为颤动、变幻的夕阳余辉所控罩,玄奇、凝重、华美、瑰丽,感人至深。另有作品《卢森堡之雪》,为法国国家美术馆收藏,殊属难得。法国学者赖鲁阿教授在刘海粟旅欧展览会序文中称赞道:“看他在卢森堡朔风冻云中所写来的雪景,枯枝盘错,在力的韵律中表白他的无声的诗意。”同时在序文最后说:“刘海粟确是一位‘大师’,在这字的真意与古义上的大师,因为他有他的信徒。这不但是中国文艺复兴的先锋,即于欧洲艺坛,亦是一支生力军。”

与那些留洋镀金、虚掷光阴的纨绔子弟不同,刘海粟是以艰苦的努力去探索西方艺术宝山的。当时同在巴黎的著名翻译家和文艺批评家傅雷于 1932 年曾有文透露:“我有时在午后一两点钟到他寓所去。海粟刚从罗浮宫临画回来,一进门就和我谈他当日的工作,谈伦勃朗用色的复杂,人体的坚实,……以至一切画面上的新发现。半小时后刘夫人从内面盥洗室中端出一锅开水,几片面包,一碟冷菜,我才知道他还没有吃过饭,而是为了‘物质的压迫’,连‘东方饭票’的中国馆子里的定价菜也吃不起了。”安于物质的窘迫,索求精神的富有,这本身就是一种艺术人格的象征。在同一篇文章中傅雷还说到,“廿年后,他海外倦游归来,以数年中博得国际荣誉的作品与国人相见。学者名流,竟以一睹叛徒新作为快,达官贵人,争以得一笔一墨为荣。这时候,他战胜了道学家(1924 年模特儿案),战胜了礼教,战胜了一切——社会上的与艺术上的敌人,他交游满天下，桃李遍中国，然而他是被误会了”，“我们读到法文人赖鲁阿氏的序文以及德法两国对于他艺术的批评时，不禁惶悚愧赧至于无地：我们现代中国文艺复兴的大师还是西方的邻人先认识他的真价值。我们怎对得起这位远征绝域，以艺者的匠心为我们整个民族争得一线荣光的艺人?”“一个真实的天才——尤其是艺术的天才的被误会，是民族落伍的征象。”傅文发表至今 60 多年过去了，今天党和人民给予这位“艺术天才”以崇高的评价，这不正是民族兴旺的征象吗?

其实，即令在过去的过去，也已有相当一批有识之士，对刘氏推崇备至。早在 20 年代，著名的民主革命家、教育家、美学家蔡元培就曾在《北京京报》上撰文道：“这海粟用了十四年毅力，在中国艺术界创造了一个新方面……他的个性是十分强烈，在他的作品里处处可以看得出来。他对于色彩和线条都有强烈的表现，……处处又可看出他总是自己走自己要走的路，自己抒发自己要抒发的情感。”

如果说欧游使他在油画的研习和创作上取得了关键性转机的话，那么从 1921 年开始直到 1988 年的十次黄山攀登，使他在绘画领域特别是中国画领域找到了足以点化个性的最佳审美对象。他的一方印章“昔日黄山是我师，今日我是黄山友”，充分说明了黄山在他的艺术道路上的重要性。作品中的“大”与“力”，泼墨泼彩的那种奔放、激狂，都响亮地显示在一系列黄山杰构中。1988 年 9 月 12 日《刘海粟十上黄山画展》在上海美术馆揭幕，当刘海粟及其夫人夏伊乔来到门厅时，济济一堂的参观者欢欣雀跃，争相一睹高龄大师的风采。时任上海市委书记的江泽民同志，专门为画展撰写了序文，文中对海翁深入生活进行艺术创造并取得的高度成就给予了充分的肯定。刘海粟画作中所喷薄出来的沁人心脾的笔情墨趣，带给人们的是身染自然玄奇的审美享受!

且不说其他，单就海翁不顾大耋之年，舍弃养尊处优，攀登黄山披襟临风作画，就足以使人们咋舌、叹服! 没有一种为艺术献身的精神，怎么可能这样如痴如醉!

20 年代开始刘海粟就曾表达过自己的艺术宏愿：“师欧美诸国之良规，挽吾国美术之厄运.截长补短，亟起直追，责在吾人，义无旁贷”；横跨大半个世纪，刘海粟践行了自己的宏愿。1994 年 3 月 16 日他在上海举行的百岁华诞庆典上兴奋地总结道：“我一生追求真善美，一生坚持艺术创作，一生为艺术教育事业奋斗，……我一百岁还是开始，我还要创新，不断地创新。”

这种持恒的艺术追求并因此带来的丰硕成果，使刘海粟的名字与艺术辉煌联系在一起。

3. 开拓的教育思想

刘海粟并未受过高等美术教育，但是凭着他的天资和对事业的执著追求，在学识与艺术造诣上，远远超越了不少受过高等美术教育者。正像一生只上过三个月的学却功德无量地发明了电话、电灯的伟大科学家爱迪生一样，正像先为木匠后为“人民艺术家”的国画大师齐白石一样，他们都是令人崇敬、给人鼓舞的“自学成才”典范。成才的途径原本就是“条条大道通罗马”的。当然也毋庸讳言，作为培养人才，学校教育往往能收事半功倍之效。

刘海粟兴办美术学校，正是希冀在“干燥枯寂的社会”大背景前，迅速灼亮起美育的火种。“艺术教育就是把艺术的精神，通过教育以培养育化人类美的本能和美的感情；同时还促使这美的本能和美的感情向外表现，普遍地培育出良善的健全的人类。”如是之说出于 20 年代，可见青年刘海粟就具有远见卓识和博大胸怀。对艺术教育的这一整体命意及其社会功能的价值取向，使刘海粟的办学实践，从一开始就背离门户框范，而高扬“学术自由、兼容并包”的旌旗；躬行“闳约深美”的治学方略。为了以美的教育“培育出良善的健全的人类”这一大旨，他广求英才，推行画室制，并注重全面素质的提高，办学层次的拓展。

校长的导向带来的结果之一是，当时各怀所长的专家学者云集于上海美专。西画系有李毅士、吴法鼎、王济远、江新、李超士、倪贻德、潘玉良、张弦等人，另有外籍教授普特尔斯基与斯托宾执教素描；中国画系有黄宾虹、潘天寿、张大千、吕凤子、谢公展、吴茀之、王个簃、郑午昌等人，执教理论的有姜丹书、傅雷、滕固、俞剑华等人，另有李健、朱复戡、顾鼎梅、马公愚等人教授书法篆刻。音乐系除黄自、贺绿汀、谭抒真、丁善德、马思聪等教授外，还有琵琶名家卫仲乐、古琴大家郑觐文到校传艺。另一方面，形成了颇为风光的多方位办学。上海美专既造就艺术专家，又培养艺术师资，还乐于帮助提高业余爱好者的水平。在普及与提高、专业与业余、学校与社会、理论与实践等辩证关系上，力求统筹兼顾、配合有序，建构了一种从初级到高级（纵向）和不同学科、专业及不同性质的对象（横向）交叠进行的完整的教育体系。

刘海粟的开拓性教育思想，还体现在具体指导原则上。他在1923年《上海美专十年回顾》一文中说得很清楚："学校的教学本来是活的，是要依着时代的发展而改进的，决不可以依着死章程去办事。……况且美专之在中国，要依什么章程也无从依起，处处要自己依着实际情形实事求是去做，因此就时时发生变动。"今天读来依然掷地有声。既然艺术教育肩负着完善人格的作用，肩负着培养以美育完善德育的改造社会的人才，那么，承担艺术教育主体任务的学校，就不能不研究社会现状，不能不张扬起教育的风帆，对准社会需求的航标，破浪向前。

他认为，要达到普及美育、美化人生和社会的目的，要塑造内以求心灵之美、外以求风俗之美的国民素质，还不能忽视普通学校的艺术教育。因此，他不仅着力于专业人才的培养，还十分重视培养中小学师资和普及社会艺术教育。当他在二三十年代审核新学制中小学艺术科课程纲要时，便明确提出应将原来作为"随意科"的图画、音乐、工艺课程定为正修科，并亲自为之编写了一套图画教材。早在1915年，上海美专便先后开办了函授学校、暑期学校和夜校，使广大爱好美术的在职、在学和待业青年，通过一定的专业培训，而找到叩开艺术殿堂门扉的钥匙。

在教学手段和方法上，刘海粟在1924年便提出了足以醒人耳目的两点看法："第一，要尊重个性，因为人的性格各有不同，万不能强使划一。第二，必须注意创造力。因为这种能力，便是支配艺术世界的能力。做些摹仿的呆板工作，是决不能达到图画教育的目的。"即使今天看来，依然不失其指导价值。

80多年来，刘海粟直接和间接培养了一批又一批艺术人才，遍及海内外，其影响之大，有口皆碑。

4. 不渝的报国之心

孕育在苦难岁月，成长在新旧交替、大起大落的时代嬗变中，刘海粟之所以有那么一种百折不屈的强悍的艺术生命力，在于有一颗赤诚的、不渝的报国之心。1983年夏天，海翁88岁为北京钓鱼台国宾馆作大型中国画《曙光普照神州》，曾题写九上黄山时的一首七律，中有"一轮最爱腾天镜，中有彤彤报国心"句，读时曾深感诗画交融之妙，在这里作者对雄奇壮观山河的歌颂赞美，已是"报国之心"的一种形象转化！纵观大师一生的言行，始终贯穿着一条爱国主义红线，由最初的隐约、朦胧，到此后的明朗、显著，

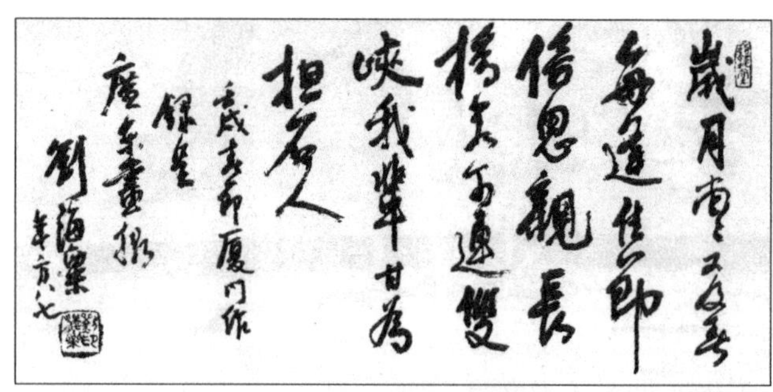

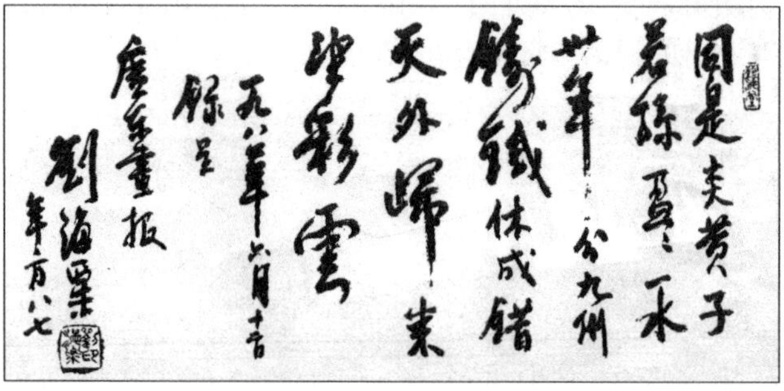

刘海粟书法两帧(1982 年)

体现了从肤浅逐步走向成熟的认识发展过程。

民国元年,“谋中华艺术的复兴”的办学,无疑是少年刘海粟首次袒露报国之心的壮举。

抗日战争爆发后,在那硝烟弥漫的历史阶段,刘海粟曾满怀激情作大幅油画《四行仓库》,赞美“八百孤军”苦守四行仓库的无畏精神,1939 年 1 月 15 日的《申报》载文评论道:“全部颜色的悲壮,手法的严肃和沉着尤非常人所能及。”继之,为了支持抗日,他先在上海后去南洋各地积极组织举办书画筹赈展览,如在印尼雅加达的展览,一次即筹得 15 万,这样多方征集资金,以尽快奉献给抗战事业。国难当头,他坚定地表示“有多少力量便要把多少力量贡献给国家!”。郁达夫曾在 1941 年 2 月 6 日的《星洲日报》上撰文说:“艺术大师刘海粟氏此次南来,……为国家筹得赈款是实实在在,已经很有效地尽了他报国的责任了。”1943 年初,刘海粟在爪哇被日军发现,利诱、胁迫而不为所动,明确表示了热爱自己祖国的心志。因此,受软禁一个阶段,后又被日军特务用飞机遣返上海,继续软禁。他在所作《英雄落魄图》一画中,题词表白了心境:“素描写出家国悲,泼墨狂扫风云壮。世人不识英雄面,窃窃私语笑相向。富贵不淫贫不移,坦荡原来江海量”。可感浩叹中横溢的激越之情,刘海粟的人格力量也缘此生发出来。由于抗战八年形成的历史复杂度,当时新闻媒介难免没有失实的误传。作为“群众揭发”的消息汇集,当然不能作为定性依据,称刘海粟为“汉奸文人”,早已成为历史的误会。[1] 但豁达、大度的刘海粟从未为此而缠绕胸次，他想到的则是以自己的艺术和教育实践为国争光。解放前夕，他曾大力支持美专师生的爱国民主活动，并同美专师生一起以护校、护厂等来迎接新中国的诞生。

解放后他的精神面貌更是焕然一新。虽多受挫折，特别是“四害”横行时期，但他的信念不变，壮志不减。他驱步于神州各地，以画笔来表现社会主义建设的景观，讴歌祖国的壮丽河山，泼彩、泼墨，讲学、题字，不事稍息。并数次将作画所得巨款，捐献给国家，捐献给社会主义艺术教育。为“繁荣祖国文化”而终生奋斗的拳拳之心日月可鉴！

1985 年 4 月 17 日上午，全国政协主席邓颖超在中南海西花厅，会见了时任全国政协常委业已 90 高龄的刘海粟教授及其夫人。邓颖超同志在门口迎接刘海粟夫妇。她对刘海粟说：“欢迎您到我家来作客。我和恩来同志在 30 年代就知道您了。您在油画和中国画上的成就，在国内外都享有盛誉。您热爱祖国，热爱社会主义，培养了许多人才，为四个现代化建设，为精神文明的建设，作了许多贡献，大家都尊敬您。我们的国家非常尊敬您这样的老人。”

邓颖超还赞扬了刘海粟在逆境中坚持艺术实践和坚持从事社会主义艺术探索的精神。

这样亲切的接见，这样崇高的评价，其内涵已远远超出了艺术创作和教育范围。对于志在献身“两个文明”建设的广大知识分子，难道不具有榜样和启迪意义吗！

一位忠于祖国的赤子，一位将生命彻底溶解到人民所需要的艺术中去的大师，任凭风袭浪击，精神是永远不朽的！

四、精神万古　气节千载——海粟大师仙逝十周年纪感

岁月匆匆。海粟大师 1994 年 8 月仙逝转眼十个年头了。常言道，盖棺论定。记得当年在隆重的追悼会上，国家教委、文化部曾分别发来唁函，都给海老事艺的一生，作出了终审性的高度评价。两则唁函，内容接近、精神一致，

---

① 1945 年 8 月 21 日重庆《新华日报》(发行人潘梓年)在第四版登载“文化汉奸名录(二)”后，附有“待续，欢迎读者供给材料”语；另有《致读者》短文：“今天凌照清先生的来函，很好的补充了我。廿一日所发表的汉奸名录，这不但编者感谢，也是全国同胞都极注意的。我们希望知道各方面汉奸情形的朋友，都把他们提出来……——编者。”

1993年8月初，在香港参加书画赈灾义卖会，书写“精神万古，气节千载”

现摘引文化部唁函文字：“刘海粟先生是饮誉海内外的杰出的美术教育家和艺术大师，是我国新美术运动的拓荒者和奠基人。他学贯中西，艺通古今，成就卓著，为发展我国文艺事业，加强我国同世界各国文化交流，作出了重大贡献。……我们要学习他热爱祖国、热爱人民的崇高品德，学习他一丝不苟、严谨治学的科学态度，学习他兢兢业业、诲人不倦的优良作风，为我国艺术事业的繁荣和发展作出贡献。”文中明确地以“拓荒者”、“奠基人”、“重大贡献”、“崇高品德”、“科学态度”、“优良作风”等作为衡量的标尺，从而将海翁的人品及业绩界定在“杰出的美术教育家和艺术大师”的辉煌坐标上。很显然，这一定评是完全符合海老艰难曲折而又绚烂多姿的艺术生活道路的。

毋庸讳言，笔者有必要指出的另一面是，在大师与我们永别后的十几年中，笔蘸污墨浊水，篡改事实、极尽诟言訾议的文字，也曾混迹于书刊报端欺人耳目。例如，有一位作者，在1996年《江苏画刊》第五期以及同年《周末》报6月8日版和《岭南文化时报》8月8日版，“从人品、画品乃至历史功绩等方面对刘海粟进行了史无前例的贬低与否定”(《岭南文化时报》按语)。再如，还有一位作者，为文打着纪实的幌子，在描述海老艺术、生活种种情状时，字里行间多处与事实相谬，以混淆视听博取轰动效应，期求名噪艺苑。这些情况，本也不足为怪，议事论人从来就各有视角选择。问题在于，上述两例违背了起码的“游戏规则”，而走入旁门歪道，提笔靠系风捕影、编谎造假、煞有介事地行文设章，从而在不明就里的人中形成了颇大的欺骗性。对于海老艺术上的业绩和成就，笔者曾在《论刘海粟》、《是非实妄辨》等论文中，有过较为全面、深入的阐述，在此不再重复表达。作为怀念、纪念性的篇章，笔者拟就海粟大师的精神层面，选择几个闪光点进行简要的剖析，以印证国家教委、文化部唁函中的评价，同时清一清诋毁者们的市场，并给人们深入认识海粟大师提供素材。

1. 赤诚的报国心愿——“一轮独爱腾天镜，中有彤彤报国心”

这是海老1982年九上黄山赴云谷寺所吟七律中的两句话(原诗为：黄岳雄姿峙古今，百年九度此登临。目空云海千层浪，耳熟松风万古音。莲座结跏疑息壤，天都招手上遥岑。一轮独爱腾天镜，中有彤彤报国心)。众所周知，海老始于1921年止于1988年跨度达大半个世纪十上

刘海粟作中国画《黄山五龙潭》(1980 年)

黄山的壮举，构成了其艺术生活中腾跃时空、骋笔瑰玮的壮丽画屏。他常常竖起拇指说，日本的富士山，欧洲的阿尔卑斯山等世界名山，都比不上黄山的雄伟、美丽。又说："昔人曰：到此方知；又曰：岂有此理；又曰：不可思议，得此十二字，千万篇游记可炬也。"（见《刘海粟黄山纪游》画页序）可见海翁对黄山一往情深、推崇之至。他的两句对仗性的诗句："目空云海千层浪，耳熟松风千古音"，表达了大师对黄山的挚爱之情，这种特殊感情，正是对于祖国热爱与眷恋深情的折光和延伸。他在艺术上富于传奇色彩的种种业绩，其逻辑起点和发展动力都无疑链接在"彤彤报国心"上。

上世纪初的1912年，他和几位画友创办上海图画美术院时，曾以三条宣言，广告于社会，其中第二条云："我们要在极残酷无情干燥枯寂的社会里，尽宣传艺术的责任，因为我们相信，艺术能够救济现在中国社会的混沌，能够惊觉一般人的睡梦。"语意朗朗、振聋发聩！时年17岁的刘海粟以"尽宣传艺术的责任"、"救济现在中国社会的混沌"为肩负的天职，这是需要相当的胆识和魄力的！没有对祖国强烈的爱心，没有关心民族命运的神圣使命感，是不可能有如此高的精神境界的。

抗战期间，1939年4月，刘海粟与丁惠康、吴湖帆等人发起，在上海大新公司举办中国历代书画展览。展览前言中说："中国历代书画展览会为筹募医药救济经费，阐扬我国古代艺术，征求各收藏家珍藏，公开展览，门券所得悉数交于上海医师公会作为医药救护队之用，展我先民遗迹，表现民族精神，意义莫大焉"。行动本身，又一次袒露了海老的爱国情结和人本精神。

四十年后的1979年6月份，由于政治等因素在画坛沉沦多年后的海粟大师，躬逢盛世，在中国美术馆举办了他的绘画作品展览会，观众反响强烈。有一位美国友人卜合先生数次到会参观，深为作品感染，竭诚要求购买12帧作品收藏。由于展品非卖品，经反复洽谈，并报文化部批准，最后同意卜合先生以7万元购藏两幅（《牧牛图》和《大红牡丹》）。海老决定将所得画款全部捐献给国家。他在写给有关人士的信中表示："将在我有生之年，此心耿耿，继续努力，进一步为祖国作出贡献。"（见《解放日报》1980年3月10日）

1981年元月，刘海粟在香港大会堂低座展览厅举办"刘海粟书画展览"，盛况空前。海老毅然将画展的收入悉数捐于国家建设。据当年《人民日报》4 月 3 日文载:“刘海粟从香港给南京艺术学院副院长谢海燕等人发来电报说:‘我爱祖国,爱南艺,爱下一代,画款港币一百万元献给国家,愿望悉数拨给南艺,三分之一作为奖学金,其余购买图书、器材’。”

上述几例已足可说明,“一轮独爱腾天镜,中有彤彤报国心”,不止是愉人心扉的浪漫、抒情诗眼,而是种种爱国行动的提纯和升华。1985 年 4 月 17 日,时任政协主席的邓颖超热情会见了在国内外享有盛誉的刘海粟及其夫人,交谈中邓颖超对刘海粟给予了崇高的评价:“您热爱祖国,热爱社会主义,培养了许多人才,为四个现代化建设、为精神文明的建设作了许多贡献,大家都尊敬您。”

2. 不懈的艺术劳动——“创造是无休止的。没有劳动和辛苦,决不能得到真善美的东西”

这是 1973 年 4 月 20 日海翁给新加坡名人周颖南先生信中的两句话。对于艺术事业的开拓,刘海粟的精神理念,其一是,认为创作永远处于发展中,无休止、无穷尽,这给艺术家提供了不断奋进和创新的机会;其二是,要想得到“真善美”,就必须付出劳动和辛苦,否则将一事无成。前者表现在刘海粟之于艺术创作,总是力求打破故常、别开蹊径,甘做“艺术叛徒”。他的创作口头禅是“刘海粟较量刘海粟”,意即今天的画作要超过昨天的画作。他的“创作无休止的精神”,表现在“只要体力许可,我就写字作画”。他在 82 岁高龄写给罗慷烈的信中兴奋地说:“我在创作的激狂中,在工作室里作了将近四个月的画,有时一天写三四幅,有时又尽思周匝,五日一水,十日一山。紫藤、红梅、白凤、大鹏、彩荷、葡萄、奇峰、急流……往往每幅画都要经过五六次之多的泼墨泼彩。完成后题上诗跋,时而狂草,时而行楷,自己张挂起来,大声呼叫,得意忘形,请老朋友来欣赏达旦。”真是老而弥坚!竟有如此燃烧的激情,令人钦佩有加!

至于后者,思想上认定的“辛苦”与“真善美”的因果关系,在海老一生事艺的历程中,实实在在地践行了这一规律。

例如,1917 年到 1927 年间影响深远的关于模特儿问题他与封建礼教的抗争。多次较量的抗争对象,涉及当时上海县长危道丰及五省联军统帅孙传芳等一批宦海要员。他不仅要承担筹度谋划一次次在报刊上陈词驳辩的辛劳,而且要严加防范被缉捕、被毁校的打击。有一次海老曾抱

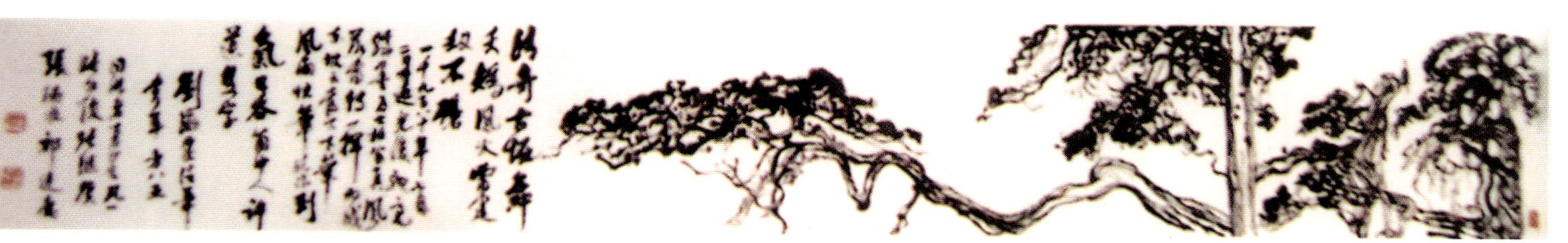

刘海粟作中国画《清奇古怪》（1980年）

病发文鸣志，“富贵不能淫，贫贱不能移，威武不能屈，鄙人提倡艺术上模特儿之志不能夺”，句句掷地有声而富于震撼力。在他不懈的努力和社会进步舆论的支持下，模特儿斗争最终奏响了胜利的凯歌。从此，不仅在上海美专，扩展到全国相关艺术院校，人体模特儿写生，已成为有关专业课程安排的正常内容。

再如，1952 年院系调整他被任命为华东艺专校长后，上级要求他把主要精力放在绘画创作上。几年间，海老登山涉水、迈步生活，行踪遍及华北、西北、中南和华东各地。祖国的壮丽河山以及当年广大人民建设社会主义的劳动热情和忘我精神，激励着他。他不顾严冬酷暑，创作了国画、油画三百多幅。这些收获，也正是海老在宵衣旰食、不息劳作的情境下孕育出来的“真善美”的力作。

十年动乱期间，海老遭受到前所未有的劫难。1966 年，他被迫从复兴中路寓所搬到瑞金二路一个弄堂小房间内居住；次年又复迁回原寓所四楼阁楼寄身。在那种境遇下，要奉献辛劳求索“真善美”的东西可谓难上加难。然而刘海粟终究是刘海粟。他竟能置恐怖的氛围与困陋的条件于不顾，自寻其乐地利用破旧的纸笔写起来，画起来。偶于墙角拾到一本破碎的《群玉堂帖》，其中有米芾写的《学书》一章，他便纵情地临写了一遍，并因此为后人留下了《临米芾学习自述》草书长卷墨宝，内中有海老加题的长段跋语，抒写了他自己对书法艺术的见解。人们问起他身陷逆境何以能潇洒画一回？他说，是以司马迁忍辱成书的精神为楷模的。由此也可见，辛勤的艺术劳动已构成他不可或缺的生活内容——哪怕是在非常人所能容忍的特殊时期。他能在国家民族蒙受灾难的痛苦中，抛却个人的不幸，冶炼笔墨，反复思考艺术上如何蝉蜕龙变，闯出新路。他的泼墨泼彩新技法，正是磨炼于艰苦岁月中的创造性的收获。

这种新技法在七上黄山之后的画作中，被充分、全面地播扬开来。其视觉冲击力几乎刷新了海老绘画作品的审美纪录。在临近期颐之年，大师在精神上附丽着殷红的夕阳魅力，在丹青烹饪中，为人类的艺术宝库增添了一幅幅不可多得的瑰宝。很显然，这是与大师以年方八几、年方九几落款、童心不泯、永不服老的奋斗精神蝉联在一起的。

3. 从容的生活心态——“宠辱不惊，看庭前花开花落；去留无意，望天上云卷云舒”

这是海老作精神自画像时最为传神的笔墨。尽管联语本身系由明代陈继儒和清代学者张英的文句改写而成，而在推陈出新后，却能奇妙传神地表达了海翁一生追求的做人准则和思想境界。1958 年海老曾将此联题于画上述志抒怀；1980 年七上黄山时，又将此联书赠友人；在平时的言谈中更是常常涉及。由此也可见，“宠辱不惊”、“去留无意”，以平常的心态，对待自己的得失与成败，以脱俗的眼光对待世人的厚爱与鄙薄，已成为海粟大师意所构建的精神大厦。

他的这种精神境界，反映在生活中则是：每遇坎坷、曲折甚至飞来横祸的时候，意志能够顶住、挺住，不悲观、不气馁、不自毁。无论是在模特儿事件抗争中险入牢笼，或者是在两次中风后面临瘫痪；无论是在反右中被打成右派，抑或是在十年动乱中被戴上现行反革命的帽子，种种使他蒙难的狂风恶雨，都没有能压垮他、折服他，相反，促进了他的奋发和自强不息。他在 1955 年和 1980 年两次游光福司徒庙，畅写“清奇古怪”的古汉柏时，作了相同的题词：“清奇古怪趣如此，风火雷霆劫不磨”，这一联语不正是大师灵性的流露、灵台的写照么！另一方面，当他身披五彩缤纷的荣誉光环时，也决不恃傲自满，而是在兴奋的自信中，继续搏击艺海，指向辉煌的彼岸。1994 年 3 月，在上海举办的大师百岁华诞庆典上，海老在致答词中表示：“我一生追求真善美，一生坚持艺术创作，一生为艺术教育事业奋斗，……还要继续努力，我一百岁还是个开始。我还要创新，不断地创新。”语言简短，意义、内涵却是很不寻常的。

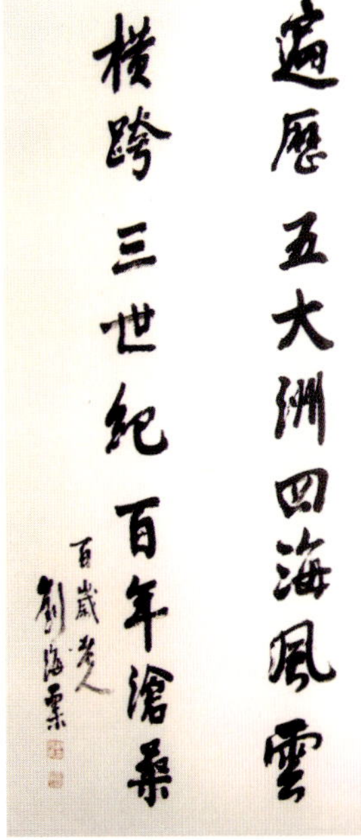

刘海粟书法《遍历五大洲四海风云》(1994 年)

从海粟大师身上我们会强烈地感受到事物辨证发展的学理。一位钟情于艺术、以艺术为生命的巨匠，对待非艺术本体的乐事、忧事、苦事、杂事、琐事，大抵会取“不惊”与“无意”的态度，取摈弃、放松的态度，这样才可望将心智、汗水，集中浇灌到艺术的奇葩异卉上，而收春色满园之效。海翁在上海复兴中路旧宅，挂了一副楹联，语词为：“人莫心高，自有生成造化；事由天定，何须苦用机关。”立意强调了心地平和、遵循自然客观规律对事业发展的重要性，违背规律，苦于对他人的设防算计，做不了大事。海翁曾多次说过的“得意淡然、失意泰然”的人生意态，题旨也在告诉自己和人们对待生活中的各种事情应取平常态度。此外，他还常会以谐谑的语言传授他的长寿经验，归纳起来谓之“四得”——“吃得下，拉得出；放得开，睡得着”，对照大师的一生，“四得”也确非虚词妄说。此外，还有些话

刘海粟作中国画《牡丹》(1983 年)

语常常在他不经意中随口说出，如“遇事不要生气要争气”，“艺术上要搞学派不要搞宗派”等等，都是他平实心态的真实反应。综观上述内容，宛如让我们见到了建造夯实精神大厦的构件，对于目前日见浮躁的艺术界，是具有警策意义的。

当我们今天再次缅怀“遍历五大洲四海风云、横跨三世纪百年沧桑”的艺坛泰斗海粟大师时，不禁感慨系之，不胜仰慕。兹用他在 1983 年 6 月题张大千遗作展的两句话——“一管擎天笔，千秋动地歌”来定格海翁杰出的艺术成就；再用他喜欢经常题写的“精神千古，气节千载”，来注册大师的崇高精神世界和思想殿堂！

黄山山上万峰奇(1983 年)

第二篇　成绩览胜

第三章 教育留碑

在中国现代艺术教育史册的档案上，刘海粟的名字具有显著的位置。他与几位画友一道开创了中国近现代第一所美术学校——上海美专（始称“上海图画美术院”），并长期担任校长。开创的拓荒意义在于：以顽强的意志和定力，顶住舆论的反对，而高扬前进的风帆，从无到有，从小到大，从简陋到完备，驰向中西并举，富有“学术自由、兼容并包”特色的艺术教育港湾。

必须指出的是，刘海粟在民国元年的办学，正是适应时代潮流、开风气之先的结果。光绪末年，科举废、学堂兴，改革之声隆隆。李瑞清于1902年监督两江师范学堂，开设艺术课程，成为我国近代艺术教育的嚆矢。1906年又设图画手工科，培养美术和工艺师资，构成我国高等教育中产生很早的艺术学科。而作为专科性的独立的美术院校，刘海粟实为首倡者。这位艺教先驱和他的同道们，从教学大政的筹度，到专业学科的审定，从教职员工的聘任，到教学活动的铺展，一切从零开始，在悠悠岁月中不辍地耕耘于艺园教土。1952年全国高等学校院系调整后，他又曾先后担任了华东艺术专科学校校长、南京艺术学院院长、名誉院长等职。历史证明，作为艺术教育的拓荒者和教育家，刘海粟竭诚地为培养艺术人才贡献了自己的聪明才智和心血，并因此为我们留下了值得重视和可资借鉴的艺术教育思想和方略。归纳起来，主要表现在以下几个方面：

一、艺术教育的宗旨

刘海粟在1924年就提出：“艺术教育就是把艺术的精神，通过教育以培养育化人类美的本能和美的感情；同时还促使这美的本能向上发展和美的感情向外表现，普遍地培育出良善的健全的人类。”[①]这是刘海粟对“艺术教育”的整体命意，也包含着他对艺术教育社会功能的价值取向。他所阐述的美，不仅指艺术内容和形式的美，也不仅指人类艺术创造的一种追求，而是将生活、伦理道德意义上的良与善有机地溶化其中。这一点，从他多处的言论、文章中可以找到印证。他说：“我相信艺术是人们生命最自然的表白，以陶冶人格至善为目标的，足以超拔人们于悲哀和堕落，足以丰富人们的精神生活。换句话说，人类有了艺术的陶冶，方能做一个完全的人。”[②]又说：“故救国之道，当提倡美育，引国人以高尚纯洁的精神，感发其天性的真美，此实为根本解决的问题。”[③]这些对于艺术和艺术教育的见地，显示了刘海粟明确的艺术理想，他无疑是“真善美”的统一论者。有必要进一步说明的是，刘海粟当年对“美”的意义的拓宽，对于以审美教育为主干的艺术教育功能，势必怀抱着超越实际可能的期望，他的“美育”与“救国之道”说，便显然反映了认识上的历史局限性；不过，在20年代初的特定历史氛围中，在那种“极惨酷无情、干燥枯寂的社会里”[④]，却不失为有良知的艺术家们一种强烈社会责任感的坦诚流露。在他主持的上海美专的办学宣言中，曾掷地有声地说，“我们相信艺术能够救济现在中国社会的混沌，能够惊觉一般人的睡梦”[⑤]，也正是由于这种历史使命感的激励，具有划时代意义的上海美专，才得以在刘海粟及几位画友的努力下横空出世，它裹挟着反对封建思想禁锢、弘扬民主意识的内核，率先揭开了近现代艺术教育史的帷幕。

刘海粟的艺术教育思想，曾受到民国初年出任教育总长的蔡元培的熏陶和感染，“以美育代宗教说”已被落实到上海美专的办学主旨中。蔡氏认为，“专尚陶养感情之术。则莫如舍宗教而易以纯粹之美育。纯粹之美育，所以陶养吾人之感情，使有高尚纯洁之习惯，而使人我之见，利己损人之思念，以渐消沮者也”[⑥]。对照刘海粟所说，“人类有了艺术的陶冶，方能做一个完全的人”，两者在精神实质上

① 上海人民美术出版社1987年版《刘海粟艺术文选》第78页。

② 上海人民美术出版社1987年版《刘海粟艺术文选》第78页。

③ 见1919年7月《美术》第二期。

④ 见1922年7月20日《中日美术》第1卷第3号。

⑤ 见1922年7月20日《中日美术》第1卷第3号。

⑥ 北京大学出版社1983年版《蔡元培美学文选》第70页。

蔡元培为上海美专题写校训“诚实”；图中另有校歌、校徽、校色

是完全一致的。或者可以说，蔡氏理论，给刘海粟的艺术教育以鲜明的思想武装。

从上海美专铭以“诚实”二字为校训便不难领悟，刘海粟在那种人际关系尔虞我诈的岁月，将培育人才的鲜明的德性要求和艺术主张，置于突出位置的个中道理。做人固然要尚“诚实”，而对于具体的艺术教育，“诚实”一说，在于“使学生培养自己的情感，极力向高洁纯挚方向升华”①；反之，艺术教育背离了“诚实”，美的感情的育化便难以如愿，他早年申述的用艺术“救济民众的烦苦”、“惊觉一般人的睡梦”的办学宣言，也势必付诸东流。

翻看上海美专历次“纪念册”的扉页，“红、白、蓝”三色在宛如太极图变奏的圆周内赫然醒目。这一象征性的校色，表达了如下含义：“我们的感情要像炎火一般的热烈，我们的人格要像雪峰一般的高洁，我们的学识要像碧海一般的深博。”显然，个中内蕴同样鼓荡着“真善美”相统一的艺术教育主体精神，特别是对“高洁”的人格期望，显然是艺术教育中培养良善、育化真美的最高境界。上述这些，尽管在实践中难度很大，但它却贯穿于刘海粟从事艺术教育的全过程。

二、艺术教育的活力

“学校的教学本来是活的，是要依着时代的发展而改进的，决不可以依着死章程去办事。……况且美专之在中国，要依什么章程也无从依起，处处要自己依着实际情形

① 见1922年7月20日《中日美术》第1卷第3号。

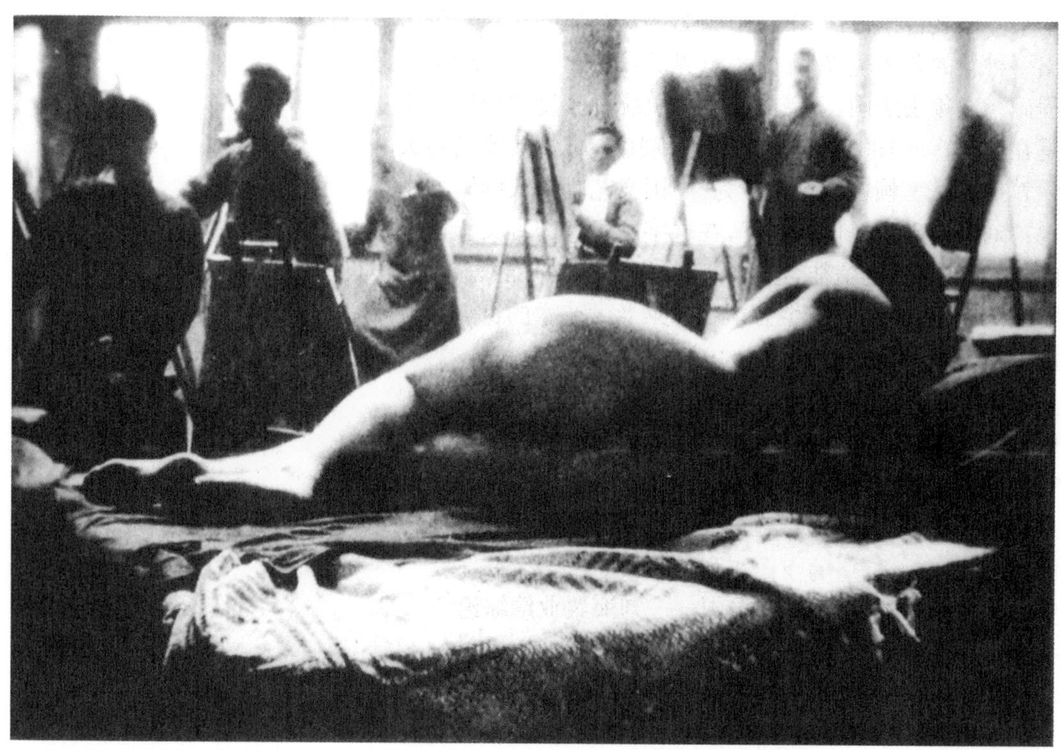

上海美专油画课人体写生

实事求是去做，因此就时时发生变动。……我以为在时代思想上，当然应该要刻刻追到前面去才好。”这是刘海粟先生1923年在《上海美专十年回顾》一文中的讲话，今天读来依然给人以警策、以启迪。如果说前所述及的“艺术教育”思想，带有宏观性、方向性、战略性、目的性，那末这里的思考，则体现为办学中的实施原则，而富于辩证性、灵活性、战术性、实践性。既然艺术教育肩负着完善人格的作用，肩负着培养以美育完善德育的改造社会的人才重任，那末，承担艺术教育主体任务的学校，就不能不研究社会的现状，就不能不高扬起教育的风帆，对准社会需求的航标，激流勇进。以不变应万变的教育，难免被社会淘汰的厄运。刘海粟所领导的上海美专四十年的轨迹，就是紧扣时代脉搏，不断调整、变革的历史。以前十年科目、学制的更迭变化为例：办学伊始，仅设绘画科选科与正科各一班，科目偏重实技，修业一年。1914年3月增设了夜科。1916年1月，绘画科正科修业期限改为二年，选科分设八种，由学生择定。6月改绘画科为西洋画科，定修业期限为三年，除学实技外，理论的学习同时进行。1918年，鉴于各处学校艺术教师的缺乏，增设技术师范科，实技手工、图画并重。1920年，重定西洋画科、国画科、雕塑科、工艺图案科、高等师范科、普通师范科，普通师范科修业期为一年半，其余各科学程均为三年。1921 年实行新学制，改西洋画科、雕塑科为四年，其他各科均为三年。1922 年，在办学条件改善较大、社会对美术人才的专业选择日见增扩的形势下，又将各科结集为三部。第一部目的有二：一以造就纯正美术专门人才，培养及表现个人高尚品德；一以养成工艺美术人才，改良工业，增进一般人的美术趣味和水平，所以设国画科、西洋画科、雕塑科、工艺图案科。第二部目的为造就实施美术教育人才，直接培养国人高尚品德，所以设师范部、小学部；师范部又分设高等师范科、普通师范科。第三部分设普及美术，设函授学校、暑期学校、星期日半日学校。上海美专正是在这种不囿于模式、应时拓进中茁壮成长起来的。

除学制不断调整、规模不断扩大外，“不息的变动”还突出表现在教育实践的苦心孤诣、创意拓展上。刘海粟以过人的胆略，1915 年在我国力倡于课堂上使用人体模特儿，并因此而遭到封建礼教势力的围攻，前后历经十年斗争较量才基本取得胜利。[①] 他认为：“学校里一定要练习人体，并不单是要在复杂的形体上去练习准确，便容易去描写一切对象，却还要启发他们无限扩张性的，有普遍性的生命意识。”刘海粟俯察艺术教育原理形成的这一超前意识，经过不懈的努力化为现实后，对早年拓荒中的我国美术教育，其功德是无量的。

刘海粟办学的创举还体现在，1918 年起将旅行写生正式纳入教学内容，并亲自带领学生跋山涉水，状写神州美景。这一活动由于在国内绝无仅有，每到一处，常常引起不明原委的群众围观，或误解为测量局组织打样，或猜测为绘制月份牌图钱谋利等等。然而刘海粟的主张却是分明了然：“每欲遍游国内，写风土人情，供人观览，俾吾人得以交换知识，此于美感教育、社会教育均有绝大关系。”[②]几十年后的今天，施行写生之于美术教育，已至为寻常，然而在当年却是未有先例的教育实践。

刘海粟办学的创举还体现在，在美术学校中上海美专于 1919 年首先实现男女同学。这也是蔡元培先生教育思想影响的产物。其历史价值在于，冲破封建禁区，体现男女接受教育的平等权利。起初也不乏反对者，刘海粟却以几句简单且幽默、深刻的话语，驳顶过去：“既然马路不分男马

---

① 见 1925 年 10 月 10 日《时事新报》增刊。

② 见 1919 年 7 月《美术》第 2 期。

路女马路，为何学校一定要分男校、女校?”上海美专招收女生经历了插收女生、分办女学、男女同学三个历史时期。因为男女同窗，激起了两性之间的学习竞争，使整个教育气氛更为活跃，明白无误地促进了教学质量的提高。

刘海粟立足于“刻刻追到时代前面去”的艺术创新精神，为了继续提高专业艺术人才的实际水平，充实一般学校的美术师资力量，满足社会上美术爱好者的学习愿望，1915年尝试办起了暑期补习科，进而在1920年正式开办了暑期美术学校，就读者达二百多人。总之，这些变革，都并非主观随意敲定，而是深刻探索艺术教育规律、发扬不息的研究精神，“默察时代潮流，体验未来人生，创为代表时代心魂艺术”的必然。在刘海粟跨入耄耋高龄阶段时，还常常笑谈他的艺术及教育追求。他最反对僵化、一成不变的模式，应该“今天”和“昨天”较量，积极不懈地创时代之新!

三、学生智能的培养

“闳约深美”最初是蔡元培鉴于刘海粟兴办艺术教育，赠给上海美专的治学警句。刘海粟曾作过概要的诠释：“‘闳’，就是知识要广阔；‘约’，就是在博采的基础上加以慎重的选择，吸收对自己有用的东西，人生有限，知识无穷，不能把摊子铺得太大，以便学有专长；‘深’，就是钻研精神，要入虎穴，得虎子，锲而不舍，百折不回；‘美’，就是最后达到完美之境。”[①]作为对教师的学问规范，作为对学生智能的培养，“闳约深美”四字，提出了具体的要求和目标，叩开了通往学术殿堂的神秘门扉。刘海粟一生循此四字身体力行，而得博厚的学养，进入“柳暗花明又一春”而非寻常可比的艺术境界。他生前常常教诲于后学：“人生有限，学问无涯。”他认为，时时求学研讨，才能集中外古今之大成，吞进去吐出来，诱发新的创造。早在上海美专时，他便十分注意开拓学生的知识领域，尽量邀聘全国闻名的学者来校传道授业。一时间能人云集美专。西画系有李毅士、吴法鼎、王济远、江新、李超士等人，另有外籍教授普特尔斯基与斯托宾执教素描；中国画系有黄宾虹、潘天寿、张大千、谢公展、吴弗之、王个簃、郑午昌等人，另有李健、朱复戡、顾鼎梅、马公愚等人教授书法篆刻。音乐系除黄自、贺绿汀、谭抒真、丁善德、马思聪等教授外，还有琵琶名

---

① 福建人民出版社1984年版《海粟黄山谈艺录》第159页。

家卫仲乐、古琴大家郑觐文到校传艺。在学生课余时间，特邀欧阳予倩来指导话剧活动，排过郭沫若的两幕剧《聂莹》和董每戡写的三幕剧《C夫人》，这些活动，不仅丰富了学生的课余生活，而且使学生吮吸到各种文化营养。[①] 宋代词人陆游有句教子的名言，“尔果欲学诗，工夫在诗外”，刘海粟常以此教导青年学子，认为就画学画难以大成，必须广收博览，新颖、独特的创造才可能涌现。

“美”的追求应该说是学习艺术的人时刻不可忘怀的。教学要善于启发、诱导，净化学生的心灵，强化审美的能力，给青年点燃起情感上的美的火花，使他们成为出色的艺术美的创造者。刘海粟认为：“艺术作品多产生于作者热情勃发时期，对祖国的雄山丽水奇松异卉有了深沉的爱，在我创作冲动的时刻，画出来才美、才动人。”美，在艺术上是一种激起人们身心愉悦的表达形式，是焕发快感的载体，是艺术创造的媒介和结果，是艺术魅力播扬的根源。面对优秀的作品，刘海粟经常会情不自禁地呼唤“美啊，美极了”，进而陶醉其间。从“美”的广义上看，他认为“且凡百事业，莫非以美的观念有以构成之。若谓美术不宜提倡，则世界事业无不可废”。在艺术教育中，呼唤、发现、创造“美”，是刘海粟始终不渝的艺术追求。

四、创造型人才的个性弘扬

1924年刘海粟先生在《图画应该怎样教学》一文中说过：“图画的教与学，其手段方法，第一要尊重个性，因为人的性格各有不同，万不能强使划一。……从前教图画，多以教师范本为本位，对于学生个性束缚过甚。久而久之，便养成了一种他律性和依赖性，又以急于取得目前描写的效果，而陷于浅薄的方法主义，将个人的本能剥夺殆尽。”刘海粟在艺术教育中历来重视对个性的塑造。在他童年时代习画时，便滋生了对束缚个性的教学方法的逆反心理，他不满于塾师影格描图的机械教习，而任性驰骋，自由放笔，沿用至晚年的“海粟乱涂”印章，就是那段历史的记录。郭沫若曾为之题赞“艺术叛徒胆量大，别开蹊径作奇画”的《九溪十八涧》，则显然是他早年个性昭昭的力作。

从广阔的社会历史背景考察，个性解放的要求，则是伴随着人文意识的觉醒而明确提出的。社会的文明、进

---

① 参见江苏美术出版社1992年版《南京艺术学院史》。

步，离不开人类的创造力，而创造力的发轫，则往往建筑在个性张扬、想象力驰骋的基础上。艺术表现了人类的精神创造，其个性化劳动的特点，更决定了充分展示个性化的重要性。印度作家泰戈尔说："艺术就像生命的本身，靠着它自己的冲动而生发的。"个性化的作品，需要由个性意识强烈的人来完成。从教育角度审视，教育的动力就是人类的创造性，教育效果的检测，在于培养的人才能否充分释放出个体的创造能量。为此，刘海粟在他的艺术教育生涯中一直不断呼吁且躬行不疲。他认为学校是教人发展才能的机械，美术是表现情感抒发个性的法宝。"所以学校里只有使学生发展其才能的能力，只有使学生得到怎样求学的方法，没有使哪个学生学问高、哪个学生学问低的权力，也没有使哪个学生能得到多少学问的权力。倘如专依靠教师的主观来判断学生成绩的高低等级，酝酿学生的虚荣心，其结果就使学生受到环境上的影响，他的才能也受到戕贼，甚至使他盲目地养成依赖心和他律性。"[①]基于这一见解，在 1920 年 5 月，他毅然决定将美专的各项考试和记分法废止，代之以严密的成绩考查法。他声明："美专只要能达到美专的目的，一切制度和办法都应以学生不受束缚、能研究真理为原则"，"应该让学生自己抒发自己的感情，不要有师承模仿的习气"。[②] 20 年代的这一改革，胆略和气魄是显见的。尽管做法上尚不尽完善，而对于减轻学生唯分数是求的心理负荷，对于使学生摆脱模仿习气而奋力于自身的艺术探索，无疑构筑了一个精神支柱。

强调个性的艺术教育导致当时的上海美专学术气氛热烈，不同的教学流派并存，中西艺术精英融汇，名师多多，各擅其胜，这样就避免了定于一尊的艺术教育模式，而具有创造性、独特性。

刘海粟的上述艺术教育思想应该说是一贯的。50 年代初，全国高等艺术院校调整，上海美专并入华东艺术专科学校，刘海粟担任校长。他对于当时全盘引进、照搬苏联的艺术教育规范，便持有异议。他认为如果否认我国优秀的民族艺术传统和西方艺术，那末开创我国社会主义艺术教育体系的愿望，便会陷入狭隘的胡同内而终付阙如。

---

① 上海人民美术出版社 1987 年版《刘海粟艺术文选》第 38 页、39 页。

② 上海人民美术出版社 1987 年版《刘海粟艺术文选》第 38 页、39 页。

但由于时代气候特殊，一风劲吹，刘海粟已失却回天之力。1956年在西北艺专座谈会上他曾具体地指出："在素描教学上，有些学生的人物习作往往看看不错，但在创作中作人物素描还是感到困难，这在教学方法上是存在一些问题的。……如果学生把对象仅仅看作形体的组合，是不可能成功一幅好的素描习作的，在创作中当然也就很难掌握现实中丰富多彩的形象。"他坚持认为，当时作品公式化、概念化的盛行，就是这种学院派教学方法带来的必然后果。一直到他逝世的前几年，海粟老人还常常谈起，并诙谐地说："院体画、状元书、宾馆菜，都犯了千篇一律、没有个性的毛病。"

刘海粟在艺术教育的路途上筚路蓝缕奋勇跋涉了七十年，在长期实践中形成的艺术教育观，包容着一以贯之的开拓精神。务适时，尚应变，讲个性，求创造，既立足于专业艺术人才的培养，又放眼于社会群体的审美教育，用心良苦，热血浇灌，以至桃李满天下。在中国近现代艺术教育史上人们是不会忘记刘海粟所作的努力和建树的。

第四章 创 作 留 范

一代艺术宗师刘海粟，事艺的时空跨度，在中国的艺术发展历史上，堪称罕见。在 1982 年他游鮀岛欢度 87 岁生日时在词作《倚金缕曲》中，就有“浪迹乾坤外，历沧桑，平生阅尽，陆离光怪”的历史回顾序曲；1994 年 3 月在上海举办的百岁华诞庆典上，更留下了“遍历五大洲四海风云，横跨三世纪百年沧桑”的恢宏墨迹。一生遨游在艺术海洋中、一生追求真善美、一生不畏艰险勇于攀登艺术高峰的刘海粟，在中国近现代山呼海啸、大起大落、多姿多彩的历史文化大屏幕上，谱写了自身富于光彩的一页。他的艺术生涯，从拓荒艺术教育切入，从艺教的实践和探讨出发，辐射出去，使艺术的思考和创作，广涉艺术理论、中国画、油画、诗词、书法等方方面面。在每一个特定的艺术领域，都不只是一般了解、熟悉和画几笔、写几笔，而是苦心孤诣、直取真谛，务求创意、创新、创造，为中国艺术库藏输送了一件件具有浓郁个性色彩和审美特质的佳构杰作。那些旨在酣畅、痛快地表达艺术家个体精神历程和生命境界的笔墨和乐章，总是与民族的风韵、时代的旋律融合在一起。他在艺术上的种种业绩和成就，他事业的豪情和壮志——“一管擎天笔，千秋动地歌；天地铮铮骨，黄山耿耿情”，已然成为后来者学习的楷模与榜样。

一、中国画的豪放

刘海粟之于中国画，情缘悠久。他的故乡常州，清著名画家恽南田的文脉影响至深。因之，早在 19 世纪末刘海粟受启蒙塾师教育时，就有描摹恽氏工笔花鸟的功课；尽管有“海粟乱涂”的自嘲，但毕竟接受了传统中国画样式的最初熏染。当年蒙学如《千字文》、《三字经》、《幼学琼林》、《菜根谭》等等丰富的民族文化营养，滋补孕育着他，书画的爱好和天赋激扬着他，种种都无疑使刘海粟从小形成的文化价值取向，满载着民族精神、民族气派。

颇为有趣的是，刘海粟个性中有一种不守恒蹊的闯劲，有一种先声夺人的争强进取心。不管是有意还是无意，在塑造自身的文化形象、艺术品格时，更注重求异性的努力。他的青少年时代，正值改革开放呼声响彻云霄、新文化运动蒸腾、有识志士呼吁革故鼎新的时代，少年刘海粟及其画友创办上海图画美术院，首先或者说一开始的教学安排却是以西画为重头戏的，带有十分新鲜感的素描、色彩、透视、模特儿、静物写生、风景写生等等，赋予这个横空出世的新生学校以艺术教育活力。也因此，刘海粟在20世纪初的办学阶段，画笔主要驰骋于油画领域，其“线条、结构、色调都充满着自然的情感，有强烈的表现”（蔡元培的评价）。

刘海粟对于中国画的创作，正正规规约始于1921年至1922年去北京讲学、展览之后。在京期间，他与著名画家陈师曾、姚茫父等人交往，受到鼓励、启示，兴致勃发。问世作品《九溪十八涧》（1923年作），图式就很富有创意，且笔墨随兴写就，生机盎然，反响强烈。郭沫若曾有款题诗评：“艺术叛徒胆量大，别开蹊径作奇画，落笔如翻扬子江，兴来往往欺造化……”著名诗人柳亚子看到后也大为赞赏，他说：“把沫若廉悍峭厉的诗笔来配在海粟雄壮阔大的画稿上，不算是盖世双绝，还算是什么呢？”另一幅则是1924年创作的《言子墓》，位置经营别出心裁，用笔简约洒落，画面除蔡元培题诗外，另有吴昌硕的点评：“云水高寒，天风瑟瑟，海粟画此有神助耶！”足见作品不凡。

此后的绘画创作，刘海粟则是中国画与油画并举交织的。对于中国画一脉，在刘海粟笔下始终跃跃然、欣欣然，作品不断推进，厚重、豪放，不拘一格，面貌独特，富于艺术感染力和穿透力。

在中国画创作方面，刘海粟有他自己在长期有效实践中形成的鲜明的理念和追求。他既强调作画的感情、感受、意韵、灵感和内在的张力，又强调笔墨功夫、笔墨外在表现的重要性。他在《中国画的继承与创新》一文中曾讲到，“所谓气韵，是以生活感受和一些学问中得来的，不单纯是技巧的事。……我们的一笔一点，都是各人的性格的体现，都有他的气魄、情趣，这是画家自己的心灵、感情；所谓韵，就是生命的节奏及其精神的凝蓄。生动是生命的活跃。……画家的创作，一定要有丰富的感情，还要有很深刻感受，有灵感，才能现之于笔墨。”上述例举，可以明显地看到，刘海粟对中国画创作感受生活的重要性，是毫不含糊地肯定并积极推行不误的，且由此生发出对于中国画创作的深入体察和理解："心灵"、"感情"、"精神的凝蓄"、"生命的活跃"等等，正是中国画感人的内在因素。从另一角度看，刘海粟提出了这些重要范畴，也是他对中国画创作中的无病呻吟、谨毛失貌的批评和反对。当然创作中仅有感受、灵感还不行，还必须有好的、外在的笔墨表现。他说："笔墨是什么呢？就是完成表现画面的东西，没有笔墨，就不能表现，有这个笔墨就可以表现意境与形神。形神、意境不能单独存在，一定要通过笔墨才能表达出来。"

横跨大半个世纪，刘海粟的中国画创作，不只是受到"读万卷书，走万里路"——内养和实践、知与行的培育、浇灌，而且受到弘扬民族传统文化、强烈的历史使命感和社会责任感的驱使；不只是依靠他的不一般的艺术素质和聪明才智，更依靠他的坚韧不拔的毅力和锲而不舍的治学精神。他认为生命要赋予岁月，岁月更要赋予生命。

在整个中国画创作中，"师古人，师造化"、"推陈出新"等，绝不是用来标榜自己的漂亮的口头禅，而是实实在在推进笔墨表现力的领航灯标。

他十分注重学习浩瀚博大的中国画优良传统。他收藏的历代书画精品甚多，揣摩赏鉴，反复把玩。他临抚过的真迹，据已故谢海燕教授介绍，就有唐代王维、韩滉，五代关仝、董源、巨然，宋代米芾父子、赵佶、马远、夏圭，元代高克恭、吴镇、倪瓒，明代沈周、张路、唐寅、仇英、陈道复、徐渭、董其昌、李流芳、黄道周、倪元璐，清代石谿、梅清、朱耷、原济、恽寿平、邹喆、李鱓、罗聘等，先后纵贯千余年；题材涉及山水、花鸟、走兽、人物；艺术样式有写意，有工笔，有重彩，有浅绛，有水墨，有白描，真是丰富多彩，应有尽有。

值得指出的是，刘海粟在师法传统的书画实践中，不是被动地"泥古不化"，而是积极地领悟原作的神韵，把握时代的气候，积极发扬临摹中的创造精神。其实临摹的过程，主要体现为在艺术精神上学习古人、与古人对话的过程。刘海粟常常用"与清湘血战"、"笑倒青藤，骇煞白阳"来表达自己面对古人优秀作品的一种平视角度和较量中期求前进的信心。他临摹的作品，既保存了原作的精粹、精华，又增添了自己的体悟、体会，更有一番新的意味和神气。他在 1971 年所作《拟唐韩晋公五牛图卷》，重在学习韩滉《五牛图》的笔墨意蕴，因此作品中从造型到神态，颇见作适当修改后的生动气息。1969 年的《拟董玄宰没骨山水》，那种绚丽中的宁静，很为动人，推陈而显示了一定的新意。诚如他的密友谢海燕教授所说，他"收藏了不少宋元明清历代名家精品，不时临摹观抚，刻苦钻研，以至废寝忘食。他善于批判地学习古人，钻得进去，跳得出来；窥其堂奥而不落窠臼。在历代宗师的艺术中，博取精英而不受前人束缚。做到古为我用"①。

的确如此。设若只是埋首古人的画迹，以追踪为能事，也绝然成就不了大器。关键还在于师古人的同时，怎样更好地面向艺术的创作源泉——生活。刘海粟有着对生活的无限钟爱，有着对造化的眷恋深情。不只是多次西游东渡领略异域风光，更多的是驱步长城内外、大河上下，吮吸生活乳汁。祖国的壮丽河山、美景胜迹，往往成为他创作的课堂和画室。黄山是他的良师益友，他前后登临过十次，感受自然大美的化育，体察山水松云的诡丽，拥抱黄山，热吻黄山，"昔日黄山是我师，今日我是黄山友"，黄山造就了刘海粟的中国画艺术，刘海粟的中国画艺术为黄山传神立照。带有开拓性、创造性的中国画泼墨泼彩，刘海粟就是以黄山为载体而激发出来的富有强烈视感的艺术新表现。当然，大泼彩大泼墨的形成，不只是缘结黄山，这还与他具有浓厚的传统功力、具有对油画光色处理的高度技巧、具有勇于探索求变的精神密切相关。可以说，大泼墨大泼彩是刘海粟在时代光照下对中国画艺术语言独创性的开拓。有一位画院领导，曾热情地给予了高度评价："越比越看就越觉得刘先生的泼彩画非同一般，其'逸气'逼人，其'大气'抢人，其'国气'袭人，其'新气'迷人，越看越比越觉得对刘海粟的泼彩应该重新研究，重新认识，重新评价。我斗胆提出：回望 20 世纪，泼彩的刘海粟当位列一二。"②

在中国画的艺术表现中，为了达到自己作画的理想意境，他特别善于用水、用墨、用彩，墨、彩因水而铺展开来生气勃勃，水因墨、彩而形象毕现情韵顿生。他的画面，常常是润泽华滋，给人以"元气淋漓幛犹湿"的视感。

欣赏刘海粟的中国画作品，不难看到，他在随意驱遣

---

① 谢海燕：《八四方年少　老干发新花》，《美术》1980 年第 3 期。

② 赵绪成：《回望 20 世纪，泼彩的刘海粟当位列一二——〈百年中国画集〉观后》，《美术与设计》2006 年第 3 期。

笔墨、不断变化生辉的过程中，有一种举重若轻的审美把握能力。在他的画面上，大胸襟、大手笔，往往与精微的体验融合于一体，从而揭示了一种别有情致的精神畅游和文化对话。

透过他的大量的中国画作品，我们感到，其鲜明的个人艺术风范，概括起来可以归纳为：博大醇厚，神行机畅；豪放力健，情韵高扬。

首谈博大醇厚，神行机畅。在刘海粟的中国画作品中，尽管从初始起步到晚年的灯辉月满，有一个明显的发展成长过程，有一个功力、境界不断上扬登高的运变过程，然而，贯穿在作品中的博大胸怀和自然朴厚的“生命表白”，却始终如一；再者，作者对真善美的孜孜追求，无论是顺境和逆境、得意和失意，却总是以乐观的态度拥抱生活，以虔诚的笔墨演绎“大象”。

我们翻开他大量为黄山写照的作品，上述特点是明显不过的。1981 年刘海粟八上黄山时所作泼墨《国庆节登始信峰绝顶写狮子林》，那种动感态势，足以深深铭刻在观众记忆的光盘上。画面题句为“登高意气尚豪雄，诗句长留狮子峰，八六年华犹未老，拏云直上揽天风”，没有博大的胸襟，就难以奏出如此壮阔的心曲！

刘海粟对于黄山情有独钟，在广度上体现为拥抱宇宙时空的博大胸襟，在深度上则是铸溶于天人合一理念的人文情怀。这就使有限的画面透映出一个辽阔的境界，使笔墨的内在气脉洋溢着跌宕有致的审美张力。

再看另一幅黄山巨作吧，题为《曙光普照乾坤》。在泼彩泼墨中，将曙光的灿烂、辉煌，黄山的欢欣、欢腾，双向交汇起来，群松如翩翩起舞，群山如引吭高歌，这也正是新时期我国蒸蒸日上的精神写照。画面表达的博大醇厚，墨彩铺展的神行机畅，在同类中国画作品中实属罕见。有斯境才能作斯画。对于作者来说，推出这样撼人心腑的力作、大作，难道不是豪情薄云、想象飞驰、气概鼓荡的结果么！我们从他“九上黄山往前澥翠明轩，九日晨赴云谷寺写九上黄山第一图”所题七言律诗中可以直窥画家爱国的胸臆、大家的风范：“黄岳雄姿峙古今，百年九度此登临。目空云海千层浪，耳熟松风万古音。莲座结跏疑息壤，天都招手上遥岑。一轮独爱腾天镜，中有彤彤报国心。”后来，刘海粟在 1983 年夏去北京钓鱼台国宾馆所作的《曙光普照神州》正是《曙光普照乾坤》的姐妹篇，画面曙色璀璨，浩瀚无极。同时，题写了这首七言律诗，更觉作品感染力之

刘海粟作中国画《黄山狮子林》（1981年）

刘海粟作中国画《古松图》(1935 年)

强烈。毋庸置疑,刘海粟笔下画的境界,诗的意象,显然都共同指向了大、厚、神、畅,令人赞赏不已。至此我们可以得出这样的认识,即只有当画家在心灵中敞开大时空时,才可能在其作品中涵容大气魄、大气象,才可能在创作中产生新的突破和超越。

刘海粟艺术的博大,来自他的胸襟,来自他的眼界与识见,来自他强烈而欲罢不能的创作欲。而其艺术的醇厚则与他长期锤炼出来的功力、与他的博采广取、专钻精研以及个性底蕴中的笃实雄劲紧密联系在一起。

他视艺术为生命。他作画有时一天三五幅,一幅丈二匹宣三刻钟便可完成;有时则尽思周匝,十日一石,五日一水。其泼彩之先对于色调效果的期望,经常先在小纸上做试验,涂上石青、石绿、朱砂、石黄,比对墨色,注意观察它们会产生怎样的调和、对比、色度、明度等融汇效果,一旦成竹在胸,便大胆落墨泼色,使色彩和墨晕交相辉映,使整个艺术实践神行机畅,不断奏响笔墨的生命号角。①

① 参见谢海燕:《八四方年少　老干发新花》,《美术》1980 年第3 期。

石榴图(1983 年)

再谈豪放力健、情韵高扬。

刘海粟的中国画作品,如苏东坡的词作“大江东去”,雄健豪放、气势磅礴,给人以腾挪感、力量感、鼓荡感、壮美感。早在 1935 年大寒作黄山《古松图》时,虽只写文殊院前一棵松树,而上述精神却已充分洋溢于画面。那松干盘曲上行的顽强生命力,那松针簇聚昂首的勃发大态势,宛然一曲古松的笔墨赞歌。蔡元培曾为之题跋:“黄山之松名天下,夭矫盘拏态万方,漫说盆栽能放大(人言黄山松石恰如放大之盆景),且凭笔力与夸张”。很显然,刘海粟写松的扛鼎笔力,图绘的夸张胆略,使这幅画充满着雄健气势和铿锵情韵。

在他笔下曾几次写就的《鹰击长空》,也是大气魄的豪放力作。雄鹰凝空俯冲直下,伴以如虬龙横行的苍松。画面图形恰似强强联合与大、力同行。题句为“云移怒翼搏千里,气霁刚风御九秋”,书画有一种气吞山河的雄伟感。

面对刘海粟的作品,不可忽视的是,那种豪放雄健的表现,往往着落在艺术语言的新意上;即令是同一题材,例如写荷花,画红梅,每幅都各有特色,不为概念化、程式化所羁绊。1973 年所作的墨笔荷花《清风》,与 1978 年所作的《风荷》,1981 年所作的墨笔荷花《无情有恨何人见》,虽同为墨笔,同为竖构图,情趣却大异。1948 年所作的梅花《崖前留得淡胭脂》,与 1965 年所作的梅花《斗艳汉宫春》,1978 年所作的梅花《一枝画笔舞东风》,境界完全两样,意蕴各有所踪。这大抵是生命状态此时此刻与彼时彼刻截然有别,而由绘画生发出来的“生命表白”,也就顺理成章地拉开距离了。

另一方面则是,刘海粟中国画作品中的博大、豪放,不只是让受众止于视觉冲击力,止于感叹壮观,而且会进一步为其作品中的情韵所感染,令人在美的欣赏中击节品味,味之亲切、隽永。如,1980 年以淡墨写成的《黄山五龙潭》,泼墨渗化的山石行云,并肩搭背类如群舞的黄山松影,与淙淙流淌的五龙潭水,组成了和谐优美、恬适、绝尘的独特景境。画面被诸景所烘托出来的主景是“五龙潭”,属全幅光亮闪耀之处,水纹以篆书笔法写出,那种节奏感、韵律感,真是妙哉、神哉!

在泼彩泼墨的作品中,无论是 1982 年创作的《青龙潭之秋》,还是 1981 年创作的《烟昏雾暝千山雪》,无论是 1980 年创作的《粗枝大叶荷花》,还是 1982 年创作的《清到叶俱香》,或取亮丽或取朦胧,或取热烈或取宁寂,在情

刘海粟作中国画《金盏黑虎松》(1988 年)

感韵致的调性上，做到变化有方，不落俗套。

六七十年来刘海粟一心追求“不为形役，不求合矩，但求笔与物化，心与天游”的艺术境界。这种以独创为己任的艺术求索，题旨在于“欲使它为人生自我的赞美，对伟大的社会主义祖国之歌颂”①。刘海粟那种强烈而自然地将坦诚、挚爱、理想、豪情铸镕于画面的艺术创作，正是使他的中国画作品，抉别屡见不鲜的庸常而高蹈于创新行列的重要缘由。

准确地评说，要透彻了解刘海粟的中国画艺术，就不能将视点只限于中国画，他对诗词、书法、油画等很多相关的艺术门类，都可谓娴熟精通，这就使他的中国画的发展和成长，有了丰厚的土壤和营养。特别是油画艺术，其中的某些理念和技法，作者往往巧妙地引进到中国画创作中。例如，他有一次在表现黄山黑虎松时，便适当地应用了西画的光影原理，树干不作鳞身刻划，松针成片挥洒，将处于逆光下的黑虎松神态，表现得气概逼人、雄姿壮观。他笔下的红牡丹，出以红色团块，那特有的滋润感和鲜活

① 1977 年 1 月 12 日《致黄镇书》。

感，较之一般用中国画的程式手法写就者，大为增采增色，可谓真力弥满、古意新传！

山水画作品，他有时也用西画当中的焦点透视构景；在西画精神方面，他从后期印象派的重主观意象表现的特点出发，联系到《石涛画语录》所阐述的绘画主张，来指导自己的笔墨运作。他的任意泼彩泼墨，也就是有西画厚实的基础做后援的。他曾在一幅泼彩山水上题句云："大红大绿，亦绮亦庄。神与腕合，古翥今翔。挥毫端之郁勃，接烟树之渺茫。僧繇笑倒，杨昇心降。是之谓海粟之狂。"他在创作中自信心十足，学习古人，但绝不以他们作为不可逾越的标的；借鉴域外，但也从不生搬硬套他们的作品，而是自出机杼，开拓新径。他的中国画作品，是通中外古今之变，再从变通中摧生出来的佳构。他的中国画被一位鉴赏家誉之为"古到极点，新到极点"。虽然笔者不主张用"极点"来界定海粟画作的特色，但是却可以说，刘海粟本于弘扬民族传统文化的创作，确已达到了大弘高扬的程度，在中国画园地中，结出了硕果，开出了独特的鲜艳的花朵。

二、油画的民族气派

刘海粟的油画与他的中国画作品一样，取得的成就同样是卓著的。在长期的艺术创作和艺术教育实践中，他一直不悖理想和追求，始终遵循在 20 世纪初创办上海图画美术院宣言中的志向，"我们要发展东方固有的艺术，研究西方艺术的蕴奥"，阔步拓进。在差别甚大、特点殊异的中、西绘画中，刘海粟竟能兼擅于一身；同时，他用自己的智慧和辛勤的劳动，赋予油画这一外来画种以浓郁的民族

刘海粟 1982 年在珠海写生

刘海粟作中国画《言子墓》
（1924 年）

文化精神，形成个性昭彰、充满着民族气派的油画风范，给中国油画的发展，特别是油画民族化道路的探索，带来很大的启示意义。

他以油画作为自己一种艺术语言的选择，肇始于特定的历史岁月。1919 年“五四”新文化运动前后，改革呼声响彻中华大地，向西方先进国家学习、“中学为体，西学为用”的议题，为期望改变积弊的很多青年所钟情。西方文化到底为何物？有必要驱步国外弄弄清楚。在如此一种大的时代氛围中，具有强烈社会责任感和艺术敏感度的青年刘海粟，当时学习油画、切入西方艺术就是理所当然的事了。

刘海粟的油画创作，持续时间堪称悠久，从十八九岁，画到九十几岁，为历史上所罕见。而且更为突出的是，在前辈油画家中，他是很富于创新精神且不计毁誉、勇于开拓的一位。作为油画家，对待这一外来画种，他从来不满足于邯郸学步、亦步亦趋，而是立体地、多方位地考察其发展轨迹、艺术规律。1932 年中华书局出版的著述《西画苑》，已足以表明他扫描西方艺术、梳理名家名派之长、之短的良苦用心，在知己知彼的基础上，再确定自己的借鉴、选择。众所周知，早在上个世纪 20 年代，他就接受了西方现代新兴画派——特别是后期印象派塞尚、凡·高、高更等人的影响，以及此后马蒂斯、德朗、莫迪里亚尼等人作品的启发。这种影响和启发之所以能在他的身上发挥积极的作用，分明源于刘海粟“生命表白”的艺术观，源于他对绘画中情感表达重要性的认识，源于他对传统中国画与西方现代艺术在重主观轻客观、重表现轻再现精神上取得的共鸣。长期以来，刘海粟致力于油画民族化道路的探索，这种探索业已取得了丰硕的成果。他一生创作的大量油画作品，感情充沛、生意盎然，充满着对祖国大好河山、自然美景、沸腾生活的热爱。他的油画也以雄肆豪放、绚丽醇厚的典型特色，深得受众的好评，特别是得到行内有识见的油画家们的推崇，如著名油画家沈行工教授曾为文赞佩道：“海粟先生的油画是具有雄肆豪迈气概的一种黄钟大吕式的作品，是一种注重情感表现而不拘于再现客观表象的绘画性很强的作品。而令我内心最为钦佩的一点则是海粟先生作品中那种不事雕饰、浑然天成的画风，因为这说明了真正的艺术一定是真诚的、自然的。”①

---

① 沈行工：《海粟油画的中国气派》，《美术与设计》2006 年第 2 期。

笔者认为，海粟油画的民族气派从其最初进入这一领域开始创作的作品，到高龄阶段的画作，贯穿如一。尽管不同时期在作品的成熟度上有一定的差别，而艺术内涵却有着惊人的一致性。现拟从题材的人文精神、作画的写意用笔、造型的表现意趣、色彩的单纯强烈四个方面来展开研究。

1. 题材的人文精神

艺术作品之关注人生、涵养人格、培养人们纯正高尚的思想趣味，历来受到刘海粟的高度重视。早在1921年他在《上海美术专门学校十周年纪念绘画展览会宣言》中就这样说过："澄清社会浑浊的方法虽也有种种，但不先取纯正高尚的思想趣味，一切方面自也难得彻底。但是什么能有那纯正高尚思想趣味的功效呢？我们觉得只有美术"；在《海粟自传·卷一》稿中则进一步说："艺术是涵养人格至善之要素，足以振奋人们的精神，足以教育人们向上和前进，足以丰富、滋润人们的生活。艺术的生活，最是自然健全的生活。高尚的艺术，才是人类文化的表征。"① 这些在当年颇见先进性的理念，总是通过刘海粟的作品体现出来，或者说，他总是力求在创作中践行自己的认识。现单就油画作品看，处处都可以找到印证。他在早期写生留下的油画作品中，如1919年的《风景》，1921年的《红籁所感》(西湖)、《北京雍和宫》、1922年的《北京前门》、1925年的《南京夫子庙》等等，便明明白白显示，作者所选择的

刘海粟作油画《风景》(1919年)

① 江苏美术出版社1986年版《海粟画语》。

表现对象，无不凝聚着中华文化那种深沉博大的历史感、厚重感，且都是人文精神浓郁、值得国人骄傲的审美景观。面对上述景致，作者冲动的创作欲往往会命笔驰骋而转化为热烈的画面。他画《北京雍和宫》曾经留下了这样的记述："一座庄严灿烂的牌楼，用火似的琉璃盖顶，檐下拿翠绿、碧蓝相间描起回龙……还有十六根大柱，敷了血般的红；上面顶着青空，下面铺着黄土，照耀着有力的日光，越显得光怪陆离……我全身的热血，不息的潜跃。挥，挥，挥，挥我的画笔！"在记述另一幅作画时的心理活动时，情绪也大致仿佛："这是南京夫子庙前一种喧闹的景象，背面两座朱红的牌楼和金黄色的席棚，这么燃烧着的对象，引起我狂热的情绪来作这幅画。"而早期最有代表性的作品，当推《北京前门》。建筑体上大块面积的金黄色调，与蓝天形成了强烈的对比和呼应；加上凝练坚实的线条勾勒，使沐浴在冬日阳光下的北京前门，显得更为雄伟壮观。城楼下面市井喧闹、人声鼎沸，摊贩鳞次栉比，驼铃叮叮当当。浓郁的色彩，热烈的状写，将东方古典建筑的风韵，北国晴空下的民生气息，传达得惟妙惟肖，留下了历史"经典"。

刘海粟油画博大豪放的艺术风格，其形成显然与其在

刘海粟作油画《前门》(1922 年)

豁达个性下选择题材的嗜好有关。换个说法，他择定的表现对象，必是情之所系，更有利于舒展和释放他个性的景物。他笔下的很多油画作品，往往是祖国山川风光、名胜古迹、文化遗址等，静物花卉、人物等题材较少。作为高扬爱国主义精神的画家，刘海粟笔下的风景画实是激情谱写的一曲曲赞歌！他从祖国大地的种种景观中，感受到民族的魂魄与炎黄子孙的伟绩。他在1953年曾写就了具有艺术震撼力的油画《八达岭长城》，非凡的气势源于作者的炽情："我画八达岭长城很强调中华民族的历史自豪感。利用油画色块的体积感、雕塑感去造型，……因为它的外貌，便是民族化的东西。"

"强调中华民族的历史自豪感"，不仅体现于对民族的劳工大众呕心沥血所造就的一座一座雄伟的建筑上，而且还着落在幅员辽阔、美景处处的佳山丽水上。世代相传的先民们耕耘着如此广袤可爱的土地，能不令人倍感亲切么！作为满腔爱国热情的刘海粟，在选择风景作为绘画表现对象时，充满着人文关怀之情，那就是势所必然的了。

1921年到1988年之间，前后近七十年刘海粟十次奔赴黄山，为黄山传神写照，构成艺苑佳话。"昔日黄山是我师，今日我是黄山友"，是他以黄山为载体，在油画、国画创作上探索创新的过程与业绩的概括。雄秀的黄山，充满着民族审美特色的黄山，激发了他的创作活力，同时也触发了他对于油画民族化问题的思索。他的思索的成果，全反映在他的油画作品中。1956年六上黄山时的作品《黄山温泉》、《狮子峰望太平》、《黄山始信峰》等，色与景、情与境的结合交融，已颇能醒人耳目、令人赏心；而相隔十六年之后的七、八、九、十攀登黄山后的画作，焕然炫然者更是不在少数，特别是八、九、十的三次，感情的热烈、人文的意趣、涂抹的随心所欲、赋彩的鲜明简约，足以令人叫绝。"八上"、"九上"的如《西海门壮观》、《白龙潭》、《仙女峰烟云》、《日光岩顶霁欲开》、《光明顶看始信峰》等等，"十上"的如《云谷山庄》、《西海晚晴》、《重岩叠峰》等等，那种燃点情绪的挥洒，那种似不经意的铺陈，使油画作品民族化的人文精神化为甘泉而滋润着受众的心田。

2. 作画的写意用笔

刘海粟青少年时代适逢20世纪初东西文化思想碰撞的机缘。受传统文化熏陶颇深的他，面对中国新文化运动

拟唐韩晋公五牛图卷

思想浪潮的冲击，个性中的闯荡精神顿即闪耀起来，不仅对于中国绘画中的那种因袭模仿之风绝然不满；而且对于西洋绘画中那种束缚个性的学院派画风，那种以谨细描绘、再现对象为能事的做派，也绝然置疑起来。有幸的是，在那特定的历史时期，他接触到了西方绘画的新领域，那种不拘泥于细节的真实、不拘泥于透视和自然色光关系的表现性的新天地。他在创作实践和理论思考中发现，人们尊崇的石涛、八大的画风以及种种创新的理念，与域外自由奔放、新鲜泼辣的画格竟然有异曲同工之妙。

刘海粟早在1923年曾撰写过《石涛与后期印象派》这篇富有开拓性的中西美术比较文章。作者以重表现、轻再现为中心展开了多方位的比较。其中有一项认为，两者相同的是“为综合而非分析”。文中说：“后期印象派之画，为综合的而非分析者也。画用分析，则愈趋复杂，而愈近于现实；用综合，则愈趋概括，而愈近于单纯。故重表现之画，自必重综合；重综合，则当用省略。省略之法，依样直观，惟存对象主要之点，余则一概舍弃，此美的选择与取舍，亦即上述美的否定与肯定也，一般艺术批评家名之曰‘单纯化’。”“观乎石涛之画……其画亦综合而非分析也，纯由观念而趋单纯化，绝不为物象复杂之外观所窒。”“观石涛之《画语录》，在三百年前，其思想与今世所谓后期印象派、表现派者竟完全契合，而陈义之高且过之。”笔者以为，刘海粟对后期印象派表现艺术的认识，竟能遐想连缀于清代的石涛，不具有深邃的艺术眼光是绝不能及此的。

很有意思的是，刘海粟在进行油画创作时，践行“综合”而摈弃“分析”，他鲜明而突出地用中国画的写意手法、用中国画骨法用笔的线条运转、驾驭画面，裹挟后期印象派、野兽派等现代艺术的画作风范，而使其所钟情的油画，喷薄着浓浓的民族气息。

试用作品来印证。1981年9月，刘海粟于黄山作油画《西海门壮观》，笔者有幸侍于一侧，观看了作画的全过程，既高兴又敬佩。老人时年86岁，在山坡上连续作画两个小时，殊属难能可贵。面对西海门群峰，一开始便用画笔饱蘸普蓝与赭石直接勾勒山体、树木，纵横驰骋、旁见侧出，宛如中国画的骨法用笔，线条粗拙有力，往返有致，彰显了生命的运动感；接着的铺色更是神奇，与学院派教学中追求、分析光色关系从而步步为营、再现客观对象的方法不同，作者多以并未融浑调和的饱和色彩堆积填充，红绿辉映、蓝澄对照，强烈的补色对比，使画面灿烂、热烈、蒸

桂林伏波山写漓江(油画)

腾、壮观。海翁用笔灵动奔放,施色润厚华滋,寓丰富于单纯,寄豪情于光色,宛如以油画为载体,而竭力张扬了中国画的写意特色。画面给人感受到的主观表现色彩,是十分鲜明而突出的。

不是对客观物象写生描摹,而是凭藉客体形神要旨生发开去,抒写个人的主观感受。钟情纵情,这正是海粟先生油画写意性特色形成的主要因素,也是其艺术之所以呈现出表现性特征的根本所在。唯其如此,在海翁油画中才能不拘泥于何流何派,而是唯写意、表现是求。由于他有深厚的传统中国文化、中国书画的功底,故影响到油画创作上的显性表现是对线条的突出运用。这种线条,有别于西洋画家中使用的线条,它很强调骨法,强调具有相对独立的审美价值,进而构成其写意性油画特色的主要元素。刘海粟作油画,一开始勾勒的种种线条,不少被保留到最后,即是说,他在填补施色的过程中,并不把这种线条遮盖掉,而使其成为有机的脉络枝干存在着,这样便使作画用线形成的力度感、韵律感始终活跃着。《存天阁积雪》的树枝描写,《杜鹃花》中的几案、花盆和花枝花卉的勾勒(其中还有不少类如写意国画中的枯笔)等等,都很具有代表性。

不拘一格、落笔成章的写意用笔,更为突出的一例是

1978年所作的《桂林伏波山写漓江》。这幅油画取横向构图。起稿时线条所勾勒的房舍、船只、横向桥体等等均保留在画幅上，空白处不少，与山、水的铺色甚为和谐，通幅画面表达了“剪取漓江青黛，妆点神州新貌”的挚情。更为破格的是，在这幅油画的右上角，有用油画颜色书写的长题《水调歌头》，之前题记为“一九七八年三月十一日游漓江欢度八十三岁生日速写此图……”。整个作品，壮美与秀美相溶，图式与题跋均贯穿了一个“写”字，在这幅油画作品中，不是分明处处洋溢着民族艺术风韵么！

3. 色彩的单纯浓丽

刘海粟油画作品一个最为触目的特点是，色彩的单纯、浓丽和强烈。在他事艺的早期，蔡元培曾热情介绍推荐刘海粟的作品，为文指出：“他的个性十分强烈，在他的作品里处处可以看得出来。他对于色彩和线条都有强烈的表现，色彩上常用极反照的两种调子互相结构起来，线条也很单纯很生动的样子，和那细纤女性的技巧主义是完全不同。……拿他的作品分析起来，处处又可看出他总是自己走自己要走的路，自己抒发自己要抒发的情感。”

蔡元培的评介，揭示了这么一个似乎有因果关联的事实：刘海粟强烈的个性，投放到艺术上形成了强烈的色彩；没有这强烈色彩的辉映，这强烈的个性有可能就会雾蔽不彰。当然，如果我们再作进一步的推导分析，刘海粟油画作品中的色彩倾向和风格范式，诚然与个性情深缘连，但不可忽略其他几种因素的重要作用：

仿董文敏没骨青山绿水

其一，欧游期间，正好接触到西方现代主义艺术思潮，各种革新画派纷至沓来，新兴的画风、新鲜的绘画理念主张，使这位本来就勇于探索创造的艺术斗士，欣喜地找到了自己艺术拓展的方向。从印象主义开始，到后期印象派的塞尚、凡·高和高更，到野兽派的马蒂斯等等，他们那种叛离视觉经验和再现自然而高扬表现旗帜的绘画追求，那种注重内心情感的表达、变模仿冲动为创作冲动的色彩运作，都在刘海粟的艺术底蕴中激起了震撼性的共鸣，那位野兽派的领袖马蒂斯的种种见解，如：“我们对绘画有更高的要求。它服务于表现艺术家内心的幻象”；“我的道路是不停止地寻找忠实临写以外的表现的可能性，例如点彩派和野兽派。印象派用纯粹色彩构造的画面对第二代证明，这些用于模写自然现象的色彩，也能完全离开这些现象，在自身具有力量表达出观者的情感。甚至于简单的颜色越简单,对于情感的影响越能强有力。例如一个蓝色,被它的补色加强了,对情感的影响像一有力的钟声。对于黄与红也是一样,艺术家必须有能力,使它们发出音响,如他所需用的”。[①] 等等,这些话语,对于刘海粟的油画,特别是对色彩的驱遣,有着特别明显的影响。

在他笔下的色彩,鲜明而对比强烈。他特别擅长运用补色关系,如红与绿、橙与蓝、黄与紫等等并置,使之鲜亮夺目,从而抒写自己的快慰和激情。《南京梅园新村》、《孙中山故居》,都是巧妙运用红与绿的对比,而取得相当成功的精彩范例。

其二,民族、民间的优秀文化熏陶,使他对单纯中求丰富的色彩把握情有独钟。

具有重要民族文化特征的中国画,工具有限——文房四宝之笔墨纸砚即可加以回答,而表现力却是丰富无限的。刘海粟对包括中国画在内的传统文化的认识和长期积淀的素养至深、至厚。只是运用笔墨,并不介入色彩,也可以创造出令人心旌摇曳的优秀作品。青藤、白阳的画作,八大、石涛的墨痕,扬州画派中金冬心、郑板桥、李鱓等人的意笔,等等,其中很多只是墨晕铺展、笔锋运行下的产物,然而却显示了单纯中丰富无比的艺术性。即令是设色赋彩的,优秀者也绝无繁缛之弊,而是单纯的明晰。翻阅刘海粟 1956 年所作《仿董文敏没骨青山绿水》,那种清丽与富丽并存的审美效应,令人回味。另一幅浓丽可掬的《山茶锦雉图》,色彩也只是红、蓝、黄三种,加上墨笔,巧妙组合、合理搭配,而呈现出富丽中的勃勃生机。此外,在民间木版画中,无论是“杨柳青”还是“桃花坞”或是山东潍坊年画,色彩的使用也是有限的几种,且近于原色,但经民间艺人的巧手创作,作品往往喜气盈盈、情韵浓浓,将丰富寓寄于单纯之中。再者,对于京剧中的脸谱和服饰,其优美的装饰效果和单纯中的丰富性往往使他赞不绝口。他曾多次提到京剧中的关公戏。关羽枣红色的脸谱与乌黑的美髯胡须,与翠绿色的战袍形成了十分强烈的对比,瑰丽而庄重,极富于视觉冲击力。凡此种种,都使他一旦拿起油画工具创作时,民族、民间文化传统带给他的营养便会辐射到作品上,强烈的色彩、单纯的对比便会不期而然地进入他的画面。“大红大绿,亦绮亦庄,神与腕合,古翥今翔”(1975 年题《青山绿水》),刘海粟的这几句题跋,也正

① 江苏美术出版社 1990 年版《西方画论辑要》第 603、605 页。

是他色彩审美观的简明表白。

4. 造型的表现意趣

与表现性色彩相协调的是画面的造型。设若色彩使用单纯、概括、夸张、情绪化，而被表现对象的造型却严格依傍视觉真实，比例、结构、体面、透视分毫不差，那么两者（造型与色彩）合成起来势必会给人以不伦不类的审美感受。请看看民间年画、民间玩具、动漫作品中造型与色彩的关系，夸张变形的造型与单纯强烈的色彩往往珠联璧合，并因此激发出鲜明感、幽默感、情绪感。

刘海粟油画作品中的造型语言，与其色彩简约、鲜明、强烈而造成的张力是相得益彰的。无论是面对风景还是静物、人物，其造型的表现意趣浓郁。作者不为对象各种具体的细节、特征所左右，而是把握大要，攫取神采，用自己的情感去剪裁对象，删繁就简，而在表达对象中高扬自己的主观精神，使画面成为作者精神的寄托和情绪的载体。

刘氏作品中追求的造型表现意趣，显然是其创作理念指导下的产物。他曾在《石涛与后期印象派》一文中明确地说过："表现者，融主观人格、个性于客观，非写实主义也，乃如鸟飞鱼跃，一任天才驰骋。凡观赏艺术，必用美的

刘海粟作油画《长城》(1953 年)

观赏，不以艺术品为现实物象，而但感其为一种人格、个性的表现，始契证于美。故艺术之能使人入于此种境界而不自觉者，即以表现之故。因有表现，作者之个性、人格乃能有别，其所感受各各对境相洽，而后远离现实之机械模写焉。盖物象之美不仅在物象本身，而在作者美的观照时发生，亦即表现自然物象有美的意义者，即因其为美的观照所产生之故。……重表现之画，虽取材于自然，实所以表白作者之性格、感情者也，在使观者见其为性情之具象，所谓非'摹形'而'造形'也。"

"造形"不是"摹形"，表现而非再现，这全在画家燃烧的情感和活跃的生命对画面的主宰。刘海粟早在1923年《艺术是生命的表现》一文中，就明确申述了自己的作画体悟："画家作画，都是以内心的有感而发，设若不把感受如此这般的表现出来，就不快活。倘若没有感受而造作，那就成虚伪的技巧化了。所以艺术的表现，要内部的激动越强越好，越深刻越好。表现在画面上的线条、韵律、色调等，是情感在里面，精神也在里面，生命更是永久的存在里面。"①

本着刘海粟作画不把内心感受表现出来"就不快活"的直白话语，我们不妨对照其油画作品，来寻觅作品中造型表现意趣之所在吧！

在风景画创作中，作者面对所要表现的对象，往往是任意写来，塑造的形象在神韵、气势、拙朴、简约上给人们特有的审美感染力。例如，1953年创作的《长城》，造型非机械式的表面形貌再现，而是将"长城"的形制加以调整、提炼、概括，强调其蜿蜒向上直薄苍穹的大势；长城所依附的磅礴的广阔山体，造型也致力于攫取大要、阔笔扫出。画面的整体氛围，充满着厚重感、雄伟感、历史沧桑感，造型的表现意趣也因此而生发。另如，1979年所作布面油画《柏树》，那柏树的造型，完全背离了常规状写的手法，而一任情感流淌，用精神来剪裁改造眼见的"柏树"的视觉真实，在"大红"、"大绿"、"大紫"、"深褐"等色彩的有机配合下，作品呈现了一种灿烂和辉煌感，这不正是造型表现意趣的高度张扬吗！

至于人物画的油画创作，尽管在刘海粟的整个作品中，所占比例不大，然而其造型的表现意趣却是鲜明而显著的。作者绝非以再现人物的自然状貌为宗旨，而是大刀阔斧地删削很多无关表现大局的细节，直取本质气息和神

---

① 上海人民美术出版社1987年版《刘海粟艺术文选》第44页。

态，捕捉与作者情感上共鸣的形体韵律，并因此形成了刘海粟标识性的人物画特色。早在1940年写就的《巴厘舞女》，那种略见忧郁感的优雅，无奈中的事业渴求，都显影于表现意味浓郁的形、色、人物及环境的抒写中，而与当年的时代风云和作者的心境情绪是相当一致和合拍的。再如他笔下的一些女人体习作，作者并不注意对象细腻的肤色刻划，也并不在媚态上下工夫，而是用心于表达女体柔美中的力度，静穆中的自信，特定环境中的典型体态，从而把作者对女人体的感悟，大方而非纤巧主义地展示于油画笔力中，完成了作者一贯主张的表现性追求。

谈造型的表现意趣，其实并非止于造型。一幅油画本是一个完整的艺术生命肌体，造型的“表现”特征，与色彩、构图、用笔、画面氛围等都是文脉相连、浑然一体的。设若色彩的使用十分注重光色冷暖的再现性的客观表达，而造型却是经过较大幅度提炼、夸张的“意象”，作品必然给人以不三不四的感觉，给人以风马牛不相及的艺术凑合感。

刘海粟的油画作品，造型的表现意趣是与画面中的其他元素紧密联系在一起的，唯其如此，才使其作品获得了个性鲜明、富有强烈视感的独特性。

三、书艺的浑朴

识者对于刘海粟的书法艺术，会给予并不逊于绘画的高度评价。正如人们常常所感叹的，书名为画名所掩啊。因为其绘画的斐然成就，而使欣赏者的目光只是或主要是集注于他的绘画作品上，不信，请看看对他的艺术成就的评论，书法所占份额相对于绘画要少得多。

临“散氏盘铭”卷（部分）

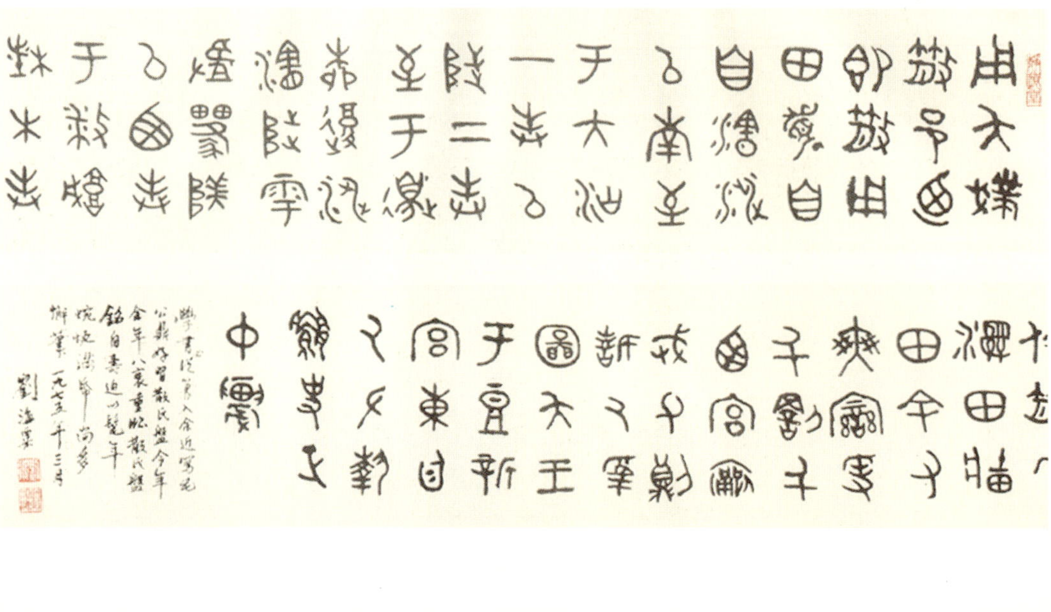

刘海粟的书法天赋的表现，可以追溯到其早年就读于常州绳正书院时。当时书院举办游艺会，大家要他作书法表演，他即逞笔挥毫，集柳公权《玄秘塔碑》句，以颜筋柳骨书就"逢源会委，勇智宏辩"一联，内容上反映了少年刘海粟勇于进取的精神，而书艺情趣上却明显体现了一定的浑朴笃厚感。

其学书的初始情况，刘海粟在 1976 年 7 月 12 日给新加坡周颖南的信中曾明确回忆过："学书必从学篆始，求篆于金，求分于石。余十三四岁学篆书。八十岁写一通《毛公鼎》，一通《散氏盘铭》以自寿，不轻示人。"很明显，他的书法奠基于钟鼎、石碑。但他并非止于此，而是循此拓展开来，注意吸收名帖之长，为己所用。特别是，以宋之苏东坡、黄山谷、米南宫三家为取法的重点，那种气势老辣，那种精悍潇洒，都被有机地铸融到刘海粟的书法艺术中。唯其如此，刘海粟的"正草行篆隶"，虽特点各具，而却指向了一个颇为鲜明的书法审美趣味：浑朴、老辣、拙涩、厚美。

1. 书写金文、石碑元气内敛，毫端郁勃

以刘海粟写《散氏盘铭》为例，来了解和剖析他的书法根基。《散氏盘铭》系西周晚期金文中的代表作之一，其结构变化有致，线条跌宕自由，体势呈横向展拓，雄浑中见飘逸，甚为优美。而《毛公鼎》则是笔法圆润谨严，气象肃穆。刘海粟所临写的《散氏盘铭》，除保留着那种浑朴、优美的气息外，而又融进了自己的一种率意、豁达的精神，附丽了时代性的审美力度。他在临写《散氏盘铭》后，写了两段跋语，兹录其一：

> "学书必从篆入，余近写《毛公鼎》，好习《散氏盘铭》。今年我年八十，重作《散氏盘铭》自寿。迫以髦年，蜿蜒满纸，尚多懈笔。乙卯春三月刘海粟书于存天戏海之楼。"

刘氏重作《散氏盘铭》，想来"重作"二字并非仅仅指第二次，察其老到、风韵独具的作品面貌，是由多次临写实践积累的。著名诗人潘受先生曾受《散氏盘铭》（刘氏书）藏主新加坡周颖南的委托作过长跋，跋文如下：

> "吾旧题海翁画句云：'折钗屋漏未为奇，笔笔蛟虬反走姿'。盖谓其用笔悬腕中锋，纯以篆籀之意行之。非深肆力于周秦金石，不能至是。今观所临此《散氏盘铭》毫发无憾。则吾言果不谬矣！散氏盘乃

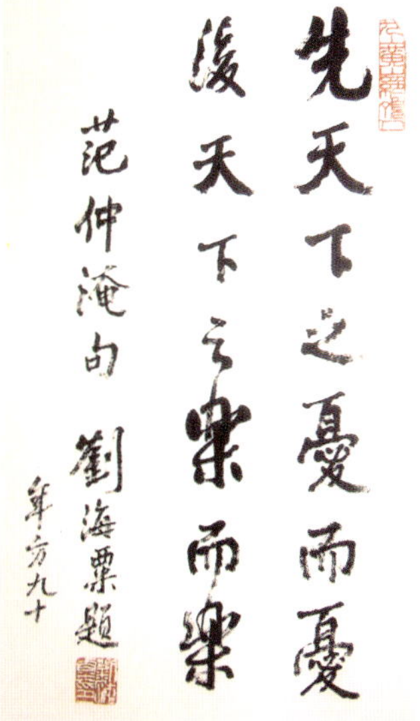

刘海粟书法《先天下之忧而忧》（1985 年）

西周重器,结字势横体欹,错落若懈,然欹而实正,懈而实严。真气转旋,不可方物。自二百年前出土以来,书家之求其拓本以事临摹者相望,名辈如何蝯叟、吴大澂、吴缶庐、李梅庵、曾农髯,尤汲汲焉。蝯叟得其天矫,大澂得其清刚,缶庐得其郁勃,梅庵得其峻谲,农髯得其逸宕。海翁后来居上,独兼众美而集大成。愈朴愈腴,愈拙愈秀,苍润古厚,和以天倪,韵味旁流,挹之莫竭;直得散氏盘之性情魂魄,岂徒风骨乎哉!吾观之,吾重谛观之,为之欢喜赞叹,为之拍案叫绝……"

可见潘受先生对刘海粟大师所临写的散氏盘铭,评价之高推向极致,尽管其中包涵浓烈的情感因素和个人偏好,然而所论的总体精神和揭示的书艺审美势态,与作品是吻合的、相一致的。

2. 笔涉行草,"驰毫骋墨,风落雷转,一挥而就"

研讨刘海粟的书法,不能不提到康有为对他的影响。康、刘结缘来自 1921 年"天马会"在尚贤堂举办的绘画展览上。刘海粟的参展作品受到康有为的赏识和赞扬;此后康有为便执意要收刘海粟为他的弟子,专攻书法。《广艺舟双楫》是康有为论书的代表著作,是对碑学从理论上作出的全面、系统的总结。其价值近人白沙曾给予高度评价:"体例严谨,论述广泛,从文字之始、书体之肇开始,详述历朝迁变,品评各代名迹,其间又考证指法、腕法,引之实用,故它对书学体系的建立和严密,具有相当重大的意义。"康氏的书法实践贯彻了他的理论主张。他曾遍临各碑,体味消化融会贯通,成就了一种个性鲜明独特的魏碑行楷书,谓之康南海体。在书学上他尊碑而不尊帖,碑中又以北碑最受青睐。康氏竭力吸纳其浑涵质朴、厚重高古的精神气息。同时强调广泛取法不囿于一家。这些认识,当然也毫无例外地贯穿于对刘海粟的书法教育中。即使是学习行草,康师都要求刘海粟从方笔开始,横平竖直,起收转落,逆笔藏锋,迟送涩进。转折之处常常要提笔暗过,达于圆浑苍厚,宁涩毋流,宁拙毋巧。关于草书康氏的要求是大气磅礴,不斤斤计较于点画的工拙,以神运之,强调"草书忌草率,以隶篆根基去攻章草,高古雍穆";用笔上康师则主张悬腕,并用斜腕回腕取得中锋,运用偏锋时要以平腕求之,避免纤巧柔弱。笔提则毫起,笔顿则毫卧。要注意到疾、涩、沉。不要暴筋露骨,形成枯软之弊。种种教导，都对刘海粟的书艺产生很大的影响。在师从康有为的一个特定历史阶段，刘海粟的行草、行楷，与康师的墨迹形神颇为类似，此后才逐渐蜕化而自成大家。当然，康师的潜在影响，在刘海粟的书法中依然踪迹可寻，那就是壮气、豪气、沉厚、苍润之气。

艺术的通感告诉我们，刘海粟在绘画、诗词等方面取得的那种气魄雄浑、风韵豪放的成就，与书法特别是行草方面的审美特征是合拍和一致的。书画之道从艺术技巧看，要求笔法、墨法、章法三者的和谐统调。审视刘海粟的行草笔法，内涵篆法精神意趣。古之刘熙载评张旭草书“得之古钟鼎铭、蝌蚪篆”，而刘氏行草用笔圆转相通，尤见篆书影迹。并循此大展笔势，驰毫骋墨，风落雷转，笔法恣肆中却不失古意，变化多端中却合规中矩。他曾有书论高见：“钟、王不能变乎蔡邕，蔡邕不能变乎籀古。今古虽殊，其理则一。钟、王虽变新奇而不失古意，庾、谢、萧、阮守法而法在，欧、虞、褚、薛取法而法分。降而为苏、黄、米、蔡诸公之放荡，犹持法外之意。”纵笔书史，探寻发展规律的特点，从而锤炼、塑造自己的书艺面貌和笔势，这是刘海粟治书的大智慧、大手笔。其留存的众多书法墨宝，足以表明刘海粟在书法挥写实践中取得了高度成就。特别是行草书，在纵宕之中蕴含蓄，笔势如龙腾亦如虎卧，如飞奔亦如漫步，形神如乐声中的笔歌墨舞，恣野与古朴之风同存。论者以为，海粟之行草，用笔老辣、精悍、爽朗不拘，线条挥舞挺劲，韵味十足。试以行草《一支画笔舞东风》和狂草《归去来辞》为例，作一赏析、比较。

先谈《一支画笔舞东风》，作于 1978 年。书写内容全文为：“一支画笔舞东风，点染梅花彻底红，更有新诗记今日，神州都在彩霞中。”整幅书写的面貌，给人以浑厚感、气势感、变化感、激情感。作者悬腕中锋、放笔跌宕、纵情铺展、节奏铿锵的那种书写状态，明明白白却又耐人寻味地呈现在欣赏者的眼前。浓与淡、枯与湿、长于短、疾与缓、大与小等等交织变化、相互映衬，调动书艺的审美特长，将“神州都在彩霞中”的意境渲染出来，同时也将作者被时代的春色激发出来的欢愉心态富有意味地披拂于字里行间，从而使这帧书法成为具有典型意义的代表作之一。

再读《狂草归去来辞卷》，此帧亦作于 1978 年。其他姑予不论，一位 83 岁的老翁，作此巨幛(32 cm×520 cm)，且是一气呵成，毫无滞涩，这本身就足以令人敬佩有加。这幅长卷，是很富于审美冲击力的。作者融碑、帖精神于

刘海粟书法《一枝画笔舞东风》
(1978 年)

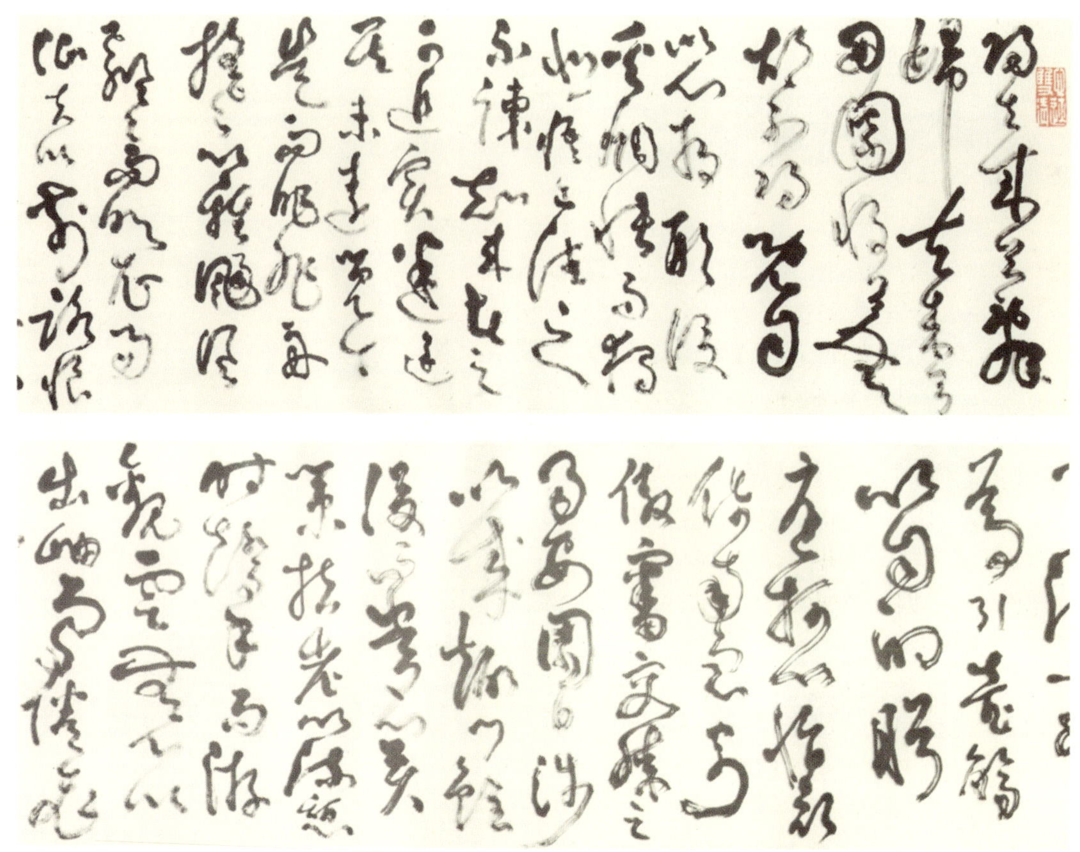

狂草归去来辞卷之一、之二

一体，而贯穿于狂草的书写中，是难度颇大的一种开拓！杜甫曾为诗赞扬张旭的狂草“挥毫落笔如云烟”，移植过来点评刘海粟的这幅狂草，亦为恰当不过的。江苏美术出版社曾在上世纪80年代出版发行，大受读者欢迎，出版说明中曾有中肯的也是符合实际的评议：“刘海粟教授的书法，幼习颜、柳，曾师事康有为，对钟鼎石鼓、汉魏碑刻有很深的研究，草书取张旭、米芾、铁崖、株山诸家之长，瑰伟浑茫，纯任自然，不事姿媚，也不故作奇肆而风貌自呈。是卷陶潜《归去来辞》，如苍龙拏攫，渴骥奔泉，汪洋恣肆，淋漓酣畅，神采飞动，大气磅礴，纵宕之中备含蓄，豪放而不失法度，是他草书中之代表作。”这幅作品，作者根据辞意形成的情绪起伏，而不假造作地赋予由线条组织起来的审美形象，真是“当其下笔风雨快，笔所未到气已吞”，妙难言传！

3. 手札墨迹，实是随意舒展、情感起伏于毫端的书艺佳构

笔者议论刘海粟的书法，最后一点想谈到的是，他生前给亲朋好友、同事学生所书写的大量信件中，摈除一切雕琢痕迹、自由奔放的书写特色最为显著。其实，在传统

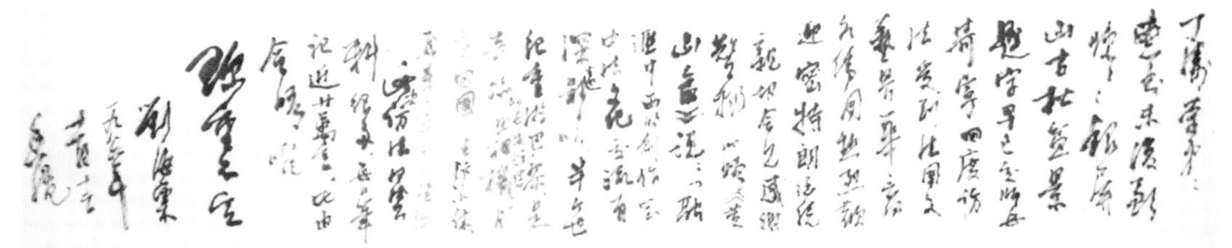

上个世纪80年代刘海粟写给丁涛的信，介绍到法国访问、密特朗总统会见情况

文化中，晋人留下的具有示范意义、极见艺术水平的书法，信札为多。这些以传达思想、告知事情、抒发情感的生活应用型的笔迹墨章，往往草草似不经意，而章法自然，结体天成。常常在无法而法的书写中，随心所欲而不逾矩，蹈入一种不可重复的书艺境界。如王羲之的《丧乱帖》，行笔充满激情。从开始感情尚能自控、字体虽行而正的表达，到情绪激扬越写越草，无暇蘸墨舔笔。无论枯湿、奋笔疾书的挥毫，充分表现出作者“临纸感哽、不知何言”的情境，从而成为右军神采外耀的传世佳作。[①] 他如王珣（王羲之的族侄）的《伯远帖》，是东晋王氏家族存世的唯一真迹。董其昌在《画禅室随笔》里曾给予高度评价：“潇洒古淡，东晋风流，宛然在眼。”

信札之成为书法经典、范本者，历代均有代表作。遗憾的是，在今天电脑盛行、电话普及的形势下，写信的通讯方式越来越被削弱，而用毛笔写信更是凤毛麟角。唯其如此，近现代老一辈文人学者们留下的书法信札，才具有了必须重视的学习和珍藏价值。

上海辞书出版社，曾于2000年5月出版了《大师华翰——刘海粟周颖南通信集》，其中汇聚了1972年至1985年间刘、周二人来往信件的大部分。它们驰骋于特定的人文时空，而又镶嵌在1976年粉碎“四人帮”之前及其后，形势大变、可歌可泣的历史屏幕上。收录刘海粟毛笔书写的信件，多达39封。我曾在该书的序言中说：“他的书法造诣，也是他艺术成就中的一个重要组成部分。特别是书写在宣纸、皮纸上的这批信件，写来随心所欲，得‘天然去雕饰、清水出芙蓉’之妙。那种以篆意溶入的行草肌体，‘意气若腾虹’、‘落笔起飘风’，点划圆转，笔法老辣恣肆；墨色或润或渴，章法节律行云流水浑然天成。可见海翁驱笔遣墨中浑厚扎实的传统功底，任情挥毫中独树一帜的书艺风范，是富有强烈的审美冲击力的。难怪周颖南

---

① 江苏美术出版社1989年版《中国历代书法名作赏析》第51页。

刘海粟致周颖南信件

先生每每拜读手札,都会欣喜异常:‘我与大师通信多年,每次接得大师毛笔写在皮纸或宣纸上雄健无比的行草书信,如获至宝,精神为之一振,连走起路来都倍感有劲。其魅力之巨大有若神遇,不能言宣。’”

试以 1973 年 4 月 12 日所书信件为例,来剖析其审美特色。这封给周颖南的复信,谈到那一阶段香港又举行了一次中国名画家作品展览会,并因此生发了感想“我国绘画艺术有悠久的历史与优秀的传统,在世界艺术史上占有重要地位,现代杰出的画家,推陈出新,古为今用,洋为中用,创作了辉煌的作品,是祖国文化中的一宗珍宝,他们是要受到认真对待的。……只要体力许可,我就动笔画。创作是无休止的。我告诉您实话,没有劳动和辛苦,决不能得到真善美的东西,因为这是一定的规律。假如你想要享受地上的果实,你必须去耕地下种,假使你想要得到人群的崇敬,你必须为他们的幸福工作。不息劳动创作,能够使你伟大,而享受到真正幸福……”作者信件的内容抒写了自己对艺术及艺术创作的个见,其中的蕴涵,实是一种理想、一种境界的陈示。就书艺的自然、随意看,作者任情流淌而笔力雄健,体势豪迈无拘,一气呵成。时有枯笔露白,劲挺有趣。大小、横直序列的安排,听任笔随情走的运转,变化无常。信的结尾部分,“我们必须把志趣扩大到群众中去,使伟大的作品,能做到群众共欣赏……”写得更为奔放、自由,显见险笔危行,貌似歪歪斜斜,而审美却别生异趣,极富于书艺感人的魅力、穿透力!

综观刘海粟的书法,总体特色诚如他的师妹萧娴所指出的:“南海书法,其特色在‘重、拙、大’。海老的书法亦堪当这三字。看他的书法,气如山岳,势犹松柏,结构如鼎彝、碑石。探其渊源,是由晋唐而入的汉魏,体现着南海‘要溶北碑南帖于一炉而铸之’的愿望。看来他随南海学书,力取其神,不取其形。”①

刘海粟在广东画院新建大楼展览厅参观关山月画展出国预展。左起:侯宝林、刘海粟、关山月、吴南生,后中:谢海燕(时在 1982 年)

四、诗词的丰神

“浪迹乾坤外。历沧桑,平生阅尽,陆离光怪。青梗峰前奇石古,历劫巍然不坏。从入世,曾经沧海。港沪缁尘衣尽染,逞才华,赖有通灵在。凭一字,万金卖。休嫌鬓上

① 萧娴:《百年创造 百年吞吐——为刘海粟教授从事艺术教育和美术创作七十年而作》,《艺苑》1983 年第 1 期。

韶华改，八十七，灯辉月满，而今刚届。天上人间常相照，犹记米颠下拜。忆往事，何须增慨。笔墨淋漓吾岂老，关难偿，不尽丹青债。身幸健，志高恺”（《金缕曲》），这是刘海粟 1982 年 2 月 26 日游鮀岛欢度 87 岁生日时所吟词章。大师对一生的经历，以形象、概括、富有丰富想象力且节奏铿锵的语言文字，勾勒出来，给人以充分的审美享受和精神感染。作者的思绪驰骋在绵延久长而又宽阔多变的时空中，“历沧桑”，感悟人生，“逞才华”，雄视人生，“志高恺”，远瞩未来的人生。词作的上半阕，回首“浪迹乾坤外”走南闯北的往事，挖掘“青梗峰前奇石古”初恋爱情的挫折，等等，面对这些人生道路上的复杂经历，作者的艺术追求却一以贯之，“凭一字，万金卖”，则显然是作者追求成功的标识之一，内蕴着一丝自豪和得意感。词作的下半阕，则是作者不服老、不懈怠，仍将在艺术上继续奋进的宣言。“八十七，灯辉月满，而今刚届”，是何等的傲岸自雄！“天上人间长相照，犹记米颠下拜”，又是何等的倨胜自信！作者在写作中，展开了想象的翅膀，天上、人间、过去、现在、未来，共同汇为“志高恺”的旋律，读来令人荡气回肠！

1. “穷情写物”，情景交融

艺术家往往是至性至情的人，刘海粟尤为如此。他所写的诗歌，无论是题画还是赠友亦或是明志、自寿，总是充满着激情、真情、热情、豪情。写景状物，必为情景交融。《诗品》中曾有言称，“古文诗有三义焉：一曰兴，二曰比，三曰赋。文已尽而意有余，兴也；因物喻志，比也；直书其事，寓言写物，赋也。宏斯三义，酌而用之，干之以风力，润之以丹彩，使味之者无极，闻之者动心，是诗之至也。”这“兴”、“比”、“赋”三义，总为“情”所控罩，才能激发出感人的活力，才能在“穷情写物”的导引下走向“神品”、“至文”，走向高境界。

请看刘海粟九上黄山赴云谷寺作画所题写的七言律诗：“黄岳雄姿峙古今，百年九度此登临。月空云海千层浪，耳熟松风万古音。莲座结跏疑息壤，天都招手上遥岑。一轮独爱腾天镜，中有彤彤报国心。”（1982 年 6 月 9 日）全诗给读者以博大、雄浑、强力无限的气势。对于以“雄姿峙古今”的黄山，不仅有巨大的视觉冲击力的“云海千层浪”，而且有美妙的听觉吸引力的“松风万古音”；不仅有“结跏疑息壤”的莲花峰，而且有“招手上遥岑”的天都峰，在这里直观形象、艺术想象、诗化意象巧妙地链接在一起，而升华对无限美好的祖国山河的热爱，生发出难以自持的爱国情怀，“一轮独爱腾天镜，中有彤彤报国心”，则是这种情怀的意象写照。这首七律，是刘海粟诗作中最具穷情写物、情景交融的代表作之一，不仅“兴”、“比”、“赋”三义俱得，更是所得甚佳，是“情”和“景”的巧妙完美的“合一”，是真得“原天地之大美”的诗作。谢榛在《四溟诗话》中曾说：“诗乃摹写情景之具，情融乎内而深且长，景耀乎外而远且大”，刘海粟的这首诗，不正是这“诗话”的很好的注脚么！

类似情景交融、气势磅礴的作品，还有不少。如1976年所写的《石湖荡古松歌》，对于在上海松江途中这一罕见的特定古松的景的描述——“石湖荡市有古松，天生异质人间少。我问松年松不言，秦欤汉欤无可晓。入门但见影婆娑，满庭碧色如春草。望之俨若九头狮，作势拿空舞天矫。腰大何止十余围，乾坤秀气胸永葆……”，古松历史悠久难考，而至今依然硕大劲健无比，在这里，“天地间之景”，与“慧人才士之情”怎能不碰撞而迸发出耀眼的火花？作者的“情”在“景”的触发下，迅速升温，而至融为一体：“岁寒然后知后凋，风霜铸就容颜好。苍然鳞甲欲成龙，龙有老时松不老。画松亦当茂如松，万岁千秋同寿考”。一个“同”字，便使景与情、物与我艺术地交织在一起，难分难舍了。

王国维在《文学小言》中说：“文学中有二原质焉：曰情，曰景”；又在《人间词话删辞》中说：“昔人论诗词，有景语、情语，不知一切景语，皆情语也”；而王夫之《薑斋诗话》中更有强烈而令人信服的表述：“不能作景语，又何能作情语邪？古人绝唱多景语，如‘亭台多悲风’……‘池塘生春草’，……皆是也，而情寓其中矣。”对照刘海粟的诗词，也常常是景语、情语相互渗透关联着的，如1966年春题《红梅》诗句“万花敢向雪中出，一树独先天下春”；1970年前后所作《长松歌》中的诗句“岩坳蟠屈添苍松，山雨欲来化玉龙”；1976年10月题《三友图》诗句“松梅与竹称三友，霜雪苍然贯岁寒”；1979年题《红牡丹》诗句“天香齐放彩云红，国色朝酣酒意浓”；1980年作油画《云谷晴翠》题写的诗句“耳际禽唆岩谷静，眼中柏翠古今闲”等等，这些妙语佳句，都是作者情景的生命互动，并且导向了一种令人向往体味的境界。王国维曾就境界阐释说：“境非独谓景物也，喜怒哀乐，亦为人心中之一境界。故能写真景物、真感情者，谓之有境界，否则谓之无境界。”如进一步推析，诗词中情景交融可生发的境界，不正是“天人合一”理念在

1982年1月30日上午为厦门大学作画题诗

审美领域的精妙文字表现么!

2. 以诗明志,胸臆袒露

我国儒家经典之一的《尚书》中,就有“诗言志、歌永言、声依永、律和声”的审美认知和主张。诗作往往成为诗人明志、倾泻情感的河床。在咏吟的诗句中,缘物、抒情、明志常常交织相融,而令人寻味不尽。上面的文字着重分析了刘海粟诗词中“穷情写物”的特色,而物之情又往往为志之所系。前所述及的“中有彤彤报国心”,“报国心”即是刘海粟事艺的大志所在。刘海粟的整个艺术生涯,贯穿了一条立身之志的红线,这就是爱国的情怀和对人生的关爱。无论是作画,还是吟诗,无论是办学还是研究,思想、精神的内涵莫不如此。仅以诗词为例,言志之处便常常可感。如 1982 年南行到福建,6 月 12 日,挥毫为福建前线广播电台题诗,借诗言志,寄托作者对台湾故旧与学生的怀念之情,七绝为:“同是炎黄子若孙,盈盈一水卅年分。九州铸铁休成错,海外归来看彩云”,一种志盼两岸尽快统一的赤子之情溢于言表。诗情的生发在于,海老当年一到厦门看到闽台两地仅一水之隔,近在咫尺却难以自由往来,一股爱国热忱喷薄而出。既然同为中华民族,同为炎黄子孙,岂能同室操戈,隔断联系?诗人运用夏禹铸九鼎象征九州并因之奉为国宝这一典故,拓展开来,期望为九州统一作出贡献,期望在台同胞到大陆来感受日新月异的彩云新貌。刘老的这首诗绝非应酬祝颂之作,而是志存统一祖国的呼唤!

在厦门,他登高远望,于除夕之夜,又赋七绝一首,赠台湾亲人:“岁月堂堂又及春,每逢佳节倍思亲。长桥若可连双峡,我辈甘为担石人。”

这首诗与上一首堪称完美的姐妹篇。刘勰在《文心雕龙·神思》中曾说:“神居胸臆,而志气统其关键;物沿其耳目,而辞令管其枢机。枢机方通,则物无隐貌;关键将塞,则神有遁心。”这里将生活、感受、思想认识、想象能力、文字表达等之间的辩证关系揭示得颇为深刻,而其中很重要的关键是“志气”二字。艺术的想象力由生活、神志而触发,因生动的辞令传达而感人。中国的传统佳节——春节,是亲人团聚的最美好、欢乐的节日。而当时的现实却是一水相隔、人为阻断,怎能不令诗人思亲之情倍增呢!面对此境,海翁思绪万千,浮想联翩,渴望能有一桥飞架,使海峡化为通途。而这“一桥”的建设,靠我们共同的努力。作者当时已年届 87 岁，却愿意为此贡献一己绵薄之力，誓为“担石”之人，其精神是感人的。再者，这首诗诗句明白通畅，字字情感流淌，很有感染力。白居易曾说“为文者，必尚质抑浮，著诚去伪”（白居易《策林·六十八》），海老的这一诗作正是“著诚去伪”的典型代表之一。

刘海粟诗词中的爱国主义情结，不只是反映在呼唤大陆、台湾的中华亲族回归统一、共建乐土上，还反映在他对祖国天南海北大好河山的拜服和礼赞祝颂上。清袁枚在《读诗品》中说：“诗如鼓琴，声声见心，心为人籁，诚中形外。”刘海粟胸怀坦荡，常常将心志心声融化到对祖国神奇山川的祝颂中，使我们感到在这些诗词内跃动着一颗大爱的红心，这种爱，常常是欢腾的、热烈的。如 1980 年 7 月词作《满庭芳·七上黄山题“水墨黄山”》：“云海浮游，玉屏攀倚，天都插遍芙蓉。山灵狂喜，游客唤苍松。七度重来无恙，记当年积雾沉峰。补天手，旋钧转轴，旭日又当中。凭高先一笑，青烟点点，郁郁葱葱。正不知费却多少天工。无限筇边佳兴，都化作挥洒从容。龙蛇舞，丹砂杯底，照我发春红。”

上阕对景写今昔对比，景随心志转换，而着落在“旭日又当中”的喜悦上；下阕写到“天工”随人意，令作者佳兴腾发，而点击在“照我发春红”的欢乐中。词作显然借写景表达了对社会主义祖国在新时期发展变化的敬佩、祝颂之情。

另外可作例举的是，1982 年 5 月在石景山所作油画的题词《鹧鸪天》：“珠海貌以四化迁，山情石景更巍然。清游谢郭同游日，桃李春风又一年。横翠嶂，抹杨烟，等闲花发又啼鹃。只将彩笔图岩壁，画意诗心近日边。”

词的上半阕，诗人歌颂了“四化”给珠海带来的新面貌，这当然是全国形势使然。下阕则兴奋地突写眼中佳景，有声有色，并因景作画，又因画赋诗，激情奔突。全词写来潇洒峭拔，豪放淳朴，且爱国之情洋溢，时代特色浓郁。

刘海粟的爱国主义思想总是在把艺术献给祖国、献给人民的壮志中充分流露出来。请看以下七绝“八十七龄人未老，三千里外蕉犹青。行踪画笔同珍重，此是南行第八程。”寥寥几句，言简意赅，词浅情深，那种为艺术献身、不知老之将至的精神状态映现无遗。

我国古代出现的爱国诗人也不少，他们往往以诗歌的形式来表达自己的忧国忧民之情，抒写胸臆，扬善抨恶，伸张民意,关爱民生。这样大善大爱的优良传统文风,为海翁所发扬光大。他热爱祖国的社会主义事业,感到在有生之年还有许多未竟之业需要抓紧去开拓和完成。唯其如此他才有那种童心不泯的热情。并在为画作题款时趣用"年方八七"、"年方八八"等来表示。他曾经解释说:"怎么想到用'方'字呢?因为有句古语,叫'年方二八',二八佳人。那么,我就大胆地用这个'方'字。这就是'方'字的来源,现在还在'方'下去,表示年轻。不是说真的年轻,而是说我还想往下学,往下干。"读了海翁上述七绝,不难感到一股沛然昂扬的气息腾发,诗人的崇高品质因之而升华,为人民的艺术事业孜孜以求的献身精神,洋溢在字里行间。诗的价值还在于,对不少老之将至而沉沦悲观的人,无异于提供了一剂良方,同时,对后学者也具有激励催进的积极作用。

3. 妙语如珠,对仗生辉

1994年3月,南京艺术学院原党委副书记郭殿崇教授曾辑编了一册《海粟对联选》(油印本),他在"后记"中说:"在阅读海老的大作过程中,我深深感到:海老是一位艺通古今、学贯中西的艺术教育家、画家、书法家、艺术史论家和诗人,同时又是一位卓越的制联高手。然而他的撰联艺术成就被其诸名所遮掩,世人很少提及他的许许多多妙对佳联,更无著录。编辑一本《海粟对联选》,填补海老著作系列的空白,是我的责任!"

很高兴有这本"对联选"在手,拓展、深化了我们欣赏刘海粟诗词的内容。其对联妙句不少镶嵌在他的题画诗词中,而使之增辉添彩,令人寻味;有的则是单独撰创,或题画、或馈友、或自寿等等。无论"用途"如何,其联作本身,是很值得让我们作一番审美赏析的。对于具有深厚传统文化特征的"对联",似诗又非诗,非诗亦算诗,当可称它为别体诗词。在形式上,它要求语言、声调、内容、音韵、色彩、数字等等都要有一种对称感、均衡感,并因此形成了一种独特的审美情趣。

刘海粟的艺术个性,在大、在力、在势、在情,贯注到对联上,也相应地形成了新颖有气势、情浓有巧趣的基本特色。如果不从传统对联的归类法出发,笔者立足于内涵与形态,拟将海翁的对联划为壮美联、柔美联、气势联、豪情联、叠字联等来加以评析。

其一壮美联。如1979年12月5日为南京艺术学院作巨幅《鲲鹏展翅九万里》，题联句为“云移怒翼搏千里，气霁刚风御九秋”，那种鹰击长空、无惧无畏的英雄感、壮阔壮美感，全突现于“搏千里”、“御九秋”的苍穹运动中了，题句与形象的画面气势划一令人振奋！又如1969年10月20日题国画《葡萄》的联句：“奔蛇走虺势入座，骤雨旋风声满堂”，化静为动，且势头赫然，声响、力度、速度等共同奏响了壮美的旋律。再如1962年1月题国画《庐山青玉峡》：“峡开青玉奔流急，岩暗苍龙带雨归”，与上述铿锵有律的对仗联，统属气势夺人之作。“青玉奔流”、“苍龙带雨”等这些动感醒目的形象显见壮美有致。他如题国画《黄岳人字瀑》“云横绝岫千岩竞，泉落秋涛万壑鸣”，题国画《听瀑图》“蓝水远以千涧落，玉山高并两峰寒”等等，均属这一类型。

“南艺”领导及相关同志去上海看望海粟大师

其二柔美联。联句如轻歌曼舞，如溶溶月色，强调、表达了抒情的舒缓感、秀丽感，适与“大江东去”式的壮美对联形成明显的对照。

1970年题国画《荷花》句：“白菡萏开初过雨，红蜻蜓弱不禁风”即为一例。红蜻蜓与白荷花的红白对比，“初过雨”与“不禁风”婉约纤美的呼应，都使境界被浸染了秀逸灵动感。再如题国画《清到叶俱香》联（1982年6月于广东中山温泉清露堂），句式为“洁怜根似玉，清到叶俱香”，这“洁”与“清”，“玉”与“香”的对应组合，那淡淡的、幽幽的、静静的、柔柔的美感便沁人心腑地洋溢出来。他如题画句“繁阴淡日影，分绿上窗纱”，“群芳红绽日，新叶绿舒时”等等，都具有异曲同工之妙。

其三豪情联。刘海粟的诗书画艺术的一个总体特色是豪情勃发、壮志凌云。而在这豪情、壮志中饱含着对真善美的人生价值追求，饱含着不畏困难、勇于拓进、献身社会的可贵精神。而在他题画或赠友或自寿所作的对联中，也常常同样高扬着这种精神。在1987年6月17日题国画《梅花》联句是：“万花敢向雪中发，一树独先天下春”，作者藉梅花迎着风雪盛开且领先迎春的情状，抒发自己勇于战胜困难的豪迈乐观情怀，也是胸怀壮志的诗意表白。

1993年3月17日刘海粟于北京出席全国政协会议时，应邀书写了“一管擎天笔，千秋动地歌”联句。真是气魄雄伟、韵趣高奇，语言文字在这里被激扬生发到极致，在工整、生动的对仗中，将艺术家的豪情，将艺术作品的情感影响力，表现得如此深刻而瑰丽，令人叫绝不已。与之同具感染作用的还有画展题联“笔底人间烟火，纸上四海风云”;百岁自寿联(1994年正月撰书):“遍历五大洲四海风云;横跨三世纪百年沧桑”,等等。

还有通过去苏州光福寺写《清奇古怪图》的题联,很有一种自比的内涵,表达自己在事艺征途上同样不会被阻力、劫难磨垮的倔劲。这题画联为“清奇古怪趣如此,风火雷霆劫不磨”,含义已如上述。刘海粟曾题画云:“光福司徒庙汉柏,天娇盘崛,不可名状。1955年8月11日,偕伊乔煮茗坐卧其下,流连终日,对景写此,以发其奇。”在1980年7月2日重游光福司徒庙作巨幅《清奇古怪舞天娇》时,复题此联。唯将上联“趣如此”易为“舞天娇”,而豪情丝毫不减。

“精神万古,气节千载”,是刘海粟多次题写的联句。作为一种人生标尺和理想境界,都不愧为大手笔、大豪情的瑰伟绝句。

其四叠字联,同字同音的重复使用,不仅使节律爽口有味,而且接续自然、平添妙趣。如1982年2月9日于厦门题油画《日光岩》句:“怪石石尖堆怪石,奇峰峰外有奇峰”。上联以“怪石”起句又以“怪石”结束,而对应的下联则以“奇峰”起句也以“奇峰”结束,这遣词造句便显得分外奇巧有灵——同为“怪石”、同为“奇峰”,显然是“怪”得不一样、“奇”得有区别,真能令人联想翩翩。再者,“怪石石尖”与“奇峰峰外”,石的叠字与峰的叠字,在想象的视感中有一种造型位移的生动感,顿让人收畅腑愉神之效。

1984年8月29日撰写《黄鹤楼》对联为:“由是路,入是门,奇树穿云,诗外蓬瀛来眼底;登斯楼,览斯景,怒江劈峡,画中天地壮人间。”联句中,上联两个“是”字与下联两个“斯”字相叠,形成了四个字叠音的反复效果,这效果带来的是于黄鹤楼赏景迫不及待、时不我待的情状,带来的是如京剧流水板一样的板板紧扣、豁达畅通。联句为导引读者让美景、奇景尽收眼底作了激情奔腾的铺垫。胜景的帷幕一下被揭开:“奇树穿云,诗外蓬瀛 ”,“怒江劈峡,画中天地”,工整生动的对仗,宛如宽银幕揭示的景观镜头令人美不胜收。

第五章 理论留识

当我们评价刘海粟的艺术，衡量这位大师在艺术上的成就和地位时，自然会想到他的中国画、书法、绘画、诗词等各个方面创作实践的成果，想到他对于美术教育的拓荒，对于古代优秀书画的鉴藏，想到他对于中外美术发展状况的研究、艺术特征的研究、画家个案的研究等等。总之越想越多、越丰富，从而汇成了艺术万花筒似的光彩，使人感到这位大师生命力的顽强，艺术悟性的超常，创作精力的过人。作为特定历史阶段，刘海粟在艺术的各个方面取得的成就，是具有不可忽视的价值和示范意义的。诚如他的挚友谢海燕教授在《刘海粟作品全集・前言》中所说："他的才华和成就是多方面的。他是杰出的中国画家、油画家、书法家和诗人、美术史论家、古代书画鉴藏家及卓越的美术教育家。刘海粟的光辉业绩是属于社会主义祖国的，也是属于全世界全人类的。"

在这里笔者拟重点议论的也是在过去研究中比较薄弱的环节，即刘海粟在美术史论方面所作出的特殊贡献。

横跨大半个世纪，对于美术理论刘海粟自有其特有的视角和兴趣。无论是创作方法还是原理性的理论，他从来不发力于教条、概念而往往着落于艺术的实际处境，奠基于画家、作品的具体状貌上。且不唯陈说，不限名说，不随大流，不背教条，而是自出机杼，自抒胸臆。他在艺术理论上，留下来的种种个见卓识，一部分散见于他撰写的很多长短文章中，包括一些相关的"宣言"和"发刊词"，如《石涛与后期印象派》、《论艺术上之主义——近代绘画发展之现象》、《读中国画的特征》、《"美术"杂志发刊词》、《创立上海图画美术院宣言》等等；另一方面，集中聚存于他的专著中，如《中国绘画上的六法论》、《国画苑》、《西画苑》、《欧游随笔》等等。刘海粟的理论，涉面广阔，在大的艺术范围里运转、周游，既有宏观把控，又有微观揭秘，读后令人快慰、令人豁然。无论是对于一般艺术爱好者，或是对于专业创

近代繪畫發展之現象及其趨向

劉海粟

近代美術之演進，繁複極矣。顧詳考博究，決非吾文所能盡。今惟舉各時代藝苑之重鎮，稍稍闡明其人物與思想。溯近代文化始於文藝復興之運動，故以文藝復興期為始。就美術上言之，當以意大利為發祥之地。海粟於十九年春，旅游意大利，作文藝復興時代之研究。歷羅馬、翡冷翠、威尼市、米蘭各都，涉及繪畫雕刻建築各部門。凡文藝復興初期盛期之主要作品，摩挲殆遍。此人間偉大之巨製，海粟嚮往已素。一旦躬歷目睹，浸淫其間，寢食俱忘。瀏覽低徊之下，惺然然，蓋竭畢生之力，殫精研索，猶恐不能得萬一，況有限時間之周旋乎。海粟乃自設計，先鳥瞰全局，以窺視此偉大時代之文化外，特別注意其代表作者之細別的研究。

文藝復興之總源為意大利，而尤以翡冷翠（意 Firenze 法 Florence）為中心。翡冷翠最初之畫家為西瑪佈（Giovanni Cimabue 1240?—1302?）其人實為嵌石工人，其作品猶未脫比尚汀之遺風，迨其弟子喬圖 Giotto（1276—1336）始一反從來比尚汀 Byzantine 作風，所作壁畫如大聖佛朗西施生涯，明晰適度，姿態極聖者之莊嚴，身体動作及昇天飛翔之姿，其全体構圖頗具苦心。詩聖但丁為其至友，嘗代選擇畫題，而喬圖亦嘗為但丁作肖像，像容冷靜而濃刺有生氣。其才能實有不可及者，後人之受其影響者極多，喬圖實為佛洛蘭市天才作家之第一人，故人皆稱為「近代繪畫之父」。同時西愛 Sienna 有天才杜西奧 Duccio di Buoninsegna（約一二五五—一三一九）受比尚汀藝術之影響，

上海美专油印刘海粟文稿

作者、研究者，想来都可以从中获得教益，获得启发。

兹从以下六个方面来剖析刘海粟大师在艺术理论研究上为我们留下的真知灼见。

一、事艺的缘由——“发展东方固有的艺术，研究西方艺术的蕴奥”

这是艺术理论上的宏观命题。作为一名画家、艺术家，其从事艺术创作的目的何在？作为一个有悠久文化历史的国家，其提倡艺术、发展艺术的方向何在？无论是艺术教育抑或是艺术创作，大的宗旨、航标都应该有明确的指向。

可赞的是，早在 1912 年刘海粟与他的画友乌始光、张聿光等共同创办“上海图画美术院”时，发表的创立宣言中，第一条就有宗旨性的表述：“我们要发展东方固有的艺术，研究西方艺术的蕴奥”。现在看来，这掷地有声的话语，虽历经一个世纪，它所附丽的理论光辉却依然夺目不减。这里对于艺术创作、艺术研究、艺术教育等不同的领域，都显然有着相同的标志性作用。所谓弘扬祖国传统文化艺术，所谓“古为今用，洋为今用”，这些荡漾在我们脑海

中的艺术发展的口号、原则、精神和理论大纲竟然在上世纪初的刘海粟兴办美术教育的宣言中已经有了类似的雏形。刘海粟在此后的办学和艺术创作实践(中西画并举、多方探索、鼓励创造精神等)以及理论思考中,在总体上明显是遵循这一大纲、大旨实践和拓进的。例如在 1923 年撰写的《石涛与后期印象派》一文,他首先就讲明,不可盲目崇欧,要重视本国传统艺术中的优秀部分。文中说:"望我同道,勿徒骛于欧艺之新思想,弃我素有之艺术思想而茫然也。须知现代欧人之所谓新艺术、新思潮,在吾国湮埋已久矣。一方面固当研究欧艺之新变迁;一方面益当努力发掘吾国艺苑固有之宝藏。"[①]认定"吾国艺苑固有之宝藏",流露出来的是爱国热忱,是对民族艺术的自信心和自豪感。这也是刘海粟期待"发展东方固有的艺术"的立足基点。围绕这一基点,他既反对"迷信中国画"又反对"迷信西洋画",而取辩证的、积极发展推进的态度。他说"今日之冬烘,有盲目迷信中国画的大骂西洋新派画者,对于新派画之所以为新派画全未了解,而妄加批评,甚可笑也!今日之乳臭,有迷信于西洋画而反对中国画者,旧画之精神何在尚莫名其妙,而滥施攻击,亦甚浅薄可怜也!"[②]说得痛快淋漓,脉清理顺!他对艺术发展的希冀是如汤之《盘铭》所言"苟日新,日日新,又日新"。他说:"人的思想当然是应该日日进趋的,所以艺术这东西也就跟着日新一日了;今日以为是新的,明日就旧了。那么我们就应该知道绘画固然不应该拿吴(道子)、李(思训)、荆(浩)、关(仝)或江左'四王'流派当做金科玉律,也不应该把拉斐尔、委拉斯开兹当作神圣不可侵犯。所以研究只管研究,盲从却不可盲从。只要认出这个'真实'、'自然',就一切都束缚不上。"[③]其实,刘海粟的事艺宗旨,通过他此时此地、彼时彼地的一些文章、讲话,已昭昭然了。"发展东方固有的艺术"绝非重复"东方固有的艺术","研究西方艺术的蕴奥"也绝非盲从"西方艺术的蕴奥"。而是要融汇中西,形成日日新的、具有鲜明中国特色的艺术肌体。

1994 年在上海举行的刘海粟百岁华诞庆典上,刘海粟的讲话,更印证了他对于艺术宗旨虔诚的信仰和终生不渝的追求。他说:"我大耋之年,精力已衰,日日夜夜,孜孜

---

① 上海人民美术出版社 1987 年版《刘海粟艺术文选》第 69 页。
② 上海人民美术出版社 1987 年版《刘海粟艺术文选》第 77 页。
③ 上海人民美术出版社 1987 年版《刘海粟艺术文选》第 75 页。

不倦，志在报国，弘扬中华文化，为人类作贡献，为炎黄子孙扬眉吐气，为社会主义祖国增光。奈我年老不学，还没有完全做到。很惭愧！还要努力。回来以后，看到上海市人民政府给我建立的刘海粟美术馆即可落成，上海市文化局又为我一百岁生日祝寿。海内外亲友嘉宾济济一堂，我非常感动！这是对于我一生追求真善美，一生坚持艺术创作，一生对艺术教育事业奋斗的最高评价……”①

总之，作为扎根于中华土地上成长起来的画家们、艺术家们，其事艺的宗旨，不只是为了画几幅好画，出几件好作品而传世扬名，更要提升境界，“发展东方固有的艺术，研究西方艺术的蕴奥”，唯其如此，民族的文化艺术，民族的绘画才能在世界艺术之林中永葆青春，光彩常驻。从这一层次看，刘海粟关于事艺宗旨的理论思考，是很富于历史和文化价值的。

二、艺术的底蕴——“画之真义在表现人格与生命”

包括绘画在内的艺术的底蕴、艺术的实质、艺术的真义是什么？艺术与创作者的契合点是什么？这是艺术理论应该做出回答的问题。当然，由于画家和理论家们认识的差异，回答就难免不同。一种是绘画的实质，就是为市场存在的，市场风行什么，绘画就表现什么；一种是绘画的真义是受他人爱好支配的，作品往往要屈尊于政客、藏家等，视他们的喜恶而奉献画作；一种是绘画的底蕴只在模仿自然，以将客观对象符合视觉真实地搬到画面上为高；还有一种是不管它三七二十一地信笔乱涂到画面上，以取消审美、取消法则、取消思想为时尚……凡此种种，不一而足。对绘画底蕴认识上的差别，特别是那些错误导向势必使推出的作品产生谜团、混淆视听，更谈不上感人的力量。

早在上个世纪 20 年代，对于艺术的底蕴、真义，刘海粟在探讨中就有相当明确、肯定的揭示。

他在 1923 年 3 月 18 日发表于《学灯》上的《艺术是生命的表现》一文，曾较为透彻地阐明了自己的观点。他认为：“创作艺术应当不受别人的支配，不受自然的限制，不受理智的束缚，不受金钱的役使；而应该是超越一切，表现画家自己的人格、个性、生命，这就是有生命的艺术，是艺术之花，也是生命之花。”这里表达的艺术意义有两个方

---

① 《艺苑·美术版》1994 年第 3 期第 4 页。

面：一是创作上不受任何附加条件(例如“自然”的限制、“金钱”的役使、“理智”的束缚、“别人”的支配等)的制约，有“超越一切”的创作自由；二是将艺术家自己的生命和人格在作品中表现出来，唯其如此才能画出好的作品，才能绽放出“艺术之花”、“生命之花”。刘氏对于这里所说的生命又作了界定，即“不是生物学家所说的生命，不是细胞的组合，是我们的思想和感情，是我们的人格和个性。”强调艺术作品中的人格和个性，思想和感情，显然是他对艺术家提出的向善的道德要求和感悟生活独特发现的希望，以及为被表现对象所感染而生发出的情境寄托。只有达到这些要求，艺术才可能是充满活力的生命形象。他说，“真正的艺术家必有‘正其义不谋其利，明其道不计其功’的精神”，又说，“我们宁可效高更、特朗之所为，不愿为金钱的奴隶。要知道为金钱作奴隶的画家，好比倚门卖笑的妓女和卖身投靠的议员一样，艺术何在？人格何在?”这种由对艺术真义的认知并引申出来的亵渎艺术真义的现象，被刘氏义愤填膺地呵斥，正说明他对真正艺术家的崇敬和向往，对画家们在作品中表现人格和生命价值的热切期待，而且指出这就是艺术应有的题旨。1925 年大暑他在题《西湖写景》中就明确说过：“画之真义在表现人格与生命，非徒囿于视觉，外骛于色彩、形象者。”可见刘海粟的这一识见是早就形成的。

艺术是艺术家生命表现的说法，在刘海粟的学理建设中，又具有这么两点理论阐发：一是艺术的作品必须具备独特的创造精神。如果艺术处处都是效仿他人之迹，模拟自然之形，自己的生命就无存在的地盘。如果说这种作品还有生命，那也是无鲜活感的他人的生命，情感因素是缺失的。艺术之所以能表现作者的生命，全在于艺术是藉艺术家的感觉而表现出来的，因感觉而生情，在情的作用下，才能产生艺术作品，换句话说，艺术源发于人们对世界的感情，用特定的艺术语言记录下来就是成为艺术的作品。刘海粟举例说：“譬如绘画，个性刚强的人，欢喜热烈的色调；性格沉默的人，就喜欢冷静的色调。两个气质不同的人，拿同一个对象去作画，他们所表现的色彩感觉，也是不相同的，不能强使划一。倘若强使他们划一了，就等于剥夺他们的生命。”他还接着说：“所以艺术表现，要内部的激动越强越好，越深刻越好。表现在画面上的线条、韵律、色调等，是情感在里面，精神也在里面，生命更是永久的存在里面。”

三、艺术的个性——“力求成就自己一种独创的艺术”

凡是具有生命力的、感人的艺术作品，必然与其独特的个性和创造性联系在一起。因循守旧、人云亦云、模仿抄袭的艺术，不仅无生机可言，能否称之为艺术也值得打个问号。刘海粟将艺术与生命的表白紧密联系在一起，不仅揭示了艺术的实质，更是艺术必须高扬个性的最坚实的依据。作为艺术创作的个体，个别的生命、情感千差万别，上升到体物感心而成功的艺术作品，就不可能雷同划一。如果一味地泯灭自己的个性，临写仿作，矩步规行，且沾沾自喜，无误无谬，就会使艺术平庸化而失却激情的勃发，背悖美育真旨，最终陷艺术以发展的死胡同。对于活泼泼的艺术个性的张扬，刘海粟的主张是十分鲜明的，而且贯穿在与艺术有联系的一切实践活动中，无论是学画操练还是艺术创作，无论是艺术教育还是艺术评价，他的“鼠标”，总是点击在“艺术个性”的窗口上。

刘海粟从幼年学画开始，天性中就有一种不守故常、以变为乐的脾气，他曾经在文章中回忆过这段生活：“忆余幼年与姐氏同学画时，余即有活泼之天性流露其间，于印稿摹仿时或有不尽合处，师辄为余纠正，余屡不从，且喜以已意涂鸦。师曰：汝性不近画，不宜学画。弱冠人校习画，稍觉自由，然翻阅前作，不觉无形自缚，盖已受塾师强制之毒也。余姐则较余为用功，一描一钩，悉承师法，习惯自然，至今不能离稿而绘一画，虽所绘皆合矩矱，终背真美精神矣。今者每就余教，而其积习终不能矫除，盖其积习受病已深矣。”①

对于绘画，刘海粟反对陈陈相因，反对扼杀“活泼之天性”，主张个性的高扬和自由发挥，但绝非鼓动破坏理法地乱来，自由必须在学理、艺理的轨道上运转，即所谓画有常理而没有常法也。把握常理，即对“道”、对审美规律性的认识和运用，“法”则绝不能僵守一隅。为了阐明这一道理，刘海粟在《画学上必要之点》一文中，以绘画教学为例，用了较长的文字篇幅作了有说服力的论证，文谓：

> “吾所谓自由者，求理法中之自由，非理法外之自由也。盖绘画问题：第一，须养成其创造性与主动

① 《画学上必要之点》，《美术》1919 年 7 月第 2 期。

性，与其间接不如直接。教育对于学者，先示以理论法则，使本其天性而直接审察自然界之真相，斯符美学之本旨而得其天趣，在学者亦乐于实习以发抒其美感。第二，须养成其观察能力。观察力之养成，非可以卤莽为也。美国小学画科，即授以色彩写生画。例如儿童绘红山茶，为黑色者有之，黄色者有之，教师从不加以干涉而问其黑色黄色之所以然，惟使其全神贯注而不致放逸，久之识辨力大进，于自然界之变化自能洞察无余。第三，须注意光色变化之原理而证其观察力，免蹈成见之固执。第四，须端正其平日之习惯，使之自然倾向于正确一途。苟行以上诸法，则与美术之本旨无背，绝无以艺术强制真美之嫌，亦可免记号作画之讥也。

是故，用笔之粗与细、色彩之艳与静，不成问题也。所异者：一写自然之真相，一摹强制的美术；一取积极之法，一取消极之法；一为真美，一为假美；一趋真美可以养成其主动与创造的能力，一务假美则养成依赖的习惯。两者原来之目的本同，所以达之之法则不同，而结果遂因之大异。"①

上引论述，系从艺术传授角度极言创造性之重要。对于作画间接性经验的汲取，或者说对于他人作品中创造性、主动性因素的研学，固然有必要，但却千万不能替代自己的观察与感受，不能因此养成依赖的习惯，失却由个性激发的独创天趣；如一味固执于成见，而凭"记号作画，画出的作品必然无生机可言，艺术的生命力全部丧失"。刘海粟所主张的是，要积极地写出被表达对象的真象，揭示真美，而非消极地依赖既得的条条框框作画，贩运假美。

针对真美、假美，针对艺术的创造性和个性化，海粟在不少理论文章中论及。如，在《石涛与后期印象派》一文中提到："艺术之本原、艺术之真美维何？创造是也。创造不受客观束缚，更不徒事模仿。观夫石涛之画，悉本其主观情感而行也，其画皆表现而非再现，纯为其个性、人格之表现也。其画亦综合而非分析也，纯由观念而趋单纯化，绝不为物象复杂之外观所窒。至其画笔之超然脱然，既无一定系统之传承，又无一定技巧之匠饰，故实不以当时之好尚相间杂，更说不到客观束缚，真永久之艺术也。"这里提

① 《画学上必要之点》，《美术》1919年7月第2期。

到的“创造”、“主观情感”、“人格”、“个性”、“表现”、“综合”、“永久之艺术”等等概念，都是以大画家石涛为例，观照他的“超然脱然”的作品，而找到的“独创艺术”应该具备的特点与品格。刘海粟在比较石涛与后期印象派后发现，石涛的绘画理论《画语录》，三百年前就与后期印象派和表现派相契合，且画论与那时的新艺术思想相证发，是十分难能可贵的。

艺术的个性，艺术的独创性的博求，不是凭空索取，离开艺术家对生活的热爱和感悟，离开“读万卷书、行万里路”，离开艺术家精益求精的技巧磨炼，是绝难有成的。刘海粟 1978 年 11 月 6 日在中国美术馆关于《中国画的继承与创新》演讲中就曾强调指出：

> “我们的一笔一点，都是各人的性格的体现，都有他的气魄、情趣，这是画有自己的心灵、感情，……画家的创作，一定要有丰富的感情，还要有很深刻的感受，有灵感，才能现之于笔墨。不能只模仿自然对象的表面，它不像机器那样，开了就能走动。至少是在他称心悦意，或者是在悲愤中，产生激情，始能下笔。中国画家作画多抒发自己的心灵、感想。……画家要深入各方面去，到生活里去，要细致地观察自然，创作要应目会心。”[①]

很显然，艺术个性的形成，离不开艺术家对生活的独特感悟和发现，而这种感悟和发现，需要艺术家的满腔热情，燃点起笔墨的火花，达到物我两忘的化境。刘海粟作为一代艺术大师，其作品的个性是十分显著的，那种博大的力量，醇厚的神韵，无论是中国画还是油画，这样的特色足以叩动欣赏者的心扉。而追踪艺程，探视画家挥毫时的情景，那种精力的集注，热情的洋溢，不禁使人想起《庄子》中所载“宋元君将图画”中，有一史后至“解衣般礴”作画的故事，谓之“真画者也”。刘老作画时，旁若无人，尽兴尽情，一般写生创作常常在两个小时内一气呵成，不禁令观者兴奋和共鸣，而且还说明一个问题，作品的创造力和艺术个性是因浓郁的情感和高超的技艺而生发出来的。

四、艺术的生命——“对于生活失去了爱，艺术生命就停止了”

1978 年 11 月 6 日刘海粟在中国美术馆作《中国画的

---

① 《南艺学报》1979 年 5 月总第 3 期。

继承与创新》演讲时，特别提到，“我已经80多岁了，在这样伟大的时代，我是充满着激情，好像美术学院的学生一样，走到哪里画到哪里，这是艺术生命恢复青春。艺术家对于时代，对于生活失去了爱，艺术生命就停止了。”这里刘海粟特别强调了“艺术生命”与时代、与生活的关系，显然对蒸腾的时代无动于衷、对火热的生活冷漠无情，艺术生命也就丧失了。他的艺术创作，之所以热情洋溢、独树一帜，首先就在于他的激情，在于他对时代、对生活炽烈的爱。这样对生活的激情和深爱，往往是成就大师、巨匠的极为重要的条件。他在1976年10月7日给潘受的信中，对于潘氏对其艺术的简要评析十分认同，信云：“阁下以朴拙论海书，以槎枒嶙峋论海画，以强烈感情论海笔，非深知我者不能言也。”①笔蘸强烈感情，艺术生命怎能不旺盛有加！而在1977年1月22日给黄镇的信中对这一命题有着更为热诚的发挥，他说：“如果没有觉醒的强烈的爱，没有生活，便没有任何意义的艺术创作。最近的许多作品，都以美丽的欢乐、泼辣的笔触表现灼热的爱；每幅画象征着粉碎‘四人帮’后全国形势朝气蓬勃无限美好的前景。我以不可思议的光彩，表现伟大的时代，要达到人类创造的顶峰。”②无论中外古今，凡在人类艺术宝库中有案可寻的佳作，内中渗透的情感因素、生活因素一定是浓郁的、真切的，一定是作者挚爱之情的形象结晶。如现代中国画作中徐悲鸿的《愚公移山》、石鲁的《转战陕北》、刘文西的《祖孙四代》、周思聪的《人民和总理》、陈之佛的《松龄鹤寿》等等，外国油画作品中列宾的《伏尔加河的纤夫》、籍里科的《梅杜萨之筏》、达·芬奇的《蒙娜丽莎》等等，这些脍炙人口的佳作，其永恒的艺术生命，内中不正凝结着作者对生活的挚爱和感人的情愫吗！

刘海粟对于艺术生命的着重和实质的追问，还提到一个“纯真”的问题。他是这样来表述的：“童心在，艺术生命永恒，很重要，童心意味着幻想、创造，意味着纯真、坦白、诚实。艺术创作离开了纯真，就没有生命了。”③这里实际

---

① 上海人民美术出版社1987年版《刘海粟艺术文选》第510页。

② 上海人民美术出版社1987年版《刘海粟艺术文选》第511页。

③ 上海人民美术出版社1987年版《刘海粟艺术文选》第194页。

上涉及对艺术家品格、思想、境界修炼的作用。摈除矫饰，倡导纯真。涤除尘俗种种扭曲我们眼光的污垢，用儿童未经污染的天真无邪的视域来观察生活、叙说生活，这样对待创作，就可能赋予作品以感人的艺术生命，就可能使作品产生不灭的光彩。

只有纯真、坦白、诚实，才可能发见事物真正的内蕴，创造出有价值的艺术作品。罗丹曾经说过，"因此对伟大的艺术家来说，自然中的一切都具有性格——这是因为他的坚决而直率的观察，能看透事物所蕴藏的意义"①。罗丹存世的很多经典雕塑作品（如《思想者》、《青铜时代》等），正是或者首先是依靠了"坚决而直率"的观察，也可以换说成是"纯真"、"诚实"的观察。罗丹在阐述艺术创作问题时，强调过"艺术家是说真话的"，"在艺术领域中诚挚是唯一的法则"等等，都足以说明，艺术家的直率、纯真，对产生好的艺术作品的积极意义和影响。这本身带有真理性，一切有大成的艺术家，他们作品的艺术生命无不与作者纯真、直率、坦诚的品性有着紧密的联系。

五、诠释"六法"要义

作为以书画创作和教育为主体的刘海粟，勤于实践创造的同时，还常常致力于相关理论的思考，追根穷底，弄清本源，以利于创作深度、广度的开掘。在对中国画传统理论的学习研究中，之于"六法"，尤见钟情和重视。他把谢赫的"六法论"，视为"中国绘画上的根本问题"。特别是到欧洲之后，与著名画家们交友论艺时，外邦"硕彦"，对中国画理中的"六法论"，深为敬佩其独到精微，且常常咨询于大师刘海粟。刘氏往往根据平时对"六法论"学习、领会的札记心得，给予回答解释。为了使"六法"高论，让更多的人了解和学习，刘海粟决定将自己对《古画品录》中"六法"的认识和理解，系统地整理出来。这一打算，完成于1931年4月，成稿于1931年11月，由中华书局正式出版。刘海粟所撰《中国绘画上的六法论》，纵横求索，多方位地将六法理论诠释得明明白白，应该说，这是对中国传统绘画理论精髓部分的深入剖析，是弘扬民族传统文化理论的思辨探索。即令是今天读来，仍具有旺盛的生命力。

中国画论，刘海粟认为就是中国的艺术论。他在研究

---

① 人民美术出版社1987年版《罗丹艺术论》第23页。

中领悟到，其表达要言不烦，常常是片言只语，切中肯綮，道理深刻而充分。“它不仅仅是技术的传授，经验的断片；它还蕴蓄着创作的态度和批评的标准之故。”①而且刘氏还进一步指出，这种艺术论的全面性和论理性，到了六朝时期的谢赫阶段，达到了比较完善的程度。

为了正确、有逻辑联系地理解六法，充分揭示其理论价值，刘氏梳理了前谢赫阶段，各家对绘画经验性的认识和理论性的探索。很显然，这些探索，为谢赫“六法”的出台做了良好的铺垫。

刘氏将画论的“散片”梳理界定在周秦以来。侧重选择了紧密联系着画理、画法等方面的几种有代表性的说法。涉及庄子、韩非子、刘安、张衡、王廙、顾恺之、宗炳、王微等名流，所表达的个见，涵盖了创作态度、创作题材、创作方法、创作个性和修养、创作原理、创作精神、创作功能等方方面面，在刘氏看来，这些方面显然为更具系统性的“六法”理论，提供了元素和支撑点。

兹按顺序来说。刘氏首选《庄子》中“宋元君将画图”一段，内中指出那位后到的画家，“解衣般礴”，被宋元君誉为“真画师也”。刘氏的剖析评价是，“所谓真正的画家，不能拘拘于礼节之中的，应当任其自然感兴，超越社会的习惯而完成他的作品”。刘氏从这则画论故事中还看到了“尊重作家自由”、“忘记社会拘束”、“没入于自然”的重要性与必要性。这段话，可视为创作达于自然状态则可成为“真正画家”的述评。

关于韩非子画“狗马最难，鬼魅最易”的一段话，涉及创作题材的不同而难易有别的问题。这里的所谓“难易”，很显然是指日常大家都看到的东西，经验能判断像与不像，如果逼真就算难能可贵。而看不到的现实中不存在的事物，则似乎怎么画都行，容易成画。所以，刘氏认为，“以韩非子的思想，可以说是倾重写实论的”。与韩非子思想相呼应的是后汉张衡的一段话：“画工恶图犬马而好作鬼魅；诚以实事难形，而虚伪不穷也。”对于这种只重写实的理论，今天看来，是有明显局限性的。而在上个世纪 30 年代初，刘海粟也就明确指出过，“关于这一点，我们只能当做当时对写实的要求，而不能说对于绘画理论有所进步”。当然，韩非子、张衡的这一“实事难形、虚伪不穷”的理论，

---

① 上海人民美术出版社 1987 年版《刘海粟艺术文选·中国绘画上的六法论》。

对于以后谢赫提出的“六法”中的“应物象形”，不无影响。

接着，刘海粟引出了刘安画论中的精彩警句：“寻常之外，画者谨毛而失貌。”刘氏指出：“画家的主眼，在于全体，有全体的统一，才有作品的生命。”并认为：“从这个观点出发，必然地生出后代的‘气韵生动’和‘经营位置’等的理论。”

刘氏继又引出晋代王廙的论画言辞。这段话，是王廙对其侄儿王羲之学书画的教导内容，其中精彩的有这么几句：“画乃吾自画，书乃吾自书，吾余事虽不足法，而书画固可法；欲汝学书，则知积学可以致远，学画可以知师弟行己之道。”这里鲜明地提出了艺术创作的个性、艺术家的学养等与作品的关系，殊为可贵。刘氏对这段话的评介也是深入其里、一言破的，他说：“上面所谓‘积学致远’、‘师弟行己’，显然以书画为陶养人格的工具，为实践道德的借镜；后世以画和经史并为教训的手段，以及拿画为提高人品的标帜，在王廙时代，已经有这个端倪了。”

针对梳理上述几家画论的“断片”，刘海粟的结论是，“这四者(庄子，韩非子和张衡，刘安，王廙)，可视为对于画家道德、绘画对象、构图统一、个性表现诸端的发凡。后世所出现这整然的画论，并非从天而降的，我们从这里够可证明的了”①。

按照刘海粟的认识，作为绘画理论的重要档案，现存最古而具有“画论”意义的当推顾恺之的《论画》、《魏晋胜流画赞》和《画云台山记》。尽管在辗转相传中有散失脱落，但依然很有价值。其中后两篇侧重技法，而《论画》一篇，在对人物画的评论中，确定了区分优劣、好差的主要标尺和理论范畴，应该说是很具有影响力的。刘海粟将《论画》中的理论要素抽取出来，给予剖析提升：

> “第一，精神。所谓‘生气’，所谓‘弥纶’，所谓‘超豁高雄’，所谓‘奔腾大势’，所谓‘情势’，都是活泼泼的精神之表现，也可以说是力的表现力。
>
> 第二，天趣。所谓‘自然’，所谓‘不似世中人’，所谓‘亦有天趣’，显然是在技巧以外所获得的与大自然冥合的气趣。在《画云台山记》中说：‘可令庆云西而吐于东方清天中’，也可以见笔下云烟冥合自然的气趣。

---

① 上海人民美术出版社1987年版《刘海粟艺术文选·中国绘画上的六法论》。

> 第三，骨相。所谓‘有骨法’，‘有天骨’，‘骨趣甚奇’，都是倾重骨相的地方。骨法在中国绘画中占有重要位置，在顾恺之时代已经如此了。
>
> 第四，构图。所谓‘得一之想’，所谓‘置阵布势’，所谓‘美丽之形，尺寸之制，阴阳之数，纤妙之迹’，还有《魏晋胜流画赞》中说的‘先寻此要，而后次以即事’。这都是构图上统一、配置、主客等的裁定。
>
> 第五，用笔，所谓‘一点一画，皆相与成’，他的《魏晋胜流画赞》中，所谓‘一毫小失，则神气与之俱变’，都是用笔方面，慎思远虑，前后呼应，为后世祖述的心法。”①

很显然刘氏对顾恺之画论中主要内容的逻辑归纳，并给予画龙点睛，指出其“重心”之所在，是很富于理论见地的。顾恺之以评论人物画为主的《论画》一文，所使用的评价标准和概念，尽管散见于对不同作品的评议上，而内涵却有它的约定性和规范性，仔细体味，便可感到，好的作品、优秀的作品，在精神、天趣、骨相、构图、用笔等等几个主要指标上，必须是符合和体现完美的。而这些绘画论语，与此后南齐谢赫在《古画品录》中提出的“六法”论，显然具有先驱性的作用，其内在的由此及彼的联系，也是我们不可不引起理论关注的地方。

此外，刘海粟继又将宗炳和王微的画论提出来作了一番议论。对于宗炳《画山水序》中所表达的绘画思想，如“圣人含道映物，贤者澄怀味象”，“以形写形，以色貌色”，“竖划三寸当千仞之高，横墨数尺体百里之迥”，“应目会心”，“圣贤映于绝代，万趣融其神思，余复何为哉？畅神而已”，等等理论，归纳出三个要点：“第一，艺术家所感受自然的精神，和圣人以精神感物，是一样归结于道的。第二，绘画之任务，在使自然蓄蕴于尺幅，鉴赏者从尺幅中，再感到画家所感过的伟大的自然。第三，无论为创作为鉴赏，都是求生命之充溢，即精神之自由的开展。”②这种归纳，是将宗炳的片言只语上升到山水画艺术的本质和功能高度来认识的，颇具理论价值。与之同时，刘海粟又论述了王微的《叙画》，首先引出了《叙画》中的部分精彩叙述，如

---

① 上海人民美术出版社 1987 年版《刘海粟艺术文选・中国绘画上的六法论》。

② 上海人民美术出版社 1987 年版《刘海粟艺术文选・中国绘画上的六法论》。

“夫言绘画者，竟求容势而已。且古人之作画也，非以按城域，辨方州，标镇阜，划浸流，本乎形者融，灵而动变者心也”；“以一管之笔，拟太虚之体”；“横变纵化，故动生焉，前矩后方，而灵出焉”；“望秋云，神飞扬，临春风，思浩荡”等等，针对这些，刘氏也找出了三个要点：“第一，形体与灵魂不同，而灵魂却存在于形体之中，绘画以灵魂为中心。第二，灵魂从万物变化行动而发见，绘画的极致，在捕捉动的条理，即灵魂的动态。第三，绘画所给予的快感，和人没入自然冥合神明同样地伟大深刻。”①刘海粟进一步指出，王微善文并能书画，且通晓音律医方、阴阳术数。他的绘画思想，多半从《易经》和《乐记》里蜕化而来。对于王微的画论，其中气韵生动说的痕迹是最为明显的。可以说，对于王微绘画思想的理解，就是对于六法中气韵生动的理解。

刘海粟认为，“宗炳和王微，把绘画的地位已提高到如此程度，谢赫的六法论接踵而起，是极自然的事情”。

作为名享古今的中国绘画上的六法论，刘海粟是怎样去认识、理解和剖析、阐释的呢？

对于谢赫在《古画品录》中所提出的“六法”，《四库全书总目提要》中曾经有这样的评述：“所言六法，画家宗之，至今千载不易也。”如此高度的价值认定，并非广告炒作，而是符合事实的判断。刘海粟对此说十分认同，并很富于深情地表示：“我们不能不惊异他的伟大的创发。”

“画品”，是对于绘画作品优劣状况的区分。画的优劣，画的品类品级，怎么来判别呢？这就需要确立一个标准来进行对照验证。而“六法”正是为品画所制定的、具有覆盖面和可操作性的标准和尺度。

所谓“六法”，它们是：“一、气韵生动是也，二、骨法用笔是也，三、应物象形是也，四、随类赋彩是也，五、经营位置是也，六、传移模写是也。”

对于上述六法，刘海粟的解读，既有宏观、大处着眼的整体把控，又有具体的、解释各法内涵并指出其间内在联系的条分缕析，务求纲举目张、文脉清晰、释读到位。

刘海粟认为：“六法在批评上说，气韵生动是最高的准则，此外五法是达到这个准则的必要条件。在创作上说，气韵生动是其他各种要素的复合；作品的实践在乎其他各种要素，作品完成了后，才据其事功而判断它是否达到气

---

① 上海人民美术出版社 1987 年版《刘海粟艺术文选·中国绘画上的六法论》。

韵生动。"[1]这段话，对于引导人们如何来认识六法，厘清六法内在的关系是很有启示意义的。内中有两点很明确的定位，其一是，"六法"作为一个完整的系统，各法地位并不等同，"气韵生动"具有统率性，是其它五法综合效应的体现；其二是，刘氏将对"六法"的实质和价值，分别从两个不同的角度来加以观照和论定，既具有说服力又具有实践指导意义。从创作角度看，"气韵生动"是果，其它五法是因，要作品达到气韵生动，必须有其它五法作有机的配合、有力的支撑，或说只有在"经营位置"、"骨法用笔"、"应物象形"等方面下了工夫、见了成绩，才可能导致作品"气韵生动"；从批评角度看，批评者会首先着眼于作品的总体观感——气韵生动与否，才会进一步涉猎作品过程的具体环节，构图、造型、骨力、笔法等等方面，唯其如此，批评才可能抓到要领而展开符合实际的考量窥测。

在对六法作具体分析时，刘氏首先将其中绘画实践的具体要素厘定为四种——笔致（骨法用笔）、写实（应物象形、随类赋彩）、结构（经营位置）、模仿（传移模写），并循此结合当时谢赫品评画家的思路给予述评、诠释。而在此基础上对"气韵生动"则作了重点论述。

刘氏的分析，简要而历历落落。

第一，关于笔致。刘海粟考证了谢赫在品评画家用笔时所形成的风采和审美特征，例如评陆绥时的"体韵遒举，……一点一拂，动笔皆奇"，评毛惠远时的"纵横逸笔，力遒韵雅"，评张则时的"意思横逸，动笔新奇，师心独见"，评刘瑱时的"用意绵密，画体纤细，而笔迹困弱……"，评晋明帝时的"虽略于形色，颇得神气，笔迹超越，亦有奇观"，评丁光时的"虽擅名蝉雀，而笔迹轻羸，非不精谨，乏于生气"，等等，据对上述关联到用笔的种种范畴和描述的审视、思考，刘海粟有了自己明确的判断："综观谢赫的话，我们可以得一结论：笔致或用笔，在于表出生生的力量，不在工细精谨中见长。他所谓'遒举'、'力遒'、'横逸'、'神气'、'生气'，无一不是生生的力量；反之，'困弱'、'轻羸'，无一不是生生的力量之反面……"[2]这释读、判断，应该是符合谢赫的理论本意的。"骨法用笔"所产生出来的"生生

① 上海人民美术出版社 1987 年版《刘海粟艺术文选 · 中国绘画上的六法论》。

② 上海人民美术出版社 1987 年版《刘海粟艺术文选 · 中国绘画上的六法论》。

的力量”，才可能激活整个画面，而构成气韵生动最为重要的温床。

第二，关于写实。在六法中体现在应物象形和随类赋彩两个方面。刘海粟对于这一内容理解上的独特之处在于，他没有将两者割裂开来，而认为谢赫的本意是“二语合并”的。一般顾名思义的解释是，“应物象形”指用单色或线条真实刻划对象，而“随类赋彩”则指按不同类的对象赋予真实的色彩。其实，刘海粟认为，谢赫在品评画家作品时，有“赋彩制形，皆创新意”(评顾骏之)的提法，将“物”与“类”的“形”与“彩”同归为被表现对象的形貌，同归为被表现得是否真实的衡量依托。这样的阐释，我以为是接近原文本义的。

在释读谢赫写实思想的同时，刘氏注意到，谢赫对于“人马分数、毫厘不失”的“精微谨细”的倡导，是有前提和条件相制约的，这就是“神韵气力”。神气与写实比较，谢赫更重视神气。谢评刘瑱说：“笔迹困弱……但纤细过度，翻更失真，”而评晋明帝说：“虽略于形色，颇得神气”，继评卫协说：“虽不该备形似，颇得壮气，凌跨群雄，旷代绝笔”，等等。这里显然表明笔致、笔迹对张扬画面生命力的重要，即使形色有失，而笔致绝妙，作品仍能给人以强烈的感染。刘海粟评议说：“因为真实是随附于生命的，失掉生命，虽如何形似，不足以启人观感的”；又说：“谢赫的意思，笔致是第一义的事，写实是次之；二者之间，宁贬视得写实而遗失笔致的方面，取得笔致而遗失写实的方面。这里有个原因，为的写实一道之所以能达到气韵生动，乃靠笔致为媒介。照这一点看起来，谢赫实在也是后代文人画派的远祖之一……”。刘海粟的辨析，是与事实相符的。

第三，关于结构。主要对应的一法是经营位置。刘海粟寻找出谢赫在评论画家构图时，所运用的概念，如评吴暕时这样说：“体法雅媚，制置才巧，擅美当年，有声京洛”；评毛惠远时说“画体周赡，无适弗该”。故认为“才巧”和“适应”是“经营位置”的完美要求。经营位置或说构图，重要的在于解决好部分与部分的关系，主要部分与随从部分的关系，务求关系清楚、主次分明，这样才能使画面统一和主体突出。刘海粟在分析中说：“画面的布置，巨细相称，轻重分明；在人的感觉中予以造物伟大的启示；这都是从‘才巧’中得来的。无适弗该，不过是才巧的一个表现，一作品中所描写的事物很多，在杂多中有‘适应’，然后成为有机的统一了。”又说：“我们简单地说，谢赫之所谓‘经营位置’，即以才巧为条件的构图，构图的极致在于适应。”[1]读后让人明白了谢赫立“经营位置”一法的用意所在。

第四，关于模仿。即传统模写的意思。刘海粟从谢赫用这一条对画家品评的说法来看，认定谢赫是一个不重视模仿的人，而是尊重创作的人。谢对画家的赞许，着重“传移模写”对笔致的学习和把握（宛如我们今天在学习传统中对用笔的种种领会和传承），而不是变成述而不作的行为。画作画法的师承，最终不是以酷似为目的，而是要走向创造。也因此，刘海粟在释读中说明了“传移模写”的积极意义，也是为了更好地创作。他说：“创作是绘画的第一义，模写不是绘画的上乘”，在模仿习得后要推出新意。谢赫所留下的相关品评，足可佐证：评戴逵“子颙能继其美”，评江僧宝“斟酌袁陆，亲渐朱蓝”，评王微、史道硕“并师荀卫，各体善能”，评袁蒨“象人之妙，亚美前贤；但志守师法，更无新意”，等等，这样评析，就摆正了“传移模写”的地位和作用，而让画笔在吸收多种营养后，去建构创作的健实肌体。

第五，关于气韵生动。这是刘海粟感到很难解释的一条，也是他给予重点分析的条目。

刘海粟对于“气韵生动”的解释，首先认为，既可以拆开来分别考察气、韵、生、动四个字，又可以一分为二地将“气韵”和“生动”各别作解释，还可以将这四个字视为一个词组来解释。当然，为了准确地理解或说贴近谢赫原本意图的理解，很重要的要找到一个确切的观察点，这就是从谢赫在对很多画家品评时所使用的与“气韵”紧密关联的描述句中，去体量、去揣摩，大致可能深入堂奥、明白用心。刘海粟扫描谢氏评陆探微、张墨、荀勗、顾骏之、陆绥、姚昙度、夏瞻、戴逵、张则、蘧道愍、章继伯、晋明帝、丁光等画家作品时，使用了“理”、“性”、“壮气”、“风范”、“极妙参神”、“精灵”、“神韵气力”、“体韵”、“风采”、“天挺生知”、“气力”、“情韵”、“风趣”、“意思”、“入神”、“神气”、“生气”等等用语后，得出了这样的看法，即，这些表述，都和气韵生动有关，尽管文辞不同，而语义是相近的。并因此认定：“气韵生动是整个的名词，不能分开来讲的。至多说，含有气韵的生动，或弥漫着气韵的生动。实际上宇宙间的生动无

---

[1] 上海人民美术出版社 1987 年版《刘海粟艺术文选 · 中国绘画上的六法论》。

处不弥漫着气韵，气韵必然托着生动而表显的。”①

生活中的生动，必与气韵相关。而画作中的气韵生动，并非所有画家笔下的作品，都能达于此境。谢赫的意思是“笔致”是气韵生动的首要条件，而“笔致”又带有先天性，他说过“天挺生知，非学可及”。刘海粟分析说：“创作之达到气韵生动，在谢赫以为天才的成分为多。第二方面，批评之所以着眼气韵生动，因为批评亦是一种艺术，批评家唯一条件，在于具备和创作者‘共鸣’，他感受到作品时亦在创作，所以他得到无穷的快感，所以他可以指出所长所短。在同一生命之流湍中激荡，他当然以生命的最高形态为其目标。”②既是画家又是深明画理注重研究的刘海粟，从创作和批评的两种不同而又有联系的角度来议论“气韵生动”，自然就有了超出于一般的深刻度和可信度。对“气韵生动”谢赫原本意义的推究，刘海粟的阐释开掘，还在于立体化、多层面，他说：“同一是气韵生动，有其不同的风格；简单言之，可分为三，一种是‘泼辣的力量’，一种是‘连绵的情致’。所谓‘颇得壮气’、‘神气’、‘气力’、‘遒举’，都是属于前者；所谓‘飘然’、‘连绵’、‘风趣’，都是属于后者。也有兼着二者的，如‘体韵遒举，风采飘然’。谢赫称道最多的是前者，而称道最力的，是兼有二者的。我来作一比喻，前者可拟为汉高祖歌‘大风起兮云飞扬’，后者可拟为汉武帝歌‘是耶非耶’，兼有二者的可拟为项羽歌‘虞兮虞兮奈若何’；古来一切艺术，都不能逃出这三种风格。而伟大的正是前者，深刻的正是兼着二者。谢赫的眼光果是如此，我们可以低首惊服的了。”③

对于“气韵生动”，刘海粟从整体意义上的神韵、生命、生动、生气、情韵等入手，深入一步如庖丁解牛、辨证察脉，找出“气韵生动”见诸画面的三种主要形态，解析有理有据，不啻是提供给画家和评论家的创作信条。继之，刘海粟还驳斥了有些外国人（如布朗、安德森之流）认为六法传自印度的谬说，并从六法产生的社会背景加以印证。在南北朝时代，明显表现为文学艺术上的自觉时代，既有刘勰

① 上海人民美术出版社 1987 年版《刘海粟艺术文选·中国绘画上的六法论》。

② 上海人民美术出版社 1987 年版《刘海粟艺术文选·中国绘画上的六法论》。

③ 上海人民美术出版社 1987 年版《刘海粟艺术文选·中国绘画上的六法论》。

的《文心雕龙》，又有钟嵘的《诗品》等等，故《古画品录》的问世，“六法”的提出，实系时代呼唤的产物。刘海粟认为，“谢赫以后，一直到近世，凡绘画的创作与批评，虽解释往往不同，但未尝越过他的范围。所以他的六法论，对于画论上成了一个不灭的寄与。”[①]此说掷地有声，确为高见。

为了印证这一判断，刘海粟还专列章节，将谢赫以后有关“六法”的种种生发出来的理论，择其要加以罗列，并阐明自己的观点，提供给读者思考。例如，姚最的《续画品》，作者品评画家，并未脱离“六法”这一基本准则；与谢赫不同的是，品评中不像谢赫那样，“随其品第，裁成序引”，比较客观；而是“冥心用舍，幸从所好”，偏于主观，结论纯从自己情感的好恶出发，谢赫列为第一品的荀卫曹张，姚最却认为都在顾恺之之下。此外，姚最在品评中注意强调、明确时代特征的要求，却是富有新意和积极意义的。他说：“夫丹青妙极，未易言尽；虽质沿古意，而文变今情。立万象于胸怀，传千祀于毫翰。”刘海粟将谢、姚二者进行比较后，得出了他的结论：“谢赫尚注意写实，而姚最竟置之甚淡；谢赫尊重创作，姚最则尊重传统；谢赫的气韵生动，是各要素的复合，而姚最的气韵生动，模棱两可；谢赫的批评态度自外感应的，而姚最的批评态度自内发展的……”这一比较，其价值大致可以肯定，但在提法上似有绝对化的倾向，非此即彼，未必完全与实际相符。

接着姚最的《古画品》，刘氏重点介绍、比较的是唐代张彦远的《历代名画记》。特别是在“写实”与“气韵生动”的关系上，刘氏认为，张彦远讲到“今之画，纵得形似而气韵不生，以气韵求其画，则形似在其间矣”，“若气韵不周，空陈形似，笔力未遒，空善赋彩，谓非妙也”等等，内中涉及气韵、形似、笔力、赋彩等概念，并且从其表达效果看，张彦远首先要求着眼于气韵，再到形似，这与谢赫由写实达到气韵之说是并不相同的。对于“气韵生动”本意的阐发，张彦远一直重视。他评吴道玄的画说：“唯观吴道玄之迹，可谓六法俱全，万象毕尽，神人假手，穷极造化也。”“守其神，专其一，合造化之功，假吴生之笔。”这里的“神人假手”及“合造化之功”，无异在说气韵生动存于天机和自然。就本意阐发的内涵来看，与谢赫和姚最精神上是一致的。刘海粟认为“张彦远生当文人画涌现的时代，其画论之开展，处

---

① 上海人民美术出版社 1987 年版《刘海粟艺术文选·中国绘画上的六法论》。

处投合文人画，实为必然之事”[①]。

继之重点叙述的是宋郭若虚的《图画见闻志》。刘海粟认为:“综观郭若虚的六法，除笔致一端与张彦远一致而略略发展外，对于写实、构图、模仿，皆已闲却而不顾了。惟把气韵生动明晰的提高，实在是郭氏的一大特色，较诸张氏精辟进步，亦在于兹。”[②]

刘海粟从中国绘画艺术的特点以及画论中相关于“六法”的历史发展作了充分的比较和议论，并据此发表了个见，认为谢赫的六法论，以气韵生动放在首位，已成为见解不同的论画者一致公认的事实。自从宋郭若虚断言其他五法可学、气韵不可学以来，“气韵生动”一直延续至今，已然构成了画论不可动摇的中心命题，无论是画家还是批评家，都着眼于此。但必须指出的是，在运用和理解上，依然是众说纷纭的。针对这一状况，刘海粟又从四个方面继续了他的释读辨析工作。这四个方面是：关于气韵生动的地位；关于气韵生动的来源；关于气韵生动的托附和关于气韵生动的风格。他在思考这几个问题时，始终立足于历代画论和画作情况，旁征博引，对照比附，从而得出了他的倾向性明朗的结论，他说，这四个问题，“其间皆有相互之关系，譬如一方面主张气韵生动的地位与其他五法一律的，那末在其来源上必定认为可学，在其托附上必屑屑于笔墨之末，在其风格上必不满意逸品。他方面主张气韵生动的地位是超乎其他五法的，当然不当它为一单纯的手段，在其来源上亦认为不可以学力达到的，在托附上也须兼从画面之外体会；在其风格上不自知而趋于逸品的尊重。这些理论的过程中，隐附着院派画家和文人画家不同点；并明示院派的衰落和文人画长足进展的所以然”[③]。

没有艺术的敏感度和洞察力，没有他在中国画创作中的深厚积淀，没有他对中国美术史论的学习和研究，上面的论述推衍出来是困难的。这一结论性的话语，对于中国画的创作和批评，是富于挖掘和拓展意义的。

---

① 上海人民美术出版社 1987 年版《刘海粟艺术文选·中国绘画上的六法论》。

② 上海人民美术出版社 1987 年版《刘海粟艺术文选·中国绘画上的六法论》。

③ 上海人民美术出版社 1987 年版《刘海粟艺术文选·中国绘画上的六法论》。

六、《欧游随笔》的光彩

作为在20世纪上半叶，对于欧洲艺术的关注、考察，刘海粟于1929年至1931年三载旅欧、漫游各国后记录下来的所见、所闻、所感，结集推出的《欧游随笔》，是颇富于历史价值和艺术价值的光辉篇章。

刘氏的欧洲艺术考察之行，处于那样一个中国人对国外世界知之甚少，迫切需要打开国门、拓宽视野、借鉴西方以谋发展的特定时期，因此意义就非寻常的旅游可比。作为一名肩负时代责任感，“我们要发展东方固有的艺术，研究西方艺术的蕴奥”的艺术家，刘海粟在踏上欧游征程后，对于目不暇接的艺术赏鉴，对于伟大作品的释读批评，对于一切研究、访问性的艺事等等，始终热情洋溢，激赏、感悟、赞美、鼓呼！阅读《欧游随笔》，仿佛遇到了一位造诣深厚的艺术家当导游，将西欧诸多艺术家和艺术作品所建树的景点，作了鞭辟入里、舒心畅腑的介绍，令人如临其境。

作者对西方艺术考察、学习、研究、鉴赏的恋情、激情、真情、热情，处处燃烧着，流露在《欧游随笔》的字里行间。如，1929年3月16日晨8时到达巴黎后，不禁表示：“愚渴慕巴黎久，今亲履之，乃急睹卢森堡、鲁佛尔宫两美术馆，所藏宏伟繁伙，目不暇接；曩在书本研究者，今皆一一亲证如旧识。”①那种急切的心情，表达了愿望化为现实的喜悦。写他在“莫奈画院”参观的感想，似乎登入仙境，文谓：“入其室，精神一变，烦忧全消，如服清凉散，清澄惝恍，不知是何世界，真不复思人间世矣！”在欣赏莫奈的作品《朝暾》时更是如痴如醉。文云：“金色之阳面与钴蓝之阴影，色彩温柔而调和，愚每坐卧于莫奈画院，沉湎于《睡莲》之中。”又说：“莫奈之新发见，给予艺术上之贡献，不仅为新创之手法，打破传统之约束，抑亦为一意外之惊喜，在美的领域内辟新境界，莫奈于幻变不息之自然中，用其热情克制一切困难与烦闷。画莲也，清流丛林，咸为其纯洁性灵之外溢。”

我们再来看看刘海粟迈步西斯廷殿堂的感受吧：“我梦想了十年的为欧洲唯一的艺术之宫的、外观似甚平凡的西斯廷殿堂，我已经大踱步地走进了。一进到内部，那种

刘海粟《欧游随笔》封面

① 此段及以下引文，均见湖南人民出版社1983年版《欧游随笔》。

以證驗平日所學為入手，以博求旁見新知為標的，村山宗[illegible]

文震檢着，乃自釐訂研究之順序為三階段：

1. 九世紀以後迄於當代

2. 意大利及其他各地之文藝復興時代

3. 十七十八世紀之時代

此順序之釐訂，原以現代藝術為中心，更進追溯近代藝術之淵源與流湍，而思博進對於現代之認識，蓋現代為我人所生之時代，以自身之體驗，而默察上下周圍，庶幾所得之理解，不致蹈空而履虛也。以現代之認識而求現代之所以生成，則不能不追溯往昔，然所謂往昔者，浩焉無涯，尤不能不設為限界，故以為近代從源之文藝復興為出發矣，而稽其流湍所及，銜接至十九世紀產生為止。此其所持為研究之途程者如此。

依順序之決定，海粟抵歐即滯留於為現代藝術中心之法京，歷觀博物館，展覽，私家蒐藏之九世紀作品，反覆玩味，則感著通所稱古典派為九世紀首頁之歷史者，於鄙意猶有未愜。蓋古典派作家雖端靜典雅異於洛可可 Rococo 之靡侈濃膩，而拘謹墨守之處，仍未能肩負擘開新時代之重任也。肩負擘開新時代之重任者則當推浪漫派。於是海粟在第一階段上之研究，以浪漫派為起點。俯仰周旋，蓋以海粟來歐之次年，適逢法國浪漫主義首領百年紀念，得縱觀大師特拉克羅亞 Delacroix 之全部製作，以及手稿隨筆，其浪漫主義之奔放情熱，題材之由宗教而文學而社會的各方面，無一處不為有時代先驅之意義。沿此以往，

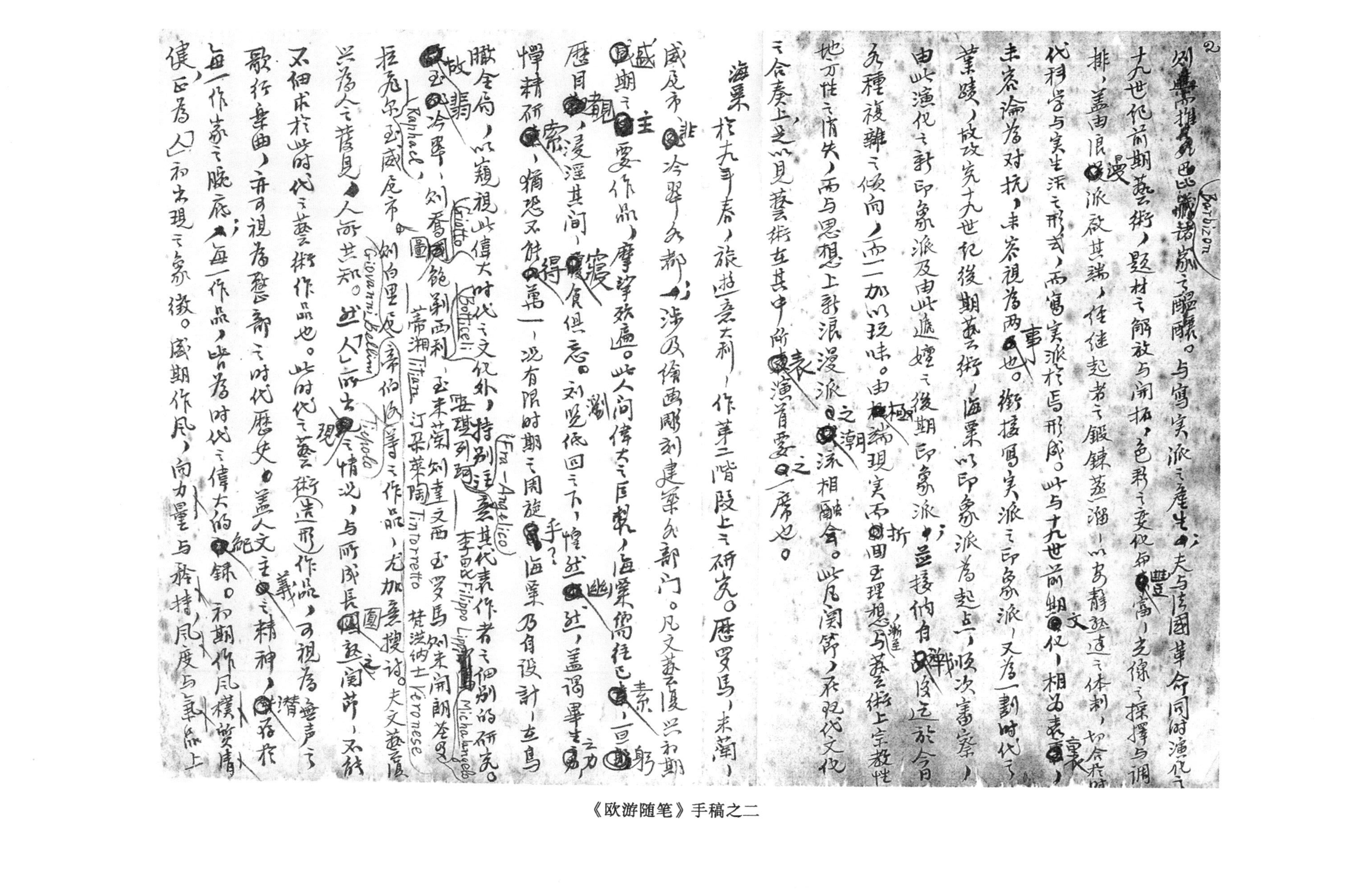

《欧游随笔》手稿之二

壮丽伟大，即直逼上来，顷刻间令人起了非常的神经激变，我想走进天堂未必像走进西斯廷那样的欢乐，走进地狱也未必像走进西斯廷那样的震撼。”内中提到的“激变”、“欢乐”、“震撼”，非心灵、情绪的极度兴奋异常，不足以表达这样的精神状态。当刘氏绕着殿堂四周回旋纵览米开朗琪罗空前绝后的伟大巨制《最后的审判》后，激动地认定：“那伟大、那奇诡，无论是谁、无论是怎样善于描写的文艺批评家，没有一种适当的确切的言词将它伟大力量透彻说明。那想象的丰富、表现的活力，实非人间所有”。并说“我最敬爱米开朗琪罗。他是宇宙间的怪物，他是历史上的奇迹。我看了他的作品，似乎已吸收了他的精英，似乎已深入到他的心坎；我感到了他的痛苦，我和他一同呜咽；我似乎和他合而为一了”。作品的作者与激赏的读者，灵魂相交融，情感相共鸣，这是多么可贵可赞的艺术化变啊！为此，刘氏还表示“我默祷愿终我一身永久沉酣于这样深邃秀雅的境界”！伟大艺术的伟大影响力，也由此可见一斑！

到罗马的第五天，即 1930 年 6 月 6 日，于“波尔盖世画廊”在下面二间大厅看了许多古物，旋又看了勃尼尼的杰作《达维》、《阿博洛与达芬》等著名雕刻作品，这些杰作的体态神韵使他深感艺术之高妙。当刘氏和同行者迈步上楼，抱着极大的愿望看那绝世的绘画时，写出了这样的心境：“我们一进威尼斯派的陈列室，我不禁如逢情人般的高兴。”映入眼帘，欣赏的作品首先是代表性画家提香的《三美人》和《天上之爱，世间之爱》，后者被刘海粟认为是“提香神品中的神品！说句过分的话，它美妙的节奏就够打倒所有希腊的雕像”。在另外两室还看了天才拉斐尔画的《基督下葬》，以及乔托的画，贝里尼兄弟的画，波提切利的画，还有芬奇的素描等，总之赏鉴一直处于亢奋状态。唯其如此，在三年欧游考察、研究的收获才可能十分丰厚，并产生了积极的影响。一方面，《欧游随笔》中的艺事见闻记录，使当年在国内从事艺术创作和爱好者们，增加了很多对西方艺术发展状况的真实了解，活跃了创作思维，提高了鉴赏水平，促进了国内的艺术创作和研究；另一方面，作为上海美专校长的刘海粟，在国内的艺术教育中，如何打破狭隘的保守的艺术观念，汲取国外艺术的营养，放眼世界发展我国的艺术（包括油画、国画、雕塑等专业领域），无疑带来了很有价值的参照。诚如 1933 年 10 月 23 日章衣萍在《欧游随笔》序言中所说：“刘海粟先生，他是以学术为生命，以研究学术为毕生事业的一人。他的三十年来的生命，全花在研究绘画的艺术上。我最近读了他的《欧游随笔》，觉得他的对于欧洲艺术界的锐利的观察，伟大作品的批评与解释，近代与古代的艺术家的访问与凭吊，叙述精详，是不可多得的考察艺术的创作。在中国，像这样详细介绍欧洲艺术的作品，是前所未有的。我们盼望印行出来以后，能给中国艺术界很大的影响。在 1929 年至 1931 年的匆匆三年中，海粟先生给我们的这件礼物是太丰富了。”

“这件礼物”不仅给国内的艺术界以很大的影响，而且对于刘海粟自己，也极大地拓宽了他的艺术视野，为他此后形成的个性鲜明的油画创作奠定了坚实的基础，为他的中国画创作找到了生动的参照和对比。

始终追求真善美、以学术为生命、以研究学术为毕生事业的刘海粟，对西欧艺术的考察、研究，情感上是如饥似渴、竭尽全力去采撷博取，而在具体实施上，却又是理性的，计划较为严密的。刘氏鉴于在校时校务缠身，未能迈步国外，对西画的研习，只能源于画册图谱。故在这次欧游前，他就拟定了研究考察的次序（“以证验平日所学为入手，以博求发见新知为标的”），分为三个阶段进行：

第一阶段：19 世纪后一直达于当代；

第二阶段：意大利及其他各地文艺复兴时代；

第三阶段：17、18 世纪二个时代。

关于第一阶段。刘海粟到达巴黎后，参观博物馆、庙堂以及私家收藏藏品，重点是考察 19 世纪的作品。他认为，说古典派开启了 19 世纪美术首页的历史并不妥当，而认定“肩负肇开新时代之重任者，则当推浪漫派”。浪漫派兴起于 19 世纪初叶资产阶级民主革命时期。它摆脱了当时学院派和古典主义的羁绊，而张扬艺术家的想象和创造。创作题材取自现实生活、中世纪传说和文学名著，进步性明显。主要画家有籍里柯、德拉克洛瓦等。他们的作品色彩热烈、笔触洗脱，具有运动感。刘氏的研究，以浪漫派为起点，上下求索。凑巧的是，到欧洲的第二年，适逢法国浪漫主义百年纪念，得以饱览德拉克洛瓦的全部作品，以及手稿随笔。深感浪漫派创作题材的广泛性以及艺术语言的奔放热情，确有时代先驱意义。刘氏用这样的表述来评价了浪漫派：“题材之解放与开拓，色彩之变化与丰富，光线之采择与调排，盖由浪漫派启其端。”而同时，他又毫无疏虞地研讨了“写实派”的产生和特点，“夫与法国革命同时演化之 19 世纪前期艺术”，“以安静熟达之体制，切合于时代科学与现实生活之形式，而写实派于焉形成。此与19世纪前期文化，相为表里，未容论为对抗，未容视为两事也”。指出写实派诞生的合理性和必然性。代表画家有库尔贝、杜米埃、卢梭、米勒等人。对于19世纪后期的艺术考察，刘海粟是以印象派为起点的。印象派的产生，使欧洲绘画出现了发挥光色原理、真实反映自然界瞬间印象、强化色彩表现力的新方法，是绘画技法的一大革新。代表画家有莫奈、毕沙罗、西斯莱、雷诺阿等。顺序审察，接着印象派之后有新印象派、后期印象派、野兽派等及至种种现代艺术流派，刘氏在一一加以研究玩味后，升华了自己的认识，梳理了线索，明确了看法：“由极端现实而折回至理想，渐至与艺术上宗教性、地方性之消失，而与思想上新浪漫派之潮流相融会。此凡关节，在现代文化之合奏上，足以见艺术在其中所表演首要之一席也。”

关于第二阶段。时间在1930年春天，地点在意大利，足迹遍及罗马、米兰、威尼斯、佛罗伦萨几个主要都市，艺术涉及绘画、雕刻、建筑等门类，重点着落在文艺复兴初期和盛期的主要作品。这许多向往已久的巨制，一旦亲见，刘海粟兴奋不已，“浸淫其间，寝食俱忘”。但鉴于面广量大，而时间有限，如何来研究、探索？颇费思量。刘氏决定，先作鸟瞰式的全局浏览，感受这一伟大时代的文化艺术氛围，再对代表性的作者、作品作个案性的研究。他到佛罗伦萨，研究乔托、波提切利的作品；到米兰，重点在达·芬奇；到罗马，则研究米开朗琪罗、安吉利科、李毗、拉斐尔；到威尼斯，主要研究贝里尼、提香、丁托列托、梵洪纳士、帝伯洛等人的作品，等等。经过选择对具有典型意义的个案研讨后，刘海粟对于文艺复兴的艺术得出了以下看法：“夫文艺复兴为人之发见，人所共知。然‘人’所出现之情况，不能不细求于此时代之艺术作品也。此时代之艺术(造形)作品，可视为无声之歌行乐曲，亦可视为整部之时代历史。盖人文主义之精神，潜存于每一作家之腕底；每一作品，皆为时代之伟大的纪录。初期作风朴质清健，正为‘人’初出现之象征。盛期作风，向力量与矜持风度与气品上展开，正为‘人’至成长与圆熟之象征。此海粟历将各家作品对比探求，以为人文主义发展形态，亦不出乎上述之结论。”作为欧洲文艺复兴时期代表新兴资产阶段文化主要思潮的“人文主义”，强调以人为“主体”和中心，要求尊重人的本质、人的利益、人的需要、人的多种创造和发展的可能性。刘氏通过对文艺复兴时期大师们艺术作品的研究，明确揭示“人文主义之精神，潜存于每一作家之腕底；每一作品，皆为时代之伟大的记录”，这样的认识是深刻的，也是符合辩证唯物主义认识论的科学见解。刘海粟对文艺复兴时期艺术作品的研究，已经超出只注意画面内容和艺术样式的一般描述和诠释，而是穷根究底，进入到思想层面、精神内核了，并因此具有了对创作有启示、指导性的理论价值。

关于第三阶段。在第二阶段围绕“文艺复兴”命题研究告一段落后，进入17、18世纪相关艺术的研究。他首先立足于意大利巴洛克艺术的来源探求。意含“不圆的珠”、“荒谬的思想”的“巴洛克”，系18世纪末新古典主义理论家开始用来嘲笑17世纪意大利的艺术、文学风格的话语，认为其背离了生活及古典传统。作为17世纪意大利的一种艺术风格，影响及于欧洲和拉丁美洲各国。它在艺术精神和手法上，与盛期文艺复兴的那种严肃、含蓄、平衡，有着明显的不同。突破“古典”，附丽了“浪漫主义”气息。

刘氏在意大利考察后，复回法国巴黎，寻求西班牙、佛兰特、荷兰各国巴洛克艺术的流布。并选定卡拉瓦乔、兰尼、卡拉齐、格列柯、委拉斯开兹、鲁本斯、伦勃朗等大家的作品作为研究的对象。随着研究的深入和拓宽，于1930年秋天，驱步比利时，研究佛兰特派之绘画，“上而追溯哥特时代发见油画之王哀克，下而及于巴洛克时代之鲁本斯、王迪克，以及后期作家之制作”，由此看到，18世纪艺术风气的转移变化，是有特定的历史背景决定的。近代各国，往往都有体现中心文化的区域，都有自身的宗教生活的型式，也因此，特殊的艺术风格便形成了。

1930年冬季，刘海粟再返法国巴黎，将重点投放在自巴洛克至洛可可、又自洛可可至古典派发展推移的研究。选择具有代表性的画家普桑、华托、布歇、大卫、戈雅等作为研究分析的对象。关于这一特定阶段的研究，刘氏是放在对文艺复兴时代和19世纪以来美术状况考察之后进行的。通过分段考察、整体梳理之后，刘海粟得到的收获是，“于源委之寻绎，进路之展望，皆了如指掌矣”。并具体认为，“综17、18两世纪由富丽宽裕的形式而入于靡侈浓腻，乃时代生活之平直而细分发展之反映；趣味之归向，集中于宫廷，证诸历史，益形明显”。刘氏的考察研究，显然是从具体的案例出发，深入接触画家、作品，继而得出结论的，在思想方法上是唯物的、也是辩证的。

经过上述三个阶段的研究，刘海粟犹感有憾，因有些重要的地方画家尚未触及。于是在1931年春天，他又驱步德国，观览文艺复兴大师丢勒的作品，以及18世纪佛兰特、荷兰画家存留在德国的作品。返回巴黎后，刘氏便将二年半研究、考察的笔记、图谱加以整理，用随笔形式，表达了自己的心得、认识，这些心得、认识，将理论寓于作品的形象感受中，既生动又具有感染力。现择要作若干介绍。

写对"巴黎圣母院"雕刻艺术的观感，作了如下表述；"此类怪异之生动雕刻，并非由一时之妄念，或以游戏性质所发明之新奇花样而生者，实由时代背景而产生。盖创造者极感其时人生之痛楚，为畏惧冥冥中之刑罚，人类避地此有形之世界，不能久耐，踌躇与彷徨，于是投身于创造工作，若辈思于上帝身上招寻一切，然亦非捏造偶像所可表演。而浩荡伟大者，厥惟苦难之人类，一切恐惧，一切悲哀，以及一切穷困之姿态表现之，巴黎圣母院之怪异雕刻，无数妖孽与禽兽队中亦因而诞生矣。吾人以本院之雕刻即可回顾到中世为如何世界，此亦耐人寻味者也。"寥寥数语，指出了巴黎圣母院中的著名怪异雕刻的情状及其产生的缘由。

观赏写实派大师库尔贝的作品，认为"雄浑奇伟，朴实严肃，近代画人，无其匹矣"。其杰构《石工》，"描写奥南路旁作工之劳动者二人，清脆爽利如石雕。库尔贝每日见若辈不断之工作，即引起构此画之动机，其容貌其体格及动作，皆有深刻之表示，实为暗示劳动问题之代表作。库尔贝以现代人生之实事，表现其惨痛之精神生活者也"。"又一曰《泉》，……单一之裸体女子，衬以深郁之绿荫，别无华美之修饰，于形则生动，于色则调和，且简朴，且伟大。于此，可知库尔贝对于学院派玫瑰色的肉体之反抗，一切浮华虚饰之美为库尔贝所黜斥者也。凡触诸身者往往足以动其心，而于人生之苦闷，乃别得其真味焉"。刘海粟对库尔贝的绘画艺术评价是，"以朴素之技能，表现社会最深之情绪。在艺术上，给吾人莫大之教训；此种新艺术生命，亦即新人道之生命也。呜呼！库尔贝实为近代最大之艺人，乃亦指引群众之导师也。呜呼！"这里的评价是有感于心而生发的，同时也反映了刘海粟艺术为群众的思想倾向。

参观1929年法国春季沙龙，感慨颇深。刘氏认为，雕刻艺术大大胜过绘画作品。"其最佳之作，当推朗特司基之女神。全部直立，双目下视，首略俯，表白深思之状，衣绉均垂直线，庄静高洁，仪态万方。石座高二丈石像矗立其上，更见伟大神秘，极能动人，此可谓朗氏制作之特质。"

(朗氏即为孙中山先生造像之雕刻师)。而春季沙龙之绘画作品,每况愈下,“不成熟之风景画,极幼稚之静物画、人像画,骈列填凑,触目皆是,头为之晕。盖法国官立沙龙,自 1874 年以来,至今衰退已极。有新创之作家,固耻与其列,守旧之先辈,亦脱离他去,不问其事,故今之画人多轻视之”。揭露法国春季沙龙之状况,一针见血,直击要害,给人以鲜明的印象和教益。

在游历多变的瑞士莱梦湖时,深感正因为有如此清奇的境域,才可能产生那些丰富和美满的作品;并进一步体会到气候、境域、风俗与美术诞生的关系。他由此联想到鲁本斯,认为“他的艺术虽然无师承,无后继,但是我们到现在的比利时去看那地域、风光、气候,以及从那时遗留下来的教堂,我们就晓得鲁本斯和他一群相仿的作家诞生那些伟作的原因;他们都喜欢画鲜花似的健美的皮肤,强烈的颤动的生命的活跃,在兴奋的生物的面上所焕发的鲜艳,女性的娇容,写实的又是粗野的人物,活泼放纵无拘束的动作,华丽绚烂的布帛,锦绣辉煌的反光,曲襟尽致的衣绉,这些艺术品的产生也是融合一致的,是一个整体中来的,这便是与他们所处的社会协调一致而产生的。我们要了解艺术家的口味与天才,他的所以爱好某种对象,某种色彩,表现某种感情的原因;一定要在他所处的时代、环境以及当时一般思想中去找……。有威尼斯那样的碧波天光,才会诞生提香、梵洪纳士那样丰富的色彩;有巴陂丛的原野和森林,才会产生米勒那样沉着朴素的诗画,和柯罗那样缥逸出尘的奇作;有伦敦泰晤士河朦胧的苦雾,才有透纳那种幻景;有巴黎塞纳河那样的多变,才有西斯莱那种发现。高更流浪在泰赫地岛而后发现浓烈的装饰的返原的画面;德拉克洛瓦丰饶的浪漫的热情,也是到摩洛哥去带来的”。刘氏对于这批欧洲艺术大师产生缘由的认识和分析,言简意赅;对照存在决定意识这一辩证唯物主义的哲理,显然是契合的。也正如丹纳在《艺术哲学》一书中所指出的道理:“要了解一件艺术品,一个艺术家,一群艺术家,必须正确的设想他们所属的时代的精神和风俗概况。这是艺术品最后的解释,也是决定一切的基本原因。”①

在评雕塑大师罗丹作品时,刘氏说:“他爱用强有力的神经质的肌肉表现于雕刻的动作中,似乎是一道‘力’与‘思想’的灵光,辉耀震烁于全宇宙。”这一艺术判断生动、

---

① 人民文学出版社 1983 年版《艺术哲学》第 7 页。

形象而发人遐想，准确而富于意趣。

关于“野兽派”，刘氏认为，“在 1906 年前后，因马蒂斯、布拉克、凡童根、弗拉芒克、杜飞、傅力士等的刺激，产生了野兽主义。这是对学院派的陈腐以及印象派、新印象派甚至后期印象派所起的以规律为本的反动”。“野兽群”的画家是要设法把塞尚、修拉、雷诺阿的教训实施到画面上去。主张有一个构造的时代，将印象主义者的技术变为一种美术，使其基础建立于印象主义的传统的新古典主义之外的一种特新而特富的探求之上。“野兽群倾向于形体的新精神化，专心创造建筑风的结构，训练着节约着一切方法，而认这种方法，可以把绘画从它的原先的感觉性而截然地变为快感性的了。至其所走的道路，乃是藉着这构造的兴味与线条的分离，色彩的团块的意态而来的变形与再造形。……野兽主义者之对于自然，弃其外形，而接受其精神；他们不摄影，却组织成一种由情绪引起的景色；他们不模仿自然的外形，却能奥妙地拨动世界的无穷的大谐和。”从这里可以很明显地看到刘海粟对野兽派艺术的盛赞、推崇之情。野兽主义彻底告别斤斤计较于外形的表达理念和方式，而是捕捉一种精神，一种能“奥妙地拨动世界”的精神，把忠实于形的绘画的“感觉性”，转化为植根于精神的“快感性”。在“野兽派”画家的作品中，不以准确的形体描绘为终极目标，而是在“形体的新精神”化的过程中，在“变形再造形”的张扬构造、组织色彩团块、实施线条分离的情感运作中，将绘画作品推向一个凸显精神性的表现领域和境界。这与刘海粟艺术“生命表白”说，有着内涵上的惊人一致；或者说这样的绘画更快捷、更纯粹地实现了“生命表白”。

当刘海粟将视线移向特朗时，作了如下主要的表述：“特朗的绘画，在现代欧洲的艺坛是有非常的权威和魅力。……如说马蒂斯创造了一种以装饰家完成画家的画幅的风格，则特朗实为从装饰的缠绕中解放出来的第一人。……他一生探求自然的秘义，努力画那深奥的真相。莫奈的画风景，里面只看见蒙着日光的花草，特朗画风景便是那自然自身的根本表白。他的画静物，第一印象是结构坚实的感情。我们对着他的果实、瓦钵、一片破布，都不但是种描写，却像那建筑房屋一样正确的、科学的组织起来——那里只是物质的美。他想藉着‘面’的对比的配合而在画面上显出立体之感来。……特朗为恢复绘画中已经丧失了的客观性，把纯粹的绘画的传统再行接合起来。

这种传统是逐渐被装饰的奇幻所消灭殆尽的。”“在现代欧洲艺坛的大人物，能够来传塞尚的真义，而开出新的出发点，做艺术史上正系的祖师的，大概就是特朗罢。”这番述评，使特朗及其艺术轮廓准确地出现在我们眼前。

关于马蒂斯，他说：“马蒂斯的艺术，是有光辉的、无破绽的完全的艺术，这也是现今欧罗巴人所一起称赏的。……因为他那画面都有他的不可模拟的特性，他的作品里投射着他更深一层的生命和个性。换言之，我们在观赏他的画的时候，就像见到他本身的投影。……他的作品中的一切都是形的机能，美学的实质，没有悲剧或喜剧般的记录，没有温柔或严肃的表情，毫无何种表情的露泄。纯艺术的想象之用于实际，再没有较他更为彻底了。”由对马蒂斯艺术的观赏、体味、思考，刘氏在当年生发出自己对艺术的理解和看法：“艺术作品的表白，是人类发扬生的奋进的表现，以内部精神的必然所发生的生物学的现象。我更觉得现代创造者的特点是用作品的传达以肯定各人的个性，所以心理学夺取了‘概念主义’的地位，着重于由个人心中所觉醒的情绪。这样的画无论其所用的方法如何，总比为宗教、故事的画题或摹仿自然外表而作的画要高超万倍。它超越即时性与偶然性，而以永恒的绝对性，即人类的情绪为基础。我不承认所谓绘画有其特别的法则，与那种可笑而狭隘的原则。我现在更信任我以前的主张，反对法则，以自觉去透入艺术品，以情感去吟味。我所说的‘绝对的永恒’，并不是当作我们所表现的世界的方式、种类、数目，而是情绪的奔放。”在这段话语中，他强调了“奋进”、“个性”、“情绪”、“情感”、“永恒”，这也往往是感人的艺术作品所具有的显著特征。在创作中，他反对皈依机械的法则，要求“以直觉去透入艺术品，以情感去吟味”，这样才有可能使作品摈除矫情、做作，而洋溢着活泼泼的生机。

关于赞颂“秋季沙龙”的伟大，时在1929年，这是刘海粟深入参观后的真切感悟。当时的代表人物为马蒂斯、特朗、凡童根、弗拉芒克、篷那、拉丕拉特、马尔盖、盖朗、欧司班牙、克司林、迦孟、佛利士、阿斯朗、梵洛登等人。他认为，“这辈人都是20世纪艺坛的急先锋，他们各自放射自己的光辉”；“参透了人生的真谛的这辈大师，洞察自然，而触到自然运行的奥秘，瞩视宇宙，而在方寸中创造自己的天地。他们肩负了人类的最卓越最崇高的使命，创造真理，解释人生和宇宙。这样的人们集中于秋季沙龙，所以秋季沙龙就成了现代欧洲艺术的总纽了，从中现出艺术的

1983年元月，刘海粟及其夫人夏伊乔接见本书作者丁涛（于南京西康路省委招待所）谈《欧游随笔》

伟大来，大概并不是偶然的事。而且这法国的秋季沙龙其实已经成为世界的秋季沙龙了，在它那跃动的灵感的空气中，是可以使伟大的人物不断地产生出来的”。

秋季沙龙始于 1906 年被人们称为“野兽群”的画家们。“从简陋的地窖里开始秋季沙龙，从此隔年在大宫开会一回。……屡次展览着伟大新创的作品，遂隐然成为从法国的艺术思潮，扩大而转动着世界的艺术思潮这规模了。”刘海粟认为，这是生活的转变，带动思想上的转变，引起艺术上的转变。他说“现代的、真的、有深味的艺术，必定是向着‘动的’、‘活的’那里进行，由创造的方面建立一种人生”。

对于部分具体作品，刘氏作了直观性的描述，兹摘一二。如，凡童根《某夫人肖像》，“可以说，现代欧洲的巴黎的特殊精神都在凡童根的画面上表现无遗。欧洲的生气，巴黎的淫欲，和现代欧人的神秘，是从那轻盈的眼风里、媚艳的妖态里，仿佛渗透人世的欢爱和人世的罪恶了”。

如马尔盖的三幅风景画，刘说：“马尔盖是巴黎有名的调子单纯的风景画家。他的画风是非常特异的，只用淡雅的色彩，表现深远的景色，情味极为生动，真是一种特异的技巧。”

关于蓬那的画，“在他的画面上所有的色彩可以说是由自然所起的欢乐的节奏。他作品的价值在蕴蓄着‘空间的感情’。……他画的人体与肖像不仅用黄色与白色，他将青、蓝、黄、红、紫无秩序地杂用上去，以感觉的集合而成为非常美丽而有味的肉色，他是从印象派到现代新兴艺术的桥梁。他不属于任何画派，而自行开辟出一条大道，在新兴艺术史上，他是与马蒂斯并驾齐驱的前锋。”刘氏参观作品后随笔记录的心得，已不止于对形象直观感受，而往往升华到理论层面，作出由此及彼的理论评价和判断。很显然，对于他自己和不少从事创作的画家，是不失启发和引领意义的。

《欧游随笔》中的种种内容，无疑是刘海粟艺术生涯中进修、学习、吸收西方艺术精华，拓展艺术创作视野的富于实效的重要收获。“百闻不如一见”，而“一见”又“一见”，又必须依靠勤于思考比较、研究精神专一才可能在理论层面上建树新的平台，构筑攀登的阶梯！习惯于在不断较量自己中推进完善自身艺术的刘海粟，藉助《欧游随笔》，在艺海中高扬风帆，而挺进于光辉的彼岸，在那特定的时段曾使人们耳目一新；即使在今天再读，依然不失独具的历史价值和学理价值。

第三篇　档案集锦

第六章 海粟论艺

一、美术杂志发刊词①

仓皇戎马，扰攘尘寰，时亦日亟矣！欲从容而侈言学术，士大夫多难之。矧专门学术，绝响人群，世多嗤为不急之务，而欲以一二人之管见发摅展扬，岂不难之又难？虽然，天下事莫之为前，虽美勿彰，若人人存一畏难之心，故步自封，此学术终无显明光之一日。昔拿破仑有言："英雄之字典无难字。"可知世界事业无不由难而易。本杂志之刊，即从难字入手。明知萌芽时代，选材不易精当；草创伊始，编制不能完备，遽欲贡献于社会，未有不为大雅所哂者。然不佞以沧海之粟，效测海之蠡，素挟一不畏难之思想，用敢本平日与同志析疑问难之所得，集思而广益之，经数月之搜求，拉杂成编。所愿本杂志发刊后，四方宏博，悉本此志，抒为崇论，有以表彰图画之效用，使全国士风咸能以高尚之学术发扬国光，增进世界种种文明事业，与欧西各国竞进颉颃。俾美术前途隆隆炎炎兮，如旭日之光；蓬蓬勃勃兮，如阳春之景。则日月一出，爝火当然不明，斯时不佞终庸赞一词矣。

二、致江苏省教育会提倡美术意见书②

会长先生赐鉴。径陈者：窃维今之时代，一美术发达之时代也。西方各国之物质文明，所以能照耀寰区而凌驾亚东者，无非以美术发其轫而肇其端。盖美术一端，小之关系于寻常日用，大之关系于工商实业；且显之为怡悦人之耳目，隐之为陶淑人之性情；推其极也，于政治、风俗、道德，莫不有绝大之影响。

---

① 原载1918年11月25日《美术》杂志第1期。

② 同上。

吾国美术发达虽早，而数千年来学士大夫崇尚精神之美术，而于实质之美术缺焉不讲，驯至思想日陋，百业窳敝，社会国家胥蒙其害。而起视世界各国，美术日臻发达。虽一艺之微，靡不勾心斗角，月异日新。推其原因，无非由于研究之深、提倡之力，故其学术日精，而施用之方亦日见完备。今返观吾国，则拘泥如故、弇陋如故，若非亟求改进，恐数千年之文化，数百兆之华胄，将随此世界美术潮流而澌灭。虽近今学校亦设有图画、手工各料，美术观念已渐见萌芽，但就见闻所及，学校中视图画等科，率多视为随意科目，教者自教，学者自学，甚有教非所学，学非所用，而于美术之功效亦属几微。若非切实讲求，断不足引进社会审美的观念而收宏大之效果。虽或谓美术为导奢之源，吾国风俗夙尚纯朴，安用此美术为？殊不知一学术之成立，率由于人之需要，凡不切合于用者，均不得谓之学术。美术一端，用之不得其当固为导奢之源，用之得当实为启人类文明之利器。且凡百事业，莫非以美的观念有以构成之。若谓美术不宜提倡，则世界事业无不可废。吾人处此美术竞争之世界，岂可不自开求实效，以争生存耶！

美术之为类，既繁且广；美术之为学，亦至深且博。海粟习于画，画之外，他非所知。但即以画学而论，亦有毕生莫究，穷年莫殚。推之其他美术，亦何独不然。今不言提倡美术则已，如言提倡美术，则必归宿于教育。而教育尤必归宿于实用，如何种学校应授何种之美术及其程度，何种美术为适合于实用。

本会为研究教育机关。比年以来，于各项研究会均次第组织成立。迩又以提倡职业教育为揭橥，而美术之于职业，尤有莫大之关系，自非集多人之研究不为功。海粟妄习涂鸦，学惭窥豹，平日于研究教育之余，于学问方面既有坐井观天之憾，于教授方面又有闭门造车之嫌，忝为会员分子，用敢以一得之愚，草具意见，并拟具简章，缮陈钧右，是否有当，请提交干事会核议公决。专肃布陈，惟希鉴察。

三、上海美专十年回顾①

创立时代

民国元年的冬天，乌君始光在毗陵与海粟计议创立美

① 原载1922年7月20日《中日美术》第1卷第3号，并载1922年9月17日—22日《时事新报・学灯》。

术院于海上。其时社会上对于艺术颇非薄之，一般人开口闭口都是国计民生，所谓雕虫小技，简直不值得齿及。在那时代，要在中国的社会上树立起美术学校的旗帜，实在是件极不容易的事。我们凭着良心和兴味，抱着“知其不可为而为之”的态度，振作着坚强不屈的精神做去。所以在元年的十一月，我们就本校的态度树起鲜明的旗帜，创立上海图画美术院。当时我曾有宣言，说我们创立上海图画美术院有三个信条：第一，我们要发展东方固有的艺术，研究西方艺术的蕴奥；第二，我们要在极残酷无情、干燥枯寂的社会里尽宣传艺术的责任，因为我们相信艺术能够救济现在中国民众的烦苦，能够惊觉一般人的睡梦；第三，我们原没有什么学问，我们却自信有这样研究和宣传的诚心。当《宣言》在新闻报纸上发布后，社会上一般人有嘲笑的、有谩骂的，说图画也有学堂了，岂不可笑。大都当时人目光短浅，重实用而轻思想，好像人生的目的就在物质的享乐，艺术是与人生没有直接关系的供人玩赏的东西，没有谋富贵的可能，不值得研究。所以一说到提倡美术，就群起反对。美术院创立数年，无时不在颠沛困难中，冷静寂寥，如与世隔，外界的同情和助力渺无所得，有如逆水行舟，艰苦奋力前进。但我们总是自己决定自己的主意，自己觉得很有信心和兴会，以为世上作非常之事，应遇非常之困难，非竭尽一生之力，决不能达到目的。先难后获，理所当然。当此创立时代，每年来学者至多十五六人，少只三四人，可谓冷清之极。但我们虽然聚集了仅三四人

上海美术专门学校男生宿舍
（海天阁）

康有为应刘海粟请，题写“存天阁”三字

十余人，感情却异常亲密，精神异常振奋。这些人都是极纯洁而有真正艺术趣味之好青年，大家本着全副精神去寻思、去逼拶，真有不容片刻偷闲之概。人家看了这些人，父兄看了这些子弟，都觉得莫名其妙，只好说一句“别有怀抱”罢了。民国初年，一般青年总想发财做官，对政法学校无不趋之若鹜。那几个青年居然会来研究美术，我们不能不佩服他们那坚强的毅力和高尚的志趣。这也可说是美术学校创立时下的一颗好种子，我们美专将来的发扬光大，也许靠着这些纯洁的种子。

不息的变动

上海美专是私立的专门学校，所以一切主张只要内容通得过，认为妥善，便可实行，没有什么阻碍和牵制，所以各部分内容可说没有一期不变动、不改进的。因为学校的教学本来是活的，是要依着时代的发展而改进的，决不可以依着死章程去办事，美术学校的性质，更与其他学校的情形不同。况且美专之在中国，要依什么章程也无从依起，处处要自己依着实际情形实事求是去做，因此就时时发生变动。在这十年之中，可说没有一学期不在改进和建设之中。因此外面的舆论，就说我们是一种“变”的办学。在这种不息的变动之中，也许能产生一种不息研究的精神，我以为在时代思想上，当然应该要刻刻追到前面去才好。至于美专所有变动的情形，我虽然无法说得很具体，但在以下各段叙述里也可以看出来的。

创始使用人体模特儿

研究绘画最要紧的东西就是人体，这是稍有艺术知识的人都晓得的。但是研究艺术为什么要画人体？现在一般人的心里，确仍有迷惑，不十分明了。我想将美术学校雇用人体模特儿的经过说出来，就不得不先把我们为什么犯着众怒、不怕牺牲一切地去做。是不是我们看见洋人画的画多裸体人物，所以我们要画洋画也就是要多画些裸体？是不是因为各国的美术学校里都有人体的练习，所以我们学校里也要有个人体模型来练习？我可断言不是的，绝不是的。我们敢在这样尊崇礼教的中国，衣冠禽兽装做道德家的社会里，拼着命去做这一件甘冒不韪的事，实在因为与我们美术学校的前途关系太大。所以我们既然有了自己的认识，就当然根据自己的信条去做，任何社会上的反对，也就不在意中了。我们要画活人体模特儿的意义，在于能表白一个活泼泼的“生”字，表现自然界其他万物，也都是表的“生”，却没有人体这样丰富完美的“生”。因为人体的微妙的曲线能完全表白出一种顺从“生”的法则，变化得极其顺畅，没有丝毫不自然的地方；人体上的颜色也能完全表白出一种不息的流动，变化得极其活泼，没有一些障碍。人体有这种生的顺畅和不息的流动，所以就有很高的美的意义和美的真价值。因为美的原理，简单说来，便是顺着生的法则。我们学校里一定要练习人体，也就不单是要使学生从复杂的形体上去练习准确的观察和表现力，以便容易去描绘一切物象，还要启发他们去感受具有无限扩张性和普遍性的生。但是在现今我国社会里，想要一个人赤条条地站在教室中间，供几十个人注视描写，一时间当然是办不到的。所以我们在民国四年三月时，就先雇了一个15岁的孩子来做模特儿。这是中国美术学校使用人体模特儿的第一次，是一件创举。此后几经挫折和艰辛，继而使用成年男人体，到1920年美专又开始雇女子模特儿，这里不一一细说了。

废除考试和记分法

学校是教人发展才能的机构。美术是表现情感抒发个性的法宝。所以不论哪种学校里，都要注意学生才能的发展，这才是教育的目的，才可以发现教育上的效果。因为人类的才能不一致，他所发展的方面当然也不能一致，而才能发展中的所谓智能，那就更不一致了。这种不一致，就是人本来有差异，是智能的种类不同，不能说是智能的等级。比如学画的几个人，甲的个性是刚强的，乙的个性是柔顺的，丙性欢喜强烈的色调，丁性欢喜冷静的色调，那么他们在画面上所表现的、鉴定的对象，当然也就不同，我们也不能拿我们的主观来比较他们的高低。甚至其他一切方面，不论研究哪种学问，无论谁都不能肯定哪个高哪个低。所以学校里只有使学生发展其才能的能力，只有使学生得到怎样求学的方法，没有使哪个学生学问高、哪个学生学问低的权力，也没有使哪个学生能得到多少学问的权力。倘如专依靠教师的主观来判断学生成绩的高低等级，酝酿学生的虚荣心，其结果就使学生受到环境上的影响，他的才能也受到戕贼，甚至使他盲目地养成依赖心和他律性。这种教育不是好的教育，这种学校不是好的学校。

特别是研究艺术，研究的人首先要有自己的心得兴会，不求一时之名，并且终生以之，才能成功，所以美术学校里，第一要使学生培养自己的情感，极力向高洁纯挚方面升华。不以己蔽人，不以人蔽己，养成学生优美的自然情感，使他们直接用技巧把自然的秘奥、把转眼即逝的情感表现出来。这才不辱艺术的价值，才是研究艺术的态度。

我们认为美专的各种考试和记分法很妨碍上面的两层道理，所以我们就于 1920 年 5 月将美专的各项考试和记分法完全废止。美专只要能达到美专的目的，一切制度和办法都应以学生不受束缚，能研究真理为原则。只求他们的研究方法在学术上是否精密，什么教育部的规定、学制上的变更，我们都是不管的。应该让学生自己抒发自己的感情，不要有师承模仿的习气。从废止考试和记分制度到如今一年有余，觉得并没有什么流弊发现，至于什么好处，我们也说不出来。我觉得自废止考试以后，学生们有一种态度，就是他们的艺术是他们自己的艺术，所以能够自己去努力奋发，自己去探求，自己觉得有兴味，这也总算不背我们上面所说。不过自从废止考试和记分之后，也有种代替的方法，很严密的考查学生的成绩——成绩考查法，载现在的学则里。

男女同学的历程

男女同学是美专最近一年的事，我分三个时期来写：

一、插收女生时期。美专男女同学的种子，在 1919

年的春季已经种下去了。美专自1916年以来，常常接到各处来信，要求开放女禁。他们的理由，大都以艺术为文化之源，在中国非特无女子美术专门学校，即男子美术学校，亦异常缺少，美专之在中国既占美术教育之中心，急需开放女禁，以惠女界，并有世界潮流的趋势，思想的变迁多系于艺术等语。我们也十分赞同他们的议论。只是私立学校心有余而力不足，因经费校舍种种问题，就将此事延搁了。到了1919年春季，又有丁素贞、史述、陈慧纕、庞静娴诸女士——毕业神州女学图画专修科——因感自己学识不足，苦无相当学校以资深造，遂屡次联名致书美专要求插班，并由诸女士来校谈话陈述志愿。5月12日遂在教务会议提议下列问题：1. 先收插班女生，限定名额；2. 须经严格的入学考查；3. 秋季招考即行宣布；4. 由学校办理膳宿。以上四条经多数表决通过。这就是美专插收女生之始，亦即男女同班呱呱坠地之时。秋季开学，考取之插班生共11人，为丁素贞、庞静娴、陈慧纕、史述、荣玉立、尤韵泉、蒙佩环、张淑诚、张世玄、刘慕慈、韩端慈。

二、分办女学时期。美术学校与其他学校之性质不同。现时国内已成立的只有北京与上海两所。自美专发布插班女生消息后，各处驰函来问的就更多了。但程度不同，势难一致招收；另为开班，又限于校舍设备。这时适徐朗西君有协助美专之计划，遂由本校告以情形，劝办女子美术学校。不一月其议成。徐君对所有事均按本校规划，于1920年开校舍于林阴路神州法专旧址，开始招收新生一班，所有教授及设备一如男校。这次分办女学，有许多人不大满意，以为美专既已插收女生，何不全部开放，忽而分立女学？分办之后，主持者亦觉得没有什么意义，徒多耗去一组经费。经过几次精详谨慎的讨论，决定今年开始全部开放，不另设女学。将女学校址改为第二校，含高等师范科。

三、男女同学时期。由于美专男女同学激起两性的竞争。许多男学生，因成绩不如女同学，就在羞愧的同时发奋用功；许多女同学也不愿甘居人后，因而格外奋发。从外面的举止上看，也因着男女同学，在举动、言语、态度方面格外谨慎坚忍。还有一种特异的现象，就是平时一二比较轻浮一点的学生，自从男女同学之后，处处都自己检束起来，这实是受了女同学的感化，也许是男女同学带来的变换气质的益处。这种情况女同学也有。比如，我国过去对女子多提倡病态美，每显出弱不胜衣的样子。本校野外实习一项，常常要徒步行路，少则一二里，多则五六里，柔弱女子就经不起这种劳苦。但现在就大大不然，一般女学生最初试行野外实习时，无不叫苦连天，但无敢中辍者。她们以为男生就是靠了这样的跋涉方有这样的野外成绩，就不得不去奋斗努力，相习既久，也就不觉其苦。这种生活慢慢地增进了女生们的健康。至于学生行为方面，自男女同学以来，并无消极行为发生，在教室中因学问上的接触都极为自然，绝无越轨的行为。

暑期学校的发展

本校暑期学校在1915年已经办过一次，当时叫暑期补习科。到1920年才正式开办暑期学校，各处来学者30余人，分两组教学，一组为色彩画，一组为单色画。其理论方面有画学、艺术教育、色彩学等。两组学员均可共同听讲。教者除本校专任教师外，另请由日本归国之汪亚尘、周勤豪、俞寄凡、周畊云四君担任。以汪君、两位周君都在日本东京美术学校研究西洋画，故请三君教西洋画；俞君来自东京高师图画手工科，故请俞君教艺术教育。此次来学者多各处中小学校担任艺术课的老师。1921年继续办第二届暑期学校，将要发表之前，有专科师范校长吴君梦非数次来校谋与本校合办暑期学校，我们因吴君同以发展艺术为主旨，遂允吴君之请。所以第二次暑期学校是本校与专科师范合办。编制分绘画、音乐两组。绘画分木炭画、水彩画、铅笔画三类；音乐分乐理、声乐、器乐三类。理论学科分画学、色彩学、透视学、艺术教育原理数种。教师大半是本校专任教师。来学者120余人，半为各省学校艺术教员，半为爱好艺术者。教学六星期。1922年据本校新章，办暑期学校。发布宗旨三项：一、为增进本校卒业生学业，设第一部容本校卒业生；二、为充实一般学校艺术教师教课能力，设第二部容学校教师；三、为使爱好学美术者得遂所欲，设第三部容纳业余爱好美术者。宗旨既有三种，所以学程也分三部。第一部学程为西洋画练习，分水彩、木炭、油画；理论学科有美学、美术史两种。第二部学程分两组：甲组为西洋画练习，分铅笔画、油画、木炭画石膏模型及木炭画、油画人体；理论学科有艺术教育论、美学、美术史、色彩学、解剖学。乙组为音乐，分乐理、声乐、器乐；理论学科有艺术教育论和美学。第三部学程为西洋画练习，与第二部甲组同；理论学科有色彩学、解剖学、透视学。教师28人，吴新吾、李毅士系北京美术学校教授，受聘来沪任教者；此外均为本校专任教师。两部来学者二百数十人,多数为各省教育厅劝学所保送者。教学六星期。美专暑期学校之历史虽短,现况实为可喜,学生进步之速尤足使人惊异,其直接间接影响于艺术教育者甚大,此后之发展,实属无限。

不管什么暑期学校、函授学校,只要是与我们旨趣相同,志愿学习,我们总要挺身去干,决不偷懒。尽可能满足他们的要求。

学制改革的历程

美专创立的时候,原无可据亦无可借鉴者,且因限于私人经济,亦无从宏大其规模,科目门类既未完全,设备亦极简单。所设者只绘画科选科与正科各一班,科目偏重实技,对于艺术原理毫无讲述,毕业期为一年,是传习所性质。1914 年 3 月添设夜科,专习单色画。1916 年 1 月绘画科正科修业期限改为二年,选科分设八种由学者选学之;6 月改绘画科为西洋画科,定修业期限为三年,学实技外并重各种原理,添设透视学、美学、美术史,废选科。1918 年,鉴于各处学校艺术教师之缺乏,设技术师范科,实技手工、图画并重,并注意各种原理。1920 年重定西洋画科、国画科、雕塑科、工艺图案科、高等师范科、普通师范科;普通师范科修业期定为一年半,其余各科学程均为三年。1921 年行新学制,改西洋画科、雕塑科为四年,其他各科均为三年。1922 年分各科为三部:第一部目的有二,一以造就纯正美术专门人才,培养及表现个人高尚品德;一以养成工艺美术人才,改良工业,增进一般人美术趣味和水平,所以设国画科、西洋画科、雕塑科、工艺图案科。第二部目的为造就实施美术教育人才,直接培养国人高尚品德,所以设师范部、小学部;师范部又分设高等师范科、普通师范科。第三部目的为谋普及美术,设函授学校(由以前附设的函授部扩充)、暑期学校、日曜日半日学校。

四、石涛与后期印象派①

诸君见吾此题,能不以为怪乎?吾知诸君且必以为不类也。石涛明楚藩后,清初画家推为第一。清湘老人、青湘陈人、大涤子、苦瓜和尚、瞎尊者,皆其别号。后期印象派乃近今欧西画坛振动一时之新画派也。狭义的是指塞

---

① 原载 1923 年 8 月 25 日《时事新报·学灯》,又载 1936 年 10 月 7 日《国画月刊》第 10 期。

尚、凡·高、高更三人之画法；广义的便指印象派以后之一切画派。与三百年前中国之石涛，真所谓风马牛不相及也。然而石涛之画与其根本思想，与后期印象派如出一辙。现今欧人之所谓新艺术、新思想者，吾国三百年前早有其人濬发之矣。吾国有此非常之艺术而不自知，反孜孜于欧西艺人之某大家也某主义也，而致其五体投地之诚，不亦怪乎！欧人所崇拜之塞尚诸人，被奉为一时之豪俊、濬发时代思潮之伟人而致其崇拜之诚，而吾国所生塞尚之先辈，反能任其湮没乎？余久思为文述之，屡为事阻，今先抽述其一节以证之，并将加以考证译为欧文，而质诸欧之艺人。望我同道，勿徒骛于欧艺之新思想，弃我素有之艺术思想而茫然也。须知现代欧人之所谓新艺术、新思潮，在吾国湮埋已久矣。一方面固当研究欧艺之新变迁；一方面益当努力发掘吾国艺苑固有宝藏。吾今先论后期印象派之要素，而证以石涛之所主张。所言当否，则未敢自必。

后期印象派之为画，悉本其主观情感而行。画题则择作者内心确有感受之真实，画象则作能表现此真实之形式，故其所画，至有惟作家能自解者，故原无定法之可言也。然而通观后期印象派诸家之作品，其根本思想之能窥测者，亦自有其原则焉。今试将其原则分述之：

（一）后期印象派之画，为表现的而非再现者也。再现者，如实再现客观而排斥主观之谓，此属写实主义，缺乏创造之精神。表现者，融主观人格、个性于客观，非写实主义也，乃如鸟飞鱼跃，一任天才驰骋。凡观赏艺术，必用美的观照态度，不以艺术品为现实物象，而但感其为一种人格、个性的表现，始契证于美。故艺术之能使人入于此种境界而不自觉者，即以表现之故。因有表现，作者之个性、人格乃能有别，其所感受各各对境相洽，而后远离现实之机械模写焉。盖物象之美不仅在物象本身，而在作者美的观照时发生，亦即表现自然物象有美的意义者，即因其为美的观照所产生之故。抑有进者，一切自然物象必于吾人观照中脱离现实欲望和理智的分析，自然不过供艺术素材之无尽矿藏而已。表现，非仅由现实中任取一美的对象与生命相结合已也，其间能相结合之关系正多，故又必须加以选择取舍而后得其最适宜者。此种取舍选择，可别名之为“美的否定”；由一部之否定而它部之意义更高，美的强度与价值亦更增；此种否定，同时亦可名为“美的肯定”。绘画为自然之模仿，为再现之艺术，此常人之言也。盖以其必借景色之再现，始得由观者之经验会得描绘之内容，

刘海粟作中国画《墨葡萄》(1980 年)

故皆以为画象之于自然，以保持其“真实性”。殊不知完全合于真实，使艺术品与现实等同，则艺术美亦必不能成立也。重表现之画，虽取材于自然，实所以表白作者之性格、感情者也，直使观者见其为性情之具象，所谓非“摹形”而“造形”也。夫然，则绘画之形色，皆不必仅求与自然相肖。毕肖自然之画，真如原色写真照片和留声机唱片之枯燥无味，成机械而不成为艺术矣。总之后期印象派画家乃纯为表现者也，若以传习之成法相律，则徒见其画象之支离灭裂矣。

(二) 后期印象派之画，为综合的而非分析者也。画用分析，则愈趋复杂，而愈近于现实；用综合，则愈趋概括，而愈近于单纯。故重表现之画，自必重综合；重综合，则当用省略。省略之法，依样直观，惟存对象主要之点，余则一概舍弃，此美的选择与取舍，亦即上述美的否定与肯定也，一般艺术批评家名之曰“单纯化”。在徒事模写之画家，皆被物象表现复杂之外观所蔽惑，则不能单纯化矣。

（三）有生命之艺术创作，期其永久而非一时也。艺术之以一时好尚为其根本者，在当时虽然为新奇可喜，及乎后世，必更有据其时一般思想而立之艺术起而代之。艺术史上起灭相续与时俱迁者，皆所谓一时之艺术也。若能达艺术之本原，新艺术之真美，而不以一时好尚相间，不局限于一定系统之传承，无一定技巧之匠饰，超然脱然，著象于千百年之前，待解于千百年之后，而后方为永久之艺术也。艺术之本原、艺术之真美维何？创造是也。创造不受客观束缚，更不徒事模仿。

夫观石涛之画，悉本其主观情感而行也，其画皆表现而非再现，纯为其个性、人格之表现也。其画亦综合而非分析也，纯由观念而趋单纯化，绝不为物象复杂之外观所窒。至其画笔之超然脱然，既无一定系统之传承，又无一定技巧之匠饰，故实不以当时之好尚相间杂，更说不到客观束缚，真永久之艺术也。观石涛之《画语录》，在三百年前，其思想与今世所谓后期印象派、表现派者竟完全契合，而陈义之高且过之。呜呼，真可谓人杰也！其画论，与现代之所库存新艺术思想相证发，亦有过之而无不及。今姑举其数条为证。

石涛根本排斥仿古观念与技巧主义，一扫历来画人盲从之弊。其言曰：

> 至人无法。非无法也，无法而法，乃为至法。……动则曰某家皴点可以立脚，非似某家山水不能传久，某家清澹可以立品，非似某家工巧只足娱人，是我为某家役，非某家为我用也。纵逼似某家，亦食某家残羹耳，于我何有哉？（《画语录·变化章第三》）

石涛主我，锋芒峻露，摹仿依傍，彼所最恶者也。石涛者诚近代艺术开派之宗师也。石涛主张表现自我感情，不承认仿模自然表面，根本反对徒作现实的再现。其言曰：

> 画于山则灵之，画于水则动之，画于林则生之，画于人则逸之。得笔墨之会，解絪缊之分，作辟混沌乎。传诸古今，自成一家，是皆智得之也。不可雕凿，不可板腐，不可沉泥，不可牵连，不可脱节，不可无理。在于墨海中立定精神，笔锋下决出生活，尺幅上换去毛骨，混沌里放出光明。纵使笔不笔，墨不墨，画不画，

自有我在。(《画语录·絪缊章第七》)

或曰绘谱画训,章章发明;用笔用墨,处处精细。自古以来,从未有山海之形势,驾诸空言,托之同好。想大涤子性分太高,世外立法,不屑从浅近处下手耶?异哉斯言也!受之于远,得之最近;识之于近,役之于远。一画者,字画下手之浅近夫或也;变画者,用笔用墨之浅近法度也;山海者,一丘一壑之浅近张本也;形势者,鞹皴之浅近纲领也。苟徒知方隅之识,则有方隅之张本。比如方隅中有山焉,有峰焉,斯人也,得之一山,始终图之;得之一峰,始终不变。是山也,是峰也,转使脱瓿雕凿于斯人之手,可乎?不可乎?(《画语录·运腕章第六》)

又曰:

测山川之形势,度地土之广远,审峰嶂之疏密,识云烟之蒙昧,正踞千里,睥睨万重,统归于天之权地之衡也。天有是权,能变山川之精灵;地有是衡,能运山川之气脉;我有是一画,能贯山川之形神。此予五十年前未脱胎于山川也,亦非糟粕其山川而使山川自私也,山川使予代山川而言也。山川脱胎于予也,予脱胎于山川也。搜尽奇峰打草稿也。山川与予神遇而迹化也,所以终归之于大涤也。(《画语录·山川章第八》)

此诸论者,较之塞尚、马蒂斯以及其他印象派以后诸杰,无不过之。此可惊异之创论,在现代美学学说上应占特殊之地位。

石涛之表现法,多用综合,依据直觉。其言曰:

夫一画含万物于中。画受墨,墨受笔,笔受腕,腕受心。如天之造生,地之造成,此其所以受也。(《画语录·尊受章第四》)

太古无法,太朴不散。太朴一散而法立矣。法于何立?立于一画。一画者,众有之本,万象之根;见用于神,藏用于人。而世人不知,所以一画之法,乃自我立。立一画之法者,盖以无法生有法,以有法贯众法也。夫画者,从于心者也。山川人物之秀错,鸟兽草木之性情,池榭楼台之矩度,未能深入其理,曲尽其态,终未得一画之洪规也。行远登高,悉起肤寸。此一画收尽鸿濛之外,即亿万万笔墨,未有不始于此而终于此,惟听人之握取之耳。……动之以旋,润之以

> 转，居之以旷。出如截，入如揭。能圆能方，能直能曲，能上能下。左右均齐，凸凹突兀，断截横斜，如水之就深，如火之炎上，自然而不容毫发强也。……信手一挥，山川、人物、鸟兽、草木、池榭、楼台，取形用势，写生揣意，运情摹景，显露隐含，人不见其画之成，画不违其心之用。盖自太朴散而一画之法立矣。（《画语录·一画章第一》）

此种论调，纯向“单纯化”前进，但并非从理智上企图“单纯化”。其所以能“单纯化”之故，是热衷自我感受及个性表现之结果，以求内部生命之展开，而发见其极灿烂之光明。

石涛之创造精神，非他人所能及。观其作品及画论，超脱不凡，不泥古，不涉俗，笔锋锐利，随感情所至。诚造象于一时，待解于千古也。其有一画跋曰：

> 古人写树叶苔色，有淡墨浓墨，成分字、个字、介字、品字、厶字，以至攒三聚五，梧叶、松叶、柏叶、柳叶等垂头、斜头诸叶，而形容树木、山色，风神态度。吾则不然，点有风雪雨晴四时得宜点，有反正阴阳衬贴点，有夹水夹墨一气混杂点，有含苞藻丝璎络连牵点，有空空阔阔干燥没味点，有有笔无墨飞白如烟点，有焦似漆邋遢透明点。更有两点，未肯向学人道破。有没天没地当头劈面点，有千岩万壑明净无一点。噫，法无定相，气概成章耳！

此等精神，此等气概，确能冲决一切罗网，而戛戛独造焉！

石涛的艺术，以直觉求知，同时更有表现之实践，将生活与艺术融成一片，所以除去艺术，更无从测其如何生活。从平常人之眼光看来，颇觉不近情理。但最能明明白白表示一种正当的人生，除开了此辈画杰，又复有谁？

能探求物象内面之意义，将自己之情感韵律表现出来，才是艺术家。要是仅仅描写自然之表面，即有极巧之技术仍属画工也。后期印象派之画家确是艺术家！可称为后期印象派不祧之祖的石涛，尤其是大艺术家！

或曰：“君其尊石涛与后期印象派至矣。尔所画者，莫非即其法乎？尔之主义，莫非即石涛与后期印象派之主义乎？”余曰：不，不。吾画非学人，且无法，至吾之主义，则为艺术上之冲决罗网主义。吾将鼓吾勇气，以冲决古今中外艺术上之一切罗网，冲决虚荣之罗网，冲决物质役使之罗网，冲决各种主义之罗网，冲决各种派别之罗网，冲决新旧之罗网。将一切罗网冲决焉，吾始有吾之所有也。

五、论艺术上之主义——近代绘画发展之现象①

“时代思潮”，“时代思潮”这句话，是我们到处都听到的，现在几乎成了大家的口头禅了！所谓时代思潮，都是由某时某地的有心人，对于那时那地的现象或环境，有所不慊，想出某种救济的方法，应时势继续运动而成；愈运动而愈扩大，久之则成为一种权威，这就是“主义”的源起。近代绘画上各种“主义”的起始，也是这样的。大都是有才能的作家，到了某时代，受了某种影响，表示某种不满意，就拿自己的才能创起一个世界出来，对于那不满意的现状作理想的救济。比如浪漫主义之起，乃因不满意古典主义之故；自然主义与写实主义之起，都因为要矫正古典与浪漫二派之弊；马奈因不慊于学院主义和自然主义，别辟途径而成印象主义；塞尚因为印象主义之太重视于客观，持“实在即自我”之见解，而创后期印象主义。故艺术上之主义，大都是有才能的作家，从适应时势的新思潮里产生出来的一种新的主张。这种主张，最初作家自己也不知道，只是他的那么一个倾向，渐渐传播广了，后来人家图简便，就用几个字来代表这种新的主张，就叫它做某某主义。我们明白了主义之所以为主义，就不致再空谈主义了！

近年来吾国渐渐受着西洋美术输入的影响，艺术思潮渐呈活跃之象。不过一般肤浅的人，常常有种不彻底的倾向而空谈新旧主义，这实在是很危险的。我将已经发见的险象，在这里分三层说：

一、不了解某种主义，而自认为某种主义的信徒，或同时高唱反某种主义。

二、空谈好听的新鲜主义，而不知好听的新鲜主义究竟是什么东西。

三、拿主义做口头禅，利用某种主义来欺人。

第一种是迷于主义；第二种是盲于主义；第三种是假于主义。迷于主义，必使其人执一，不虚心；盲于主义，必使其人迷离，不明白；假于主义，必使其人欺饰，不忠实。犯了这三种毒，其人艺术生命就牺牲了！所以不论谁都会

① 《刘海粟艺术文选》，上海人民美术出版社 1987 年版第 74—77 页。

高谈主义。对于愚者固不足惜；对于有思想的人则牺牲了，那幼稚艺术界的元气真经不住这样斫伤啊！这不是现在中国艺术界的危险吗？倘若一任这样执一的、欺饰的、迷离的妄谈主义，则中国艺术，非特无向上之希望，恐将愈陷溺而不拔矣！故不得不大呼以救正之。

现在我们虽然反对盲从主义，但必须有研究主义之精神，必须彻底知道主义之所以为主义。不论哪种主义，都要虚心研究，放胆批评，决不可漫然相信；应该常常用内省的功夫，体认出一个“真我”，那么，我自有我的主义生起来了！否则，粗涉其途，未有不为主义所蔽。在四年前我曾说过：“研究艺术，是万不可束缚于方法和主义，总要本着自己的能力和认识，去求个新的方面才好。然而这个新的方面，也是从不知不觉中开拓出来的，他的成功，也是自然而来，并不是造作没有用的；勉强学成，也只好算是盲心、盲目的派别。”（《日本新美术的新印象·二科会》）又说：“就主义论，我们先要懂得不论什么东西，都不能说哪个绝对是新，哪个绝对是旧。譬如我们现在研究一派什么新画法，但在欧洲或者已经成为陈旧的东西。欧洲的美术界也不能够说那里纯是一片光明，全无缺陷，许多有思想的画家也在那里研究中国的绘画，来考究东方艺术的究竟；所以也不能说我国以前的画都算旧了。汤之《盘铭》曰：‘苟日新，日日新，又日新。’人的思想当然是应该日日进趋的，所以艺术这东西也就跟着日新一日了；今日以为是新的，明日就旧了。那么我们就应该知道绘画固然不应该拿吴（道子）、李（思训）、荆（浩）、关（仝）或江左‘四王’的流派当做金科玉律，也不应该把拉斐尔、委拉斯开兹当作神圣不可侵犯。所以研究只管研究，盲从却不可盲从。只要认出这个‘真实’、‘自然’，就一切都束缚不上。”（《日本新美术的新印象·帝展琐记》）

这些议论，虽然凡庸，不过我一方面始终是极力反对盲从主义，而另一方面又主张彻底研究主义的！现在我国的艺术界，还在浑沌过渡时代，大家研究的根柢本来甚浅；稍有价值的主义或派别到了面前，对我们都会发生魅力，不知不觉就被它束缚起来了。我们要想把各人的天赋良能发挥到十分圆满，必如明镜照物，先弄明白近代艺术上各种主义之渊源及其精神，把它穷原竟委地想索一番，自己有了真知灼见，才能不会先入为主地来束缚自己，才能自觉自动的进行创造。我意欲致力于此者久矣，一因穷于时间，一因窘于学力，以致因循数年未能成文。现在时势所逼，草率地写了几千字，略述近代艺术上各种主义之原委及其要点，疏略和不透彻在所难免，还望大家指正。

近代艺术的渊源，不论各种主义与派别，苟一一穷其源，实无不发创于文艺复兴期的美术……

我们上面说，各派有各派之价值，其原大都是天才作家对于其时艺术所生反动而起。然印象主义以前之所谓反动，乃小动而非大动，由大动而剧变艺术上之趋向者，当为印象主义以后。故吾拟编写中之《近代艺术发展之现象及其趋向》一书，即从艺术思潮之大动上分做三编，而以印象主义为分水：其一，写印象主义以前；其二，写印象主义；其三，则写印象主义以后。至于现代艺术上之一切新运动，都可以说是本着“反印象主义”的精神发生起来的。最初对于印象主义反动的，却发生在同种主义的画家塞尚、凡·高、高更，这三人从三方面开辟了绘画的新境界后，欧洲艺坛就如焰火怒放，不可遏抑。各依着极端的理论而发展，便有立体派和表现派。表现派是接着后期印象主义之后的倾向，更偏重于作者主观感情的追求和表现；立体主义则要将艺术建立在纯理的、分析的、哲学的上面。此是二派不同之点也。他们相同的一点，则为表现物体的实体，而排斥物体的表面观念。至未来派则可取其革新的精神，而不必拘泥其言语也。总而言之，从文艺复兴到现代艺术，是借印象主义为桥梁，后期印象主义是过桥后开辟的新途径。但是这种艺术思潮在距今三百年前，已有人在东方大声疾呼者，则吾国之艺杰石涛、八大是也！

艺术思潮之变迁，皆依时代递嬗；艺术主义之兴起，亦皆是势所必然，非有所矫作也。然则余常闻今人大声高唱：“学画当从古典主义或写实主义入手，否则根柢不能稳固。”此言是不知时代为何物也，倘言必从古典派学到未来派，此乃盲迷主义者之所言，何足道哉！

故吾大呼研究主义而不可盲从主义，是皆欲圆满吾人自有之主义也。吾人自有之主义是什么？就是吾人之天赋良能，尽量发挥而已！要做到研究主义而不盲从主义：第一步，先将那主义之真相和精神了解明确；第二步，彻底批评其是非得失。然如今日之冬烘，有盲目迷信中国画而大骂西洋新派画者，对于新派画之所以为新派画全未了解，而枉加批评，甚可笑也！今日之乳臭，有迷信于西洋画而反对中国画者，旧画之精神何在尚莫明其妙，而滥施攻击，亦甚浅薄可怜也！

(1923年10月15日)

六、图画应该怎样教学[①]

图画教学只有目的理想而没有手段方法，则目的无由达，理想也无从实现。图画的教与学，其手段方法，第一要尊重个性，因为人的性格各有不同，万不能强使划一。各人的容貌、体格等身体状态既不完全相同，认识、感情、意志、行为、情绪等精神状态，也因人而异，此等精神上所表现的特征，就是现在所说的个性。从前教图画，多以教师范本为本位，对于学生个性束缚过甚。久而久之，便养成了一种他律性和依赖性，又以急于取得目前描写的效果，而陷于浅薄的方法主义，将个人的本能剥夺殆尽。使本来充满兴趣的图画，由于不适当的教学方法，反叫人变做一副机器。现在教图画的人，固然应该尊重大家的个性，学的人，也应该知道要表白自己的个性。譬如个性刚的人，他看了苍劲的老干、巍峨的峻岭、浩荡的奔涛、崇宏幽邃的宫殿，他就禁不住地要表白；个性柔的人，他看了优美的花草、明媚的春光、清澄的倒影、玲珑的亭台，他也禁不住地要描写。两个个性不同的人，就是拿同一的对象去作画，两人所表现的也是有粗有细，有强有弱，不能划一的。倘若强制他们划一了，就是抑压他们个性的发展，剥夺他们艺术上的生命。所以图画教学时最要注意个性的发展。

第二，必须注意创造力。创造力是人类的本能。潜伏的时候是潜识，出现的时候是思想，突发的就是灵感。图画是潜识、思想、灵感外现的一种。所以有人说，教育的动力就是人类的创造性。图画的表现，也是自我感觉的表现。譬如儿童在七八岁的时候，就欢喜随意涂抹，就是拿他自己所看见、所欢喜的表露出来。他最初描写二三根线的东西，纯是他有意味的创造，绝不受任何束缚牵制的。即使一点一划，也都是他创造力的表现。有时由教师给范本叫他照描，外形上即使成功一种绘画形式，但是他所描写的线，却都是无意味的因袭，没有自己的生命，他自己也觉得无趣味。久而久之，他的创造力便失去了。至于成人的图画，更是凭着各人“视觉能力”去表现的，纯为自我的创造，应该谋求发展这种创造力。因为这种能力，便是支配艺术世界的能力。泰戈尔说：“艺术就像生命的本身，靠着它自己的冲动而生发的。”也是说明艺术乃由于创造的

---

① 原载 1924 年 2 月 17 日《艺术》周刊第 39 期。

冲动而形成的意思。所以教图画、学图画都要注意这个创造力的表白。做些摹仿的呆板工作，是决不能达到图画教育的目的。

七、艺术与人格①

要打破一切物质的罗网、机械的罗网、传统的罗网、习俗势力的罗网，从黑沉沉的世界里解放出来，表现自我的生命。艺术就是我们自我生命的表现！是我们人格的表现！

有生命的人，才配谈人格。生命就是美，就是人格。故物象必待赋予精神或生命的象征时，才能成为艺术。申言之，我们所谓美固在物象，但是物象之所以为美，不仅仅在它的自体，而在艺术家所表出之生命，也就是艺术家人格外现的价值。

艺术家在物象中表现的生命就是艺术，就是艺术家所表现的美的思想感情。所以说有生命才有艺术，所以说真艺术就是全人格的表现！就有美的价值！法国大艺人罗丹说得好："灵魂啊！情感啊！思想啊！都可以从我们的态度里、相貌里表现之。"又说："不论生物或无生物，就是行空之云影也能包含艺术家伟大之生命。"无生命的艺术品，虽构成泰山、黄河大规模之图形，也看不见它的美的存在。

人格的价值，通常说也就是"善"。这个"善"的内容与"美"的内容，本来是不相离的，因为它们都是表现自我的生命！有的人说："艺术必具有劝善惩恶的内容，才是美。"其实这只能说它是除去善之阻梗的一种手段，它的价值属于道德功利的价值，不是美的价值。因为并不是表现善心或善行的才可算艺术的美。不要混淆艺术之价值与人格之价值，趋媚流俗地描写浅薄善行，并不是真正的艺术，因为它没有表现自我的生命。比如画家见人提倡"孝""义"，而描写孟宗哭竹、王祥卧冰、关羽挂金封印的故事，纯以功利为计，而忘却艺术家自我生命的表现，这种艺术不是真正的艺术。

不要说艺术观照的人格，是生命的象征；就是伦理观照的人格，它的价值，也不能现于他人，而要观于自身之生命。衣冠禽兽的道德家、哄骗敲诈的大善士，决没有人格；

① 原载1924年10月26日《艺术》周刊第75期。

而以骷髅为酒盂的拜伦和热恋蓓德丽倩的但丁，才有伟大的人格。因为前者是无生命的、假的；后者是自我生命的表现，是真的！

八、民众的艺术化[①]

美术、美术运动、美术展览之鹄的，乃欲使人得悟其生命并回复于人生及人道上之信仰。

人类为功利主义所苦，黑白不分，是非不明，沉梦酣睡，醒觉无时。少数艺人擅艺术之特权，民众与艺术遮迣，能不窒息以死乎？吾人欲普及艺术举行展览会，俾民众领略艺术之趣味，使人人的生活艺术化，而悟其所以生之意义也。

所谓人人生活艺术化，非期人人为画家、音乐家、诗人，而在于望人人得培养其艺术之感受力。盖艺术之创作与赏鉴，皆超功利，实有能使人悟其生命之意义，忘其四肢形骸，激发其全意识、全人格之力也。要之，即使人人都入于人生根本之途而为善也！进而言之：艺术家非仅指画家、音乐家、诗人而言；人而具有艺术感受力者，皆为艺术家。人而具人性而悟其人性者，皆艺术家。政客、官僚、军阀、豪门之所以为人唾弃而以非人视之者，因若辈皆被功利所迷也。故若辈之罪恶亦皆为功利所造成；若辈具非人性，亦功利所蔽也。

故吾将鼓吾之勇气，必使万人快乐，万人具艺术审美精神，万人努力而悟其所以生之意义。一滴一涓，能具百川之因；一人高歌，能引万人欢呼。吾期以一切之人，悉入于艺术世界之中，无阶级之见，无种族之分；各有生命，各具创造，人人领略人间之爱，而入于花雨缤纷之境，而后人人乐其生，一切罪恶皆泯灭矣，真人而神矣，人间即天上也！否则，侈言教育，教育之成就安在？提倡实业，实业之价值安在？造作知识，知识愈充，是非愈不分，巨憝大盗，皆具特殊之知识者也。故艺术运动，乃欲回复人于人生及人道上之信仰也。

诸君其以吾言为狂乎？吾力虽不胜，亦将努力为之！盖至德之泉，实由纯洁之心灵而出。不怀庆赏爵禄，不顾非誉巧拙，只知自尽其力，行吾大愿，实行民众的艺术化！

1981 年 9 月刘海粟八上黄山作画

① 原载 1925 年 4 月 5 日《艺术》周刊第 97 期。

九、人体模特儿①

本文已于1925年9月23日在上海美专公开讲演一次，由门人宋寿昌、杨枝逶录，同时由“开洛公司”以无线电传达四方。今略为芟翦，以应《时事新报》双十节征文。

1. 模特儿应运始末

一开头我敢说：今日之社会，愈是奸淫邪慝，愈是高唱敦风化俗，愈是大憝巨恶，愈是满口仁义道德。荟蔚朝阹，人心混乱，已臻于不可思议之境域矣。试一着眼，环绕

上海美专第十七届西画系的师生与人体女模特合影

① 原载《时事新报》1925年10月10日增刊。

于吾人之空气，浊而浓郁；虚伪而冥顽之习惯，阻碍一切新思想；无谓之传统主义，汩没真理，而束缚吾人高尚之活动。嘻！人心风俗之丑恶，至于此极，尚何言哉，尚何言哉！处于如此环境之下，欲高唱艺学并欲倡导艺学上之人体美、模特儿，无怪群情汹汹欲得之而甘心也。数年来之刘海粟，虽众人之诟詈备至，而一身之利害罔觉，为提倡艺学上人体模特儿也。模特儿乃艺术之灵魂，尊艺学则当倡模特儿。愚既身许艺苑，殉艺亦所弗辞，迕时滋诟，于愚何惧？

今者模特儿之訾讼纷纭，变本加厉：流氓伪模特儿以诈财；迂儒谤模特儿以辅道；官厅皇皇颁发禁止模特儿明文以示威；报馆记者冷刺热讽以模特儿为论资；画匠画贩亦能学说模特儿、人体美、曲线美以影射；甚至有因请禁模特儿而呈请执政严惩刘海粟者。群盲呶呶，亦复窥时俯仰，以赴势物之会，视模特儿为洪水猛兽。愚认为此乃提倡艺学之良机，当鼓吾勇气，诠释真谛，彰艺学以帅天下。乃于诠释模特儿之先，应将模特儿应运之经历，略述梗概，俾阅者了然焉。

溯自民国四年(1915)三月，上海美专有西洋画科三年级生一班，依学程上之规定，有人体模特儿之实习，其时未有先例。女子为模特儿，固不易咄嗟立办，即男子亦不可得。无已，雇幼童充之，童名“和尚”，年十五，窭人子，虽因佣雇而来，然疑猜不已，相习日久，无他变，渐臻安定，是为中国有人体模特儿之嚆矢。同年八月，学生久习童体模特儿，渐生怠倦，且亦未尽艺学动变之旨，乃设法雇年壮者为之。年壮模特儿较为难得。因俗习迷信，以为为人写照，能损人精神，减人气运，镇日危坐，供学生描写，其精神气运之暗耗将不可以数计，故多不敢尝试焉。后有劳工一人，羡多金，奋然投奔，相约条件：可裸半体而不裸全体，愚许之。逆料时渐成熟，可裸半体或全体当不成问题也。迨秋始业，欲令裸全体为模特儿，竟坚拒而去，意为裸全体则迹近侮辱，多金不足羡也。其时学校既因学生学业上之必需，乃悬重金，多方招致，应者络绎；然而未入画室之先，无不勇气倍增，既入画室，无不咋舌而奔。连续而至者约二十人，无不如是。学者学业，因之而废者数日。故对于最后之一人，乃不得不有严密之条件以绳之，条件维何？乃临时罚钱是也。其人至是，坚言不逃，洎进画室，忽高呼曰“情愿罚钱……”，愚等乃诘之曰：“你为何而愿罚钱？”答曰：“人众之前，要使我赤暴其体，实难如命。”愚乃更问曰：

“为何不肯裸体?”答曰:“大众之前,实在难以为情。”愚曰:“身体是人人皆有,衣服是保护身体之用,并非因你之身体不可为人见而衣。好好事不干,还要罚钱,可合情理乎?”其人为余言所动,寻思片刻,乃徐徐卸却其衣,渐露出紧张之肌肉,表白一种高音之曲线,惟其怕羞,肌肤乃透出玫瑰之色彩,作不息之流动,益使初习者惊奇,此乃壮年模特儿之创始人也。越年夏季,上海美专举行成绩展览会,有数室皆陈列人体实习成绩,群众见之,莫不惊毫疑异,虽甚迷惑,第隐忍而不敢发难。一日,某女校校长偕其夫人、小姐皆来参观,校长亦画家也。然至人体成绩陈列室,惊骇不能自持,大斥曰:“刘海粟真艺术叛徒也。亦教育界之蟊贼也,公然陈列裸画,大伤风化,必有以惩之。”翌日,即为文投之《时报》,盛其题曰《丧心病狂崇拜生殖之展览会》,其文意欲激动大众群起攻讦。又趋江苏省教育会告沈君信卿,请上书省厅下令禁止,以敦风化。《时报》与教育会皆不之应,校长怒愈甚,遏不可息,竟为世道日非,诤言不彰也。此乃模特儿问题反动之第一次。八年(1919)八月愚与友人江新、汪亚尘、王济远诸子,集近作在寰球学生会开会展览,亦陈裸体画,报纸斥为狂妄,菲薄不道。以书来责骂者不绝。最后一海关监督来观,亦以为有关风化,行文工部局请禁,工部局派碧眼儿来观,未加责言,盖已知其所以然也。此乃模特儿问题反动之第二次。九年(1920)七月,吾等乃设法雇用女模特儿,先雇一俄人为例,于是继续为模特儿者,亦不以为奇。嗣后如北京美专、上海之神州女学以及其他美术研究所等亦皆有人体模特儿实习;画家个人雇用者亦日有所闻;留日学生陈抱一、王悦之归国,皆以其夫人为模特儿。社会司空见惯,亦不以为怪,群众亦似是而非,有以人体美为流行之风尚矣。数年来对于人体模特儿似已无怀疑,展览会时时陈列裸画,亦无非之者。且也,每届美术展览会之时,群众骛趋,方谓社会爱美之观念渐深,将与欧人之艺苑、观众可并驱驾。不谓十三年(1924)十月,门人饶桂举在南昌举行绘画展览会。陈其人体习作,江西警厅勒令禁闭,桂举失措,告急于愚,并录警厅禁示,其文如左:

……奉令准江西省教育会文牍韩志贤函开,密呈者:裸体系学校诱雇穷汉苦妇,勒逼赤身露体(名为人体模特儿)供男女学生写真者,在学校方面,则忍心害理,有乖人道;在模特儿方面,则含垢忍羞,实逼处此;在社会方面,则有伤风化,较淫画等为尤甚。江苏省教育会于本年八月陈请官厅通令禁止，现拟呈请内务、教育两部通令全国悬为厉禁。不谓有上海美术专门学校西洋画科画妖刘海粟、汪亚尘、俞寄凡辈孽徒、新近毕业回赣之饶桂举号稚云者，以初出校门，默默无名，急欲献技自炫，于昨日在《正义报》论前登一广告，标名为《稚云第一届绘画展览会启事》，内称："本会定十月十日、十一日、十二日在系马桩罗家塘赣华中学开会三天，陈列油画、水彩画、素描、速写共一百余幅，每日上午九时起至下午五时止。饶桂举"等语……自此广告一出，青年学子兴致勃勃，群以一睹裸体画为快，而社会一般人富于好奇心，莫不闻而起舞。所引以为世道人心之忧者，惟少数端人正士而已。某为预防临时秩序及未来之风化起见，拟请谕令该管署派警察，如有悬挂裸体图画，应即制止。饶桂举现任《正义报》八版《艺术周刊》编辑，已在九月二十四日第二期内，载其孽师刘海粟作《创作雇用活人模特儿之经过》一文，此为鼓吹裸体画之萌芽，以后类此者或有甚于此者，必层见迭出，以教育最发达、风气最开通之江苏，尚呈请官厅禁止，而江西竟有此社会蟊贼之饶桂举，公然提倡淫风，言之痛心，若不禁止为患滋多等因。准此，仰司法科通传各区署队一体查禁，此令等因，合亟通传……

愚认为此类盲目之禁令，非桂举个人之被诬，亦非南昌一地艺术之摧残，其影响所及，于新艺术之发展，所关至大。而冥顽轻薄之辈，且将恃为口实也。爰致书当时教长黄郛、江西省长蔡成勋辟其谬妄。文曰：

> 迭接江西《正义报》编辑兼赣华中学艺术教员饶桂举、江西省立第十三中学校艺术教员刘湛霖先后来函报告：江西警察厅谬据该省省教育会文牍韩志贤捏报，禁止美术上之活人模特儿(Life Model)图画及雕刻，既未体察研究者是否提倡淫风、是否有坏风化，遽尔通饬各区署查禁，并附到本年十月十三日江西《新民报》录载警厅通令。(中略)韩志贤既未尚美术，遽尔盲目反对，捏具事实，呈报警厅，警厅不加省查。阻梗学术之进程，谤毁学者之人格，其事尚小，风声所及，腾笑世界，实为国家之耻。窃维人体美为美中之至美，乃欧西历代学者所公认。在稍稍研究美学之人，即能认识此言之价值。欧洲希腊时代即多研究人体美之著作，培养人体美之趣味。试考希腊之国家大祭典，行大祭时，云集国人之勇敢健壮者，赤体竞走，以为纯洁真实之表征。故现代所遗之希腊名雕神像，亦皆暴露筋肉之赤体。罗马遗迹，凡关宗教上之美

术，亦皆为人体，盖表征“人神贯通”，即神即人，人即神之意也。故希腊皆与人生相近。洎乎意大利文艺复兴期，绘画特别发达，皆远踵希腊雕刻形式，故名作亦皆裸体画。其时大雕刻家米开朗琪罗所作名画曰《最后之审判》一图绘五百余裸身赤足之人物，或紧张而高吼，或柔美而颤动，意为世人是非全无，虽黑暗一时，必有最后之审判，故绘上帝审判人类之善恶，而人类此时皆赤裸裸陈于上帝之前，无所蔽其恶也。同时画圣拉斐尔所绘《西斯廷圣母》，神圣天使亦皆裸体赤足，其圣洁之象征，有如无垢之天光，自空而招吾人向上者，吾人观之，绝无引动性欲之观念也。迨至十八世纪古典主义之美术大盛，画家大卫倡极端摹仿古希腊雕刻与人体美。自此以后，欧洲诸国官立私立之美术学院皆以教学生画古代雕刻及活人模特儿，为统一之课程，以基本之练习，二三百年来及于美国而遍于日本，皆畅行无碍矣。民国初元，海粟创办美术学校于上海，当时深知在此错认衣冠禽兽为道德家之社会，要雇用活人模特儿为学生研究，必多误解，必遭众骂，然以学术上之真理，未暇顾虑也。创行之始，虽经社会上一度之误解，而一经学术上之辩解，纷呶即息。民国七年，大学部创办国立北京美术学校，至今亦雇用男女模特儿多人矣。除少数囿于封建礼教陈腐观念之人加以怀疑外，未闻有人斥为淫风败道也，亦从未因此而引起不良现象也。近年来以来，吾国新文化日进，美术思潮日益泛滥，各处美术学校迭兴，美术展览会踵接，此项人体模特儿亦司空习惯，不足为奇。不谓江西省教育会文牍韩志贤，胆敢狂妄斥为淫风，更擅称江苏省教育会曾于今年八月呈请官厅通令禁止云云，尤属可笑。海粟忝为江苏省教育会职员之一，从未闻江苏省教育会有此谬举。纵江苏省教育会全体职员为不学，其知识之浅薄，亦不至于如斯。现代各国政府学者，鉴于人生之役于物质，殿屎呻吟，不可终日，故盛倡美育以为解脱。欧美诸国及日本之公私立美术学校、美术馆遍于都市，美术展览会之举行亦相踵接，即公园、博物馆，甚至议会、皇宫、墓地，亦皆以人体雕像饰其庄严纯洁。我国北京大学校长蔡元培亦极意提倡美育，人所共知。果如江西警厅禁令所言，则拉斐尔、米开朗琪罗诸人皆为导淫之贼；世界各博物馆、美术馆、美术展览会、美术学校皆为春宫淫窟，天使神圣皆为荡妇淫夫矣。夫复何言哉，夫复何言哉！盖仁者见仁，智者见智，在乎其人耳。假使韩志贤见女性而肉体颤动，性欲勃起，岂必杀尽天下女性，方能维持所谓风化耶？然则天下女性尽为导淫之具矣，有此理乎？其实指此为韩志贤个人之秽念淫欲则可，尽指天下女性为淫物则不可也。先生遍历欧美日本，目睹此项人体美之雕刻与绘画，自不必言。在此文化初进之中国，美术萌芽时代，尤不容如此盲目摧残。请即咨江西省长令行警厅即日撤销该项命令，以维学术之进展，而免贻为笑柄，不胜幸甚。惟有一层，则亦不得不一并陈请注意者：近闻各处有少数无耻之徒，假借人体模特儿之美名，摄取淫亵之照片，描写浅陋之淫画以敛钱；上海且有一二流氓，赁置密室，利用模特儿之美名，深藏无耻妇女，装扮亵态，引人观览，骗取金钱者。外界不察，辄与美术上之人体模特儿并为一谈，资人口实，败坏风化，实为痛心。并乞咨请内务部通饬严禁，临陈不胜翘企之至……

其文布于各报，无异议者。教长黄君复书称善，谓将咨江西当局撤销原令也。后得桂举来函亦称警厅已撤销前令矣。所谓韩志贤者亦有所悟，无敢烦言。风声所及，一般轻薄少年，以及无业流民，利用时机，乃大印其荡妇娼妓之裸体照片，名之曰模特儿，招徕贩卖；无耻画工，乃亦描绘其似是而非之春画，亦名曰模特儿，四处兜售，每见报纸广告，连篇满幅，不曰提倡人体美，即曰尊崇模特儿，盗取美名，淆乱黑白，以之诈骗金钱，是皆艺学之贼也！诘者则忍心相告曰："是乃刘海粟所倡导也"；报纸讥之曰："是皆艺术叛徒之功也。"一切罪恶，悉冠之愚首。呜呼，愚何辩哉，愚何辩哉！如此者纷呶数月，愚何暇闻。闻今年八月二十四日，江苏省教育会大会乃有倡议禁止模特儿之提案。其时愚适京师，见报载江苏省教育会大会通过禁止模特儿之议案，乃大忿，但又不知其详，然终不信以数百众之知识阶级，并此常识而无之，乃作书责之。书曰：

前见报载贵会本届大会有禁止模特儿之提议，通过在案。鄙人未见是案之详细说明，辞义含糊，大惑不解。夫模特儿之为物，欧洲艺术家在习作时代为必须之辅助。盖欲审察人体之构造，生动之历程，精神之体相，胥于焉借镜。以故各国美术学校以及美术研究所中，靡不设置模特儿，以为艺术教育上不可或缺

> 者也。凡曾涉足欧美或稍读艺术书报者，闻模特儿其名，必联想及科学上之化验用具，同一作用，事极泛常，曾无惊奇之足言。返顾吾国，今日浅见者流，滔滔皆是，借礼教为名，行伪道其实，偶闻裸体等名词，一若洪水猛兽，往往惊讶咋舌，莫可名状。是犹曾闻日月经天，而未闻哥白尼之地动说，可悯孰甚。当民国初元，鄙人创开美专，首置模特儿，开宗明义，亦既宣之，而世人不察，目为大逆，讥笑怒骂，百喙丛集。鄙人为学术尊严计，不惜唇焦舌烂，再四辩白，有识君子，欣焉有得，方谓世有是非，窃自庆幸。讵地曩年，江西警厅有查禁裸体绘画之事，官命皇皇，不可终日。其禁令中误解艺术，荒谬绝伦，辱骂鄙人，无所不用其极。鄙人本不愿与是辈作无谓之争辩，第念真理弗扬，以讹传讹，其为害也，伊于何底。辄详述美术之真价值与模特儿之必要，致函教育部与江西省教育会，文见当时各报，有心之士，当能忆之。今不图贵会亦有是种类同之动议，此鄙人之所以大惑不解者也。虽然，凡事创业艰而流弊易，鄙人首倡模特儿光明正大，而一般无赖市侩托其美名，以之裨贩，若今日上海所发现之裸体妓女照片及恶劣画报等，实为害群之马。自宜严禁，毋得宽宥。然贵会议案辞弗谨严，未分黑白，将遣世人以惶惑无措，是非不辨。兹本君子慎思明辨之义，请贵会明白其辞，修正前议，布之天下，曷胜感祝祷之至。

嗣得省教育会复函，谓与愚见吻合，为之狂喜。原函下录：

> 奉函祗悉，见示一节，大约以见报载新闻标题为《本会请禁模特儿》，致有误会。本会请禁者，为现在风行之裸体画，并非模特儿，正与台见相合。附录致教育厅公函，即请察阅为荷："径启者：自美术学校以模特儿描写人体曲线美以来，轻薄少年及营利无耻之徒，遂利用机会，以裸体画公然出售，今且日甚一日，名为影射模特儿，实则发售一种变相之春画，暴露兽性，引诱青年。若竟听其传布，社会风化，将不堪问闻。敝会为防止传布裸体画之流弊起见，特函达贵厅应请通函警务机关取缔裸体画之发售，以挽颓风。"

辞中所谓请禁者，系风行之裸体画，非模特儿。然模特儿为裸体画之原型，裸体画为假镜于模特儿之制作品，两者差之毫厘，谬以千里，该会因市侩营利诲淫而请禁妓女裸体照片画片等，辞严义正，愚无间然。惜该会所提议案，意固善，而辞未达也。同时得吾友王一之书，洞烛时弊，言颇恺切，并录于此，以供世之关心此问题者之观览。文曰：

> 今日读上海报，载我公以模特儿问题规谏省教育会之鸿文。顽固派浅见陋俗，妨碍艺术界之进步，诚觉可怜可叹！我国女界，不思为根本之补救，实行禁娼，或设女警以挽俗世颓风，专做表面文章，尤觉可怪。以鄙人见闻所及，世界各国女子之扶持风化、培养道德、增进人群幸福者，其道正多，从未闻于美术界必需之模特儿有所訾议。试问印度女子之长幔遮头，阿拉伯女子、土耳其女子之白纻障面，为道德乎？抑野蛮乎？西方之学，均重实际，是以从模特儿入手之人物画，不至有头重脚轻，四肢不相配，不合学理之种种缺憾。我国人向不注重体育，而女子为尤甚，只知面部之美，不顾全体之美，若无从模特儿入手之美术品，使社会人群得所借鉴，进而为体育上之修养，则令多数男女，沉沦于内地黑暗风气之中，永无猛省之一日矣。为道德乎？抑野蛮乎？天下事有利必有弊，权衡轻重，求其利多而弊少者行之，识时之俊杰也。因少数荡妇之行为，归罪学术试验之模特儿，因些微之弊而忘实在之利益者，因噎而废食也。触感所及，拉杂奉陈。中国艺术光明之路，尚赖明哲之奋斗焉。

王君学有渊源，识见超绝，足迹遍欧美，见愚文，引为同调，识时俊杰，夫子自道也。越数日，有姜怀素者，见而骇，乃砌词呈请当局严禁模特儿、严惩刘海粟，虽属意气之言、盲妄之举，在此混乱时代，固足以淆众听也。其言曰：

> 近年来裸体之画，沿路兜售，或系摄影，或系摹绘，要皆神似其真。青年血气未定之男女，为此种诱惑堕落者，不知凡几。在提倡之者，方美其名为模特儿、曲线美，如上海美术专门学校竟列为专科，利诱少女以人体为诸生范本，无耻妇女迫于生计，贪三四十元之月进，当众裸体，横陈斜倚，曲尽姿态，此情此景，不堪设想。怀素耳闻目见，正深骇怪，不知作俑何人，造恶无量。乃见本年九月八日《时事新报》教育栏载上海美术专门学校校长刘海粟为模特儿致省教育会书，巧言惑听，大放厥词，自承为首置模特儿之人，原

> 函辩白理由，大致谓“模特儿之为物，盖欲审察人体之构造，生动之历程，精神之体相，胥于焉借镜”云云。窃以美术范围至广，何必专重乎裸体画，更何必以妙年之少女为模特儿。美专非医专，人体构造与生动历程，与美术二字有何切要关系？精神之体相，又何必假镜于裸体？况男女同体，美专为男生，何不以男子为模特儿？毋论裸体画不过一种物质上影像，即使神似而至生动，亦不过一裸体之少女耳，究于青年之学子有何利益，充其极，足以丧失本性之羞耻，引起肉欲之冲动。语云：“人非木石，孰能无情。”又云：“饮食男女，人之大欲存焉。”反是则必为矫情之人。今刘海粟提倡模特儿，则女校亦可以男体为活动范本，忘形若此，尚复成何体统，成何世界，成何人类？言念及兹，不胜慨叹。今为正本清源之计，欲维持沪埠风化，必先禁止裸体淫画；欲禁淫画，必先查禁堂皇于众之上海美专学校模特儿一科。欲查禁模特儿，则尤须严惩作俑祸首之上海美专校长刘海粟。今执途人而询以裸体画有益于世乎？则十九必疾首蹙额而答曰：风俗坏尽。盖人民视裸体画之为害，甚于洪水猛兽也。素仰执政钧长关怀风化，体念民情，恳祈查禁，严惩祸首，以维风化而敦末俗……

愚何能任其一人之诡辩胡说，淆乱天下，故亦为文斥之。文曰：

> 九月二十六日《新闻报》、《申报》载有姜怀素呈段执政、章教长、郑省长文，请禁裸体画。窥其词意，全为上海美专暨鄙人而发，谬妄百出，不容缄默。兹先条驳一二，惟明达之士衡察之。姜君之言曰：“近年来裸体之画，沿路兜售，或系摄影，或系摹绘，要皆神似其真。青年血气未定之男女，为此种诱惑堕落者，不知凡几，在提倡之者，美其名曰模特儿、曲线美，如上海美术专门学校竟列为专科”云云。敝校科系凡七：曰中国画、曰西洋画、曰工艺图案、曰雕塑、曰音乐、曰图画音乐、曰图画手工。从无模特儿专科，亦未有遣人沿路兜售裸体画之事。惟西洋画系人体实习，则置模特儿，此系各国国立私立美术学校皆有之，何独敝校。姜君出言无稽，大类梦呓。又曰：“怀素耳闻目见，正深骇怪”云云。美术学校置模特儿，事极泛常，姜君见而深骇者，是未尝读书、未尝行远；坐井观天，

曰天小者，非天小也，姜君所见之小也。目中有妓，心中无妓，姜君不自检省，妄责无辜，陋矣丑矣。又曰：“美专非医专，人体构造与生动历程，与美术二字有何切要关系？精神之体相，又何必假镜于裸体”云云。画者生机，寓似于神，不察人体构造，恶言似？不明生动历程，恶言神？裸体天真也，精神体相犹言天真烂漫，取资裸体者，此所以求不背学理合乎天则。学术公器，研究人体，岂但许医专而不许美专哉？姜君知其一，而不知其二；知其显而不知其隐，愚莫甚焉！又曰：“美术范围至广，何必专重乎裸体画，更何必以妙年之少女为模特儿，何不以男子为模特儿”云云。敝校所设科系，列举于上，未尝专重置模特儿，亦不以“妙年”为原则，更不以“女子”为原则，凡合于学理上之揣摩者，不问老弱男女，并皆善焉。又曰：“今刘海粟提倡模特儿，即为矫情之举，倘男生而可以女体为模特儿，则女校亦可以男体为模特儿”云云。姜君昧于事理，此拟不伦，此所谓“不足与朝菌语晦朔，不足与蟪蛄语春秋”也。又曰：“今为正本清源之计，欲维持沪埠风化，必先禁止裸体淫画；欲禁淫画，必先查禁堂皇于众之上海美术专门学校模特儿一科。欲查禁模特儿，则尤须严惩作俑祸首之上海美专校长刘海粟”云云。夫沪埠风化之恶，鄙人疾之深，未尝后于姜君也。无赖市侩制作妓女裸体照片及淫画，诲淫以牟利，鄙人疾之深，亦未尝后于姜君也。之二者，于上海美专何尤？于鄙人何尤？姜君不察，以市侩行为，强纳于艺学尊严之轨而并行，黑白不辨，是非荡然，是乌可不辨者哉。原模特儿，曰生人型范，昔者希腊有裸体雕刻，取资于模特儿也，哲人尊之曰纯洁天真；印度裸体雕刻，取资于模特儿也，内典尊之曰妙相庄严。亘古以来，世之大美术家，不朽之作，其先莫不取资于模特儿。试披名家作集，或考各国国立美术馆之藏庋，当能豁然大觉，而是辈作家，史不绝书，或称之曰人群先觉，或称之曰文化导河，良以艺术之美，与宗教之神、学理天真、道德之善，同其根极，人类至精至纯之所产也。姜君指鄙人为祸首，则先代艺杰亦皆祸首，先代史家从而赞之者，亦祸首也；各国美术学校国家美术馆之支持者，亦祸首也；各国政府提倡美术，亦祸首也。富贵不能淫，贫贱不能移，威武不能屈，鄙人提倡艺学上模特儿之志不能夺。姜君指为祸首，欲请

> 治以罪者，鄙人无敢辞。可指曾参为杀人，可治苏格拉底为死罪，何独不可以号刘海粟为祸首。一时之是非可泯，万世之公论维何，末世披猖，通人不作，滔滔末流，纳清泉于浊壑，口仁义而心淫秽。传曰："哀莫大于心死。"呜呼！姜君，盍休乎言。

上述皆中国模特儿纷呶之经过。愚所答者，皆就事而言，词义湮碎，不及人体模特儿之真义。默察方来，尚多纠结。谨诠人体模特儿之义于后，供一得之见，解天下之惑，说理容有未明，尚待法家教正焉。

2. 模特儿曷为而必用人体

或问曰：美术上之模特儿，何以必用人体？凡美术家必同声应之曰：因人体为美中之至美，故必用人体。然则人体何以为美中之至美？要解决此问题，必先解决美的问题。何为美？美是什么？此乃古今来所悬之一大问题，决非一时一人之力所可解答者。虽时历数千年，经贤哲数百人之探讨，尚未能有一确定之解答。虽然，多数学者之间，见解各异，要亦一共同之主点焉。共同点维何？即通常所谓美之要素：一为形式（Form），二为表现（Expression）。一切事物之所以成为美，必具此形式与表现也。

所谓美之形式，乃为发露于外之形貌。美之表现，为潜伏于内之精神。故形式属于物，表现则属于心。心理学之术语，前者是感觉，后者是感情或情绪。人体乃充分备具此二种之美的要素，故为至美。形式方面有形之形式，色之形式，音之形式。表现方面有充分感情或情绪之表现。今请分条述其梗概：

（一）形式方面

甲、统一（Unity）。支离灭裂，不能成为美，故美有统一之必要。所谓统一，即多数部分归纳于一点，故亦称曰"多样一致"。人体确具统一之美。试观一体组织，先是躯干于中央，以两足支持之；更附两腕于躯干，以保持重力上之平衡；由躯干上下肢合为一体，上部载以头，头乃变成体力之中心，此虽无多大特殊之点，然在其他动物方面断不得如此统一之例，因此亦不能有人之端庄直立之势，更不能有人体各部分间如此既明确又协调之区别。所以人体组织，是有机之组织，是多样的统一。换言之，人体统一之美，不假造作，有生以来，即有是美。

乙、变化（Varivtiou）。支离灭裂，固不成为美；过于单调，亦不成其为美。欲破除单调之弊，须有变化。统一是多样之一致，变化是一致之多样。胸与腹，其形虽似，而其间变化确极复杂，曲线之婉曲与平坦，即有深密之变化矣。背与臀、上膊与上腿亦同此理，其他如掌与蹠、指与趾，无不有微妙之变化，假使如同一样死板之机械形式，则人体就不成其美矣。其他动物或物象之不及人体美者，亦因无若是微妙之变化故。

丙、整齐（Begulority）。人体既具极度变化之美，同时更是整齐之美。如额之穹窿、颜之卵状，均有一种整齐美之存在。

丁、对称（Symmetry）。所谓对称，为中央一轴，而左右相等。从鼻引直线至脐以当轴，而比较人体之左右，则其形全相等，眼、耳、手、足，左右无不相等而呈对称之趣味。

综观上述之形式，人体确有形式美之存在，其他如"姿势运动之美"及"色"、"触"等诸感觉之解释，俗称为肉体之美，是关于人体之外形及皮肤色泽上之美。人体美不特肉体美，而精神方面更富有蕴藏，表现于人体之外形的感情及意志等，胥由于一切精神作用之美，兹分述如下节。

（二）表现方面

人体富有表情之美，固可不言而知之。一切自然美、人工美，从其本身言之，绝无何等感情之存在。人工美所表现之感情，亦无非是限于某种约束以表现自我之感情。自然美之所以有情，亦为吾人将自己之情趣寄托于自然之故。所以情感、情绪之源泉，可说尽在人体方面，因此人体富于表情之美，此所以谓人为"万物之灵"也。

人体既充分具有美之两种要素，外有微妙之形式，内具不可思议之灵性，合物质美之极致与精神美之极致而为一体，此人体之所以为美中之至美也。

3. 生命之流动

生命本是流动，客观变化既无一刻之停滞，主观情绪亦变化不已。生命者生机也，艺学亦生机而已。在广漠神秘之自然界固无往而非生机。然生机之动，非自然之动，而为我人自动之动，因此人体实为直接的根源的生命之流动。人体既具不可思议之情感，从曲线内表出一种不息之流动与生机，能使心灵与肉体谐和，是以在自然美与精神美之极致，斯所谓真、美归一之所在也。人体既具非常情感与生命，故美术表现亦以人体为生命寄托之所。西人达·芬奇（da Vinci）之表现人生也，喜怒哀乐，凡刹那间情感之流动，皆一一攫取无遗，见其所画人体画中，既饱含生

刘海粟作油画《女人体》(1929 年)

活趣味,灵魂又跃然于纸上。米开朗琪罗之雕刻,能以筋肉之颤动,表现其紧张徬徨之神情。拉斐尔之人体画,则表现纯洁之慈爱,静中见动。法国现代大雕刻家罗丹其杰作曰《接吻》者,为男女二裸体,用力紧抱,无言之纯爱,从颤动之肉体中表现之;其隐密深刻之爱,耐人悠久之寻思,其姿势态度及面貌之表情,含有人类全部生命之力。故罗丹在大理石高唱人道之悲歌,惜乎市井流俗皆视为周昉秘戏。呜呼,真实之艺人,只知不断努力创造新生命,乃不得有与丑恶之社会奋战。凡此,艺杰之制作,无往而非生机之跃动也。德哲(Chon)有言:人类精神活动有三,曰知识、曰艺术、曰道德,在知识曰真,在艺术曰美,在道德曰善。究兹三者,其名虽成异,其源则一也。何以故?人类无往不求生,求生所以创造,历史之业迹,人类之所创造也。凡历史不朽之伟业,皆人类生机之所摄入。芬奇之画,无让于基督之德,笛卡儿之知;屈原之诗,无让于孔子之德,公孙龙子之知。要之真、善、美之根极,唯精唯一,不二不偏,同为生命之流动也。今人尊道德而薄美术,其所尊之道德,在乎浮文俗习,非道德之真本。不知真道德而谬尊道德陋矣;不知真美术而薄美术,陋之又陋矣。愚尚何言耶!

4. 国人厌恶人体之病源

愚既揭模特儿应运之始末,及其意义之所在,不惮口舌之烦者,愿当世君子有所观感而豁悟也。然此问题之论辩,既非一次,愚之所言,亦非一日,而众人皆醉迷咻齐者,仍不绝于途,是何故哉?愚俯仰深思者久之,殆中国人之美的趣味,不在人体而在自然山水之间乎。而其所以不在人体而在山水之原因有二:一为物质上之原因,一为人文教化上之原因。中国人所谓涵养功夫,为“心有愉快,切弗形之于面”。所以心中虽有大戚大喜,在所谓涵养功深者,皆不同于举动,于是绝少天真烂漫,而多矫炫百出,此亦可谓之儒教感化力。孔丘以“巧言令色”排斥表情,而大奖“刚毅木讷”,因此教训,而成习惯,于是喜怒不形于色,练为英雄豪杰之条件。此类排斥感情之事,自数千百年遗传至于现代,因此中国人已成不善表情的本性,没有天真烂漫之表情,众必斥之为轻薄浮滑。此中国之美的趣味不在人体之一大原因,教化上之原因,大约由于儒教之思想而化真为伪也。

其次,吾国人成见迷信,以人体为不洁,自然为清洁,对于肉与血,目为非常污秽,而以山川草木为十分清净无垢，此种可说已成中国从古以来之癖习。尤其是对于女子，以为比较男子格外污秽，故大庙佛殿，只许男子出入，而禁止女子出入者，因其对于动物血肉、妇人身体，皆目为十分污秽也。所以习惯传统国人非但不以人体为美，且目为极丑之物也。

复次，佛教之影响于中国亦甚大。佛教视现世为“无明之果”，以五体为“贪欲之块”，以为妨害了悟者断定是肉体感觉。尤其卑贱女子，三界中无女子之地位，更视女子似夜叉之一种诱惑物。与耶稣教之尊女重爱相较，则东西洋人对于人体之观念可知。与佛教同样卑视女子者为儒教，定“三从七出”之条，主张无论何时何地，妻子一定要服从丈夫。孔丘曰：“惟女子与小人为难养。”目女子为恶党。可怜最表现人体美之女子，因佛教、儒家之压迫，竟至于无地可容。总之，中国之风俗习惯，无非是“非人体主义”，所以一见人体而目为洪水猛兽者，由来久矣。呜呼，移风易俗，昔人所难。唱天足者唱其所唱，而缠足者自缠也；剪辫者唱其所唱，而垂辫者自垂也。吾国人相安于习尚，不问利害，不究始源，因循自适，殆国性之然耶！虽然曾文正公有言：“风俗之厚薄在乎一二人。”若然无论如何冥顽，必有转移之可能，愿与明达共勉焉。

十、中国画的继承与创新——1978 年 11 月 6 日在中国美术馆演讲①

讲中国画，我想讲讲中国画的标准。南齐谢赫在《古画品录》中提出了中国绘画上的“六法论”。在谢赫以前，没有人讲过“六法”，但“六法”的思想已有端倪，是谢赫把它综合归纳提出来的，这对中国画的创作和赏鉴是一个很大的贡献，在国际上也受到重视。

什么叫“六法”？一、气韵生动；二、骨法用笔；三、应物象形；四、随类赋彩；五、经营位置；六、传移模写。第六条不但是中国画，其他各种画都可以用。“六法”中的“气韵生动”也是最好的准则。此外的五法，都是达到这个标准的必要条件。倘若把“六法”视为绘画的要素，可归纳为四种：第一，笔致——骨法用笔，相当于油画的笔触(Touch)。第二，写实——包括两法，应物象形，随类赋彩。油画写生都用得上，相当于“Realism”。第三，结

① 原载 1979 年 5 月《南艺学报》总第三期。

构——经营位置，即构图（Composition），这是基本的法则。第四，模仿——传移模写，涵有“再现”（Reproduction）的意义，“再现”也可以叫“再创造”，欧洲人讲究，中国人也讲究；模仿，不是死摹，要吸取和发扬传统的精神。不过后来有个弊病，它摹什么，仿什么，都千篇一律。其实模仿的意义在于吸取其长处，不是全盘照搬。

此外，无论在创作方面或是在批评方面，“气韵生动”都是最高的准则。我列了个图表，大概就是这样：

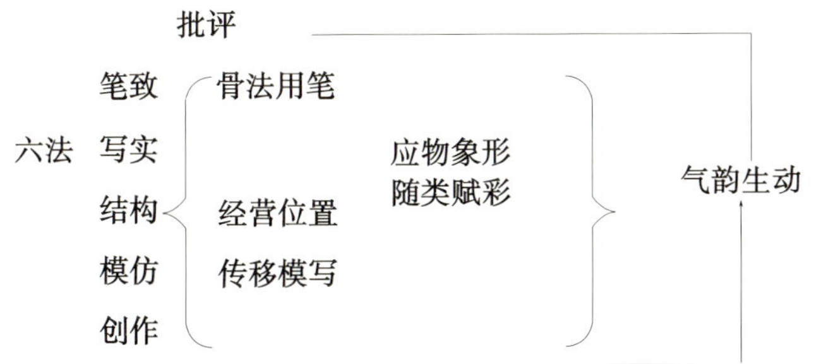

刘海粟作中国画《鹰击长空》
（1953 年）

“气韵生动”与其他五法不是并列的，其他五法也要求“气韵生动”，没有气韵，就没有艺术生命。“六法论”中，以“气韵生动”为第一，为主要。所以论画，不论什么画派，尽管见解有所不同，但对“气韵生动”的要求都是共通的。我想，这不但是中国画，就是油画、雕塑，也都要求有韵味，有它的神态。宋郭若虚断定气韵不可学，明董其昌也说不可学，只有读万卷书，行万里路，才能勉强学之。我认为是可以学的。所谓气韵，是从生活感受和一些学问当中得来的，不单纯是技巧的事。作品没有气韵，没有韵味，与照相何异？不过好的照相，也要讲究韵味，不能一览无遗。所谓气，即神气、浩气、骨气、气魄。我们的一笔一点，都是各人的性格的体现，都有他的气魄、情趣，这是画家自己的心灵、感情；所谓韵，就是生命的节奏及其精神的凝蓄。生动是生命的活跃。实际上，宇宙间的所有的活动，无处不蕴藏着气韵。画家的创作，一定要有丰富的感情，还要有很深刻的感受，有灵感，才能现之于笔墨。不能只模仿自然对象的表面，它不像机器那样，开了就能走动。至少是在他称心悦意，或者是在悲愤中，产生激情，始能下笔。中国画家作画多抒发自己心灵、感想。元代著名画家倪云林画竹，他说不问像不像竹，像麻也好，像芦也好，能表露自己的意境就行。仅仅几笔，写胸中逸气，所以人家称他倪高士。所谓画中“意到笔不到”的妙境，我在国外讲过，但有些欧洲人不懂，什么“意到笔不到”，认为没有画到，怎么

刘海粟作中国画《瓜瓞图》
（1980 年）

“意”含在里头？我说，这个欧洲也有哇，例如近代有许多油画，表现水面，将画布空出来，它的意思就已经有了。泼一块墨，掃一个大笔头，它也有含蓄，要让人家细嚼，感到有韵味。如何才能达到这一要求呢？古人所谓读万卷书，行万里路，就是为了达到这种艺术修养。画家要深入到各方面去，到生活里去，要细致地观察自然，创作要应目会心。体验生活，是创作的依据，不然干巴巴的，哪里能画得出来哩。鉴赏者随之而应目会心，并且进而感到它的精神、印象，神超理得而获得探求，有益于精神享受。精神是无形的，它潜在于一切有形的物象之中。中国画以写形为手段，以写神为目的。一幅画虚的地方，没有画的地方还有画；就是题一首诗，题在哪里，都要斟酌，都有重要的构图关系。所以艺术家对自然的感受要比一般人敏锐。而且我们对于自然的理解和表现，还要超过自然。大自然，可以在小小一张纸里面表现出来，小中见大，感觉很大。

我们的中国画，世界各国都喜欢，这是我们的一个王牌，要好好研究，提高。陈陈相因，老一套固然不对，但是没有旧根底，随便乱涂，也是不对的；随便掃几笔，也要有它一定的基础。

我们要注意诗、书、画的结合，中国画家都是文人，都能赋诗、书法，所谓诗、书、画三绝。中国画史上有不少诗、书、画三绝的大家。古人说，“画是无声之诗”，所以中国的文人，能画也就能诗。

一般人看中国山水画，对平远、高远还可理解，对深远少见多怪。我们现在登高远望，就看到重山叠嶂。所以中国山水画也是很现实，古人的创作也是从自然中来的。

要着重表现对象的神气，神气很难表现，像汉代石刻武梁祠，还有孝堂山，是很有名的。武梁祠是阴刻，孝堂山是阳刻，造型好极了，画得很简单，很有精神。李公麟画的马也很著名。江苏角直，杨惠之塑的罗汉；东山紫金庵的罗汉，神气都非常好。梁楷有减笔画，我们看他的《李白行吟图》，这张画在日本印刷品很多，以极简练的笔墨，写诗人潇洒飘逸的风度，神气活现，生动逼人。所谓无笔墨处有韵味，意到笔不到，妙处就在这里。我那幅《牧牛图》，虽然画得不好，也用简练的线条，牧童在牛背上，就是以这种风格来表现的。中国画表现大自然尺幅之中表现千岩万壑。“元四家”中的吴仲圭，他的山水，空白处就是天，就是水，就是云。主要的东西尽量画出来，其余的不必顾及，要省略。画花鸟主要点是鸟，要画得精神活泼、生动，不能像标本。宋徽宗赵佶，他的画有长处，工笔，很有力量。取景、设色简练，生气盎然。所以我特地画一张锦鸡，人家都以为我画泼墨的多。北宋院体画，我想试一试，吸其长处，当然我没有画好，不过我想这样做，所以用极简单的红色、赭石两种颜色，还有一种石青，就三种颜色，很简练的东西，推陈出新。粉碎"四人帮"后，有夫妇两个法国朋友来看我，我给他们看了十张画，他们看得很有兴味，我并不是借他们来说我好，今天我借他们两句话与诸位谈一谈。他们说这画既古到极点，又新到极点。我说，我们要做推陈出新工作，不过我自己觉得还做得不够。所以，我们各种东西都要学，范围要广，各种画派都要研究。不过，我们都要有自己的面目。就是模仿一张画，也要有一个再创造，不要死摹。

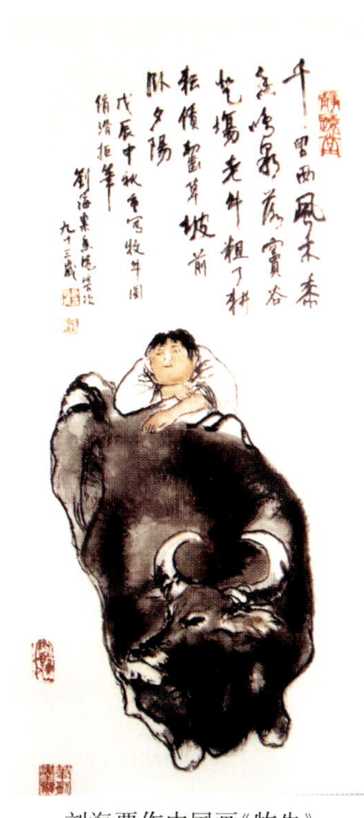

刘海粟作中国画《牧牛》（1988年）

形式单纯，意思深刻，是中国画的基本精神。京剧表演中出门、关门、上马、下马、乘车等，都是从舞蹈里借鉴来的。梅兰芳的《打渔杀家》，就没有布景，但意境很高。中国画也一样，像戏剧舞台，没有布景。布景当然也要，现在的布景很好，很简单概括，不噜苏。多少年前，我在上海看越剧黛玉葬花，身上已戴了许多花，再去看那么多花，这个不行，用不着那么多花。梅兰芳表演舞蹈，就有花在里面，戏词中就有花，都是很现实的。表现越深刻，人家印象就越深。画也是这样。画山水要有山水的气韵，画花鸟要有花鸟的生意，画人物要注意人物的神气。画面的形式力求单纯，在极简单之中表现复杂，画意愈深，愈耐人寻味，越看越要看，它就有力量。我们看古画，像沈石田，我也喜欢画他的东西，故宫博物院藏有他画的杨柳，以几笔线条，画得很颤动。与宋朝惠崇画的春景中同是一样的柳，同样用线条画柳，前者较激动，看上去有狂风欲起、暴雨将至的感觉，惠崇的柳，却是另外一种溪边悠闲的趣味。中国画极富诗意，而且耐人寻味。我今天讲了中国画的精神与形式，与大家同嚼韵味。

现在，我再讲讲这次中国画创作组有个汇报展览，我认为有一定的水平，各人有各人的风格，有传统，有创新，一扫千篇一律、千人一面的毛病，我也有几张东西在里面，不过这是初步的试验。各人有各人的风格就是好。最怕一样、一个模子。"四人帮"时期千篇一律都是一个样。我们还要一步一步地试验，一步一步地上去，不断地提高。

中国画的各种派别由来已久。汉朝的蔡邕、张衡都是很有名的，但是我们没有看到东西。到了六朝，老庄思想极盛，一些文人都有超脱的思想，离开实际，发挥自由情趣，寄托高放、清静。宗炳、王微这几个大家，他们画的山水很高，他们两家都有画论著作。苏东坡也在宗炳的画上题过诗，他们的思想是契合的。发展到唐朝的王维、张璪、王洽等，形成了一代风气。王维又称南宗之祖。当时的诗歌、文风与画有密切的关系。唐朝的书家也多，画家、诗人及书家，流风影响宋、元、明、清，都是注意诗、书、画三结合，不过到后来清代衰落了。宋朝诗词家很多，譬如大家知道的“三苏”、欧阳修、王安石、陆游、李清照、辛稼轩等，真是人才辈出，都很有名。至于绘画一道，也随之而兴，各尽其能。文人、诗人又作为画家，随便举几个人：文与可、苏东坡、大小米、李公麟等，著名的还很多。他们的笔法新奇，都有各人的创新。不创新，没有特别的面目就站不住脚的。历史是严格的，人云亦云，跟着人家走，是不行的。挥洒自如，尤其是苏东坡，他不求形似，他有两句诗，我是最喜欢的：“当其下手风雨快，笔所未到气已吞。”因为中国画要注意到气，刚才讲的气韵，书法、诗歌也是很讲究的。品质也有关系，人品要好。品质好画出来就如其人，写出来的诗也如其人，做诗写文章一点都不能假。所以这两句诗很有意思，真能曲尽这个画意。“论画以形似，见与儿童邻；作诗必此诗，定知非诗人”。这是苏东坡的诗，还有争论，有人不同意，我是同意的。文与可用行草法画竹，潇洒、有生命，迎风而动。苏东坡是学文与可的，在于神妙。明朝人论画，到董其昌立“南北宗”说，什么王维是南宗之祖，北宗是李思训父子啊！提倡文人画派。沈石田、文征明、陈白阳、徐青藤，名气都很大。嘉靖以后，经董其昌、陈继儒发扬光大，一直到清代扬州八怪、清末吴昌硕、近代齐白石都受他们的影响。他们几个人都有一定的面目，成为中国画史上一大思潮。要求画一定要有逸气，才能引人入胜。没有与诗、书结合起来的画就不高。我劝诸位大胆做诗，一定有帮助。

还有一点提出来讲一讲，中国画最大的特征就是“意”，意境很重要。所以古人一谈到作画，就要提到“意在笔先”这句话，这个意思包括内容很广，如果具体的说，这张画的构图、取景、造型在“意”字上下功夫，才能引起观看者的共鸣，引人入胜。“六法论”中“气韵生动”为第一法，不但是第一法，它还在其他五法之上，可以说是“意”的最高的境界。画画没有“意”不行，我们经常说一张画要耐人寻味、百看不厌，使我们看了惊奇，看了还想看。《图画见

刘海粟作中国画《黄山白龙潭》(1982 年)

闻志》记载阎立本初到荆州，看到张僧繇的壁画，他说，不过“定虚得名耳”，因为张名气大极了；第二天又去看，他说是“近代佳手”，第三天又去看，他说“名下无虚士”。最后被他的画吸引住了，竟至“留连十日不能去，坐卧其下以对之”加以研究。这是何等有味儿。中国历代画家在创作实践，为了达到“意”，积累了不少的经验，归纳起来，不外两方面：一是画面的构图和内容的处理。二是物象的具体表现，即如何进行艺术的概括。简单来说，中国画的表现，实在不是自然主义的，我们画人物不能说画个头发一丝一丝的画出来就正确了。有空气、光暗的变化，绝对不是自然主义的。我特地借一张仇英《秋原猎骑图》，作者通过画面上简单的布置，表现了秋野的景色，令人有秋高气爽的感觉。对人与手的解剖、明暗等方面处理得非常适当，单线平涂，单线画白云，略施淡彩，一层颜色保持强烈的鲜明的色彩对比，首先统一于一种主要的色调之中。这张画虽然在传统技法上坚持下来，但他在造型上发挥了最大限度的表现力。像六匹马，它们的眼睛不是一样大，一匹打滚的马的眼睛特别大，因为在滚，呼吸起来鼻孔也大，有动的感觉。一匹不动的马，眼睛比较小多了。滚马的脚踢出去，怎么样踢法，运用线条表现得很生动。这都是抓住对象的特征，加以适当的夸张。做诗画画都夸张，如辛稼轩的“金戈铁马”，难道真的是金的戈，铁的马？这是夸张，表现马的力量，强的力量。人物的构成也是极为生动的，每个人物的眼睛都不同，线条单纯，表现了动人的神色，非常符合现实人物的面庞，给观众产生深刻、生动、明快、清朗的印象，以达到更高的境界，气韵生动的境界。因此，中国画是最反对描头画足的，画了半天画出来没有东西，最反对照相式的刻划，而不予以适当的夸张与剪裁是不行的。石涛有“搜尽奇峰打草稿”，其实就是在这个“意”字上下功夫。

刘海粟作油画《向日葵》(1930年)

中国画第二个特征就是笔墨。近代，对于笔墨二字有一段时间被一部分人误解了。“四人帮”时期，不许讲笔墨。笔墨是什么呢？就是完成表现画面的东西，没有笔墨，就不能表现。有这个笔墨就可以表现意境与形神。形神、意境不能单独存在，一定要通过笔墨才能表达出来。所以谢赫把“骨法”、“用笔”两者合为一起。“骨法”是造型的能力，着重在手眼的训练；“用笔”，就是用具体的线去表现画面，着重在工具的使用训练。而中国画除要求形象准确外，还特别注意线条的美。譬如画水，要很生动，很动人。线条的美，我们要求它要有力量，有音乐韵律感。至于用墨着重表现面的功夫，也要有韵律感，所谓墨分五色，就是要以单纯的黑白深浅来表现非常复杂的自然。因此，我们为了充分表现画面的美，充分地使“意”发挥它的作用，没有技法上的修养是不可能的。

中国画这两方面的修养应该怎样得到呢？我也不断学，从学习当中稍稍得到一些经验，在“意”的方面，就在于深入生活，深入观察，从生活中提炼出来。蚕吃桑叶，吐出来的是丝，不是吃桑叶吐桑叶；蜂采百花，酿出来的是蜜。所以我们画家要熟悉社会各阶层，各种生活。古人也如此。画兽就要熟悉兽的生活，画鹰要注意它的动作。宋朝易元吉专门画猿，他深入山林，与猿作伴同游。就是画微小的草虫，也同样要到草地间观察，方能得到草虫的天趣。画山水风景更要如此。所以，我几十年虽画不好，但专心在生活里头学，几十年都如此。最早在上海美专，就提倡师生去写生，春秋二季让他们到处去画。尤其是解放以后，由于党的教导和培养，记得在解放初期，陈老总、夏衍同志在华东院系调整时，叫我当华东艺专校长。有一次碰到陈老总，我就说：“我的政治水平不够，以前当校长，高高在上，现在解放了，这个不行啊。”他说：“不，党叫刘海粟去画画、创作，学校里的事，由别人办。”我说：“怎么好挂名。”他说：“不要紧么，我决不叫你去做行政工作，你去画。”真了不起啊。他还说：“你有什么事，派个人，代你拟个稿子，念一念行了。你的重要任务是到处去画。”这个好极了，所以我从 1953 年起，一年四季一直在外头写生，学校难得有事去，主要是去画画。在鼋头渚太湖画了许多手卷，到苏州、南京、西安、梅山水库、佛子岭水库、官厅水库、庐山、鄱阳湖、大别山、武汉长江大桥，什么地方都画，还北上到北京八达岭也画了很多。中国画、油画都画。我画了一幅水牛，就是那时画的。我喜欢画牛，以前用油画、中国画画了各种各样的牛，大部分是水牛，水牛在中国人民心目中是辛勤劳动的象征。由于我经常去农村，看到了许多水牛，掌握了水牛的各种动作、姿态、特点和情趣，速写了很多草图，最后用水墨在生纸上画了一幅群牛图，虽没有画好，可以讲一讲，它的筋骨、肌肉、解剖、光感，都用水墨的墨韵、湿度、明晰度画出来 。我想画得很有生气，很有力量。我还是在学习，还有一幅也是在这个时候画的。1954 年，我在黄山住了很久。画了许多国画、油画，每天到西海门、到光明顶、狮子林。李可染同志也在那里，他也很艰苦，一天画到晚，风雨不断。黄山是中国画家必游之地。石涛、梅清、渐江都以画黄山著名。我爱黄山，曾六上黄山，现在还想去。过去黄山很难上，现在容易了，黄山面貌一新了。我画的黄山，有泼墨的、著色的、白描的，还有册页都是白描的。石涛说："黄山是我师，我是黄山友。"他强调了师法自然，胜于自然。我们去画黄山，画出来，各人有各人的黄山。我是吸取了"黄山是我师"变成了"昔日黄山是我师，今日我是黄山友"。我在北京也可以画黄山，叫忆写黄山。是要表现黄山岩石的结构、地质形貌。在上海，我有一个朋友专写黄山，他给我看，我说你画的黄山笔法不对，他拿"四王"笔法画黄山，地质形貌不对。我这个黄山，有自己的影子。各人画的黄山虽不同，但对黄山的雄伟，却都是要表现出来的。

我对黄山的感情越来越深，画了一幅泼彩的黄山。这也是乱涂的，用复杂的笔调，画出阔大的境界，有红、有绿、有黄、有石青，湿度、明度很强，而底子用咖啡色掺在一起，色彩很鲜丽，我想表现黄山的千态万状。能不能达到目的，要请各位指教，这是一个试验。

我在北京、大连还画了许多泼墨、泼彩的山水画，荷花、葡萄，还有许多光彩浓艳的铁骨红梅。我想在表现的手法和美的探索中，为中国的传统艺术推陈出新，走出新路。我们走新路很要紧，手法新、意境新、情调美，中西绘画的兴旺，要在创作中得到完美的统一。要贯彻毛主席提出的"百花齐放、百家争鸣"，"古为今用、洋为中用"，"推陈出新"的方针。这个任务很重大，我是做不到，但我还要做，我们都要做。我虽然老病，不过现在很高兴，坚决要为实现四个现代化贡献我的末技。

我再讲一讲，我画的红梅很多。画这两枝梅花，讲章法，讲不出特别的章法来：作对轴线的交错，直幅的画面，章法比较不同的是以前古人没有这样画梅花的。突出一个"狂"字，梅花的神似与花的层次。墨色浓淡，在色彩上采用西洋绘画冷暖对比法，左方的梅花用朱红、西洋红，暖色，左方斜插赭石；右方梅龙中的梅花，用胭脂、冷红、冷色。一样的红，冷暖不同，感觉就不同。两枝梅花，虽然交错，但层次要分明。远近要扣准，有疏有密。

还要讲个故事。吴昌硕，他七八十岁时，我才二十几岁，常到他那里，我虽不是他学生，却得到很多益处。他有个朋友任伯年，很会画。这个很好。吴是做官的，可是他做了一个月的县官就不要做了，一天到晚奉承人家，他不干。他到苏州去卖书法、刻印。他的书法、石鼓文写得很好，他刻的印，到现在还没有人追上他。后来任伯年要他画画。任说，你画，画出来比我好。他说，我不会画，我画不来咯。任伯年苦心叫他画。有一次带了纸，拿了红颜色、朱砂、胭脂（那时还没有西洋红）、花青、藤黄带去，在桌子上铺好了一张纸，替他打了个稿子，一块石头，一枝牡丹花。调好颜色，一定要他画，他就拿胭脂、朱砂瞎搨瞎搨。所以吴昌硕的牡丹到后来还是一点一点的一大堆红的。叶子还有妙处，他不会画，他拿花青、墨，一会儿黑墨，一会儿又是花青，来一来，枝干拉一拉，画好后，任伯年讲好极了，有金石气啊。吴昌硕的牡丹，大家都看见的（齐白石后来也学他，不过另有风味）。以前的方法、旧章法统统被他砍掉了。他的牡丹、菊花、玉兰花，章法与明朝人不同（明朝人宋元人画花鸟，一块石头，一朵花放上去，两只鸟）。他 48 岁才作画。他的诗做得好，篆书也很好，笔下去，点几笔，力量很大。这个故事是他亲自告诉我的，北京的陈半丁也知道这个事。

“四人帮”统治时期，我是不能出去画画的。粉碎“四人帮”后，我高兴极了，加倍努力，重新创作，经常出去写生。1977 年 1 月 8 日，那天上海下大雪，雪深三尺，零下八度，朔风凛冽，大雪纷飞，我压不住气，家人不许我出去，我一定要出去，画了一幅大油画，回家冻僵了，不能动了，但精神很愉快。当时还到中山公园、龙华苗圃画了不少写生，还经常到西郊公园画熊猫，有水墨画熊猫，很简略，神态很特别，憨态可掬，将神气画出来了。

我已经 80 多岁了，在这样伟大时代，我是充满着激情，好象美术学院的学生一样，走到哪里画到哪里，这是艺术生命恢复青春。艺术家对于时代，对于生活失去了爱，艺术生命就停止了。我画得不好，可是有一点可以说，我洋溢着青年人的活力、朝气，这个很要紧。粉碎“四人帮”后，我画上题名字刘海粟年方八二，现在年方八三啦。怎么年方八二，我也大胆，因为有来源，从前叫年方二八，二八佳人嘛！所以我用年方八二，表示要有童心，年轻了。现在这个时代，大家年轻了。高兴，这是真实的，我病也没有了。所以，童心在，艺术生命永恒，很重要，童心意味着幻想、创造，意味着纯真、坦白、诚实。艺术创作离开纯真，就没有生命了。我们在这样的时代，人人都应该努力，人人都应该勤奋。人人都应该为社会主义祖国的繁荣、富强，贡献一份力量。

刘海粟于黄山作画情景（1981 年）

十一、《刘海粟黄山纪游》自序①

黄山为天下绝秀，其幽深怪险，巉刻妙丽，朝夕变幻，出人意表。虽善绘，妙处不传也。昔人曰："到此方知。"又曰："岂有此理。"又曰："不可思议。"得此十二字，千万篇游记可炬也。黄山为中国画家必游之地，在中国山水画中形成了"黄山画派"。梅清、渐江、石涛均以画黄山著名。

我爱黄山，六上黄山，画了大量黄山写生。油画、国画，有泼墨、有泼彩、有白描。此册黄山图，游览诸峰，随手写景，不落寻常。有的以线条为主，用干湿不定、深淡不同的墨色，勾勒岩石纹理、峰峦结构，表现黄山的地质形貌。有的用墨色的浓淡，使云霞在奇峰松海中飘动。黄海奇景，通过我的感受，通过我的心灵深处，表达我对黄山的深厚感情。入黄山而又出黄山，我的黄山画中，有许多自己的影子。我刻了一石印，曰："昔日黄山是我师，今日我是黄山友。"这不但说明我画黄山的过程，而且也说明了黄山在我艺术道路中的重要。我和黄山从师生关系，变成了密友关系，我对黄山的感情越来越深了。在北京画的泼彩黄山天海，用复杂的笔调，画出阔大的境界，色度明度很强，以浓郁深厚的石青、石绿、朱砂入画，使色彩和墨对照起来，色感更觉丰富。有时是色彩和水墨淋漓的大泼色，峰峦岩石在阳光下发出耀眼的闪动，表现出黄山的峻拔雄伟，浑涵汪茫，千态万状的奇观。

我在北京和大连画了许多泼墨、泼彩山水、荷花、葡萄，还有浓艳的铁骨红梅，我想在表现的手法和美的探索中走出新天地，为中国传统艺术的推陈出新走出新路。我虽然年迈，要以"八三方年少"的精神，为实现四个现代化贡献我的末技。

1978年12月13日信笔记于北京饭店中楼

十二、中国绘画上的六法论②

序　言

抵欧以还，时与此邦硕彦，往还论艺，彼辈深诧中国画

① 《刘海粟黄山记游》，人民美术出版社，1979年6月版。

② 1931年11月中华书局出版，1957年8月上海人民美术出版社重版。

理六法论之精微，举以相质，口舌綦烦。制作之暇，往往札记若干条，漫无条理，聊为答客之需耳。今年初春，德国法兰克福中国学院(China-institute)聘讲中国艺术；因念欧洲人士所感兴味之六法论，亦即中国绘画上之根本问题；爰将平昔札记，汇成是稿。其间姚最以前，间有采及日人金原省吾之著述，然见解不能苟同之处，亦复不少。自张彦远以后，则独抒所见，聊贡一得。客中所携书籍，只《王氏画苑》、秦氏《画学心印》二种，遗珠之憾，所不免也。远绍旁搜，斟酌尽善，请俟异日，幸读者谅之。

1931 年 4 月 24 日，刘海粟于巴黎拉丁区。

第一章 谢赫以前的画论

中国画论在某一意义上，也可说是中国的艺术论。因为它不仅仅是技术的传授，经验的断片；它还蕴蓄着创作的态度和批评的标准之故。不过，这到了六朝时候，尤其到了谢赫，才始达到这个阶程。谢赫提出的六法，的确为后世画家所宗，经千载而不易。然谢赫以前，已有作者，离谢赫年代不远之顾恺之、宗炳、王微等自不待言；溯而上之，即周秦以来学者的著书之中，也有论画的一鳞一爪可寻。

我所论述的目的，以谢赫所提出的六法为中心；通例须把谢赫以前的画论，作一度之检省，以明示渊源之所自。这样，不能不效一般历史家溯本穷源的方法，从周秦说起。当然很不完全的，只是些断片而已。

《庄子》里有叙述画史的这么一段话："宋元君将画图，众史皆至，受揖而立，舐笔和墨，在外者半；有一史后至者，

刘海粟《泼墨黄山》(1988 年)

儃儃然不趋，受揖不立，因之舍，公使人视之，则解衣般礴裸，君曰：可矣，是真画师也！”

这是出自《庄子》外篇田子方篇的话，我们都知道《庄子》的中篇外篇及杂篇，都是庄子的门徒拟内篇而做的，这问题我们不去管它。就这段话来看，所谓真正的画家，不能拘拘于礼节之中的，应当作其自然感兴，超越社会的习惯而完成他的作品。不是从应对中求他的价值，而是从作品中求他的价值。在这里，我们不过窥见尊重作家自由，和作家忘记了社会拘束而没入于自然的一点。

《韩非子》当中，有论到画的难易的一段话：“狗马最难，鬼魅最易。狗马人所知也，旦暮于前，不可类之，故难！鬼魅无形，无形者不可睹，故易！”

这是从题材方面着想，凡日常易见的东西，难以描摹逼肖；反之，存于理想中的非实物，容易讨好。韩非子的意思，当然以难为贵；写理想中的鬼魅，人不能以实物来验它的美丑，所以是不足道的。写日常易见的东西，人可由经验来判断，如果写得逼真，那就可贵了。所以韩非子的思想，可以说是倾重写实论的。

刘安的画论，已着眼于全体与部分的关系了，他说：“寻常之外，画者谨毛而失貌。”高诱注曰：“谨悉微毛，留意于小，则失其大貌。”(《淮南鸿烈解》)

这里对于题材方面，已下了价值的批判了。就是屑屑于细部，便伤了全体，这种伤及全体的细部是无价值的，应该舍之而不顾。画家的主眼，在于全体，有全体的统一，才有作品的生命。全体贵于细部，不论东西古今，永远是艺术家的铁则。所以从这个观点出发，必然地生出后代的“气韵生动”和“经营位置”等的理论。

后汉张衡论画说：“画工恶图犬马而好作鬼魅；诚以实事难形，而虚伪不穷也。”(《后汉书·张衡传》)

这是同韩非子一样的意见，对于当时稚拙怪异的作品，有所不满；而要求一种写实的东西之出现。关于这一点，我们只能当做当时对写实的要求，而不能说对于绘画理论有所进步。

晋代王廙，是王羲之的叔父，史称晋室过江，王廙书画为第一的人。他的论画，又转了一个方向了，他说：“余兄子羲之，书画过目便能，就余请书画法，余画《孔子十弟子图》为励之。画乃吾自画，书乃吾自书，吾余事虽不足法，而书画固可法；欲汝学书，则知积学可以致远，学画可以知师弟行己之道。”

上面所谓“积学致远”“师弟行己”，显然以书画为陶养人格的工具，为实践道德的借镜；后世以画和经史并为教训的手段，以及拿画为提高人品的标帜，在王廙时代，已经有这个端倪了。

从庄子迄于王廙，那些断片中，可以得到下列的概念：

1. 庄子一派，以为绘画的世界，乃具有超越恒蹊的道德之世界；即画家的道德是存在于作品之中，而不在习俗浮文之末。

2. 韩非子、张衡一派，以为绘画的对象是实物，作者如实写出，不尚空想，才获得绘画的价值。

3. 刘安一派，以为画家须着眼全体，遗弃细部，以求细部以上之全体的统一。

4. 王廙一派，以为作品是人格的表现，画家不能不以人格的修养为艺术的始基。

这四者，可视为对于画家道德、绘画对象、构图统一、个性表现诸端的发凡。生世所出现之整然的画论，并非从天而降的，我们从这里够可证明的了。

流传到现在最古的画论，要算是顾恺之的《论画》、《魏晋胜流画赞》和《画云台山记》了。顾恺之本身是一位晋代有名的画家，而且又是博学有才气的文人。他的画风，我们还可从摹迹中窥见。他这三篇文字，虽因转辗相传，错误脱落，然于我们讨论古代绘画思想时，仍不失为一种重要的资料。

顾恺之的画论三篇，都载在张彦远的《历代名画记》中，文字生硬佶屈，几不可读。当时绘画偏重人物，山水尚是附庸。他的《论画》一文，以评论人物画的作品，最为主要，现在摘录其要点于下：

“列女，刻削为容仪，不画生气，又插置丈夫支体，不似自然。然衣髻俯仰中，一点一画，皆相与成，其艳姿及尊卑贵贱之形，觉然易了。”

“周王，重叠弥纶，有骨法。”

“伏羲神农，神属冥茫，居然有得一之想。”

“汉天，有天骨，超豁高雄，览之若面也。”

“孙武，骨趣甚奇，寻其置陈布势，是达画之变也。”

“壮士，有奔腾大势，恨不尽激扬之态。”

“东王公，居然为神灵之器，不似世中人也。”

“七佛……有情势。”

“北风诗，美丽之形，尺寸之制，阴阳之数，纤妙之迹，世所并贵，神仪在心，夫学详此，思过半矣。”

刘海粟作中国画泼墨《九龙瀑》(1980年)

“嵇轻车诗，作啸人似人啸，处置意事既佳，又林木雍容调畅，亦有天趣。”

此外《魏晋胜流画赞》和《画云台山记》二文，偏重技法，给予我们的理论资料较少。就上引之《论画》一文中，我们可以寻出顾恺之之画论的重心。

他的画论的重心，分析如下：

第一，精神。所谓“生气”，所谓“弥纶”，所谓“超豁高雄”，所谓“奔腾大势”，所谓“情势”，都是活泼泼的精神之表现，也可以说是力的表现。

第二，天趣。所谓“自然”，所谓“不似世中人”，所谓“亦有天趣”，显然是在技巧以外所获得的与大自然冥合的气趣。在《画云台山记》中说：“可令庆云西而吐于东方。”清天中，也可以见笔下云烟冥合自然的气趣。

第三，骨相。所谓“有骨法”，“有天骨”，“骨趣甚奇”，都是倾重骨相的地方。骨法在中国绘画中占有重要位置，在顾恺之时代已经如此了。

第四，构图。所谓“得一之想”，所谓“置陈布势”，所谓“美丽之形，尺寸之制，阴阳之数，纤妙之迹”，还有《魏晋胜流画赞》中说的“先寻此要，而后次以即事”。这都是构图上统一、配置、主客等的裁定。

第五，用笔。所谓“一点一画，皆相与成”，他的《魏晋胜流画赞》中，所谓“一毫小失，则神气与之俱变”，都是用笔方面，慎思远虑，前后呼应，为后世祖述的心法。

中国绘画，从画工中分别出来，成为士大夫的艺术，在王廙和顾恺之时代，已甚明显了。论者谓汉时蔡邕张衡，都是文人而兼画家，士大夫艺术应该始于汉代，但是我们不曾看见王廙、顾恺之辈热烈地以绘画为高尚艺术的立论。所以我们只能视士大夫艺术是托始于晋代的。顾恺之在画史上的位置，一以集人物画的大成。以《女史箴图》的摹本(今藏英国国家博物馆)而论，虽留有汉代石刻人物的遗意，而姿容体态的活泼生动，已进入于较高的境域了。他的佛画，不曾有流传，但从纪录中可以推想到他的神奇。二以开山水画的端绪。《女史箴图》的背景虽然稚拙，而其用笔却为后代山水画家所重视。以他那样特出的画家，所制的画论，当然是赅括了并世人士的艺术观了。

顾恺之以外，六朝时期的画论流传到现在的，有左列各家：

宋宗炳的《画山水序》，王微的《叙画》，后魏孙畅之的《述画记》，齐谢赫的《古画品录》，梁元帝的《山水松石格》，只见张彦远在他的《历代名画记》中零星地引用，未见专篇。所以我们不能看见孙畅之的思想是如何形态。梁元帝的《山水松石格》，久经学者论定为后人伪托的，那末我们也不能当他为六朝的东西了。这一章里，我们再把宗炳、王微的画论来说述一下。不过这二家的画论，也是摘录在《历代名画记》中，是否是全豹，当然很可怀疑的。

这里先把宗炳的《画山水序》来分段说明，他说：

> "圣人含道应物，贤者澄怀味象，至于山水，质有而趋灵，是以轩辕、尧、孔、文成、大隗、许由、孤竹之流，必有崆峒、具茨、藐姑、箕首、大蒙之游焉，又称仁智之乐焉。夫圣人以神法道，而贤者通，山不以形媚道，而仁者乐，不亦几乎。"

这段的意思是，游山水是贤者用旷达清空的胸怀，感受而吟味物象：因为山水是一种实有的物象，但它可以感人人的心灵。游山水者，所见的是物象，而所受的是精神，这和圣人以精神感物的事是相表里的。圣人以神法道是由内而外的，山水以形媚道是由外而内的；但是贯通于道是一样的。其次：

> "余眷恋庐衡，契阔荆巫，不知老之将至，愧不能凝气怡身，伤跕石门之流，于是画象布色，构兹云岭。夫理绝于千古之上者，可意求于千载之下；旨微于言象之外者，可心取于书策之内。况乎身所盘桓，目所绸缪，以形写形，以色貌色也。且夫昆仑之大，瞳子之小，迫目以寸，则其形莫覩；迥以数里，则可围于寸眸。诚由去之稍阔，则其见弥小，今张绡素以远映，则昆阆之形，可围于方寸之内。竖划三寸，当千仞之高，横墨数尺，体百里之迥；是以观画图者，徒患类之不巧，不以制小累其似，此自然之势。如是，则嵩华之秀，玄牝之灵，皆可得于一图矣。"

他浸淫于山水，到了忘去"老之将至"的境地；但是他意犹未足，所以发而为山水画。超经验的真理，还可从读书静思中体会；而山水是经验的存在，当然可以由形色表现出来。画面虽然是很小，但其中所蓄蕴是无穷的；天地万物，尽在尺幅之中。复次：

> "夫以应目会心为理者，类之成巧，则目亦同应，心亦俱会，应会感神，神超理得，虽复虚求幽岩，何以加焉。"

创作者以应目会心为创作之根据，而鉴赏者亦随之而

1983 年刘海粟为南艺学生颁发“刘海粟奖学金”

应目会心了。并且进而应会感神，神超理得，而获得虚求幽岩以上的精神的效果。最后：

> “又神本无端，栖形感类，理入影迹，诚能妙写，亦诚尽矣。于是闲居理气，拂觞鸣琴，披图幽对，坐究四荒，不违天励之丛，独应无人之野，峰岫峣嶷，云林森渺，圣贤映于绝代，万趣融其神思，余复何为哉？畅神而已。神之所畅，孰有先焉。”

精神是无形的，但潜存一切有形物象之中。以写形为手段，以写神为目的，这是艺术的根本法则。陶醉于艺术之中，圣贤相映于绝代，万趣融合其神思，这样，精神自由地开展到极点了。人除了把生命精神自由地开展外，还有何求呢？

这短短的一文中，所谓“道”，所谓“神”，所谓“理”，所谓“形”，当然渗入了不少的道家思想，我们细细地把它玩味起来，会离开论题而入于玄之又玄的境域。现在我们就近处整理，来寻宗炳的思想的要点。

第一，艺术家所感受自然的精神，和圣人以精神感物，是一样归结于道的。

第二，绘画之任务，在使自然蓄蕴于尺幅，鉴赏者从尺幅中，再感到画家所感过的伟大的自然。

第三，无论为创作为鉴赏，都是求生命之充溢，即精神之自由的开展。

就这三点而论，他把绘画异常提高的了。特别对于山水画的提高，影响于后世山水画的发达，自无疑义。他是一个高隐于山林的画家，他的所言，恰如他的身份。我们一想到后代那些不乐名利、放怀于山水的士大夫艺术家们,我们不能否定宗炳是士大夫画家的先驱了。

现在让我们来论述王微的《叙画》,他说:

> "夫言绘画者,竟求容势而已。且古人之作画也,非以按城域,辨方州,标镇阜,划浸流,本乎形者融,灵而动变者心也。"

绘画和实用的舆地图界之画不同,在形体之外还存有灵魂。其次:

> "灵无所见,故所托不动,目有所极,故所见不周。于是乎以一管之笔,拟太虚之体,以判躯之状,画寸眸之明,曲以为嵩高,趣以为方丈。以叐之画,齐乎太华,枉之点,表夫隆准,眉额颊辅,若宴笑兮,孤岩郁秀,若吐云兮。横变纵化,故动生焉。前矩后方,而灵出焉。然后宫观舟车,器以类聚;犬马禽鱼,物以状分。此画之致也。"

灵魂是潜存于一切的物象之中,万物纵横变化,所以是动的,动而有条理,才是灵魂的作用,才发见灵魂。这个灵魂的动态,是绘画的中心生命,是绘画的最高法则。作品能够把动字体验出来,才尽了器物的性状,才达到作品的极致。复次:

> "望秋云,神飞扬,临春风,思浩荡,虽有金石之乐,珪璋之琛,岂能仿佛之哉?披图按牒,效异山海,绿林扬风,白水激涧,呜呼,岂独运诸指掌,亦以明神降之,此画之情也。"

绘画以灵魂的动态为中心,所给予人的认识,不仅仅限于感觉的方面,还予以感觉以上的情绪之认识。这个情绪的认识,同人没入于大自然中所感得的快乐怡悦是一样的,远在金石珪璋之上。当神飞扬、思浩荡的时候,简直与神明冥合,这就是绘画所给予的情绪之认识,也是绘画之生命的所在。

王微的论述,原来从绘画"与易象同体"一点出发,所以参入了"易"的意义了。他的思想要点如次:

第一,形体与灵魂不同,而灵魂却存在于形体之中,绘画以灵魂为中心。

第二,灵魂从万物变化行动而发见,绘画的极致,在捕捉动的条理,即灵魂的动态。

第三,绘画所给予的快感,和人没入自然冥合神明同样地伟大深刻。

王微之为人，据《宋书》上说，是少好学，无不通览，善属文，能书画，兼解音律医方阴阳术数的人；所以他的思想，多半从《易经》和《乐记》里蜕化出来，自无可疑的了。在王微的画论上，气韵生动说的痕迹，最为明显；我们对于王微的理解，间接就是对于六法中气韵生动的理解。

宗炳和王微，把绘画的地位已提高到如此程度，谢赫的六法论接踵而起，是极自然的事情。

第二章　谢赫的六法论

前章所引的画论，都是托附于他书而传的。画论中独立的著作，要算谢赫的《古画品录》是最古的了。而《古画品录》中所指出的六法，对于后代的绘画以至画论，尤有重大的影响。《四库全书总目提要》里说："所言六法，画家宗之，至今千载不易也。"又《简明目录》里说："画家之称六法，亦始于是书。"的确，在谢赫以前，没有人说过六法，六法是到了谢赫才提出来的。即使六法的思想已萌芽于谢赫之前，而谢赫把他综合而有系统地提出来，我们不能不惊异他的伟大的创发。说六法是由谢赫所发明的，这不见得就是过分的话。《古画品录》开宗明义说："夫画品者，盖众画之优劣也。"

解释做书名的画品二字，异常明白。这就是说，画品是绘画的品类或品级；然则品类品级，从何判分？那是从画的优劣来判分的。优劣的标准何在？那就是所谓六法。

刘海粟与上海美专第一届学生于 1925 年（乙丑年）春在杭州峰峦林壑间探讨画学

他转下去说：

> “虽有六法，罕能尽该，自古及今，各善一节。六法者何？一、气韵生动是也，二、骨法用笔是也，三、应物象形是也，四、随类赋彩是也，五、经营位置是也，六、传移模写是也。”

这个观点确立了后，他便开始判定绘画的优劣了。这里所谓判定，不是对于绘画作品之直接的批评，是对于画家的批评。因此所谓品级，也不是绘画作品的品级，是从三国迄于齐、梁间三百余年来作家的品级；根据各作家之成绩而分为六品。其品级与时代，摘录于下：

第一品五人　陆探微　曹不兴　卫协　张墨　荀勗

第二品三人　顾骏之　陆绥　袁蒨

第三品九人　姚昙度　顾恺之　毛惠远　夏瞻　戴逵　江僧宝　吴暕　张则　陆杲

第四品五人　蘧道愍　章继伯　顾宝光　王微　史道硕

第五品三人　刘瑱　晋明帝　刘绍神

第六品二人　宗炳　丁光

上面是以品级来分开的。其画家的时代如左：

吴一人　曹不兴

晋八人　卫协　张墨　荀勗　顾恺之　夏瞻　戴逵　史道硕　晋明帝

宋十人　陆探微　顾骏之　陆绥　袁蒨　吴暕　张则　顾宝光　王微　刘绍祖　宗炳

齐六人　姚昙度　毛惠远　蘧道愍　章继伯　丁光　刘瑱

梁二人　江僧宝　陆杲

这里发生了一个问题，即六法和六品存有怎样关系的问题。同样在“六”那个数字上成立的“法”和“品”，一般说来，第一品应该和第一法气韵生动相适应，推而至于第二品至第六品也该和第二法至第六法相适应；但是我们一考它对于第一品中给予作者的序引，我们便晓得六法和六品中间，没有这么一种机械的联系。六法在批评上说，气韵生动是最高的准则，此外五法是达到这个准则的必要条

刘海粟与颜文樑在一起

件。在创作上说,气韵生动是其他各种要素的复合;作品的实践在乎其他各种要素,作品完成了后,才据其事功而判断它是否达到气韵生动。至于六品,是它对于作家所下的品第;虽则根据六法的准则,而判别作品高下,但因其间每一作家所具的要素不止一种,所以把“品”与“法”机械地联系是不合理的。我们最多可以说,凡作家具备六法中的要素越多,其所占的品第越高;而况六法中的要素也不以一曰……二曰……为轻重的标准,所以我们对于六法和六品的关系,不能从机械方面去求;两者各有其独立观点,我们分别来论亦无不可。

所谓六法,若是视为绘画的要素,我们可以归纳为四种:

第一,笔致——骨法用笔,相当于“touch”一语。

第二,写实——应物象形,相当于“realism”一语。
第三,结构——经营位置,相当于“composition”一语。} 随类赋彩

第四,模仿——传移模写,相当于“imitation”一语,及涵有“再现”(reproduction)的意义。

此外气韵生动是各要素的复合,已如上述;在创作方面,气韵生动是他的极致或止境;而在批评方面,气韵生动是最高准则。如下图所示:

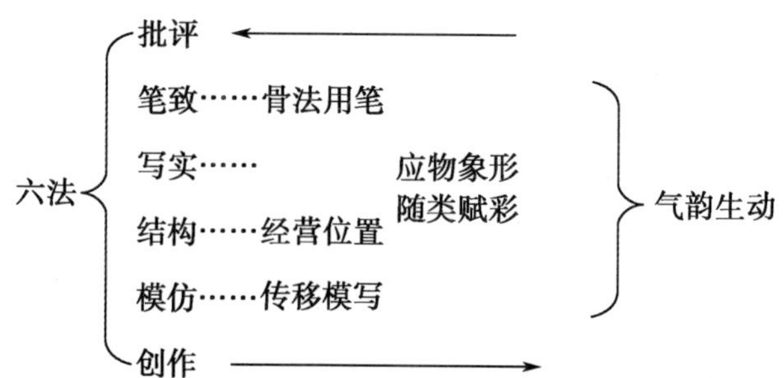

对于六法,谢赫没有一一分别说明;在他对于各作家的序引中多少论及些,可是很抽象的。我们在这里应该把他分别来说一说,当然本着他的序引来引申。谢赫以后有些人所说的六法,乃是别一问题,我们留在后面再来讨论。这里,仍用我上面归纳的次序来说,先把“笔致”、“写实”、“结构”、“模仿”说了以后,再说“气韵生动”。

第一,笔致。这原来用以包括“骨法用笔”一法的。若说骨法和用笔互有分别的,那末笔致二个字也许包括不来。若说骨法用笔是一贯的,即表出骨法的用笔,那末笔致二个字还可配得上。揣摩谢赫的本意,实属后者,所以我敢以笔致二字来替代。“骨”字在中国成语里,是很费解的一字,可以从刚的一方面解释,也可以从柔的一方面去

解释。谢赫所谓“骨法”，他有几句话对我们说：“观其风骨，名岂虚成。”(评曹不兴)“用笔骨梗，甚有师法”(评江僧宝)风骨，意谓骨气弥漫；骨梗，意谓骨力峥嵘。这不是我杜撰的，梁元帝的“古今书人优劣评”中说：“蔡邕书，骨气洞达，爽爽如有神力。”“王僧虔书，纵复不端正，奕奕然有风流气骨。”这是一个绝好的注解；总之无论骨法、风骨、骨气，凡所谓骨，乃是一种“生生的力量”，我们可以无疑了。表现骨法的用笔，即画家落笔于聚精会神中，便显出生生的力量。这有谢赫的说话为证，谢赫关于骨法用笔方面说：

“体韵遒举，风采飘然，一点一拂，动笔皆奇。”(评陆绥)

“纵横逸笔，力遒韵雅，超迈绝伦。”(评毛惠远)

“意思横逸，动笔新奇，师心独见。”(评张则)

“用意绵密，画体纤细，而笔迹困弱，形制单省。”(评刘瑱)

“虽略于形色，颇得神气，笔迹超越，亦有奇观。”(评晋明帝)

“虽擅名蝉雀，而笔迹轻羸，非不精谨，乏于生气。”(评丁光)

由上以观，有一点一拂的奇笔，然后其作品，体韵遒举，风采飘然。有纵横逸笔，然后其作品，力遒韵雅，超迈绝伦。有新奇之笔，然后见意思横逸，师心独见。因为笔迹困弱，虽工细而亦无用。有超越的笔迹，虽不拘拘于形色，而神气自足。因为笔迹轻羸，虽云精谨，但没有生气。综观谢赫的话，我们可以得一结论：笔致或用笔，在于表出生生的力量，不在工细精谨中见长。他所谓“遒举”、“力遒”、“横逸”、“神气”、“生气”，无一不是生生的力量；反之，“困弱”、“轻羸”，无一不是生生的力量之反面，用笔而具有生生的力量，依上所述，其效果如下：

1. 予以体韵风采的统一特质。
2. 予以意思、力，紧张支持的动力要素。
3. 予以把握基本形体的把握力。
4. 予以表示个性的特质。

这里骨法用笔一端，谢赫把它做为气韵生动的首要条件，其理由已甚明显。后世文人画趋向于水墨，白描，勾勒，惟笔致的灵活为事，我们可领会它的从来了。

第二，写实。以六法中应物象形、随类赋彩并为写实，我觉得最为适当。形与色都是表出对象之真实性的必要条件。物与类正是指对象而言,物与类所寄托的,乃是形与色;谢赫关于这一点,树立应物象形、随类赋彩二条,或有疑为应物象形系指单色或线条的真实性,随类赋彩系指色彩的真实性,各有各的领域。但我细察其对各家序引中关于此点的论述,其间不曾有鸿沟横着,乃是一个概念,而在修辞上衍出二句而已。所以我们以写实二字来赅括,对谢赫的原意并不损伤。他说:

"神韵气力,不逮前贤,精微谨细,有过往哲。殆变古则今,赋彩制形,皆创新意。"(评顾骏之)

这里所谓"赋彩制形",即应物象形、随类赋彩二语合并,其自视为一个概念,至为明显了。关于写实,谢赫曾有几句重要的话说:

"人马分数,毫厘不失,别体之妙,亦为入神。"(评蘧道愍、章继伯)

"并师荀卫,各体善能,王得其细,史传其真。"(评王微、史道硕)

人马分数,毫厘不失,即对于对象之真实性的摄取,其所以到达这个入神的地步,在于辨别事物的精妙。荀勖、卫协,在《古画品录》中都是占第一品的人,王、史二人都是师法他们的,而且至于"各体善能",所以到达这个地步,一在于"细",一在于"真"。人马分数,毫厘不失,也不外乎细与真的效果。这细与真,实在是写实的极致,我们谁都承认的。但据谢赫的意思,这细与真并不是无条件的。单纯的细与真,不能作为作品的全价值;在细与真之先,还有一必要条件,就是我们上述的"笔致"。这里发生一个问题,就是得到细与真而失去了笔致,上引"神韵气力,不逮前贤,精微谨细,有过往哲","非不精谨,乏于生气"。评刘瑱说:"笔迹困弱……但纤细过度,翻更失真。"这都是徒然得到写实的效果,而失去了笔致的效果之一例。因为真实是随附于生命的,失掉生命,虽如何形似,不足以启人观感的。还有一问题发生在这里,即得到笔致而遗失了真实,评晋明帝说:"虽略于形色,颇得神气。"评卫协说:"虽不该备形似,颇得壮气。"不过谢赫对于这一点很原谅他,接下去说:"陵跨群雄,旷代绝笔。"谢赫的意思,笔致是第一义的事,写实是次之;二者之间,宁贬视得写实而遗失笔致的方面,取得笔致而遗失写实的方面。这里有个原因,为的

刘海粟作中国画《蓬莱泰岱》（1985年）

写实一道之所以能达到气韵生动，乃靠笔致为媒介。照这一点看起来，谢赫实在也是后代文人画派的远祖之一，《四库目录提要》说他是“院画之发源”，未免略有误解了。

第三，结构。这是指经营位置而言。谢赫关于这一端，曾有下列的话：

> “体法雅媚，制置才巧，擅美当年，有声京洛。”（评吴暕）

> “画体周赡，无适弗该。”（评毛惠远）

在这里我们应该注意的，就是结构，一个条件是“才巧”，一个条件是“适应”。我们知道绘画的构图，其最主要的，在于部分与部分的关系，主要部分和随从部分的分明。部分间关系不清，就没有画的统一性；主要与随从不明，就没有画的重心点。他所谓体法雅媚，我们以一个人来比喻，他是眉清目秀，头部四肢，皆很匀整，风度谈吐，适如其分；这样的人，我们可以称他雅媚的了。绘画正是一样，画面的布置，巨细相称，轻重分明；在人的感觉中予以造物伟大的启示，这都是从“才巧”中得来的。无适弗该，不过是才巧的一个表现，一作品中所描写的事物很多，在杂多中有“适应”，然后成为有机的统一了。有了这结构上有机的统一，然后可达到气韵生动。所以他评毛惠远接下去说：“出入穷奇，纵横逸笔，力遒韵雅，超迈绝伦。”我们简单地说，谢赫之所谓“经营位置”，即以才巧为条件的构图，构图的极致在于适应。

第四，模仿。这里说到传移模写了。谢赫评刘绍祖说：

> “善于传写，不闲其思；至于雀鼠，笔迹历落，往往出群；时人为之语号曰移画。然述而不作，非画所先。”

“传写”，当然是“传移模写”，它还含有“再现”自然之意，但看了后面“移画”，我们可以推定，这里的传写是模仿古人的制作；所以他接下去说：“然述而不作，非画所先。”这一段话中，一方面赞扬他的善于传写；它方面渺视他述而不作。我们可以明白谢赫是一个不重视模仿的人，他是尊重创作的人。创作是绘画的第一义，模写不是绘画的上乘。因此他的赞扬，不是赞扬模仿，而是模仿者的笔致；他说：“笔迹历落，往往出群。”其所以出群，因为笔迹的不凡。序引中有多条述及师弟传授，例如：

> “比方陆氏，最为高逸，象人之妙，亚美前贤；但志守师法，更无新意。”（评袁蒨）

“子颙能继其美。”（评戴逵）

“斟酌袁陆，亲渐朱蓝。”（评江僧宝）

“全法陆实。”（评顾宝光）

“并师荀卫，各体善能。”（评王微、史道硕）

师弟传授，是当时的一种风气，我们不能视为模仿；这因为是素养上的一个阶段，不是像上述那种“移画”的实践。“移画”尚须在笔致上判断，对于师法某家，当然不在与某家酷似与否上判断了。依谢赫的意思，模仿是述而不作的行为，要是“述”中不尽汩没个性，即有自己的笔致存在，未始无一长可取。充其量，他仍着眼于笔致呢。

第五，气韵生动。这是很难解释的一条，这四个字可以拆开来从“气”、“韵”、“生”、“动”一个一个地解释，可以一切斩成二截，从“气韵”、“生动”来分别解释，也可以把“气韵生动”作为一个名词来解释。那末我们怎样下手呢？我看还是从谢赫的序引里来找罢。他的序引里有关气韵生动的话，列举如下：

“穷理尽性，事绝言象，包前孕后，古今独立。”（评陆探微）

“虽不该备形似，颇得壮气。”（评卫协）

“风范气韵，极妙参神，但取精灵，遗其骨法。”（评张墨、荀勗）

“神韵气力，不逮前贤，精微谨细，有过往哲。”（评顾骏之）

“体韵遒举，风采飘然，一点一拂，动笔皆奇。”（评陆绥）

“画有逸方，巧变锋出，魑魅神鬼，皆能绝妙同流，真为雅郑兼善。莫不俊拔，出人意表，天挺生知，非学所及。”（评姚昙度）

“虽气力不足，而精彩有余。”（评夏瞻）

“情韵连绵，风趣巧拔。”（评戴逵）

“意思横逸，动笔新奇。”（评张则）

“别体之妙，亦为入神。”（评蘧道愍、章继伯）

“虽略于形色，颇得神气。”（评晋明帝）

“非不精谨，乏于生气。”（评丁光）

刘海粟作中国画《震泽渔民》（1956 年）

以上的序引中，所谓“理”、“性”、“壮气”、“风范”、“极妙参神”、“精灵”、“神韵气力”、“体韵”、“风采”、“天挺生知”、“气力”、“情韵”、“风趣”、“意思”、“入神”、“神气”、“生气”等用语，都和气韵生动有关。并且有一大部门是气韵生动的代用语，这是中国文词上的修辞或习惯，往往同一意义，用不同的字眼表出，用相并字眼连缀。我们明白了这一点，就可以说，气韵生动是整个的名词，不能分开来讲的。至多说，含有气韵的生动，或弥漫着气韵的生动。实际上宇宙间的生动无处不弥漫着气韵，气韵必然托着生动而表显的。要是像以上五法，若用一外国语来代替，我们便可用节奏（rhythm）一语，已经很适当。英国批评家佩特（Pater）在他的不朽名著《文艺复兴论》中说：“一切艺术，都倾向音乐的状态。”所以节奏，不但是音乐的状态，是亘在全部艺术中的一种状态。明白了这一点，对于谢赫的气韵生动之本意，必能易于理解。上面我曾提及气韵生动，一方面是创作之最后完成，它方面是批评的最高准则；在谢赫也正是这个意思。第一方面，创作之所以能达到气韵生动，因为有它的首要条件“笔致”，上面所论，已甚明了。写实也可以达到气韵生动，例如“别体之妙，亦为入神”。但写实以不遗失笔致为上乘，上面亦曾论及；至于结构与模写，也靠笔致来显出他们的所长。那末笔致在这儿太神秘了。是的，在谢赫确以笔致为先天的，他说：“天挺生知，非学可及。”至少“意思横逸，动笔新奇”。意思横逸，我们可视为灵感的降临，画家创作，不是像一座机械那样天天在走动的；他有了灵感的奋启，才现之于笔墨。最少在他称心悦意，或竟悲愁中得到悦乐的时候，才能下笔。他纪顾骏之的创作情形说："尝结构层楼，以为画所；风雨奥炎之时，故不操笔；天和气爽之日方染毫，登楼去梯，妻子罕见。"顾骏之是如此，必也还有人一反其意，适在风雨奥炎之时动笔。所以创作之达到气韵生动，在谢赫以为天才的成分为多。第二方面，批评之所以着眼气韵生动，因为批评亦是一种艺术，批评家唯一条件，在于具备和创作者"共鸣"(sympathy)，他感受作品时亦在创作，所以他得到无穷的快感，所以他可以指出所长所短。在同一生命之流湍中激荡，他当然以生命的最高形态为其目标。其好尚，其嫌恶，其称扬，其指责，皆依其目标而决定；由大而至于细，所以从气韵生动而以下及于达到这阶程之各种手段。谢赫本身，就是这个态度；我们只要玩味上引有关气韵生动的各条序引，便可明白了。并且我们在那儿发见同一是气韵生动，有其不同的风格(style)。简单言之，可分为三：一种是"泼辣的力量"，一种是"连绵的情致"。所谓"颇得壮气"、"神气"、"气力"、"遒举"，都是属于前者；所谓"飘然"、"连绵"、"风趣"，都是属于后者。也有兼着二者的，如"体韵遒举，风采飘然"。谢赫称道最多的是前者，而称道最力的，是兼有二者的。我来作一比喻，前者可拟为汉高祖"大风起兮云飞扬"，后者可拟为汉武帝歌"是耶非耶"，兼有二者的可拟为项羽歌"虞兮虞兮奈若何"。古来一切艺术，都不能逃出这三种风格，而伟大的正是前者，深刻的正是兼着二者，谢赫的眼光果是如此，我们可以低首惊服的了。

现在我们要讲到六法的起源问题了。有些外国人，如布朗(P. Brown)、安德森(Anderson)(参看 Brown's Indian Painting，及 Bushell's Chinese Art)之流，以为六法传自印度，他们以为佛画中有叫"沙达伽"(Sadanga)的，亦有六条，其内容如下：

1. 现象的认识；
2. 正确感觉，尺度与结构；
3. 形体上情感的跃动；
4. 典雅的浸入，艺术的表出；
5. 象形；
6. 笔与色之艺术的使用。

虽然和六法中有些相近，可是各国的艺术论相同的地方很多，这本来是人类文化在同一水准上常有的现象。但六法和沙达伽排列不同，每一条涵义又不同，绝非传自印度，本身已甚明白。况在谢赫以前，各家画论中已隐约有六法的暗示，至谢赫而完成，实是必然之势。谢赫本身是画家，在姚最的《续画品》中，我们知道他是一位精工的人物画家；他又是鉴赏家，积其经验，自有独特之见地。且综观谢赫以前的画论，在山水画未发达以前，在人物画为代表时代，画论大抵受儒家影响。到山水画发轫，才有道家的思想搀入其中。经过谢赫一直流到后代，亦复如是。《古画品录》序言有“图绘者，莫不明劝戒”及“其源出自神仙”，正是一儒家一道家的思想错综其间。龚定庵在《金孺人画山水序》中有一段话，很可玩味。他说：

> “尝以后世一切之言，皆出于经；独至穷山川之幽灵，嗟叹草木之华实。文人思女，或名其家，或以寄其不齐乎凡民之心，至一往而不可止；是不知所出？尝以叩吾客，客曰：是出于老庄耳。老庄以逍遥虚无为宗，以养神气为用；故一变而为山水草木家言。昔者刘勰，论魏晋宋三朝之文，亦几几见及是。或者神理然耶？”

龚氏提到刘勰，这是后谢赫不远的人，他的名著《文心雕龙》是集文评的大成。又一和谢赫相离不远的人钟嵘，他的《诗品》，是集诗评的大成。南北朝时代，是文学艺术上的自觉时代，不但绘画方面，出现谢赫那么有系统的画论，还有文学方面，出现刘、钟辈的有系统的文学论。我们一看当时的时代，这六法论的发生，背景具在；所谓传自印度的假说，可以不攻自破了。

谢赫以后，一直到近世，凡绘画的创作与批评虽解释往往不同，但未尝越过他的范围。所以他的六法论，对于画论上成了一个不灭的寄与。

第三章　谢赫以后的六法论

谢赫树立了六法论以后，祖述者继起，虽不尽是和谢赫一致，然对于后世画论至有影响。本章选若干人为代表，以明示这六法论的消长展开。

继谢赫《古画品录》之后，就有陈姚最的《续画品》，这也是六朝时代的著作，当然也是值得我们注意的一书。

《续画品》首列序文一篇，至关重要。开头就表明他的态度。他说：

> “夫丹青妙极，未易言尽；虽质沿古意，而文变今情。立万象于胸怀，传千祀于毫翰。”

刘海粟作油画《云谷山庄》(1988 年)

这里就是说,绘画是至高尚的艺术,其本质虽不变,而其风格,随时势而转移。古来画家,大都胸怀万象,所以传之千载。接下说:

> "今之存者,或其人冥灭,自非渊识博见,孰究精粗,摈落蹄筌,方穷至理。但事有否泰,人经盛衰;或弱龄而价重,或壮齿而声遒。故前后相形,优劣舛错。"

对于古代绘画,他已表明"凡斯缅邈,厥迹难详"。对于现代绘画,若非博识,也难了解。何以故?事有幸不幸,人有盛与衰。人往往只看见一面而不见他面,只知其前而不知其后。所以即有论列,不能当为定论。复次说:

> "长康之美,擅高往策,矫然独步,终始无双。有若神明,非庸识所能效;如负日月,岂末学所能窥。荀卫曹张,方之蔑矣,分庭抗礼,未见其人。谢陆声过于实,良可于邑,列于下品,尤所未安。斯乃情有抑扬,意无善恶。"

这段话中,第一是推崇顾恺之,而顾恺之却被谢赫列为第三品,说他迹不逮意,声过其实。谢赫所列为第一品的荀卫曹张，姚最却说他们比不上顾氏。陆探微是谢赫引为第一品第一人，而姚最却说他声过于实。这里显然姚最是不满意于谢赫的人了。他何以不满意谢赫？因为他自有自己的见地。他说："冥心用舍，幸从所好。"因此他的著作，虽继谢赫而起，但已成了他的一家之言，他说："今之所载，并谢赫所遗，犹若文章止于二卷，其中道有可采，使成一家之集。"态度在序言中表明而后，他开始批评下列各家：

湘东殿下（梁元帝） 刘璞 沈标 谢赫 毛惠秀 萧贲 沈粲 张僧繇 陆肃 毛棱 嵇宝钧 聂松 焦宝愿 袁质 僧珍 僧觉 释迦佛陀 吉底俱 摩罗菩提 解蒨

他的批评不列品第，只是每一人或二人之下加以序引。他和谢赫的不同，就是：谢赫是"随其品第，裁成序引"，是较客观的。而姚最则"冥心用舍，幸从所好"，是属于主观的。他虽和谢赫的出发点不同，而他首先肯定六法，他于评湘东殿下中说："画有六法，真仙为难。"他这书之著作是继谢赫而起的。又是肯定六法的；所以我们讲到谢赫以后的六法论，把他来作先导。

姚最对于六法，不像谢赫那么一条一条地举出来，他说了"画有六法，真仙为难"以后，便说："王于象人，特尽神妙，心敏手运，不加点治"。所以其六法的标题是否和谢赫一样，颇滋人疑。不过他没有提出另外的标题，当然他还是默认谢赫的标题。我们在这里，仍依谢所举的各条来讨论。

第一，笔致。关于这一点，姚最有几句重要的话。他说：

"遇物援毫，造次惊绝。"（评湘东殿下）

"少习门风，至老笔法不渝前制，体韵精研，亚于其父。"（评刘璞）

"工操笔，点刷研精，意在切似。……至于气韵精灵，未穷生动之致，笔路纤弱，不副雅壮之怀。"（评谢赫）

"含毫命素，动必依真。"（评萧贲）

"笔迹调媚，专工绮罗。"（评沈粲）

"笔势遒正，继父之美。"（评袁质）

他所推崇的笔致,第一湘东殿下项下所谓"心敏手运,不加点治,……遇物援毫,造次惊绝",这是从天才与兴会而来的;其次"含毫命素,动必依真"及"笔势遒正,继父之美",这是从沉着与力强而来的。从这二方面来的笔致,都可达到气韵生动的。反之,枯守前法,或意在切似,丧失了气韵生动的本质了。还有笔致妩媚,传出绮罗气分,也还存有情趣。姚最对于笔致的重视,实不亚于谢赫,这一点自甚明显。

第二,写实。关于这一点,我们也来引他的话:

"画有六法,真仙为难,王于象人,特尽神妙。"(评湘东殿下)

"虽无偏擅,触类皆涉,性尚铅华,甚能留意;虽未臻全美,殊有可观。"(评沈标)

"写貌人物,不俟对看,所须一览便工操笔,点刷研精,意在切似;目想毫发,皆无遗失;丽服靓妆,随时变改,直眉曲鬓,与世事新;别体精微,多自赫始……中兴以后,众人莫及。"(评谢赫)

"其于绘事,颇为详悉,太自矜持,翻成羸钝。"(评毛惠秀)

"善图塔庙,超越群工,朝衣野服,今古不失,奇形异貌,殊方夷夏,实参其妙。俾昼作夜,未尝厌怠。……然圣贤曬矚,小乏神气,岂可求备于一人。"(评张僧繇)

"无的师范,而意兼真俗,赋彩鲜丽,观者悦情;若辨其优劣,则僧繇之亚。"(评嵇宝钧、聂松)

"珍乃易于酷似,觉岂难负析薪。……若品其工拙,盖嵇聂之流。"(评僧珍、僧觉)

刘海粟作中国画《金盏牡丹》(1984年)

他评湘东殿下"王于象人,特尽神妙",因为有其他条件;至于仅仅写实一方面,对于沈标的触类皆涉,以为还未全美;对于谢赫的切似和别体精微,还说他未穷生动之致。其次对于毛惠秀的详悉,亦觉羸钝;张僧繇的超越,还是小乏生气。复次,嵇、聂的意兼真俗,赋彩鲜丽;珍的酷似,都在张僧繇之下,姚最之贬视写实,尤较谢赫为甚,综合他的主张如下:

1. 写实以切似详悉为必要,但弊病随之而起。
2. 写实是肤浅的美,未能泛及于美的全体。

刘海粟作中国画《返照入江翻石壁》
（约20世纪50至60年代）

3. 有像湘东殿下的天才与素养，才能达到写实的最高点。

假使缺了湘东殿下那么的天才和素养，凭着写实，不能达到气韵生动，其理至为明显。谢赫尚以为“别体之妙亦为入神”，意谓写实亦可以达到气韵生动；而姚最则绝不如此主张，所以他的贬视写实，更形明显。

第三，结构。关于这一点，他说：

> “惠远之子，便捷有余，真巧不足，善于布置，略不烦草；若比方诸父，则床上安床。”（评毛棱）

这里“善于布置，略不烦草”，是毛棱的特长；姚最在这儿，似乎对于一种简单的章法，很表同情；这种章法，从便捷中来的，不需打繁琐的稿本，一任自然之流。虽然毛棱的缺点，在于尚未达到真巧的地步。他的父亲毛惠远，谢赫说他是纵横逸笔，力遒韵雅；这是关系笔致方面的事，大约毛棱还未学到父亲的笔致，所以真巧不足。如此，结构的好处，也要由笔致传达出来，方为真巧。姚最的意思就是说，构图的真巧，必由笔致传出，若不由笔致传出，其布置任何精善，没有最高的意义存在。

第四，模仿。姚最在《续画品》的序文中说："质沿古意，文变今情。"这里就出现变化的形式与恒永的本质之分际了。在其间，姚最且重视恒久的东西，这无异明示对于传统的尊重。他对嵇宝钧、聂松二人说他们是"二人无的师范"，即他们未循任何师道而来的。对谢赫的新兴写实，一反古意的革命运动，当然是不予同情了。因他尊重传统，所以他对于模仿未像谢赫那么贬为述而不作。他说：

> "胤祖之子，少习门风，至老笔法不渝前制：体韵精研，亚于其父。"（评刘璞）

> "绥之弟，早藉趋庭之教，虽复所得不多，犹有名家之法。"（评陆肃）

> "蒨之子，风神俊爽，不坠家声。"（评袁质）

> "珍，蘧道愍之甥，觉，姚昙度之子，并弱年渐渍，亲承训勗。"（评僧珍、僧觉）

这样地数其家珍，对于传统的拥护，情见乎辞了。因此在姚最心目中之模仿，不是和创作对立的东西，而是其中存有创作的因素的东西。

第五，气韵生动。关于这一点，姚最自己说：

> "体韵精研，亚于其父。"

> "至于气韵精灵，未穷生动之致；笔路纤弱，不副雅壮之怀。"

> "圣贤曬矚，小乏神气。"

这里体韵即气韵生动，体韵精研，无异说气韵生动是一手段，必须精研的。其次气韵与笔路并列，也无异说，气韵生动和笔致是相并的手段。复次，神气是人物画的必要条件，亦把气韵生动当做手段了。可是它方面，他却有一个主见，就是他说："画有六法，真仙为难。"达到真仙的地步，只有湘东殿下；湘东殿下之所以能达到真仙之境，他有下列条件：

1. 天挺命世，幼禀生知；
2. 深穷性表；
3. 心师造化；
4. 心敏手运，不加点治；

刘海粟作中国画《泼彩荷花鸳鸯》（1977 年）

5. 听讼部领之隙，文谈众艺术之余，时复遇物援毫。

假如真仙，我们就当做气韵生动的话，那么第一须天才，第二须学养，第三须法自然，第四须感兴的把捉。就姚最的议论看来，对于气韵生动，已存矛盾。他把气韵生动分裂为二面，一面视他为一手段，他面视他独特的所产。后世论画，有把气韵生动当为手段的，有把气韵生动以为有可学与不可学之分歧的，都是姚最的始作俑。在这里，谢赫视气韵生动为各要素之复合之主见，已经消沉掉了。

由以上的论究，可知姚最与谢赫之间，有鸿沟的存在。大体上：谢赫尚注意写实，而姚最竟置之甚淡；谢赫尊重创作，姚最则尊重传统；谢赫的气韵生动，是各要素的复合，而姚最的气韵生动，模棱两可；谢赫批评态度自外感应的，而姚最的批评态度自内发展的。他对于文人画派之原始的鼓舞，尤较谢赫为进一步，虽然，弊病亦从他种根，他的功绩，自不可没。

唐代论画之著述，如韩愈、王维等文人画士之断片，以及不传者外，若干论著如李嗣真的《续画品录》，释彦悰的《后画录》，裴孝源的《贞观公私画史》，除摭拾一二陈言，仅列人名目录外，对于六法，无甚发挥。即朱景玄的《唐朝名画录》，以“神”、“妙”、“能”、“逸”分为四品，亦都在谢赫系统之列。只有张彦远的《历代名画记》十卷，皇皇钜观，着眼于六法的阐发。我们所论，以六法为中心，唐代论者，即以张氏为代表，已可推知时势之所趋了。

我们叙述张彦远的六法论以前，不能不明白张氏的态度，而张氏的态度，在他的《叙画之源流》一节中最为明显的。开头就说：

> “夫画者，成教化，助人伦，穷神变，测幽微；与六籍同功，四时并运。发于天然，非由述作。”

绘画是教化的一种手段，他和圣人的制作是并行的；从这方面说，绘画的艺术依存于礼教而失其独立性了。但是他既和圣人的制作并行，所以发于天然而非由造作；从这方面说，绘画的地位，已被抬高，不能和百工之艺并为一谈了。张彦远是一个率直的士大夫，率直的儒治时代的宣教者。他把绘画的历史对准着经史说明以后，即论到他的功用说：

> “观画者见三王五帝，莫不仰戴；见三季异主，莫不悲惋；见篡臣贼嗣，莫不切齿；见高节妙士，莫不忘食；见忠臣死难，莫不抗节；见放臣逐子，莫不叹息；见

淫夫妒妇，莫不侧目；见令妃顺后，莫不嘉贵。是知存乎鉴戒者，图画也。”

为教化而有绘画的功利论，不自张彦远始，王廙的“学画可以知师弟行己之道”一语，就是这派理论的先导。谢赫迫于时势，虽说“图绘者，莫不明鉴戒”；他方面却很婉转地避开这个问题而说：“故此所述，不文其源，但传出自神仙，莫之见闻。”姚最也相信“四门之墉，广图圣贤”。而他也学着谢赫的乖，说道：“凡斯缅邈，厥迹难详。”张彦远最老实了，不是，最热中了，所以这个功利论到了他而暴露无遗。

张彦远的《历代名画记》，第一卷至第三卷泛论绘画的本质、体制、鉴藏、掌故等；第四卷至第十卷系历代的画家传，自轩辕至唐代会昌，凡 371 人。其间画家的画论，如上述顾恺之、王微、宗炳等人的画论，皆赖以传。所以这书浩瀚博洽，是唐代关于绘画之唯一的名著。他在第一卷里有《论画六法》的专篇，所以他的六法论，已有一个明晰的轮廓示给我们，我们可以不用像上面那么在谢赫、姚最的评论中去找他们的论据。而在张彦远视为六法为一绘画之规范，已意识地去阐发了。我们仍依上面的例子，分别叙述。

第一，笔致。他说：

“夫象物必在于形似，形似须全其骨气，骨气形似，皆本于立意而归乎用笔，故工画者，多善书。”

这里所谓形似骨气，都是画画上的表白，形似也不是单纯的形似，是弥漫着骨气的形似。达到这个地步，须经过二个阶段：首先经过意识的酝酿，即所谓皆本于立意；其次由笔致传达出来，即所谓归乎用笔。最后绘画的用笔和书法的用笔，是一致的，至少有联带关系的。这里引起了一个问题，就是书与画的纠葛问题，视书法为艺术之一，渊源甚古，于六朝时代亦有自觉的发展。王廙已把书画并提，梁庾肩吾有《书品》之著述。陈姚最评袁质中有书画异途同归之说，现在张彦远出来点破书画在用笔上之牵连，而立出工画必善书的条件。这笔纠葛账，究竟是怎样说呢？书画同源，在中国画史上是一致承认的，但此陷于论理上之绝对错误。中国以书法为艺术之一，而书法与绘画，在用笔一端，二者有心里感觉和技法运用的相关，遂以讹传误，结为不能分解的缘分。其实看了张彦远的话，惟在用笔上有所关联，和起源无涉。虽然张氏以象形文字当

刘海粟作中国画《葫芦》
（1965年）

为绘画的起源。这也陷于迷误中，此为另一问题，兹不具论。张彦远以笔致通过意识而达到形似骨气的唯一手段，所以对于笔致，极为重视。他有《论顾陆张吴用笔》一篇，特地表明他关于笔致的主见。他说：

“顾恺之之迹，紧劲联绵，循环超忽，调逸格易，风趋电疾，意存笔先，画尽意在，所以全神气也。……其后陆探微亦作一笔画，连绵不断，故知书画用笔同法。陆探微精利润媚，新奇妙绝，名高宋代，时无等伦。张僧繇点曳斫拂，依卫夫人笔阵图，一点一画，别是一巧，钩戟利剑，森森然，又知书画用笔同矣。国朝吴道玄古今独步，前不见顾陆，后无来者；授笔法于张旭，此又知书画用笔同矣，张既号书颠，吴宜为画圣。”

张彦远对于顾陆张吴的用笔，都用书法，尤其草书的书法来说明，一以证明书画的一致，二以表明写意笔法的尊重。关于后者，他又有一个重要的说明；他说：

“或问余曰：吴生何以不用界笔直尺，而能弯弧挺刃，植柱构梁？对曰：守其神，专其一，合造化之功，假吴生之笔；向所谓意存笔先，画尽意在也。”

对于写意笔法的尊重，必然对于单纯简易的作品亦随之而拥护。他最后说：

“又问余曰：夫运思精深者，笔迹周密；其有笔不周者，谓之如何？余对曰：顾陆之神，不可见其盼际，所谓笔迹周密也。张吴之妙。笔才一二，象已应焉；离披点画，时见缺落；此虽笔不周而意周也。”

综观张彦远关于笔致的见解，有下列四个特点：

1. 意在笔先，从立意而到用笔；
2. 书画用笔一致；
3. 作画如作书，在写出气势一贯的意境；
4. 笔不周而意周。

全体可说是从“意”上着想，无疑地他是一个观念论者；因为这个主张，所以他薄视界笔直尺一类的科学素养，而较谢赫、姚最更进一步地归向文人画了。

第二，写实。张氏关于此点，他的“论画六法”中说：

“今之画，纵得形似而气韵不生，以气韵求其画，则形似在其间矣。”

“夫象物必在于形似，形似须全其骨气，骨气形似，皆本于立意。”

> “若气韵不周，空陈形似，笔力未遒，空善赋彩，谓非妙也。”

> “今之画人，粗善写貌，得其形似，则无其气韵；具有彩色，则失其笔法。”

张彦远的意思，写实是寓于气韵之间的，由用笔来完成的。气韵须首先着眼，再次谈到形似；则他之视气韵亦为要素之一，与形似相伴的。此点和谢赫由写实达到气韵之说，适为相反。虽然，形似他是肯定的，不过所肯定的形似，是伴有气韵的形似。形似与赋彩，在张彦远视为二个概念，所以在赋彩方面，他肯定伴有笔致的赋彩；这个分歧，在应用书法用笔的绘画时代，以用笔为目标，所以把写实分裂了。他又有几句话可补充的，他说：

> “今之画人，笔墨混于尘埃，丹青和其墨滓，徒污绢素，岂曰绘画？”

这明明是水墨的用笔和赋彩的用笔之别。张彦远因欲把绘画纳入于书法，所以赋彩亦须笔致为伴，这一层也是归向文人画的特征。

第三，结构。关于此点，他说：

> “至于台阁树石，车舆器物，无生动之可拟，无气韵之可拟，直要位置向背而已。”

> “至于经营位置，则画之总要；自顾陆以降，画迹鲜存，难悉详之。惟观吴道玄之迹，可谓六法俱全，万象毕尽，神入假手，穷极造化也。所以气韵雄壮，几不容于缣素，笔迹磊落，遂恣意于墙壁。其细画又甚稠密，此神异也。”

张彦远对于结构的见解，同前者看则结构和气韵生动绝无关系，结构只要排布那些画面上的无生物，因为是无生物，所以无气韵生动的存在；无生物与生物的差隔，简直就是结构与气韵生动之差隔。由后者看，结构是画的总要，像吴道玄那么六法俱全，万象毕尽，才算得结构的神手，这里结构似乎是六法中的最主要的要素，或竟是亘于全体的要素了。关于这个矛盾怎样说呢？这因为张彦远既把经营位置与位置裂而为二了。他的意思是，位置是处理无生物的一个手段，经营位置是全作品的总纲领。照我看来，张彦远既把经营位置提得这么高，位置无生物，当然也包括在他的当中了。这样说来，张氏的构图说，又回复顾恺之的主见，而较谢赫和姚最更开展一层了。

第四，模仿。对于这一点，张彦远轻轻地说了一句话，他说：

“至于传移模写，乃画家末事。”

此点和谢赫的意见，如同一辙的，不过张氏是尊重古代人的，他说：“上古之画，迹简意淡而雅正，顾陆之流是也。中古之画，细密精致而臻丽，展、郑之流是也。近代之画，焕烂而求备。今人之画，错乱而无旨，众工之迹是也。”

在他的《论画工用拓写》中，称赞拓写说：

“古时好拓画，十得七八，不失神采笔踪。”

对于摹古，他也许不视为模仿，则当时尊重传统之时势使然，但根本上，他还承认创作高于模仿。

第五，气韵生动。关于此点，就上面连带述及的话来说，张氏的概念如下：

1. 气韵为包含形似的一个要素，即所谓“以气韵求其画，则形似在其间矣”。

2. 气韵生动是生物精神，即所谓“至于鬼神人物，有生动之可状，须神韵而后全”。

3. 气韵与形似相并的二种要素，即所谓“得其形似，则无其气韵”。

张彦远的视气韵生动如此，似乎和谢赫相差太远了。虽然，气韵生动四字，到张彦远时代为止，中间经若干人的割裂滥用，并且已成口头禅了。对于其本意的阐发，张彦远未尝闲却。我们看他评吴道玄说：

“唯观吴道玄之迹，可谓六法俱全，万象毕尽，神人假手，穷极造化也。”

“守其神，专其一，合造化之功，假吴生之笔。”

他论作品的等第说：

“夫失于自然而后神，失于神后妙，失于妙而后精，精之为病也而成谨细。”

他接着排列下去：

“自然者为上品之上，神者为上品之中，妙者为上品之下，精者为中品之上，谨而细者为中品之中。”

这里“神人假手”及“合造化之功”，都是他所标出的

刘海粟作中国画《青绿山水》（1975 年）

"自然"的注解，那末气韵生动存乎天机或天才，已很明显。这一点和谢赫、姚最未有不同，并启后世趋向天趣之路径。对于创作如此，对于批评或鉴赏如何？他在《论鉴识收藏购求阅玩》中说：

"余自弱年，鸠集遗失，鉴玩装理，昼认精勤；每获一卷遇一幅，必孜孜葺缀，竟日宝玩。可致者必货，弊衣粝食，一妻子僮仆，窃窃嗤笑；或曰：终日为无益之事，竟何补哉？既而叹曰：若复不为无益之事，则安能悦有涯之生？是以爱好愈笃。"

以鉴赏批评为"悦有涯之生"，这种享乐主义的立场，我们不能不惊异，不能不认为较以前各家为透辟。然在此有一问题，张氏于绘画，本为一依存于教化的积极的功利论者，奈何又有这享乐的消极色彩？这就是中国士大夫文人的二重人格，在他的身份上，亡命地以继承大道为己任；在处境上，以安适而畅其生命为满足。所以张彦远未尝把气韵生动之较高的意思闲却的。

张彦远生当文人画涌现的时代，其画论之开展，处处投合文人画，实为必然之事，他最后说：

"自古善绘者，莫非衣冠贵胄，逸士高人，振妙一时，传芳千祀；非闾阎鄙贱之所能为也。"

到了这个时代，文人画与众工之画，文人与鄙贱，早有鸿沟介其间，而张彦远则为文人画派的代辩者、拥护者、推进者，自无可疑了。

唐以后，历五代至宋，关于绘画的论著，益如雨后春笋，勃发而起。尤以宋代名著特多。苏轼、范成大、周密、米芾、韩拙、郭熙、黄休复、刘道醇、董逌、李荐、李成等，皆有专篇论著；不但名重当时，抑且垂至今日而犹有人奉为圭臬者。在他们著作之中，有的偏于鉴赏真伪，有的随事纪录，有的偏于一种体制，有的随笔题跋；欲找出一种关于六法有全盘之论述的，则甚罕少。只有郭若虚的《图画见闻志》，对于"气韵"、"用笔"等有专篇论述。我们现在以六法问题为中心，不能不割爱一切片断和迂萦的论议，而取整个的着眼于六法的论著为代表。所以在张彦远以后，我们就举郭若虚来做代表。

张彦远的《历代名画记》叙至唐末，郭若虚的此书，即继张氏而裒辑的；自五代至宋熙宁七年止，分叙论、纪艺、故事、拾遗、近事五门，凡六卷。马氏《文献通考》称此书为看画之纲领。就此书之出产与地位，来代表张彦远以后的

刘海粟作中国画《水墨熊猫》
（1976 年）

六法论，我觉最为适宜。他的重要理论，则在于第一卷《叙论》。我们尽量在这里采取材料。他的《叙自古规鉴》中，陈述出他的态度，最后把绘画归到"与六籍同功，四时并运"，这和张彦远可称伯仲，不过他的六法论，和张彦远不同。现在仍依上例叙述。

第一，笔致。关于此点，他在《论制作楷模》一文中说：

"画衣纹林石，用笔全类于书。"

"画山石者，多作矾头，变为凌面，落笔便见坚重之性。"

其次，他有《论用笔得失》一文，他说：

"凡画，气韵本乎游心，神采生于用笔，用笔之难可识矣。"

"自始及终，笔有朝揖，连绵相属，气脉不断，所以意存笔先，笔周意内，画尽意在，象应神全。"

"夫内自足然后神闲意定；神闲意定，则思不竭而笔不困也。"

"画有三病，皆系用笔。所谓三者，一曰板，二曰刻，三曰结。"

细绎郭若虚的所说，对于用笔，第一以为绘画用笔与书法用笔是一致的；第二意存笔先，笔周意内；这二点和张彦远所说不相上下，不过他更精确地去规定，即神闲意定而笔不困。并且郭氏更比张彦远重视用笔，一则曰，用笔之难可识矣。再则曰，画有三病，皆系用笔。这样，笔致一事，成了绘画上的一大难关；绘画的得失，全在乎这难关的打破与否？郭氏特别鼓吹用笔，盖自唐以来，书画一致之说风行，文人画一日千里的进展。这种现象，当然可使郭氏把用笔特别提高。

第二，写实。关于此点，郭氏在《论制作楷模》中说：

"画屋木者，折算无亏，笔画匀壮，深远透空，一去百斜，……向背分明，不失绳墨。"

"画花果草木，自有四时景候，阴阳向背。"

郭氏对于写实，已从另一方面注意，即注意透视与光暗。但此不过限于无生物方面，细琐上之注意，不能说他对于写实的鼓励。他对于当时的界画说：

"今之画者，多用直尺，就界画分成斗栱，笔迹繁杂，无壮丽闲雅之意。”

蔑视界画，是文人画家的常态，所以他所提出的透视与明暗，亦必伴着笔致的。关于写实，可以说不是郭若虚眼中所欲注意之事。这是文人画发达时的现象之一。还有他在《论妇人形相》中说：

“今之画者，但贵其姱丽之容，是取悦于众目，不达画之理趣也。”

因为他注意理趣，所以重视对象之风度，而不尚鲜艳之形似。写实之到了郭氏，没有何等地位了。

第三，结构。关于此点，郭氏在《论衣冠异制》中，叙述了一段历代衣冠的不同情形，接着轻轻地说：

“凡在经营，所宜详辨。”

经营位置，在张彦远一方以为处置无生物，他方尚以为画之总要。而郭氏只是获得了张彦远的一方面，视经营位置为衣冠制度、人物配列的手段，可知结构在郭氏亦属无兴味之一端。

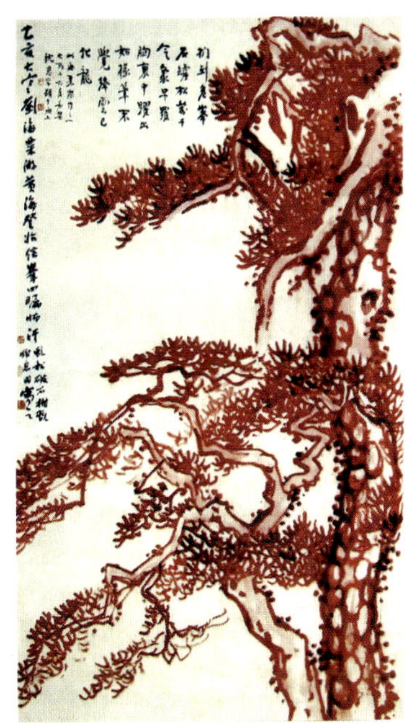

刘海粟作中国画《朱松》(1935 年)

第四，模仿。关于此点，郭若虚《叙论》中，简直毫未论及。这有一个重大原因，山水画发达，作者竞向这条路上标新立异，无暇于摹古或模仿；且郭氏似乎不是一个十分尊重传统之人，此点和姚最、张彦远都不同。我们看他的《论古今优劣》中说：

“近代仿古多不及，而过亦有之，若论佛道人物士女牛马，则近不及古；若论山水林石花竹禽鱼，则古不及近。”

人物画之衰亡，与山水画之勃兴，正是宋代绘画的现象；当时所留存的人物画，尚屑屑于古制，郭氏今不及古的评断，正是不满意模仿之表示。至说山水古不及今，又是他尊重创作的表示。在这个时代，在这样氛围中产生的郭若虚，蔑视模仿，是乃必然之趋势。

第五，气韵生动，关于这点，郭氏有《论气韵非师》一文，他坚决地说：

“谢赫云画有六法，……六法精论，万古不移，然而骨法用笔以下五法可学，如其气韵必在生知，固不可以巧密得，复不可以岁月到，默契神会，不知然而然也。”

郭氏这段论断，对于六法论上极有功劳，第一将气韵生动明白地和其他五法分开，回复谢赫各要素复合的本意，辟开了视气韵为一要素的谬见。第二气韵的来历，是存乎天才，不知然而然的，不可以强求得到的。这种见解，不但解难排纷，且坚定了文人画者的意旨，向着自己的道路上拥进。他接下去说：

“窃观自古奇迹，多是轩冕才贤，岩穴上士，依仁游艺，探赜钩深，高雅之情，一寄于画。人品既已高矣，气韵不得不高；气韵既已高矣，生动不得不至。所谓神之又神而能精焉。”

在这里，气韵的来源是关乎人品，这人品是很费解的，这里包含身份和人格二种要素，凡画者身份高人格高，气韵自然亦高了。在他的《论制作楷模》中说：

“大率图画风力气韵，固在当人。”

这里的“人”字，大约指的也是作者人品；所以作者人品，在郭若虚是最注意的东西。气韵说到后世转入自我尊重之一途，都是从这时代起的。

绘画的最高价值在有气韵生动的作品，他说：

“凡画，必周气韵，方号世珍。不尔，虽竭巧思，止同众工之事，虽曰画而非画。”

又在《论古今优劣》中说：

“张周韩戴，气韵骨法，皆出意表。”

这里又把气韵来区别众工与画家了。自然，有气韵的画家，是人品高尚的人物，众工系人品卑微的人物。他这种主张，处处是文人画旺盛时代之叫声。

综观郭若虚的六法，除笔致一端与张彦远一致，辞而略略发展外，对于写实、构图、模仿，皆已闲却而不顾了。惟把气韵生动明晰的提高，实在是郭氏的一大特色，较诸张氏精辟进步，亦在于兹。

谢赫以后的六法论，从姚最、张彦远、郭若虚三人的论著中，我们已抉出了一条主流了。这条主流是这样的，要素中写实渐渐没有地位，而笔致地位的提高，结构和模仿的隐灭，而为各要素复合之气韵生动十分昌明。所以六法论到了郭若虚再不能张展了，他只有片面的重视与分歧，后世画论之精谨处，都在这个问题上面。这待下章来讨论罢。

第四章　气韵生动说的分歧与辩护

谢赫的六法论，以气韵生动冠其首，于是论画者无论见解有何不同，路径有何分别，对于气韵生动之重视，成为一致的事实了。自郭若虚断言气韵不可学，其他五法可学，于是气韵生动一直到现在，俨然成为画论的中心；无论画家批评家，都着眼于此点。气韵生动说于是起了分歧，有分歧便有人站在某一立场出而辩护，到达众说纷纭莫可究诘的地位。

此种分歧与辩护，对于气韵生动的阐明，贡献甚大；且足以见画论的进展。故本章所述，专从此问题下手，盖承前章所谓片面的发展而来。所涉时代，自谢赫以后迄于清代，我们能理得一头绪，对于中国画论的整理，谅不无裨益罢。

个个人在嚷着气韵生动，我说这样，你说那样，他说的别一样；于此，我们不能不作一综合而再分出若干范畴来讨论。据我的意思，可以把它分为四个问题如下：

1. 关于气韵生动的地位问题；
2. 关于气韵生动的来源问题；
3. 关于气韵生动的托附问题；
4. 关于气韵生动的风格问题。

现在，我们来依次叙述罢。不过这个尝试，以手头枯窘之材料为限，其有遗漏者，他日再行增补。

第一，关于气韵生动的地位问题。关于此点，即指气韵生动在六法中占什么地位。当谢赫树立之时，即以气韵生动为各要素之复合，与其他五法的地位，截然不同，已详上述。逮至姚最、张彦远，虽对于谢赫之本意，未尝全盘抛弃；然有时混气韵生动为与其他五法同样是一种手段，气韵生动的位置，就被动摇了。后世的纠缠不清，就是从这儿发生的。我们现在照那二个分野来讲。

甲方以为气韵生动，和其他五法同样为一手段，这从姚最、张彦远在矛盾中微露此意外，宋韩拙的《山水纯全集》中，有《论有笔墨格法气韵病》一文，他说：

> “切要循乎规矩，格法本乎自然，气韵必全其生意。得此者备矣，失此者病矣。”
>
> “凡用笔先求气韵，次采体要，然后精思。”

韩拙的意思，以气韵和切要、格法相提并论，并主张在作画用笔之时，先求气韵，以气韵为一要素，自甚明白，且谓气韵可以人力求得。因此他的目标，重视学古，他在《论古今学者》一文中说：

> “且人之无学者，谓之无格；无格者，谓之无前人

之格法也。”

韩拙为宣和画院中人，其所说，足为院画派之代表。明初王履，亦系院画派人，他的画卷自序中说：

“取意舍形，无所求意？故得其形，意溢乎形；失其形，意云何哉？”

这里所谓形，不是指写实，却是指“格法”，和韩氏之论，可为伯仲。降而至于以气韵生动为“烟润”者，亦有其人。如明唐志契所指出的：

“世人妄指烟润为气韵生动。”

这一派的理论愈趋愈狭，见于上述，即可明了。

乙方以气韵生动为超然于其他五法之外的，它自有独立领域的。谢赫的本意，本来如此，经郭若虚果断地把气韵生动与其他五法撇开以后，一直至后来，凡文人画派的论议，皆宗其说。即看对于气韵生动成为画论的中心，便可推知郭若虚的影响。

以上二个分野，显然就是院画与文人画的分野。其后跟着文人画的发达，而后说占了胜利。这对于谢赫树立此说的本意，可算无罪了。

第二，关于气韵生动的来源问题。关于此点谢赫虽未明言，但他有“天挺生知，非学可及”的话，他似乎倾向天才而非学力的。姚最以天才、学力并举，于是发生可学与不可学的问题，以及天才与学养并为条件的问题。此问题有三个分野可叙述。

刘海粟作中国画《最爱无花不是红》(1963 年)

甲方以为气韵生动纯由天才而来，未可以学力致达的，这谢赫、张彦远、郭若虚，都属于这个分野。宋邓椿著《画继》，亦祖述郭氏之说。明李日华，也是祖述生知之说。清恽南田的《瓯香馆画跋》也说：

“笔墨可各也，天机不可知也；规矩可得也，气韵不可得也。”

这也是属于生知一派的，以气韵和天机并列，当然是不能学得的了。

乙方以为气韵生动有学得可能的。明董其昌在他的《画禅室随笔》中说：

“气韵生动……然亦有学得处，读万卷书，行万里路，胸中脱去尘浊；自然丘壑内营，成立鄞鄂；随手写出，皆为山水传神。”

刘海粟作中国画《松鹰图》
（1978 年）

清方薰《山静居论画》中说：

“昔人谓气韵生动是天分，然思有利钝，觉有后先，未可概论也。委心古人，学之而无外慕，久必有悟，悟后与生知者殊途同归。”

董其昌以读万卷书、行万里路为学得气韵生动的条件。方薰以一心学古，经过“悟”的阶段为学得气韵生动的条件。二者条件虽微有不同，以为可学是一样的。

丙方以为气韵生动须具备天才和学力的种种条件，姚最就是这样说的。清王昱的《东庄论画》中说：

“有一种画，初入眼时，粗服乱头，不守绳墨，细视之，则气韵生动，寻味无穷。是为非法之法，惟其天资高迈，学力精到，乃能变化至此。”

亡友陈衡恪的《文人画之价值》中说：

“文人画之要素，第一人品，第二学问，第三才情，第四思想。具此四者，乃能完善。”

此种议论，若细检之，当必不少。我想既以天资为前提，已与甲方的主张不相违背了，加以学力，自亦合理之论。况甲方的主张，对天才的人，未尝说过不必学力的话，所以此派的主张和甲方接近甚密的。

还有人说，气韵生动是无意识的流露，例如清张庚的《浦山论画》中说：

“气韵……发于无意者为上。”

还有人说，气韵生动是刹那间的把捉，例如苏轼《记孙知微作画》说：

“始知微欲与大兹寺寿宁院壁作湖滩水石四堵，营度经岁，终不肯下笔。一日，仓皇入寺，索笔墨甚急；奋袂如风，须臾而成。作输泻跳蹙之势，汹汹欲崩屋也。”

还有人说，气韵生动是用全生命换来的。例如明李日华说：

“黄子久终日只在荒山乱石丛木深篠中坐，意态忽忽，人不测其为何？又每往泖中通海处，看急流轰浪，虽风雨骤至，水怪悲诧而不顾。噫，此大痴之笔，所以沈郁变化，几与自造化争神奇哉。”

凡此三种，即无意识的流露、刹那间把捉、全生命的换

刘海粟作中国画《曙光普照乾坤》（1982年）

得，在以后的画论上亦占有重要地位。其实这三种情形，都在不可学之列的，可以归并入甲方的主张，或者竟可说，甲方主张之注解。所以我们对于气韵生动的来源问题，觉甲方的主张，获得大部分的共鸣，丙方的主张，不过为甲方主张之补充或完成。独乙方的主张，即说气韵生动是学得到的，他没有甚么发展过去。

第三，关于气韵生动的托附问题。关于此点，谢赫的意思，气韵生动是托附笔致与写实的；姚最、张彦远则倾向着托附于笔致。到了郭若虚，则另外提出托附于人品。于是有托附于画面之内和托附于画面之外的二个分野发生。

甲方以为气韵生动托附于画面之内的，谢赫、姚最、张彦远以后，一直到清代，颇有人遵守。明唐志契说：

> “盖气者，有笔气，有墨气，有色气，俱谓之气。”

清张庚的《浦山论画》中说：

> “气韵生动……发于笔者又次之，发于墨者下矣。何谓发于墨者，既就轮廓，以墨点染渲晕而成者是也。何谓发于笔者，干笔皴擦，力透而光自浮者是也。”

方薰的《山静居论画》中说：

> “气韵有笔墨间二种，墨中气韵，人多会得；笔端气韵，世每鲜知。”

气韵生动托附画面之内，在论理上不犯错误的。但是过于在笔墨中体会气韵，如张庚、方薰之流，便把气韵生动视为要素之一了。这种误解有乙方的主张来修正。

乙方以为气韵生动托附于画面之外的，即托附于人品。郭若虚有人品高矣、气韵不得不高的话以后，邓椿即祖述其说，元杨维桢以及明清论画者亦皆祖述。不过所谓人品，我上面说过，是包含身份与人格二义。邓椿的《画继》中说：

> “故画法以气韵生动为第一，而若虚独归于轩冕岩穴，有以哉！”

杨维桢在《论画》中说：

> “画品优劣，关于人品高下。”

这都以身份为人品的，后来渐渐转到人格（或个性）方面了。明文征明《题画》有云：

> “古之高人逸士，往往喜弄笔，作山水以自娱。然

多写雪景,盖欲假此以寄岁寒明洁之意耳。"

李流芳的《论画》中更明显地转到个性了。他说:

"夫学古人者,非求其似之谓也,子久、仲圭学董巨,元镇学荆关,彦敬学二米,然亦成为元镇、子久、仲圭、彦敬而已;何必如今之临摹古人哉?"

于是李日华也同样从这方面注目,他说:

"绘事不必求奇,不必循格,要在胸中实有吐出便是矣。"

到了石涛,则成极端的个性论者。他的《画语录》中说:

"我之为我,自有我在;古之须眉,不能生在我之面目,古之肺腑,不能安入我之腹肠。我自发我之肺腑,揭我之须眉。"

"纵使笔不笔,墨不墨,画不画;自有我在。盖以运乎墨,非墨运也;操乎笔,非笔操也;脱乎胎,非胎脱也。"

从身份到人格的发展,确是一大进步,而进步到石涛,已成极致。乙方的这种理论,他亦未离开画面,因为没有画面或笔墨,当然亦无所谓气韵生动了。其所以从画面之外求者,就是不满意仅从笔墨方面着想而不顾笔墨的来源。石涛说:"画受墨,墨受笔,笔受腕,腕受心。如天之造生,地之造成,此其所以受也。然贵乎人能尊,得其受而不尊,自弃也。"这"受"字是什么意思?我们径可以作"受胎"来解释。着眼于"受"即着眼于画面之内,同时着眼于画面之外。所以气韵生动的托附问题。甲方的主张,因徒斤斤于笔墨而凋落。乙方的主张,从身份转到人格(即个性)而完成而奏凯。

第四,关于气韵生动的风格问题。关于风格,我于第二章中虽说过,大别为三,一为具有"泼辣的力量"的,二为具有"连绵的情致"的,三为具有以上二者之长的。第三种没有问题外,谢赫的意思倾向于第一种,姚最所谓"王于象人,特尽神妙",似乎亦倾向于第一种。张彦远列"自然"为上品之上,此自然若指等于兼具二者,自无问题,又列"神"为上品之中,则其倾向,也未例外。唐朱景玄的《唐朝名画录》中,在神、妙、能之外,又标出了一个逸品。逸品以飘缈见长,可以归入第二种风格。宋黄休复的《益州名画录》,

以逸品居上位，到了这里，生出风格上的倾向问题了。

甲方以神品即第一风格居上位。自谢赫以来，至张彦远的分“自然”、“神”、“妙”、“精”、“谨细”若干品；朱景玄分“神”、“妙”、“能”、“逸”四品；都属于这个主张。朱景玄把逸品放在末尾，许多人大不以为然，于是宋徽宗以“神”、“逸”、“妙”、“能”为等第，然而神品还是在逸品的上位。

乙方以逸品即第二风格居上位。即黄休复分为“逸”、“神”、“妙”、“能”。黄休复说：

> “画之逸格，最难其俦，拙夫矩于方圆，鄙精研于彩绘；笔简形具，得之自然，莫可楷模，出于意表，故目之曰逸格尔。”

逸品的特质如此，因为莫可楷模，出于意表，所以尊为首位。黄休复的主张，不是无根据的，当宋代文人画发达之时，丰满充实的作品，已不恒进入人目，而所有作品之独特者，都是笔简形具，得之自然的东西了。于是“逸”，渐转而为文人画的最高物质了。倪云林说：

> “仆之所谓画者，不过逸笔草草，不求形似，聊以自娱耳。”

> “余之竹，聊以写胸中逸气耳，岂复较其似与非，叶之繁与疏，枝之斜与直哉？”

元季四家，本以“逸”见长，降至明清，凡所谓文人画，皆经过元季四家的探索而成就的。所以关于“逸”的风格更为发展。明顾凝远说：

> “深情冷眼，求其幽意之所在，而画之深意出矣。”

恽南田的《瓯香馆画跋》中，对于“逸”字，更有独特的见解。他说：

> “逸品，其意难详言之矣，殆如卢敖之游太清，列子之御冷风也。其景则三闾大夫之江潭也。其笔墨如子龙之梨花枪，公孙大娘之剑器；人见其梨花龙翔，而不见其人与枪剑也。”

> “痴翁画，林壑位置，云烟渲晕，皆可学而至。笔墨之外，别有一种荒率苍莽（即逸）之气，则非学而至也。”

> “香山翁曰，须知千树万树，无一笔是树；千山万山，无一笔是山；千笔万笔，无一笔是笔。有处恰如无，无处恰是有，所以为逸。”

看了恽南田对逸的见解，就知道宋元以来以迄于清，对于逸品的尊重，可谓至其极了。于是第二风格占上位的一种潮流，便也形成。

对于风格方面，甲乙二方视线的不同；不是有特别的差异存其间，乃文人画发达到极致的一种现象。尤其文人墨戏之作产生了后，大家尊重气韵生动之刹那间的把捉，风格方面之倾向于逸，自系自然之趋势。

综上所述，关于气韵生动的地位问题，有谓与其他五法同样的，有谓超乎五法的，而以为超乎五法的一派取得胜利。关于气韵生动的来源问题，有以为可学，有以为不可学，而以为不可学的来自纯粹天才的一派取得胜利。关于气韵生动的托附问题，有谓仅仅托附于画面，有谓须兼从画面之外体会，而以为兼从画面之外体会的一派取得胜利。关于气韵生动的风格问题，有以神品居上位，有以逸品居上位，而以逸品居上位的一派后更发展。而左右这种议论的背景，彻头彻尾是文人画的潮流。

此四问题，其间皆有相互之关系，譬如一方面主张气韵生动的地位与其他五法一律的，那末在其来源上必定认为可学，在其托附上必屑屑于笔墨之末，在其风格上必不满意逸品。他方面主张气韵生动的地位是超乎其他五法的，当然不当它为一单纯的手段，在其来源上亦认为不可以学力达到的，在托附上也须兼从画面之外体会；在其风格上不自知而趋于逸品的尊重。这些理论的过程中，隐附着院派画家和文人画家的不同点；并明示院派的衰落和文人画长足进展的所以然。

最后，气韵生动的字义，不得不在此附加若干语以作解释。在谢赫的意思，这是整个的名词，我已说过。人们为行文的便利，往往把气韵和生动分开；久而久之，经姚最、张彦远、郭若虚等人的沿用，亦时时为行文之便利而分拆。例如张彦远说：

“无生动之可拟，无气韵之可侔。”

郭若虚只提气韵二字，这都是为了行文的便利，实际上还是整个的名词。有一部分人为之分拆，则有另创六法的企图。如五代荆浩的《笔法记》中说：

“夫画有六要，一曰气，二曰韵，三曰思，四曰景，五曰笔，六曰墨。”

宋刘道醇的《圣朝名画录》的序文中说：

“夫识画之诀，在乎明六要而审六长也。所谓六要者，气韵兼力一也，格制俱老二也，变异合理三也，彩绘有泽四也，去来自然五也，师学舍短六也。”

以六要来代六法的企图，是没有什么成效的，因他们的六要，早包含在六法中的了。即使把“气”、“韵”分开，于后世无甚影响的。

我最初说，气韵生动是含有气韵的生动，即生动中弥漫着气韵。这样解释，生动是主体，气韵是生动所具有的一种必要的附加物，所以冠于生动之上。

唐志契说：

“生者，生生不穷。”

方薰说：

“气韵生动，须将生动二字省悟；能会生动，则气韵自在。”

这种解释，都很适当；足以使一般截断或分拆来解释的人，低首无言。因此我觉得西人把气韵生动译为“Rhythmic vitality”(参看 Bushell 前书及 Binyon's Painting in the Far East)也很适当。我们这样明晰地认识，一切附会的玄妙的不可究诘的解释，自不能混进了。

气韵生动，为中国画论的中心问题，略如以上所述。以言创作，则为各要素之最后复合；以言批语，则为最高准则。据我所闻，西方最进步的艺术论中，也有这么一派的存在。可知人类文化的发达，是循沿着同样路径的，只是有先后的不同罢了。

第七章 评议海粟

一、精神境界

1. 艺术叛徒胆量大 （郭沫若）

艺术叛徒胆量大，别开蹊径作奇画。落笔如翻扬子江，兴来往往欺造化。此图《九溪十八涧》，溪涧何如此峻险。鞭策山岳入胸怀，奔来腕下听驱遣。石涛老人对此应一笑，笑说吾道不孤了。

（1923年郭沫若题刘海粟《九溪十八涧》）

2. 语不惊人死不休 （梁启超）

杜工部云："语不惊人死不休"，艺术家不具此胆力及志愿，未足与言创作也。

海粟之画是真能开拓得出者，比诸有宋词家，后村、龙川之亚耶！抑杜老又言"老去渐于诗律细"。

海粟方盛年，日在孟晋中，它日波澜老成，吾又安测其所至也？

丙寅初秋（1926年），梁启超

3. 介绍艺术家刘海粟 （蔡元培）

刘海粟用了14年毅力，中国艺术界创造了一个新方面。这虽是他个人艺术生命的表现，却与文化发展上也许受到许多助力。1922年1月10日，高师的美术研究会和平民教育社等，为他举行个人展览会，写这篇文，不独是介绍刘君，并希望我国艺术界里多产几个像他那样有毅力的作者。

一、刘君的略历

刘海粟，江苏武进人，他是世家子。他幼年在乡受教育的时候，已有艺术趣味。民国纪元前，他到上海与几个

1921 年刘海粟为病中的蔡元培作肖像写生

友人组织了一个画室，翌年的夏间，就在上海味莼园举行了一个展览会。当时人见了他的画，就很不满意，都说他的画是不规则的。他那时候，就将他全副精神用在自己艺术上；他每年必定到西湖去三四次，所以他的作品最多的是西湖风景。他并且喜欢表现那劳动者。那时上海盛行一种时装美人，一般人都说他不会画，说他的思想很野蛮。光复那一年，他就在上海自立了一个美术学校，最初学生不过十余人。他主张学生自己去探求，依自己对于自然界所生的情感去表现。一半学生很受他的冲动，但是一半欢喜模仿的学生，也时时反抗他，说他没有能力教人。到 1914 年以后，美校渐渐发达了，现在已经有三四百人，并且还有许多是从别国来的。1919 年他到日本的东京和京都旅行了几个月，参观日本帝国美术院开幕，现今他在上海艺术界很有一种势力。

二、刘君的艺术

刘君的艺术，是倾向于后期印象主义，他专喜描写外光，他的艺术，纯是直观自然而来，忠实的把对于自然界的情感描写出来，很深刻的把个性表现出来；所以他画面上的线条里结构里色调里都充满着自然的情感。他的个性是十分强烈，在他的作品里处处可以看得出来。他对于色彩和线条都有强烈的表现，色彩上常用极反照的两种调子互相结构起来，线条也总是单纯很生动的样子，和那细纤女性的技巧主义是完全不同。他总是绝不修饰、绝不夸张。拿他的作品分析起来，处处又可看出他总是自己走自己要走的路，自己抒发自己要抒发的情感。就可知道他的制作，不是受预定的拘束的。所以刘君的艺术将来的成功，或者就在此。我们不过拿我们的观察、拿介绍的态度，说明刘君的艺术。至于究竟，还请大家公评。

原载 1922.1.14.《北京京报》

4. 刘海粟论 （傅雷）

现代德国批评家李尔克作《罗丹传》，有言："罗丹未显著以前是孤零的。光荣来了，他也许更孤零了罢。因为光荣不过是一个新名字的四周发生的误会的总和而已。"

当海粟每次念起这段文字时，他总是深深的感叹。

实在，我们不能诧异海粟的感慨深长。

他 16 岁时，从旧式的家庭中悄然跑到上海，纠合了几个同学学洋画。创办上海美术院——现在美专的前身——这算是实现了他早年的艺术梦之一部；然而心底怀着被摧残了的爱情之隐痛，独自想在美的世界中找求些须安慰的意念；慈爱的老父不能了解，即了解亦不能为他解脱。这时候，他没有朋友、没有声名，他是孤零的。

廿年后，他海外倦游归来，以数年中博得国际荣誉的作品与国人相见。学者名流，竞以一睹叛徒新作为快，达官贵人，争以得一笔一墨为荣。这时候，他战胜了道学家（1924 年模特儿案），战胜了礼教，战胜了一切——社会上的与艺术上的敌人，他交游满天下，桃李遍中国；然而他是被误会了，不特为敌人所误会，尤其被朋友误会。在今日，海粟的名字不孤零了，然而世人对于海粟艺术的认识是更孤零了。

但我决不因此为海粟悲哀，我只是为中华民族叹息。一个真实的天才——尤其是艺术的天才的被误会，是民族落伍的征象（至于为艺术家自身计，误会也许正能督促他望更高远深邃的路上趱奔）。在现在，我且不问中国要不要海粟这样一个艺术家，我只问中国要不要海粟这样一个人。因为海粟的艺术之不被人了解，正因为他的人格就没

摄于20年代。左起陆小曼、刘海粟、成家和、徐志摩

有被人参透。今春他在德国时曾寄我一信:“我们国内的艺术以至一切已混乱到不可思议的地步,一般人心风俗也丑恶到不可思议的地步……”在这种以欺诈虚伪为尚,在敷衍妥协中讨生活的社会里,哪能容得你真诚赤裸的人格,与反映在画面上的泼辣性和革命的精神?

未出国之前,他被目为名教罪人、艺术叛徒,甚至荣膺了学阀的头衔。由这些毁辱的名称上,就可以看出海粟当时作事的勇气,而进一层懂得他那时代的艺术的渊源,他1922年去北京,画架放在前门脚下,即有那强烈的对照、泼辣的线条,坚定的、建筑化的形式的表现。翌年游西湖,站在“南高峰在绝顶”,就有以太阳为生命的象征,以古庙枯干为挺拔的力的表白的作品产生。他在环攻的敌人群中,喑恶叱咤,高唱着凯旋为歌。在殷红、橙黄、蔚蓝的三种色调中,奏他那英雄交响乐的第一段。

原来海粟的“大”与“力”的表现,早已被最近惨死的薄命诗人徐志摩所认识;他在1927年《海粟近作》序文中已详细说过。他并勉励海粟:“还得用谦卑的精神来体会艺术的真谛,山外有山,海外有海……海粟是已经决定出国去几年,我们可以预期像他这样有准备的去探宝山,决不会空手归来,我们在这里等候着消息!”海粟现在是满载而归,然而等候消息的朋友仅仅见了海粟一面,看了他的画一次,喊一声“啊,你的力量已到画的外面去了”的机缘就飘然远引,难道他此次南来就为着要一探“探宝山”的消息吗?

可是海粟此次归来,不特可以对得住艺术,亦可以对得住他的唯一的知己——志摩了。他在欧三年,的确把志摩勉励他的话完全做到了。他的“誓必力学苦读,旷观大地”(去年致我函中语)的精神,对于艺术的谦卑虔敬的态度,实在令人感奋。

他今春寄我的某一信:

“昨天你忧形于色,大概又是为了物质的压迫罢。××来的三千方,几日已分配完了(一千还你,五百还××,二百五十还××,颜料、笔二百五十方,×××一百方,东方饭票一百五十方,韵士零用一百方,二百方寄××)。没有饭吃的人很多,我们已较胜一筹了……”

我有时在午后一两点钟到他寓所去(他住得最久的要算是巴黎拉丁区沙蓬街罗林旅馆四层楼上的一间小屋了),海粟刚从罗浮宫临画回来,一进门就和我谈他当日的工作,谈伦勃朗用色的复杂,人体的坚实,……以至一切画面上的新发现。半小时后刘夫人从内面盥洗室中端出一锅开水,几片面包,一碟冷菜,我才知道他还没有吃过饭,而是为了“物质的压迫”,连“东方饭票”的中国馆子里的定价菜也吃不起了。

在这种窘迫的境遇中,真是神鉴临着他!海粟生平就有两位最好的朋友在精神上扶掖他鼓励他,这便是他的自信力和弹力——这两点特性可说是海粟得天独厚,与他的艺术天才同时秉受的。因了他的自信力的坚强,他在任何恶劣的环境中从不曾有过半些怀疑和踌躇;因了他的弹力,故愈是外界的压力来得险恶和凶猛,愈使他坚韧。这三年的“力学苦读”,把海粟的精神锻炼得愈望深处去了,他的力量也一变昔日的蓬勃与锐利,潜藏起来,好比一座火山慢慢地熄下去,蕴蓄着它的潜力,待几世纪后再喷的辰光,不特要石破天惊,整个世界为它震撼,别个星球亦将为之打战。这正如《玫瑰村的落日》在金黄的天边将降未降之际,闪耀着它沉着的光芒,暗示着明天还要以更雄伟的旋律上升,以更浑厚的力量来照临大地。也正如《向日葵》的绿叶在沉重的黄花之下,挣扎着求伸张求发荣,宛似一条受困的蛟龙竭力想摆脱它的羁绊与重压。然而海粟毕竟是中国人,先天就承受了东方民族固有的超脱的心魂,他在画这几朵向日葵的花和叶的挣扎与斗争的时候,他决不肯执著,他连用翠绿的底把黄的花朵轻轻衬托起来,一霎时就给我们开拓出一个高远超脱的境界,这正是受困的蛟龙终于要吐气排云、行空飞去的前讯。

1930年6月,他赴意大利旅行,到罗马的第二天来信:“……今天又看了个博物馆、一个伽蓝,看了许多蒂湘、拉斐尔、密克朗琪罗的杰作。这些人实是文艺复兴的精

1930 年 6 月在法国巴黎美术学院，左起刘海粟、张韵士、傅雷

华，为表现奋斗，他们赐与人类的恩惠真是无穷无极呀。每天看完总很疲倦，六点以后仍旧画画。光阴如逝，真使我着急……”

这时候，他徜徉于罗马郊外，在佛朗伦画他的凭吊欷歔的古国的颓垣断柱，画二千年前奈龙大帝淫乐的故宫与斗兽场的遗迹。在翡冷翠他怀念着但丁与倍屈，画他俩当年邂逅的古桥。海粟的心目中，原只有荷马、但丁、密克朗琪罗、歌德、雨果、罗丹。

然而海粟这般浩荡的胸怀中，也自有其说不出的苦闷，在壮游、作画之余，不时得到祖国的急电；原来他一手扶植的爱子——美专——需要他回来。他每次接到此类电讯，总是数日不安，徘徊终夜。他在西施庭中，在拉斐尔墓旁，在威尼斯色彩的海中，在万国艺人麇集的巴黎，所沉浸的所薰沐的艺术空气太浓了。他自今而后不只要数百青年受他的教化，而是要国人、要天下士、要全人类被他的坚强的绝艺所感动。艺术的对象，只有无垠的宇宙与蠕蠕

1932 年出版的《艺术旬刊》

的地上的整个的人群。但在这人才荒落的中国，还需要海粟牺牲他艺术家的创造而努力教育，为未来的中国艺坛确立一个伟大坚实的基础。终于迫着他忍痛归来。暂别了他艺术的乐园——巴黎。

东归之前，他先应德国佛朗克府学院之邀请，举办一个国画展览会。以后他在巴黎又举行西画个展，我们读到法文人赖鲁阿氏的序文以及德法两国对于他艺术的批评时，不禁惶悚愧至于无地：我们现代中国文艺复兴的大师还是西方的邻人先认识他的真价值。我们怎对得起这位远征绝域，以艺者的匠心为我们整个民族争得一线荣光的艺人？

现在，海粟要回来了，“探宝山”回来了。一般的恭维，我知道正如一般的侮辱与误解一样，决不在他心头惹起丝毫影响；可是他所企待的一切的共鸣，此刻在颤动了不？

阴霾蔽天，烽烟四起，仿佛是产生密克朗琪罗、拉斐尔、达芬奇的时代，亦仿佛是 1830 年前后产生特拉克洛洼、雨果的情景。愿你，海粟，愿你火一般的颜色，燃起我们将死的心灵，愿你狂飙的节奏，唤醒我们奄奄欲绝的灵魂。

（原载一卷三期《艺术旬刊》，1932 年 9 月 21 日）

5. 海粟大师星华义赈画目录序 （郁达夫）

关于艺术大师刘海粟氏的国画、西画，以及书法上的伟大成就，不但在我们祖国已经早有了定评，就是在国际间，如艺术中心地的巴黎、学术研究空气极浓厚的柏林，以及伦敦、罗马等地，也各有许多艺术大批评家、美术史家、诗人和东方艺术专家等，在热烈地介绍、批评，并且加以无上的颂赞。所以，对于大师的艺术的高超绝俗，独往独来的气概，我在这里，可以不必再说。

在此地值得提出来一说的，倒是艺术家当处到像目下这样的国族危机严重的关头，是不是应丢去了本行的艺术，而去握手榴弹，执枪杆、直接和敌人死拼，才能说对得起祖国与同胞这问题。爱国两字的具体化，是否是要出于直接行动的一条路？

比如大家都到了前线去打仗，后方，自然连烧饭的伙夫、制军服的裁缝，以及制造军火的工人，也要感到缺少；但是完全在后方工作的人，假使一个也不留，而都赶上前线去的话，则这仗将如何的打下去？兵士可以不吃饭，不穿衣，不用子弹军械的么？

从这一个极简单的譬喻来说话，则当国家民族，正处于生死存亡的危急关头，我们的报国途径，原不固定在执枪杆，戴军帽的这一条狭路的。我们只要有决心、有技艺，则无论何人，在无论何地，做无论什么事情，只要这事情有一点效力发生，能间接地推动抗战，增强国家民族的元气与声誉，都可以说是已尽了他的报国的义务。

清道夫在战时后方扫一条街，原是在报国；敌报侦察员，在异国的首都，仿佛是在寻欢作乐，而实际却在为国家搜罗情报时，也是在报国。从这样的观点来着眼，则艺术大师刘海粟氏此次南来，游荷属一年，为国家筹得赈款达数百万元，是实实在在，已经很有效地尽了他报国的责任了。

但是，我们的抗战，还未达到最后胜利的阶段，我们的报国责任，自然也不能说只尽了一次两次，就可以算终了完满的。我们既是中华民族的子孙，则自生至死，自然都要负为中华民族努力的责。不但在战时是如此，就是在平时，也是一样。刘大师于荷属各地的筹赈画展开完之后，这一次又肯应星华南侨筹赈总会之请，惠临到马来亚来，再作筹赈工作的本意，自然也出乎此。

现在，关于画展的一切筹划已经妥帖了；而画展目录也将次印行；因刘大师是我数十年来的畏友，所以当他这目录付印之前，我特为写出这一点艺人报国的意见，以附骥尾，本来并不足以称作序言，不过一时想到，便即写出，聊表我对大师的倾倒之意云尔。

（原载 1942 年 2 月 22 日新加坡《晨星》）

6.《刘海粟论艺术》序言　（叶圣陶）

西洋画的基本功注重写生，描绘人体模特儿，来源极古。我国人对人体模特儿写生，大概是李叔同先生最早。他在日本的时候画过一幅极大的裸女油画，后来他出家了，赠与夏丏尊先生。中华人民共和国建国之初，夏先生的家属问我这幅油画该保存在哪儿，我就代他们送交中央美术学院。可惜后来几次询问，都回答说这幅画找不到了。其次注重对人体模特儿写生的就是刘海粟先生。海粟先生创办上海图画美术院是在辛亥革命之后的民国初年，一切考虑，一切措置，全都充满着革新精神。他在《上海美专十年回顾》里列举上海美专的特点：男女同学；废除考试，采用成绩考查法；办暑期学校；使用模特儿。不妨想一想，在 20 世纪的十年代到 20 年代之初，在刚才号称民国的十年间，竟然有这样一所美术学校在上海站定脚跟，不是可称为一项奇迹吗？

为什么要用人体做模特儿，历来美术家有种种的解答。海粟先生的《模特儿曷为而必用人体》里说，美的要素有二：一是形式，二是表现。人体充分具有这二要素，外有美妙的形式，内蕴不可思议的灵感，融合物质的美和精神的美的极致而为一体，所以为美中之至美。这样的观点在西洋决不致被认为异端怪论，可是在 20 年代前期的我国，人体模特儿的绘画都遭到社会上的反对。于是官僚和军阀都出来说话了，或硬或软，总之是不要画什么人体模特儿。民国之初十几年间的官僚和军阀有个特点，他们并不知道孔子是什么样人，却一定要尊孔祭孔，他们可能数不全所谓经书是哪几部书，却一定要主张读经，还要印几部相当讲究的经书。对于人体模特儿的绘画，他们以自己的龌龊心情料度他人，以为在大庭广众中供人观赏总属不成体统，当然要或硬或软地对海粟先生施加影响了。海粟先生坚持真理，勇猛斗争，精神最为可钦，可是人体模特儿并未普及于美术界也是事实。

至于我国，确乎没有描绘人体模特儿的传统。可是我以外行人的眼看古来的人物画和雕像塑像，总觉得那些画像雕像塑像的作者好象都受过描绘人体模特儿的训练似的。试想汉唐墓葬的壁画，敦煌石窟以及其他石窟的壁画，各地道观里神仙圣灵的壁画，还有各地保存的和新发现的石刻砖刻，有的是简笔，有的是工笔，有的只画一两个人，有的是人数众多的群像，那些人像绝大多数通体匀称，合乎解剖。试想秦始皇墓出土的士卒俑，云冈龙门等处雕凿和泥塑的佛像菩萨像天王像，还有苏州甪直镇和洞庭东山镇的罗汉像，太原晋祠宫中的女塑像，几乎全都神态如生，假如脱去那些像所穿的衣服，没有一个不是健康而内蕴灵感的体魄。我想那些画像雕像塑像的作者(除开作品保存在博物馆里，事迹记载在史书或地方志里，大家知道他们姓名的少数几个人)，他们的成绩传下来了，可是他们都是“无名氏”。这大批的“无名氏”受过怎样的训练，经过怎样的修养才能够达到那样高超的造诣，我极盼望美术史家给我指点和启发。

还有一层。我国的人物画中，不合乎人体的自然体态的也不是没有，似乎近代比古代多。恶俗的像个冬瓜似的老寿星且不说他，只说所谓仕女画。头跟身体不合比例，肩膀真像是削掉了，躯体成为直杆形，两条胳膊是较细的直杆：这样的仕女并非少见，连著名画家唐伯虎的笔下也难免。这就来了问题，画妇女而不按照妇女的躯体，不讲写实而凭空想，这样的审美观点怎么来的？跟时代思潮和社会风尚又有什么关系？对于这一层，我也极盼望美术史家作出精辟的剖析。除了仕女画，还有肖像画，某先生，某老翁，某夫人，某女士，大概或像或不像，而一般的情形是身体跟头部不相称，叫人感觉这个头不该长在这个身体上，因而联想到描绘人体模特儿的训练有其必要。

海粟先生对国画与西洋画同样重视，早在1925年就发表《昌国画》，在美专增设国画科。我想国画和西洋画有好多共同点。就画的对象而言，中西都首先注重于人物和人事，山水花木只作为人物画的点缀，到后来山水花木才由附庸蔚为大观，脱离人物，也有资格作为画幅的中心题材。就画的创作而言，中西都要求把对象画得像而不限于像，最主要的在于从对象中见到些精妙的东西，能把它表现出来，使看画的人也感觉到那些精妙的东西。此外可以说的共同点还多。因此，既然提倡美术，培养绘画人才，自宜中西并重，不宜有西而无中。据我门外人想，中西绘画的不同在于所用的笔和颜料以及画幅的材料。国画用毛笔，西洋画用不同于我国毛笔的毛笔。国画用墨和彩色颜料，西洋油画用油质彩色颜料。国画用纸和绢，西洋油画用布。至于壁画，那么中西同样画在墙壁上，可能同样并用笔和刷子，也许仅有彩色颜料的质地有所不同罢了。由于有前边所说这些不同，我以为画成一幅完美的作品，国画比西洋画更不容易。以下就来申说这一层。

我国画家都赞同“胸有成竹”的比喻说法，西洋画家要是听见这个说法，料想也会赞同。整幅纸或布是个小天地，要在这上边画上几竿或几丛竹子，必得先在胸中有个准确的数，远近疏密，枝叶位置，考虑得越周妥越好。画竹子当然要像竹子，可是你为什么不画别的东西而画竹子呢？必然是你从这几竿或这几丛竹子中见到了难以言传而可以笔达的精妙的东西。该怎么下笔才能够真正表现那自得的精妙的东西，如果考虑得着实妥帖，有根有据，也就可以称为“胸有成竹”。不过知其然未必竟能然，因为知其然是心思活动的产物，竟能然是手腕运动的结果，不经过勤奋不懈的锻炼，后者往往会跟不上前者，以致引起笔不能达意的遗憾。所以画家必须有深入事物的眼力，有所自得的心力，以及如意表现的腕力，眼睛心思手腕三者协同努力，从事创作，那才可以说真正达到了“胸有成竹”的境界。于是试把国画与西洋油画两相比较。国画非完全合乎“成竹”画出来不可，倘若有一笔不合乎预想，有一根线条不在合适的位置上，那就是一幅失败的画，因为墨或颜料着在纸或绢上没有办法更改。西洋油画当然也要求眼心手三者的一致协力，可是偶然有一处两处疏失，可以涂上油质颜料把它修改，只要修改得适当，那就不碍其为完美的画。一边是错一笔就注定了失败，一边是偶然有败笔还可以补救，我以为画国画比画西洋油画更不容易，就从这么一个浅薄的想头来的。要是不求什么完美，存心信笔乱涂，那么无论国画西洋画，都是严肃的美术家所唾弃的。

还有一层意思，仍然借用“胸有成竹”来说。你准备画竹子，你要求“胸有成竹”，你到莫干山或者别的地方去看竹子呢，还是看文与可或郑板桥画的竹子？你的回答可能说看这个竹子跟看那个竹子一个样，也可能说你要看莫干山的竹子。据我门外人想，如果说一个样，你是错了，看这看那实际上并非一个样。如果说要到莫干山去看，你是对了，要“胸有成竹”必得跟真竹子直接打交道，看画上的竹子就隔膜一层。画家中确有那么一派，富于收藏，喜爱博览，难得出门，很少接触社会、群众、山川、林野，画出作品来，不是拟宋画院，就是仿天池，摹石谷，总之不是第一手材料。他们当然不稀罕我这样门外人的佩服，我也真个不怎么佩服。既然有志于艺术，要画出完美的作品来，为什么要走隔膜一层的途径呢？

海粟先生不但撰文“昌国画”，也亲自动笔画国画。倘若问假如画竹子，他属于哪一派，我可以毫不迟疑地回答，他属于到莫干山去看竹子的那一派。为什么我回答得这样干脆呢？从他的美术思想和革新精神着想，他不能不属于到莫干山去看竹子的那一派。近年来他印行画集不少，使我得到极大的欣悦，且不多说，单说去年他赠与我的题名《海粟》的画册。在这本画册里，共收作品六十幅，而画黄山的就有十来幅。他画的不是想象中的黄山，他是屡次游黄山才屡次画黄山的，去年 9 月间有人告诉我在黄山上遇见他呢。据我料想，他一定是每次游黄山都从黄山见到些新的精妙的东西，所以不惮运用纯熟高妙的手腕捉住它，留供自己与他人共同欣赏。这些黄山画是自然界的黄山，同时也是涌现于海粟先生灵感中的黄山：不知海粟先生能不能同意我的说法。

海粟先生将要出版论艺术的文集，嘱我写序文，我不自量力答应了。门外人哪能说内行话,“着粪”和“弄斧”的讥评定然免不了,我只能说这些浅薄的意思确实是我时常想的。

（1982年6月23日）

《刘海粟艺术文选》上海人民美术出版社,1987年10月版。

7. 刘海粟——人民的儿子　(邵大箴)

在中国现代美术史上,刘海粟是一位重要人物。他的功绩表现在几个方面。首先在艺术教育上,他是和徐悲鸿、林风眠齐名的中国新兴美术教育事业的开拓者之一。众所周知,刘海粟是成立于1912年的上海美专(原名上海图画美术院)的创办人。上海美专培养了大批美术人才,可谓“桃李满天下”。近几十年来活跃于画坛的许多重要美术家,曾受教于美专门下,这个功绩不可抹煞。上海美专,还是最早使用人体模特儿的学校,早在1917年,因为上海美专展出人体习作,校长刘海粟受到谩骂和恐吓。在当时半封建半殖民地的中国,包括采用人体模特儿在内的西方美术教育方法的引进,无疑是对旧文化旧礼教的冲击。刘海粟的胆识、勇气,很是令人敬佩。这也反映了他从青年时代起,就具有民主主义的思想。他受“五四”进步的思潮影响,受思想家、教育家和学者蔡元培的提携,以很开放的态度,有分析地接受西方的美术观念和表现方法,这在当时是非常难能可贵的。

刘海粟在艺术实践上的成就也是应该予以充分肯定的。他在油画和中国画的创造上硕果累累。他不仅注意吸收西欧古典写实传统,而且把目光放在印象派和印象派之后的现代艺术创造上。而在当时,许多人对印象派和印象派之后的西方现代艺术,是采取全盘否定态度的。刘海粟是中国近现代美术史上最早重视艺术语言和艺术形式的先驱者之一。他认为,艺术之所以能感动人,除了题材外,还需要形式(线、色彩和其他形式因素)的感染力。今天我们看到刘海粟的早期油画,也许会感到这样或那样的不足,但是不能以此否认他的油画语言探索的前瞻性。这种前瞻性表现在不拘泥物象的外表形似,而追求表现物象的神韵,表现创作者的主观感情。

1929年,陈小蝶在评论该年举办的“首届全国美展”时,发表过一篇文章,题为:《从美展作品感觉到现代国画画派》,把当时的中国画作者分为六派,其中有以顾麟士为首的“复古派”,以钱瘦铁、郑午昌和张大千为代表的“新进派”,以刘海粟为首的“美专派”和以吴湖帆、郑曼青、秋平子为代表的“文人派”。可见在当时，刘海粟在中国画领域已有很大影响。文中还说以刘海粟为代表的上海美专派的国画“粗枝大干，深红惨绿……不免使复古之徒，错愕相顾耳”。可见，刘海粟在中国画中大胆采用西画的设色，具有创新的意义。

在经过许多坎坷经历和获得丰富的人生体验之后，刘海粟的艺术在50年代之后有重要的发展。这主要表现在中国画的创作上。具体地说，刘海粟的中国画有下面几个特点：① 传统的功底深。他对文人画传统有所钻研，有很强的书法入画的能力，能自由地用笔墨抒发自己的感情。② 注意写生和观察自然，能够不断从自然中汲取创作的灵感。晚年多次上黄山，每次写新的印象，新的感受，作品不落俗套。③ 融合西画表现方法，以适应现代人视觉和心理上的审美需求，适应现代环境的装饰需要。他的作品既有整体的大效果，又有局部和细节的美，经得起远看，也经得起近观。他的画风自成一体，有强烈、鲜明的个性。

刘海粟在晚年把自己一生的全部收藏捐赠给国家，奉献于人民，在他的藏品中，有不少是稀世珍品，这表现出他崇高、虔诚的爱国热情，表现出他作为人民的儿子的一片赤子之心。

中国人民永远不会忘记刘海粟在艺术上的创造性成就和他对发展祖国艺术事业所作出的巨大贡献。

(原载 1998 年 3 月 29 日的《光明日报》)

8. 百年寿与千年忧——刘海粟其人其画 (柯灵)

“生年不满百，常怀千岁忧”。远在汉代，诗人已有此感慨。由来人生奄忽，世路坎坷，到达期颐之年.就是生命的饱和点，好比林间花满，天心月圆，昆仑头白，沧海潮生。如果生命历程有声有色，那就更是尘世罕见的人瑞了。

历史的主角是人，人寿有限，历史绵绵无尽期。生命之所以可贵，就在能以有涯逐无涯，有限孕无限。德无量，艺无垠，如月长辉，日长明。此之谓不朽，也就是历史运行的履带。

海粟老人行年九十有九，百岁在迩。回看神州百年，历史转轨，天地激变，欧风美雨挟雷霆以俱来，内忧外患发水火之深炽，古老中国世代绵延，固若金汤的意识形态堡垒，也不能不发生震荡。“五四”这一场思想原子弹爆炸，标志着中国现代化长征由此解缆起碇。海翁那时风华正茂，意气凌云，以“艺术叛徒”的姿态驰骋豕突，为新兴艺术

1953 年 6 月，刘海粟油画写生“长城”

开山，为美术教育奠基，兴衰祓俗，引人瞩目。治白话文学史，不能无胡适、陈独秀；治新文学史，不能无鲁迅、周作人；治新美术史，不能无刘海粟。

蔡元培先生一代伟人，盛德清操，崇高朴厚，当夜气如磬，封建专制尘封中国之年，揭橥“思想自由，兼容并包”，倡言美育的重要，以为美感的普遍性足以冶人性偏枯狭隘，美学的超越性足以破世俗生死利害。海翁青年时代即受知于蔡氏，皈依美育理想，躬亲实践，耄耋不渝，成生死忘年交。他纵横艺坛学海，革故鼎新，惊世骇俗。笔下兼擅中西，不论国画油画，雄奇奔放，不可羁勒。郭熙《画意》说“诗是无形画，画是有形诗”；达·芬奇《笔记》说“画是哑巴诗，诗是瞎子画”；张彦远《叙画源流》说“书画异名而同体”；唐寅《论画》说“工画如楷书，写意如草圣，世之善书者多善画。”海翁一身三绝，诗词书法同样造诣精深，只是常为盛大的画名所掩。他更以拓荒者的开创精神、宏远识力，创作与理论比翼齐飞，著述之富，眼界之宽，在美术界无出其右，他把西方现代派诸雄迎来中土，又把中国六法传统传播西方，交汇沟通，而标举“艺术为生命和人格表现”的独创精神，一以贯之。

海翁画如其人，艺如其品，历经霜雪而不减松柏之姿，壮年历游西欧诸邦，一面埋头砥砺，遍临提香、伦勃朗、米勒、塞尚杰作，一面巡回讲学，并举行中国现代画展。滞留巴黎期间，野兽派巨子马蒂斯、立体派鼻祖毕加索曾与交游，也是和傅雷、梁宗岱订交之始。归国以后，就聘请傅雷合作共事。从来才多见忌，名高招谤，剔瑕求疵者固然不少，政治灾难更为磨人。早在20年代，即以倡导人体写生而被责为丧风败俗，是非蜂起，他在报上奋笔迎战，社会侧目，孙传芳明令通缉，只得亡命扶桑。左雾弥天之际，他又列名另册。十年“文革”期间，甚至被诬为“现行反革命”，我曾亲见造反派小卒眉飞色舞，绘声绘影的夸耀其事。此情此景，除了搔首问天，欷歔激愤，都不足以表宣人间的不平。待到海晏河清日，海翁已从容入暮年，百劫归来，豪迈洒脱，无异旧时，他曾有《水龙吟》一词，咏铁骨红梅：“直教身历冰霜，看来凡骨经全换，冻蛟危立，珊瑚冷挂，绛云烘暖，劲足神完。”1985年重游巴黎，风雨中登埃菲尔铁塔，俯瞰茫茫，慷慨感赋“云涌风驰九十秋，攀登忘喜亦忘忧”。一词一诗，正是海翁一代风华的自我写照。

海翁沧桑历尽，已见白发三千，不辞行程万里，九上黄山。遍走南北，还追随红军远征足迹，深入西陲，泼墨写生，不令画笔生尘。他豪气如虹，童心未泯，曾见他在北京全国政协常委会上即席发言，兴会飚举，滔滔汩汩，一发而不可收，伊乔夫人从旁频频敦劝，也无法使他煞车。而海翁晚岁声誉之隆，早已遍及世界，英、美、法、日、比利时等国，或颁奖章，或授功勋，或聘为国家院士，或邀为元首嘉宾，以“表彰其为改进当代社会所作之重大贡献”，达·芬奇、米开朗琪罗、拉斐尔的祖国意大利，给他的荣誉称号最多，真如老树参天，峥嵘挺拔，仰之弥高。

50年前，海翁在抗日烽火中下南洋，多次举行画展，为抗战捐输宣劳，当时郁达夫正在新加坡，曾以“永久的生命”五字相赠，备致对海翁钦佩之忱。回顾海翁平生，可以当之而无愧。

海翁九九华诞，薄海同庆，他的原籍常州，第二故乡上海，都在筹建刘海粟美术馆，作为永久的感念和崇敬。他的百岁画集也将问世，我深以能为此书作序为荣，遥望南天，钦迟无限！

（1993年10月17日于上海）

（见刊于1994年常州刘海粟美术馆编《刘海粟研究》）

刘海粟作油画《最爱无花不是红》(1961 年)

9. 爱国老人 （邓颖超）

1985 年 4 月 17 日，中国人民政治协商会议全国委员会主席邓颖超，在中南海西花厅接见了刘海粟及其夫人。邓颖超说："欢迎您到我家来作客。我和恩来同志在 30 年代就知道您了。您在油画和中国画上的成就，在国内外都享有盛誉。您热爱祖国，热爱社会主义，培养了许多人才，为四个现代化建设、为精神文明的建设，作了许多贡献，大家都尊敬您。我们的国家非常尊敬您这样的老人。""听说在十年内乱中您受了很大的委屈，我向您慰问、向您道歉。"

（1985 年 4 月 17 日）

（见刊于《刘海粟年谱》上海人民出版社 1992 年 3 月版第 273 页。）

二、艺术风范

1.《刘海粟十上黄山画展》前言 （江泽民）

杜甫谓，人生七十古来稀。我们说，而今九十不稀奇。刘海粟教授，年方九三，十上黄山，啸烟霞，抚琴泉，与奇峰对语，临古松长吟。拥抱黄山，人山合一，跳出云海，吞吐黄岳。古所未闻，今亦仅见。更能抒健笔，化情为墨色。打破古今中西界限，尽兴挥洒，蕴藉无穷。为昔日师长立传，今朝良友写真。山笔交辉，公之于众，与国内外朋友，同享神游之乐。谨为小序。

（1988 年 8 月 6 日）

2. 刘海粟大师的美育思想和艺术道路 （谢海燕）

海粟大师的一生是不平凡的一生，是敢创、敢闯、敢于开拓的一生，是执著追求真善美的一生，是始终以弘扬中华文化为己任的爱国主义者。早在民主革命时期，他就是反帝、反封建的战士，是"五四"新文化运动美术战线上的闯将。他的成就和贡献是多方面的。

作为先进的艺术教育家，中国现代艺术教育事业奠基人之一，刘海粟是有他的历史功绩的。光绪末年（1902 年）李瑞清监督两江师范学堂，开始设艺术课程；1906 年设立"图画手工科"，是为我国高等学校设立最早的艺术系科。六年以后，即民国元年，始有刘海粟及其画友创办的第一家专门艺术院校上海图画美术院——南京艺术学院的前身上海美专。从无到有,从简陋到完备,惨淡经营,历年为国家培养了大量的绘画、音乐和工艺美术人才。

他为开展学术研究,探讨近代艺术思潮,普及社会美育,敢以“沧海一粟,效测海之蠡”,知难而进,点划星星之火。于1918年创刊了中国第一本《美术》杂志。为新文化启蒙运动作出了贡献。鲁迅先生发现美术园地这棵幼苗,十分赞赏,在《每周评论》第二号写了评介:“希望从此引出许多创造天才,结出极好的果实。”热情寄予期望。我们高兴地看到,历史的进程,20世纪的中国美术正如鲁迅殷切期待那样地蓬勃发展着。

上海美专为了加强造型基本功,表现人体美,引进西方美术教学的范例,开设人体写生课,课堂教学率先使用裸体模特儿,社会封建势力视为大逆不道,指骂刘海粟为“艺术叛徒”。他却把这个“罪名”接过来以自号,誓把封建主义反叛到底。大军阀孙传芳出面查禁密令通缉。他毫不畏缩,为学术尊严,连篇累牍,予以反击。这场维护民主与科学的斗争,是新旧社会矛盾在艺术教育上的反映,也是五四运动新文艺思想在美术阵线上取得的一个战果。

在上海高等学校中,上海美专最早开放女禁,于1919年春,接受神州女校美术科毕业生7人入学,实行男女同校;是年秋正式招收女生,使长期在封建礼教社会压迫下的妇女有平等受教育的机会。

上海美专于1918年起便把“旅行写生”定为高年级必修课程,正式列入教学计划。这在国内外美术院校中是一个创举。每年春秋二季组织学生走出校门到国内各地,深入生活。白天外出写生采风,晚间师生一起,评教评学。返校前就地展览,广泛征求群众意见,借此传播社会美育。

综观海翁的艺术教育思想,宏观上从整体社会实际和时代要求出发,采用系科性、多形式、多层次办学,在普及与提高,专业与业余,学校与社会,理论与实践关系问题上,统筹兼顾,密切配合,构成一套完整的从初级到高级的教育体系。

他认为普及美育,美化人生,美化社会,内以求心灵之美,外以求风俗之美,必须抓好普通学校的艺术教育。所以他除了着力培养专业人才外,极其重视中小学师资的培养和社会艺术教育的普及。当他审核新学制中小学艺术课程纲要时,力争把原来作为“随意科”的图画、音乐、工艺课程定为必修科,并亲自绘编了一套图画教材,早在1915年上海美专便先后开办了函授学校、暑期学校和夜校,使广大爱好美术的在职、在学和待业青年，通过短期训练，自学成材。

80 多年来刘海粟先生辛勤耕耘的艺术教育园地，直接间接培育的艺术人才，遍及海内外，辈辈相传，面广量大，影响深远，堪称为卓越的艺教宗师。

作为杰出的艺术家，他兼擅中国画、油画、书法、诗词和美术史论。艺治中西，学贯今古。固然由于他天资过人，对事物具有敏锐的观察和丰富的想象力，更主要的在于他有着坚韧不拔的毅力、恢弘的气魄和锲而不舍的治学精神。早在青少年时代他乐育为怀，敢为人师，边学边教，勇攀高峰；老来还把自己当作小学生，争分夺秒，自强不息，走到哪里学到哪里。他认为人生有限，艺术无涯，不能为名所累，有了一点名气便保守了，不敢闯了，要时刻同自己较量，日新又新。对他来说，时间就是艺术，艺术就是生命。

"师人师造化"，他一生拜受前人和自然二师的教益，始终未能忘怀。他勤于学古，善于用古而化古。他立愿师古人要超古人，师造化还须欺造化，教自然供我驱策。70 年前他题所作《峦树草堂》，作过自我剖析："愚无师并无法，不为形役，不求合矩但求笔与物化，心与天游"。揭示他美学思想的基本点。但他所谓无师，是从无师到有师，从有师到无师，敢于独创。所谓无法，是从无法到有法，从有法到无法，达到不法而法，源源求得新法。他体会"读万卷书，行万里路"的真谛。从师人入从造化出。他五次西游，四次东渡，多次远涉南洋。祖国的壮丽河山和名城胜迹，更是频频出行，到处是他的课堂和画室。他以黄山为师，光是黄山就登临过十次，感受自然的化育，一次又一次的境界，创造发展了中国画泼墨泼彩的新技法。

他以前人为师，参观了世界多少博物馆，浏览过多少历史名作。油画方面，他在巴黎罗浮宫精心临摹了意大利文艺复兴时期威尼斯画派宗师提香，17 世纪荷兰大师伦勃朗，19 世纪法国浪漫主义巨匠德拉克洛瓦，现实主义名家米勒和柯洛，还有后期印象派创始人塞尚等的名作，深切体味各派各家的艺术风格和表现技法。凡是看过他所临这些名家杰作的人，莫不啧啧称道他学习西方名师是多么认真，付出多么大的劳动！

中国画方面他的老师就更多了。他是一位有眼力的古画鉴藏家。他收藏历代书画精品主要目的是为了学习研究。他临抚过的真迹，据我所知就有唐代王维、韩滉；五代关仝、董源、巨然；宋代米芾、赵佶、马远、夏圭；元代高克恭、吴镇、倪瓒；明代沈周、张路、唐寅、仇英、陈道复、徐渭、董其昌、李流芳、黄道周、倪元璐；清代髡残、梅清、朱耷、原济、恽寿平、邹喆、李鱓、罗聘，直到近人吴昌硕等，纵横好几十家，上下一千多年。或临局部，或抚其意，其中有山水、有花鸟、有人物鞍马。表现形式有工笔、有写意，有青绿重彩，有水墨、浅绛、白描，不一而足。

他最爱沈石田和石涛，到处想方设法收购和借来沈石田的画，精心临抚，从石田翁浑厚苍劲，精审而坚实的笔法墨法，得到教益。石涛的作品，大到丈二匹巨幛、长卷，小到册页，他一再"对临"、"背临"、"意临"，反复琢磨那千变万化、淋漓尽致的艺术效果。特别是石涛的美学思想和他敢于与中国千年来画人所盲从的旧观念和技巧主义作斗争的革新创造精神，在理论与实践上对他的影响最大。他的深厚功力，得自博采广取，专钻精研，穷索各家奥秘，综集各家大成，走自己的道路，他临画必待领悟原作的肌脉神韵，心灵默契，然后动笔。这个艰苦而兴奋的再创造过程，宛如冒硝烟，攻城堡，劈丛莽，入虎穴，一面发其奥蕴，一面与其较量。因此他常用"与清湘血战"、"笑倒青藤"、"骇煞白阳"这类字眼来表达他攻关夺标的甘苦自得的心情。他的临摹作品既保有原作的精粹，益以自己的颖悟和濡润，更有一番韵味，艺术价值有增无减。但他一再强调："临摹是手段，不是目的。"临摹、写生、创作——贯穿着他整个艺术生涯。

"画贵立品"，海粟老人十分重视艺术家的品德修养。说画家的品质操守、气度、风格、意志和毅力，必然会透过艺术体现出来，使人感到可亲和钦敬。他一向强调艺术的个性，认为有鲜明的个性才具有鲜明的感染力。强调艺术是表现，不是再现，不是涂脂抹粉。他说时代里的一切情节变化，接触到我的感官里，有了感觉后，有意识，随即发生影响。表现必得灵魂的酝酿，智力的综合，表现出来，成为一种新境界，这才是表现。艺术不能局限于视觉，只求皮相的形似，以模仿自然为止境，而要表现潜在于一切物象中的精神实质，以写形为手段，以写神为目的。生活是创作的依据，要深入细致地观察、体验，在作品中表现自己的印象，自己的思想感情，把这样的意境化进自己的笔墨中去。他的美学思想同他的艺术实践是一致的，也是一贯的，当然并非一成不变。他有自己的执著点。可贵的是他不断追求，接受新思想，创造新规范，与时代同步，随着岁月的增长，他的思想和艺术未见老化。

刘海粟作油画《杜鹃花》(1973 年)

海粟老人喜欢水的主题,包括水的化身——烟云雨雪。他善于画水,波涛壮阔的海洋,荡漾流逝的江河,微波如鳞的湖泊,还是粼粼的涟漪,乃至一平如镜的水面,不论是油画还是水墨画都能绘影绘声地表现出特有的质感、动感和光感。画泉用篆笔勾划,倾泻流畅,淙淙宛如吟唱,飞瀑则如雷轰响。他喜欢画雪,作了许多雪景杰构。连带也喜欢画傲冰雪的松柏和红梅,抒写自己的胸臆。他画烟雨云雾都有独到之处。山林溪谷一经烟云濡染穿插便觉气机流转,空间无垠,高深不可目测。他善于用水。自谓"用墨难,用水更难"。他一直在攻这个关,巧妙地掌握水的奥秘,水的"火候"。他早在 1927 年旅日时与日本名画家桥本关雪、小室翠云等合作水墨画,已开始大胆地"施水"。他的水墨画泽润华滋,总有"元气淋漓障犹湿"的感觉。晚年的大泼墨、大泼彩,则是拿起洗笔缸大量瓢泼,显现出变化无穷的艺术效果。

老人有极旺盛的创作欲。他一天不画画不写字便觉手痒,再忙再累,到了深夜也按捺不住要写几个字,画上几笔。他的画有时一天画三五幅,一幅丈二匹宣三刻钟便可

刘海粟作油画《黄山始信峰》（1954 年）

完成；有时则尽思周匝，十日一石，五日一水。他的泼彩，施用什么色调，经常先用小纸，涂上石青、石绿、朱砂、石黄等试试它的调和、对比、色度、明度的效果，直到成竹在胸，然后大胆落墨泼色，使色彩和墨交相辉映，有时所作看似毫不经意，实则在“假痴假呆”处，正是灵机独运，于有意无意间得之，让人松一口气，使情感有回旋体味余地，进入琴听弦外音、语嚼词外意的妙境。

70 年代后期到 80 年代，他的绘画中西融合更加得心应手，相互为用，他的国画大泼墨、大泼彩，是出自深厚的传统功力，溶入油画的光色变化的现代的中国画，是刘海粟独创的新中国画，他的油画也是在长年实践中把中国画的笔法墨法自然而然地熔铸入画，运用具有表现力的线条和色块构筑物象，形成更具民族气派和鲜明个性的刘海粟新油画。

他的书法功底深厚，蔚然大家，但曾为画名所掩，他幼年写欧阳询，再学颜真卿，得其宽大雄伟气势；又学褚遂良，喜其变化多姿。还先后学过黄庭坚、米芾和黄道周。当 20 年代初期从师康有为时，写过《石门颂》，书法深受康南海的影响，几可乱真。第一次欧游回来后画风大变，书法才摆脱康体，融化众长，自成家法，十年动乱时他潜心学篆，写《毛公鼎》和《散氏盘铭》，更得圆厚凝练之趣，他的悬腕中锋，使笔墨虚灵，神情飞舞的功力，不但见于中国画，也运用于油画。而绘画的意趣却又渗入他的书法的"分行布白"中。如用笔结构的繁简、大小、粗细、疏密、斜正和用墨的浓淡、干湿，所谓"雨夹雪"，整幅看来如入画境。

海粟老人的作品，无论是中国画、油画和书法，尽管表现形式不同，但都统贯在他特有的一个力字、气字、厚字、新字。这就是他的豪迈雄健、气势磅礴、醇厚朴茂、生机勃发的艺术风格。

百岁老人刘海粟的艺术，创一代新风。他的艺术和美育伟绩是属于社会主义祖国，也是属于全世界的。在旧社会，他的艺术已为世界所公认。20 年代被日本美术界称为"东方画坛狮子"。30 年代初，法国著名文艺批评家赖鲁阿推崇他为"中国文艺复兴大师"。他长达 86 年的艺术生涯，大半是在新社会度过的。在"二为"方向、"双百"方针的指引和党的关怀下，他满怀激情，深入生活，到处作画、写字、吟咏，到处展览、讲学，弘扬祖国文化艺术，实践他"要画超越以往的一系列杰作，使它为人生自我的赞美，对伟大社会主义祖国的歌颂"之夙愿。在国内和国际上赢得了一个个的崇高荣誉。

他热爱黄山，向往亦师亦友的黄山，曾经登临过十次。前五次在旧社会，上山不容易，所获不多；第六次以后，一

刘海粟作中国画《三千里外蕉犹青》(1982 年)

次比一次画得多，一次比一次有新的境界。1988年秋，上海市隆重为他举办《刘海粟十上黄山画展》暨学术研讨会。画展由江泽民同志亲笔作序，高度评价海粟老人的艺术成就。

1994年春，老人海外归来，上海市文化局为他庆祝百岁寿辰时，老人在会上满怀激情地说："百岁才是开始，我还要十一上黄山，去三峡，努力作画，为炎黄子孙扬眉吐气。"下午又同画家们一起挥毫，大书"遍历五大洲四海风云；横跨三世纪百年沧桑"联以自寿。他期望自己能活到21世纪，亲眼看到香港、澳门的回归，看到海峡两岸的和平统一；还要到国内外未曾到过的地方去，继续创作和奉献。

遗憾的是，他预定到江苏参加早就准备好的"百岁庆典"活动未及成行，更来不及亲自参与上海、常州、香港、南京等地刘海粟美术馆和刘海粟艺术研究中心陈列馆先后的建成和揭幕，便因劳顿不支，心力衰竭，于8月7日凌晨，放下如椽之笔，与世长辞了！

一代艺教宗师、画坛泰斗刘海粟的美育思想和艺术业绩，将代代相传，继续发扬光大。海粟永远与人民同在！

（南京艺术学院学报，2006年2期，第54—56页。）

3. 天若有情天亦老　（冯健亲）

我发言的题目是：《天若有情天亦老——评刘海粟的历史贡献》。

海粟先生九十八年的精彩人生，我个人以为主要的历史贡献可概括为三条：

一是身体力行地把西方美术介绍到中国来，并力所能及地把中国现代美术介绍到西方去；二是按自己的艺术主张与实践推动了中国现代美术的进步与发展；三是亲自参加并领导了中国现代美术教育事业的开拓及成长。

接下去作分别说明：海粟先生17岁就参与创办上海图画美术院，同时也开始了对西方美术的关注与研究，还把研究心得作文宣传。海粟先生的艺术主张可以用中西融合、继承超越概括。遗憾的是，他在欧洲画坛上的成功实践在我们中国画坛则长期受排挤，且至今仍不以为然，我以为应该引起今后的重视，并作深入的研究和发掘。

海粟先生的一生都致力于中国的艺术教育。值得一提的是，他是蔡元培教育思想的忠实笃行者。1919年12月，蔡元培先生接受上海美专校董会主席之职，以"闳约深美”的办学理念，为上海美专的健康成长指明了方向。海粟先生创造了人体写生、旅行写生、男女同校、成立校董会、创办学报等多个“敢为天下先”。今天我想专门谈一下私人办学的问题。1927 年“四·一二”之后，刘海粟遭通缉再次到日本避难，7 月，接蔡元培手书要刘回国商量要事，所谓“要事”，即欲将上海美专由私立升格为国立。刘则希望“留着她（私立上海美专），让她的历史得到尊重”，还建议在杭州西湖边另办美专。蔡先生接受并支持了刘的意见，由此，私立上海美专保留了，西湖边的国立艺术院诞生了，也算是一段并未载入史册的历史佳话。

其实，私人办学的艰难恐怕是非亲身经历就难于体察的，公立学校经费短缺可以向政府去要，在解放前闹大了还可以带了学生去示威。私立学校则不然，没有经费只能散伙，要想维持，校长责无旁贷，没有一点武训精神是难以为继的。海粟先生为筹措经费以维持办学而多次求亲求友，带头义卖，甚至变卖珍藏。直到 1981 年他还将在香港开画展售画所得又一次捐献办学，电文曰：“我爱祖国、我爱南艺、爱下一代，画款港币 100 万元献给南艺，1/3 作为奖学金，其余购置图书、器材。”崇高境界无需再作言表。这一切绝非常人所能为。更为可贵的是海老在饱受“四人帮”迫害之后仍以德报怨，还将自己的经历与体会去做受打击而一蹶不振的人的思想工作，他说：“做个艺术家要把心和老百姓拴在一起，不为水上萍，甘作泥中藕，看到腥风血雨中人民的不幸，个人的损失就微不足道了。”海粟先生是以“偏向悬崖伸铁臂，好布绿雨润江南”的精神走完了难能可贵的一生，在他仙逝后，国家教委在唁电中给他的评

刘海粟作中国画《层波叠浪》（1982 年）

价是“我国新美术运动的拓荒者；现代美术教育事业的奠基人。”我以为是实事求是的，也恰好是对海粟先生历史贡献的高度概括。

（《收藏家》收藏家杂志社2006年8期增刊，第13—14页。）

4. 生命之画　（袁运生）

做刘先生的这种展览，当然事情非常好，尤其在市场膨胀的情况下，主办方非常认真地来做展览，我觉得非常感动。20世纪特别是改革开放以来，对于刘先生艺术上的评价，我觉得有很多想说的又说不出来，说又说不透，也说不肯定，也不好把话说完，应该留有余地的感觉。我觉得这是受上一代人个人之间矛盾的影响，影响了我们对他的看法和评价。

刘海粟先生毫无疑问是20世纪中国艺术大师，无论从哪个角度讲。因为他既是教育家、杰出的油画家，又是国画家，从书法艺术来讲，他也是大师，这种人是非常难得的。我觉得关于刘海粟先生，是值得认认真真做准备的，好好做一次大的展览，尤其是在当今中国值得去做。

现在美术界的状况无论从艺术院校角度、艺术运动角度讲都不太乐观，现在都觉得市场很好。我觉得市场一定要跟艺术运动分开来，不要混合在一起。评论家不要太多地关注市场，而是要关注艺术运动。如果艺术家的关注就是在市场，跟着市场脉络跳舞，艺术就没有希望，因为市场不代表艺术的方向以及艺术的评价。可目前我看到市场的现状，从各个方面都能体会到，我觉得现在的市场不是很健康。其实刘先生的画不是市场可以做决策的，因为刘海粟的画是生命之画，在他的每一幅画中都充满着他生命的力量，那是活跃、生气勃勃的精神。就光这一点，拿20世纪所有的画相比，刘海粟是非常突出的艺术家。

我们现在处在非常尴尬的境地，把脑子洗得两边不着地，跟自己的文化不沾边。小学、中学、大学的教育，都没有自己文化最根本的东西，我们自己的哲学、经济一直放在一边，已经有50年了。这种情况使得我们的人格不完整，不能成为一个真正的中国艺术家，一个完整的人，一个完整的中国人，一个完整的中国有知识的人，不要说有学养，就是有知识的人，都做不到。

为什么上一辈的人，在20世纪早期的人，他们跟我们现在就不一样。所不同的就是他们道德存在着对自己文化最根本的价值观，这是不能缺少的。如果这个缺少了，我们的民族就没有希望了，民族文化就没有希望了，更何论融合的问题。道德要有自身，自身没有谈什么融合，所以不要总谈融合，吸收是为了发展，而不是为了融合。你的本质是生命的根，根不能取消，也不能破坏。

我们看到刘海粟先生画作的时候，为什么总是觉得有一种气，有一种精神。他去法国看别人画的不会五体投地，他有他的看法。20 多岁时他画的画就很有气质，画中国画也一样。刘海粟先生的素质好，属于基本的工具性的学习，很快就成熟了。为什么能够有这样的成就？就因为他是中国的艺术家，已经对中国的书法、中国的文化有了自己的价值观和审美的意识，很清晰自己要做什么，是这么一个人，而不是什么也不想脑子一团浆糊，根本不知道怎么样，而跑去找真理，不是这样。艺术的真理难道西方才有吗？我觉得我们有的人是软骨病，精神不太健康，没有自信心，在这种情况下，我觉得这样是不行的。我们对刘先生艺术的认识，应该建立在对文化的把握、精神价值的基础上。不是因为他到西方去寻找什么工具，这不管用。他是一个完整人，在 30 多岁去的时候已经是一个成熟完整的人，是一个对自己文化有信心的人，所以才画这样的画，这点极为重要。在现在我们宣传刘海粟先生艺术的时候，这一点是尤其重要的。

（《收藏家》收藏家杂志社 2006 年 8 期增刊，第 27—28 页。）

5. 发扬国光，与欧西竞进——20 世纪初期刘海粟美术评析 （马鸿增）

20 世纪初期，西方文化和美术的输入，激发起国中许多有识之士对中国美术发展的重新估价和前途争论。1912 年，17 岁的刘海粟以“敢为天下先”的勇气在上海创办了中国第一所美术学校，在拟定的三条办学宗旨中，第一条便是“发展东方固有的艺术，研究西方艺术的蕴奥”。1918 年，又首创《美术》杂志，在其中发表了一系列阐明自己艺术观点的论文。

事实证明，刘海粟不仅以办学的实际行动回应着那一风云激荡时代的呼唤，而且在理论上也积极参与了伴随着“文学革命”而来的“美术革命”大辩论。有感于诸多研究者对于这一历史事件的评价，往往绕开刘海粟的理论建树，故而本文专门评析以补史缺。

明确提出“美术革命”口号的是陈独秀和吕征，他们的文章《通信》发表于 1918 年 1 月出版的《新青年》。吕征认

刘海粟作中国画《泼彩荷花》(1978 年)

为美术与文学必须同步改革，批评当时绘画界的两大弊端，中国画“非文士即画工，雅俗过当”；习西画者“徒袭西画之皮毛，一变而为艳俗，以迎合庸众好色之心”。他提出实行美术革命的四个要点：一、“阐明美术之范围与实质”，澄清理解上的混乱；二、“阐明有唐以来绘画雕塑建筑之源流理法”，使人明白我国固有美术发展史；三、“阐明欧美美术之变迁，与夫现在各新派之真相”，使人明白美术大势趋向；四、“以美术真谛之学说，印证东西新旧各种美术，得其真正之是非，而使有志美术者，各能求其归宿而发明光大之”。

吕征的见解是相当宏观的，而且富于战略眼光。陈独秀的回信却避开这些，而是大谈“输入西洋写实主义，改良中国画”。他批评元代以来的文人画“专重写意，不尚肖物；这种风气，一倡于元末的倪、黄，再倡于明代的文、沈，到了清代的三王更是变本加厉；人说王石谷的画是中国画的集大成，我说王石谷的画是倪黄文沈一派中国恶画的总结束”。他提出“首先要革王画的命”。要用西洋画的“写实主义”来扭转“临”“摹”“仿”“抚”，才能“发挥自己的天才，画自己的画，不落古人窠臼”。

陈独秀矫枉过正的主张与康有为相近。1917 年康有为在《万木草堂藏画目》中指斥“中国近世之画衰败极矣”，一味“摹写四王、二石之糟粕，枯笔数笔，味同嚼蜡”。根源在于元明以来独尊简率荒略的文人画，而摈弃形神兼备的匠人画。他提出“以复古为更新”，即恢复“唐宋正宗”；同时吸取西画写实之法，“合中西而为画学新纪元”。

类似的观点还见于曾任民国教育总长、时任北京大学校长的蔡元培。他提出“以美育代宗教”，主张“循思想自由原则，取兼容并包主义”。他明确提出：“今世为东西文化融和时代，西洋之所长，吾国自当采用。”“采用西洋画布景写实之佳”。又高瞻远瞩地指出：“一民族文化能常贡献于世界者，必具有两条件：第一，以固有之文化为基础；第二，能吸收他民族文化以为滋养料。”

三位大有影响的学者陈独秀、康有为、蔡元培，在改革中国画的大方向上惊人的一致。今天看来，他们的观点合乎时代潮流，切中时弊，但在不少具体论述中存在简单化和过激之处。当时中国画坛上由此引发了一场大讨论，赞成者、反对者、怀疑者纷纷撰文。1920 年徐悲鸿发表《中国画改良论》，支持用写实主义改良中国画，并提出：“古法之佳者守之，垂绝者继之，不佳者改之，未足者增之，西方画可采入者融之。”陈师曾则专论《文人画之价值》，分析其审美特质和审美观的辩证性，其实即是对上述片面否定文人画的言论的反驳。此外，林风眠“调和中西”论，高剑父“中西合璧”论，金绍城“画无新旧”论等也在20年代画坛上各执一词。

刘海粟的论文目前所知最早者，是刊于1918年11月第一期《美术》上的《〈美术〉杂志发刊词》，也可以视为是刘海粟登上中国美术论坛的一篇宣言书。文章首先竭力推崇不怕难的精神，“若人人存一畏难之心故步自封，此学术终无显明光大之一日”。宣称“本杂志之刊，即从难字入手”。他以热情洋溢的词语抒写自己的理想：“有以表彰图画之效用，使全国士风咸能以高尚之学术发扬国光，增进世界种种文明事业，与欧西各国竞进颉颃。俾美术前途隆隆炎炎兮，如旭日之光；蓬蓬勃勃兮，如阳春之景。”这里我想着重指出，刘海粟在这篇与陈独秀“美术革命”观点同一年发表的文章中，能够明确提出“发扬国光”，“与欧西各国竞进”，其立论不可谓不高远，甚至可以说是十分难得。这充分表现出他对中国文化光辉之处的自信、自豪与自强意识，同时也不封闭。这与他对中西绘画艺术的了解和悟性有关。这种认识也体现在上海美专的教学之中。为此，鲁迅当时就特别推介说：“《美术》杂志第一期，便当这寂寞糊涂时光，在上海图画美术学校中产出……可以看出主持者如何热心经营，以及推广的劳苦的痕迹。”

接着，在1919年6月出版的《美术》杂志第2期中，刘海粟发表了《画学上必要之点》、《寒假西湖写生日记》、《救国》、《画学真诠》、《参观法总会美术博览会记略》、《西洋风景画史略》等多篇文章，进一步具体阐述他的艺术见解。综合分析，可以大致归纳为以下几个要点：

其一，提倡美育，引起国人高尚纯洁的精神，感发其天性的“真美”。

刘海粟十分重视美术的社会功能，办校之初就宣称“要在极残酷无情、干燥枯寂的社会里，尽宣传艺术的责任”。即通过美术来使人们精神高尚纯洁，并唤起“真美”感受。他认为世界各国美术，“虽或派有不同，国有不同，人有不同，而有莫不相同之一点。此点为何？即真美之精神是也”。“美感本是人之天性，故予创无美感即无道德之说”。他将美与道德紧紧联系在一起，认为要使社会深知，美并非专供人消遣装饰的作用，而且要使美术家“从大的广的方面着想，尊重人格，不至误用其技能”。这一观点对

刘海粟作中国画《天平红朝晖》（1980年）

于身负教育责任的师长更具有深意。

其二，提倡写实、写生，反对一味摹古或故作怪异。

刘海粟在谈论写实的重要性时，并不是简单重复陈独秀等人的见解，而是具体分析，有些观点甚至与陈针锋相对。他认为有一种以仿古为业的艺徒，为求博利而专摹前人之作，“固不是责也”；他所反对的是“独怪高明之士，亦若效前人之用笔设色，遗其精髓，袭其皮毛，更置理法于不顾。有誉其似某名人者，辄沾沾自喜”。陈独秀要打倒王石谷，刘海粟却辩护说：“昔之名家，均能写实以自立，即如清代王石谷之山水，恽寿平之花卉，均得真理有气韵，即近时任伯年亦以写生为本，故得自立也”。他这种将开派名家与其后的模仿者区别开来的看法是正确的。另一方面，他也批评当时为新而新，“以新法炫时”的现象，“或画山水而施以翠绿之天，或割裂篡改而毁辱名人，或以时装仕女插入旧山水，或绘恽派花卉而皴以黑色之影，此不特不能促进画学，直可为破毁画学也”。对于这些具体评价的是非，我们不必苛求，重要的是理解其求真务实精神。

其三，提倡自然天性创造“真美”，反对强制依赖的“假美”。

刘海粟认为有两种创作方法，一种是“写自然之真相”，取积极的“真美”；另一种是“摹强制的艺术”，取消极的“假美”。只有前者才能养成自动与创造的能力。他还从心理学的角度研究，人在未从师学画时代，自动心与好奇心发达，无拘束，无压迫，天机活泼，真趣盎然，本应成为他日发展才能、独立创造的基础。然而一入师门，用强制手段，一点一笔，皆以肖师为目的，以一家一派为荣，从而丧失天趣。他认为不仅中国绘画数千年来有此弊，习西洋画者也有此弊，如“先摄影而资仿摹，用画格而绘肖像”，都有悖于美育的本旨。继而他又论述，他所谓自由，并非自由涂抹，而是“求理法中之自由”。为了养成习画者的“创造力与自动力”，应当“先示以理论法则，使本其天性而直接审察自然界之真相”，只有这样，才能“符美学之本旨而得其天趣，在学者亦示于实习以发抒其美感”。

以上所评析刘海粟的美术观，均引自他在 1918 年和 1919 年的言论。从中可看出，其见解自然有着蔡元培等前辈的影响，但也不乏当时这位 20 多岁的青年人的独立思考。此后的几年内，他又陆续撰写了若干文章，进一步发挥上述的基本观点。尤其是有关艺术表现生命、人格的观点非常鲜明。如 1922 年《上海美专十年回顾》中，强调

"美术是表现情感抒发个性的法宝",学校要注意不同学生才能的不同发展方面;要使学生修养自己的情感,极力向高洁纯挚方面提挈,"直接用主观的美的技术,把那自然的秘奥、把那霎时间过去的情感表现出来"。这才不辱艺术的价值。1924 年,《艺术与生命表白》一文中,列举了"庄严"的美、"悲壮"的美、"优雅"的美等不同美感之后,认为"画人诗人或音乐家感应了诸种现象,就要表白。倘若抑压他表白,比宣告他们的死刑还难过"。进而断言:"艺术品的表白,就是艺术家生命的表白!不能表白生命的,就不是艺术家。"又说:"技巧化的艺术,就是无生命的艺术。这种艺术都是没有感觉而强作感觉,实在是空无所有的。虚伪的技巧化来使俗人佩服,那更是艺人人格的堕落!"他对艺术表现生命精神的看法异常激烈,显然已接受了西方后印象派的思想影响。在 1925 年的题画中,他以更加成熟的文字写道:"画之真义,在表现人格与生命,非徒囿于视觉,外骛于色彩形象者。故画像乃表现而非再现也;造形而非摹形也"。从这里我们分明感受到刘海粟作为中国表现主义绘画倡导者的气魄。

本文所评价的刘海粟美术观,仅仅是他百岁生命历程中的初始阶段——20 岁刚刚出头的年代的一些见解,比之后来,虽然有稚嫩之感,却充满"五四"运动时期的时代气息,血气方刚的美术新星的敏锐与豪情,显示出罕见的文化素质与吸纳中外文化的胸襟。这一时期所形成的基本观念,成为他日后艺术思想与艺术实践的牢固基石,只有更加充实饱满而没有抛弃背离。

"发扬国光,与欧西竞进",这一思想铸定了刘海粟在 20 世纪初期美术革命浪潮中的地位,他不愧为时代的弄潮儿。

(《美术与设计》南京艺术学院学报 2006 年 2 期,第 81—83 页。)

6. 回望 20 世纪,泼彩的刘海粟当位列一二——《百年中国画集》观后 (赵绪成)

一、不比不知道,一比吓一跳

百年中国画展艺委会经过无记名投票决出了 20 世纪 13 名杰出的中国画家:齐白石、傅抱石、黄宾虹、吴昌硕、林风眠、李可染、潘天寿、徐悲鸿、张大千、蒋兆和、刘海粟、石鲁、黄胄。其中齐白石、傅抱石以得票多而名列前茅,刘海粟、石鲁、黄胄以得票少而殿后。应该承认,这个结果基本反映出了当代 30 多位中国画家和理论家(委员)们的共识。我当时听到这个结果也没有觉得有什么不适,对刘海粟被排在第十一位也觉得是恰当的。至于我当时究竟有没有投刘海粟的票也记得不真切了。

最近抽空翻阅了《百年中国画集》，不知道为什么，刘海粟先生的《荷花》与《黄山》两幅画一下子深深地打动了我，吸引了我。回过头来，我再把刘海粟的这两幅画同其他 12 位杰出画家的画做反复的比较，越比越看就越觉得刘海粟的这两张画好，越比越看就越觉得刘先生的泼彩画非同一般，其“逸气”逼人，其“大气”抢人，其“国气”袭人，其“新气”迷人，越看越比越觉得对刘海粟的泼彩应该重新研究，重新认识，重新评价。我斗胆提出：回望 20 世纪，泼彩的刘海粟当位列第一二。

列位同仁看到这个评价也许会暴跳如雷。我想提醒各位在骂娘之前先冷静下来，翻开《百年中国画集》把刘海粟的两幅泼彩画同其他 12 位杰出画家的画作认真的比较研究，把师徒之情、地域情怀与历史评价成见排除在外，也许你会同我一样改变看法，给刘海粟的泼墨重彩画以公正的评价。

二、逸气的刘海粟，当与齐白石、黄宾虹、傅抱石等不分伯仲

什么是“逸气”？简单地说就是“气韵生动”，即艺术的精神性。就是苏东坡曾经说过的“论画以形似，见与儿童邻”，就是倪云林也说过的“逸笔草草，不求形似”和“聊写胸中逸气耳”。这就是说，不重形似，不重自然形象客观的形似，而重人的精神，重人的主观精神，重人的、主观的、个性的独特的感受、感情的精神乃是“逸气”的基本内涵。这逸气同西方“文艺复兴”所复兴的古希腊理性精神，即同人和人的主体精神的发现，同人要从自然和社会的奴役中解放出来、自由出来的精神是相吻合的。用这种精神看齐白石，齐白石是逸气的，他的逸气是不重形似而重农家、田园天趣的；黄宾虹是逸气的，黄宾虹的逸气是表现在不重形似而重笔墨的“浑厚华滋”；傅抱石是逸气的，傅抱石的逸气表现在“强其气”、潇洒豪放上；刘海粟是逸气的，刘先生的逸气，其一，更不拘形似，更重沉雄、博大开放、豪迈响亮等主观精神的提与炼；其二，特重气韵生动，意贯气连，浑然一体，重精神勃发之生命力的表现。看刘先生的《荷花》与《黄山》，荷与山已经“不似”到只剩下了一点点影子，扑面而来的是横涂竖抹，是既泼又写，是既墨又色，是既水又粉，是自由开放，是博大豪迈的精神和逸气。把刘先生的画同齐白石比，齐先生也很爽也很豪放，是天然是农家情

30年代刘海粟在上海美专陈列室内

趣的；而刘先生的泼彩则似倒海似翻江，似火山爆发前的岩浆跃动。刘先生的逸气要比齐先生大得多，强得多，重得多，厚得多，浑然一体得多。把刘先生的泼彩同黄宾虹相比，黄先生的画确实是浑厚华滋，是重是厚的。但同刘先生的泼彩一比，黄先生的画就显得黑漆漆一片，沉闷得能憋死人，而刘先生的泼彩在具备黄先生浑厚华滋的同时，却比黄先生画响亮得多，明朗得多。把刘先生的泼彩同傅抱石先生的画相比，两人都同时具有潇洒豪放的气概，但傅先生因偏重自然形似，破笔散锋，水彩积染，感觉潇洒豪放有余，而厚重、博大不足。但刘先生的泼彩则是重中锋聚锋、重墨彩混用、墨彩积用、重彩水用，显然要比傅先生的画沉稳、博大、厚重，因而其震撼力也大。再把刘先生的泼彩同蒋兆和、石鲁、黄胄的画相比，如果从造型写实能力和功夫上看，似乎他们都在刘先生之上，但若从画家主体精神的提炼和表现上看，他们的画简直就不能看了。徐悲鸿的《愚公移山》和蒋兆和的《流民图》，从直接关注民众兴亡疾苦、拓展中国画的表现方法领域上看，我们当然要加以充分的肯定。当然还有人物画不可比的特殊性一面，但如按传统写意中国画“逸气”的要求来看那就相去甚远了。至于石鲁与黄胄，若用逸气来要求就更显得气单力薄。目前委员们投票的结果也是将石鲁、黄胄排在刘先生之后，其道理更是不言而明的。

联系当代中国画坛只重自然客观造型而忽视个性主观提炼，只重照相写实式制作而忽视“写”与写作者主观之精神，只求荒率、潦草的表面挥洒而忽视养个性真气、养主观感觉之气、养浩然之气等诸多时弊，刘先生所具有的逸气精神是很值得当今画人认真体会和深思的。

当然，如果把“重精神”、“重逸气”拓展开来去思考和认识，其根本问题是：逸气、精神是根本、是至要，只要逸气、精神表现充分了，至于是“似”是“极似”，是“不似”还是“极不似”，是“似与不似之间”都无所谓。只要我们把个性主观的“精神”和“逸气”都抓住了，中国画的创作与发展一定会更自由、更开放、更多元、更繁荣。

三、大气的刘海粟，当在20世纪所有画家之上

刘海粟先生过世时，记者曾问起我对刘海粟先生的看法，我当时凭印象说了“三大”，即“气魄大、度量大、胆子大”。之前，刘先生从海外办展归来，我亦曾宴请刘先生夫妇，刘先生滔滔不绝地讲了两个多小时，我记忆最深刻的是他所讲的“三下”，即“吃得下、睡得下、放得下”；刘先生17岁就当了上海美专的校长；也是他最早在中国使用“裸体模特儿”，曾引起轩然大波；还经常听人传，他对自己的画“吹”得很厉害：“我咯画张张全是国宝……”过去，除了朦胧地觉得刘海粟“气魄大、度量大、胆子大”外，也确实认为刘先生有“吹牛”之嫌，偶尔还要拿他取笑一番。现在看了刘先生的画以后，我觉得作为一个艺术家，特别是作为一个真艺术家而言，这种大气魄、大度量、大胆量是极其宝贵的。我在20年前曾给学生们说过：写字画画时要“老子天下第一”，写完画完要“老子天下最末”。现在看来我不如刘先生，他是画时“老子天下第一”，画完还是“老子天下第一”。我以为对艺术家的创作状态而言，就是要学习刘先生这种高度自信的精神。这是一种“两强相遇勇者胜”的精神，这是一种“我只有优点没有缺点”的完全自信精神，这是艺术家创作过程中必备、必须、必佳的精神状态。刘先生正是这样一个令人钦佩的大气、大量、大度、大

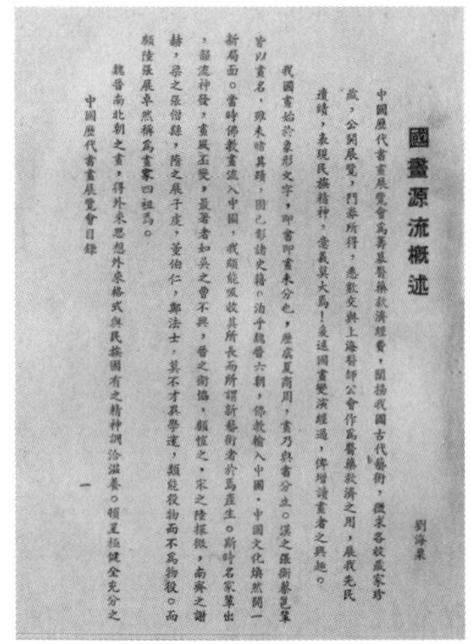

國畫源流概述

劉海粟

中國歷代書畫展覽會為籌募醫藥救濟經費，闡揚我國古代藝術，徵求各收藏家珍藏，公開展覽，門券所得，悉數交與上海醫師公會作為醫藥救濟之用，展我先民遺蹟，表現民族精神，意義莫大焉！爰述國畫變演經過，俾增讀畫者之興趣。

我國畫始於象形文字，即書即畫未分也，歷虞夏商周，畫乃與書分立。漢之張衡蔡邕輩皆以畫名，雖未睹其蹟，固已彰諸史籍。洎乎魏晉六朝，佛教輸入中國，中國文化煥然開一新局面。當時佛教畫流入中國，我頗能吸收其所長而所謂新藝術者於焉產生。斯時名家輩出，韶流神發，畫風丕變，最著者如吳之曹不興，晉之衛協，顧愷之，宋之陸探微，南齊之謝赫，梁之張僧繇，隋之展子虔，董伯仁，鄭法士，莫不才具學達，類能役物而不為物役。而顧陸張展卓然稱為畫家四祖焉。

魏晉南北朝之畫，得外來思想外來格式與民族固有之精神調洽滋養。顯呈極健全充分之

中國歷代書畫展覽會目錄　　一

刘海粟文稿《国画源流概述》部分

胆的人。

以其人观其画，那荷花图的两片荷叶几乎铺满了整个画面，几根长短、浓淡、干湿相间的大线条直插其间，其布局开合的张力之大无人能比；浓浓淡淡的墨，浓浓淡淡的粉青、粉绿洋洋洒洒，既滋润又苍茫，几朵大红的荷花几乎像儿童画一样地涂上去，是那样的浓、那样的沉，又那样的艳，其墨法、色法、水法的张力之大也是无人可比的；他的线条重中锋用笔，取大笔粗线为主，其运行状态是刚中藏柔、大气大力，其意是宇宙太极之气力，其笔头之大，气度之大，笔法、气法的张力之大也是无人能比的。因此把他的画同其他人的画相比，就好像把两张画放在天平秤上，刘先生的画重得一下子就沉了下去，其他人的画马上就要被压得翘上了天。刘先生两张画的实际尺寸只有四尺宣纸大小，可是它给你的感觉却好像比丈二匹还大。他的这两张画仅是《愚公移山》的六分之一，是《群马》图的二分之一，是《流民图》的二十几分之一，潘天寿、石鲁等人的画也都比他的画大得多，但给你的感觉却是相反。如果同这些人比还不算数，那同齐白石、黄宾虹、吴昌硕、李可染等人比其大气、大量、大度、大胆也远在他们之上。同齐比，齐画终因在虾、虫、鱼、鼠、草之间，刘画比他大气得多；同黄比，也因黄之笔头太小而大气难同刘抗衡；同吴比，还因刘开阖大、气场大更胜一筹；李可染因内收过紧、外放不足难敌海老；至于说可以称作“开派画家”的关良为什么会连13名杰出画家的门都未能进，其根源是在小情小趣，离“正大气象”太远所致。由此可见，这大气——大气魄、大胸襟、大度量、大胆量在画中所起的张力是如何之大了。

环顾当今中国画坛大量泛滥的“小脚女人气”、“太监气”、“酸楚小文人气”，和忸捏作态、矫揉造作气，对照刘先生的大气，我们将作何感想、作何选择？

四、国气的刘海粟，当在林风眠、徐悲鸿等之上

刘海粟、林风眠、徐悲鸿三人都是留洋归来的杰出的中国画家，但如果用“中国气象”的标准来看，最地道、最正宗的当然非刘海粟莫属。

徐悲鸿先生走的是“西方素描加中国线描”的写实道路。应该说徐先生为拓展中国画的表现领域也作出了不可磨灭的贡献，为中国画的多元发展开启了一扇通往可供后人继续掘进道路的大门，目前仍有不少画人沿着他开创的路继续前进。但若用“中国气象”来看徐先生的画，一是因为开创者还没来得及完善，二是因为传统中国画不重写

刘海粟于黄山作画情景
（1981年）

实而重写意、不重形似而重精神，而素描正是反中国画其道而行的，要完善它也难。所以，徐先生的画总有气韵不够流畅，气味不够正宗、地道，便是非常自然的事了。蒋兆和先生的情况同徐悲鸿先生的画大体相同。其《流民图》除其内容可取外，艺术上仅只能看作线描加素描的一幅大型人物写生拼凑稿而已。石鲁先生的画很有才气，但也因对“中国气象”理解还较浅，其线、其笔、其墨还欠不少的火候，难同刘海粟先生的境界比肩。其代表作《转战陕北》内容构思可佳，但若论笔墨，同刘先生一比就显得单薄得很了。那晚期的山水其笔墨骨力既弱又脆，其节奏既散又碎，简直就像乱草堆。黄胄的画其造型表现能力令人佩服，但其线条属西方速写性的，缺少传统中国画线条的韵致和提炼，把他的画同刘先生一比，简直就成了生活的再版和放大的连环画，其艺术表现力单薄而无味。

林风眠先生明确打出了“中西合璧”的旗帜来改造中国画。他同徐先生等所不同的是把西方后期印象和表现主义与中国大写意画相结合；应该说林先生所借鉴的西方表现主义，后印象派同中国的写意画本来就同属一脉，因此他的结合之路显得比较自然，比较流畅，其表现力、感染力也很强，是一个很值得我们钦佩的画家。而就其特点来说，他是“中西合璧”的，是“似中似西”的，是“西洋味的中国画”。

刘海粟先生虽然也去留洋，虽然也在一些精神上受到西方的启迪，但他的根是牢牢地、深深地扎在中国画这块沃土之上的。他的泼彩肯定是受到西画的滋养（他一直在画油画），但你却看不到一点西画的痕迹和影子，他是20世纪中国惟一能够“化西为中”的“武林高手”。他的画是最讲气韵生动、气贯意连、浑然一体的；他的用笔是最中国的、书法的、“一波三折”、“无往不复，无垂不缩”、“刚中有柔”、“有弹性”的；他的章法是自由布排、大开大合的；他的笔墨、墨彩是随类的，随意的，随情的。因此，他的中国画是最地道、最正宗的“中国气象”的。

我们伟大的祖国正处在伟大复兴的转型期，当代中国画坛正处在以“多元气象”（即个性气象）为根本特点的大好时代，中西之争仍然是中国画发展的焦点问题之一。毫无疑问，我们要以宽广的胸怀和优胜劣汰的观念，大胆地借鉴一些人类文明成果发展壮大自己。但弘扬民族文化艺术，坚持“中国气象”应该成为中国画发展的战略方针和立足点——而刘海粟先生的艺术实践泼彩为我们树立了光辉的典范。

五、新气的刘海粟，当在20世纪无人能比

刘海粟的新气，即创新意识、创新实践、创新成果都证明，他是20世纪中国画坛最重“不求形似”，最重人的个性的、主观精神（即逸气）的提炼，最重气韵、精神勃发之生命表现的真正大师。“形似”与“神似”在一定的范畴内是极其矛盾对应的，尤以现代艺术精神来看，重形似往往影响、束缚、限制精神的、逸气的强力宣泄和表达。古人说：“画以神似之得为高，专以形似之求为末”，中国写意画也一直被限制在“似与不似之间”的范畴内。20世纪的其他画家也多是在“形神兼备”内过生活。更有不少人越来越在“像”、“照相”里吭哧吭哧辛苦过活。刘海粟虽然在大范畴内并未脱离“似与不似”，但他是“似与不似”中“不似”走得最远、走得最好的一个大师。他是实践宁丑勿媚，宁拙勿巧，宁支离勿安排的现代理念的大师。他是在“似与不似间”中走到最接近现代抽象边缘的一位大师，因而他也就是20世纪中国画坛最具有中国式“现代意识”和“现代气象”的大师。跨出的这一步虽然不算大，但确定走在了齐白石、傅抱石、黄宾虹、吴昌硕等人的前面。正像体育上的冠亚军一样，虽是一秒半分，那也是很不容易突破、很了不起的创造。

刘海粟是把工笔之重彩引进大写意的大师，是以“彩墨为上”取代“水墨为上”的大师，是把民间喜庆色彩、响亮色彩和刺激色彩引进中性水墨的大师。这是一个前无古人的突破，这一突破可谓是中国式的原创性的突破。传统中国画的生宣纸是专为水墨写意准备的，长期以来大写意中国画的墨与色是一个很难解决的矛盾和很难突破的障碍。因此，“水墨为上”就成了这一难题顺理成章的挡箭牌。齐白石、傅抱石、吴昌硕、黄宾虹等虽然在金石味、农家田园味等方面拓展了中国画，但仍然是在“水墨为上”，以墨为主，色为点缀，墨色分用上止住了脚步。是刘海粟打破了“水墨为上”色彩点缀、墨色分用的局限，以惊人胆略和气魄，采用“墨彩并用、墨彩混用、墨彩积用、粉彩水用”等无所不用其极的手段达到墨韵苍莽、五彩斑斓、前所未有的最佳效果与境界。

刘海粟先生是把泼墨泼彩与写墨写彩发挥到了极致，把大写意中国画之随意性、偶然性发挥到了极致，并把偶然与必然相协调，把“不期然”与“期然”相协调，把“无意性”与“有意性”相协调发挥到了极致的画坛高手。看了他的画你不能不为他的气魄和胆略欢呼喝彩。有人说刘海粟

刘海粟作油画《孙中山故居》(1982 年)

泼彩是受了张大千泼彩的影响,我当然不敢否定他没有受到张大千的启迪。但就泼墨泼彩的水平、质量和气象而言,张大千是难以望其项背的。张大千的泼墨泼彩是墨色分泼,纯墨纯色分泼,是泼而不写,没骨而泼,故而泼得简单,泼得飘浮,泼得浅薄,泼得媚态。而刘海粟泼墨泼彩则是先以中锋勾勒或间以中锋勾勒,间以泼墨打底,再以墨彩混泼,墨彩积泼,是泼中有骨,骨中有泼,色中有墨,墨中有色,色中有色,色中有粉,粉中有色,粉中有水,如石涛所说:“是邋遢透明,是苍茫响亮。”因此,刘海粟泼墨泼彩远比张大千丰富得多、厚重得多、浑茫得多、正大得多、响亮得多、高级得多、震撼得多。至于林风眠等人虽然也用彩很多,但并没有进入泼墨泼彩的领域,其他人就更谈不上了。

综上所述,回望 20 世纪,泼彩的刘海粟当名列一二,当是 20 世纪的“八大”,中国的“凡・高”或“康定斯基”。但是,为什么这么一个伟大的画家会至今不被人们所认识,为什么会被不公正地排在第十一位?我认为:20 世纪是帝国主义列强欺辱中国人民,中国人民反抗欺辱的世纪;20 世纪是中国国内的封建主义势力压迫中国人民,中国人民奋起反抗压迫的世纪;20 世纪是伟大的中国人民奋起救亡、图强、变革、复兴的世纪。因此,凡是有利于中华民族事业复兴,凡是直接表现民族救亡、图强、变革内容的作品理所当然地受到人民的重视和关注。因此,《愚公移山》、《流民图》、《转战陕北》、《万山红遍》等作品受到人们的普遍关注、好评是正当的,完全应该的。我们今天仍然应该继续重视这方面的创作,为中华民族强盛添砖加瓦。而刘海粟先生则不以直接表现这些内容为主,不被人们重视也是情有可原的。但我要说的是:刘海粟先生作品所散发出来的浑厚、博大、开放、豪迈、响亮的人文和艺术精神今天应该受到关注和尊重了,因为新时代我们更需要这样的雄强之气。20 世纪为救亡图强向西方学习的风气成为社会主流趋向,现实和写实主义绘画占据上风和主体,而国粹派、传统派受到冷落。这种情况当然对中国画的表现领域的拓展有着重要的、积极的意义,也取得令人注目的巨大成就。但是从弘扬中国画的民族精神的角度上看,无疑存在问题。刘海粟先生坚持在传统的中国画框架内探索创新,以领先于世界艺术的"重主观精神"的传统出发探索创新,因而得不到重视那就是必然的了。现在看来,在中国人民从"站起来"、"富起来"到"强起来"的征程中,不重视中华民族艺术精神,不重视弘扬民族艺术精神的刘海粟先生是不应该的了。

——刘海粟先生是一个非常有个性、有胆量的大艺术家。因为是"非常",所以不被"常人"所理解,经常被"常人"所非议,古往今来都是如此。"米颠"、"八怪"如此,刘海粟如此,将来也还会如此。这便是"怪不为怪,不怪为怪"的规律和道理。

——当然,刘海粟的泼彩形成较晚,成熟较晚,再加上此类作品数量也还不够多,也是大家认识评价不足的重要

刘海粟作油画《福州鼓山》(20 世纪 80 年代)

原因。但这绝对不应该成为贬低刘先生泼彩所作出的巨大贡献的理由。

——21世纪的中国画必将在“多元气象”(即个性创新气象)为核心和根本,“正大气象”(含主旋律)为主体和主导,“中国气象”(即民族气象)为立足点和战略方针,“现代气象”(即更自由、更解放)为大趋势的框架内发展。刘海粟可谓是20世纪惟一一位能做到“四大气象”兼备的大师。回望20世纪和泼彩的刘海粟,其主要目的在于我们要弘扬刘海粟先生“四大气象”的艺术精神,推动中国画向着21世纪的辉煌发展,为中华民族文化伟大的复兴而共同奋斗。我本人也愿意成为这千军万马中的一兵一卒。

(《美术与设计》南京艺术学院学报2006年2期,第84—87页。)

7. 关于刘海粟研究中的两个问题 (周积寅)

一、不赞成以投票方式给刘海粟等人排座次

最近几年,关于美术大师及艺术质量标准问题,《美术》杂志开辟专栏进行了热烈的讨论。

所谓“大师”,在中国古代有几种含义:一是大军的意思。《易经·同人》:“大师克相遇。”是说大军战胜了与之相遇的敌军;二是学者之尊称。如《汉书·伏生传》:“学者由是颇能言《尚书》,诸山东大师无不涉《尚书》以教矣。”三是佛教徒称佛为大师。《瑜伽师地论》:“能善教诫声闻弟子一切应作不应作事,故名大师。”后也用作对和尚的尊称;四是古代乐官名。《周礼·春宫·大师》:“大师掌六律六同,以合阴阳之声”。

在中国古代绘画史中,不见画家有称大师者,惟有“画圣”(如唐代吴道子、清代王翚)、“画状元”(如明代吴伟)之称,但毕竟极少数者。明代绘画评论家对画家中有巨大成就而为人所崇仰者称为“大家”,如:

> 李唐、刘松年、马远、夏圭,此南渡以后四大家也。——明·屠隆《画笺》
>
> 元季四大家(王蒙、黄公望、吴镇、倪瓒),浙人居其三。——明·董其昌《画旨》

在西方国家,文艺复兴之后,艺术评论家为了提高艺术家的地位,对其中杰出者,始冠以“大师”之称号。其意与中国之“大家”相类。

20世纪,艺术“大师”一词使用由欧洲传入中国,在中国艺术家中,刘海粟早在1931年36岁就被法国巴黎大学路易·赖鲁阿(Louis Laloy)尊称为"中国文艺复兴大师"这是一种最高的荣誉,但在当时的中国艺术评论家,在评论艺术家时,还不常用这样的称号。直至70年代后期,"大师"一词才开始在艺术评论中盛行,但到了20世纪末直至现在,"大师"一词已被滥用,真正的大师得不到应有的宣传发扬,甚至遭到非难,而假冒"大师"却满天飞。若人人都是大师,就无所谓大师了。为了让社会上学习继承发扬真正大师的艺术精神,在我编纂的《近现代中国画大师谈艺录》(吉林美术出版社1998年版)中选了十位中国画大师,按生卒年先后排列,他们是:

吴昌硕(1844—1927) 齐白石(1864—1957)
黄宾虹(1864—1955) 徐悲鸿(1895—1953)
刘海粟(1896—1994) 潘天寿(1897—1971)
张大千(1899—1983) 林风眠(1900—1991)
傅抱石(1904—1965) 李可染(1907—1989)

2000年第5期《美术观察》发表了《二十世纪中国美术大师排名》如下:

齐白石 黄宾虹 徐悲鸿 林风眠 潘天寿
李可染 张大千 傅抱石 刘海粟 董希文

其《调查表说明》:"发放的表共100份,发放的对象是美术界各方面的专家,收回的约70份","以上是根据调查表的数据排出的20世纪中国美术大师的顺序"。这十位,除去油画家董希文外,皆为中国画画家。

2001年,"百年中国画展"艺委会30余人,经过无记名投票,决出了20世纪13名杰出的中国画家(以票数多少先后):

齐白石 傅抱石 黄宾虹 吴昌硕 林风眠
李可染 潘天寿 徐悲鸿 张大千 蒋兆和
刘海粟 石鲁 黄胄

以上三份排名榜,所选大师(杰出画家)多数相同,但所排名次不同。我是主张按画家的生卒年先后来排名次,而不赞成按投票的多少来排名次。这样做,可以避免一些人为因素与历史的偏见。如刘海粟在2000年和2001年两次的投票中《美术观察》将他排在10位大师的第九位(中国画大师九位中最后一位),"艺委会"将他排在13位杰出画家中的第十一位。赵绪成先生在2002年发表的《回望20世纪,泼彩的刘海粟当位列一二》一文中却说:

"不比不知道,一比吓一跳。"

刘海粟作中国画《忆写黄山第一峰》(1989 年)

“百年中国画展艺委会经过无记名投票决出了 20 世纪 13 名杰出的中国画家：……应该承认，这个结果基本反映出了当代 30 多位中国画家和理论家(委员)们的共识。我当时听到这个结果也没有觉得有什么不适，对刘海粟被排在第十一位也觉得是恰当的。至于我当时究竟有没有投刘海粟的票也记得不真切了。

“最近抽空翻阅了《百年中国画集》，不知道为什么，刘海粟先生的《荷花》与《黄山》两幅画一下子深深地打动了我，吸引了我。回过头来，我再把刘海粟的这两幅画同其他 12 位杰出画家的画做反复的比较，越比越看就越觉得刘海粟的这两张画好，越比越看就越觉得刘先生的泼彩画非同一般，其‘逸气’逼人，其‘大气’抢人，其‘国气’袭人，其‘新气’迷人，越看越比越觉得对刘海粟的泼彩应该重新研究，重新认识，重新评价。我斗胆提出：回望 20 世纪，泼彩的刘海粟当位列一二。”

又如，同样在“艺委会”的投票中，将傅抱石排在 13 名中之第二名，而《美术观察》却将傅抱石排在 10 名中之第 8 名。若再换一批人或另外一个什么“艺委会”来投票，必定会出现另一种排名榜，你说到底哪家排的准确、客观、公正？我认为，既然承认他们是 20 世纪中国画大师，他们必然是这个世纪最有创造性的、最有修养的、独树一帜的一流的中国画家。他们所取得的艺术成就特别卓然，其艺术风格特别明显。他们好比中国之五岳，是相互并列的；他们犹春兰秋菊，各擅重名，下笔成珍，挥毫可范。他们在艺术创作上，都主张主客观统一，但有的重客观，有的重主观，有的重写实，有的重表现；他们都主张内容与形式的统一。但有的重题材，有的重形式美。他们都主张艺术要发展，但有的完全沿着传统加以发展；有的立足传统，中西融合。在中西融合中，有的立足于中国文人画传统或院体画传统，有的立足于中国民间艺术传统。因此，大师之间若比高低，很难有一个统一的标准，往往是仁者见仁，智者见智。据说，在北京召开的一次李可染艺术学术研讨会上，有人说李可染高于傅抱石，而在南京的一次傅抱石艺术学术研讨会上，也有人说傅抱石高于李可染。究竟谁高谁低，我说两人都高。李可染画不出(也没有必要画出)傅抱石的山水，而傅抱石画不出(也没有必要画出)李可染的山水，因为李可染是李可染而不是傅抱石，而傅抱石是傅抱石，也不是李可染。大师之间若相比，应比他们各自所走的不同的艺术道路和他们各自的艺术风格、美学思想。若比谁高谁低，是毫无意义的，也是说不清楚的，因为艺术不好用秤称，不好用斗量。因此我认为给大师排座次是不适宜的。我在 2001 年 10 月“百年中国画学术研讨会”上，做了关于《二十世纪中国画制高点》的发言，肯定了大师们的艺术创造和他们的绝技之作代表了这一世纪的最高水平。这些绝技，使画艺进展到了最高的境界一道。各以独特的艺术语言，创造了独特的艺术典型，成为至真、至善、至美的艺术。并举出大师们的绝技说：齐白石的虾、徐悲鸿的马、刘海粟和张大千的泼彩山水、李可染的水牛、黄胄的毛驴等，在 20 世纪的中国画家中有谁超过了他们，即使在历代画家中，你又能找出多少和他们较量。当然，凡称得上大师者，也并非十全十美，他们既有其独到、过人之处，也有其不足、不及人处。齐白石画虾是第一，但他画的公鸡就远远不如画虾的成就。陈大羽是齐白石的高足，却从不画虾，认为齐白石的虾已达到炉火纯青的地步，至今尚无人所能及。而他画的大公鸡，独步古今，确实超过了齐白石。

二、刘海粟的“泼彩”是受张大千的影响吗

傅申先生在《张大千与上海画坛》一文中说：“另一位上海地区的老画家是刘海粟，他中西画皆擅，早年临仿的古代山水、花卉仍属海派写意画，它的山水画尤其到了 80 年代，出现了大量使用青绿以及朱砂的重彩写意画，只是他的技法犹如油画，堆积斑驳，没有大千的画清丽流动。刘老好胜，云是自创，明眼人从两人发展先后，自可判断孰先孰后。因为如果没有大千在 60 到 70 年代的青绿泼彩，就没有刘海粟的纷红骇绿的重彩。”

刘海粟作油画《云谷晴翠》(1980 年)

傅先生的这段论述是不符合历史事实的，所以他的结论是站不住脚的。这里就先从介绍刘海粟的中国画特别是他的泼墨、泼彩艺术谈起，再将刘、张发展先后作一比较，以观其本来面目：

海粟大师在艺术创作上，表现了多方面的才能，中国画、油画、书法、诗词等方面，都有其突出的成就。他主张贯通中西，融会中外，勇于创新，不落俗套。其作品豪放奇肆、苍莽劲拔、醇厚朴茂、气势磅礴，体现了大师豪迈性格和渊博的学养以及敢于创民族之新、时代之新和自我之新的可贵精神。

他的中国画，山水、花鸟、走兽无不擅长，亦能人物。他十上黄山，其“吞吐黄岳、尽兴挥洒、人山合一、山笔交辉”的艺术佳构，受到了艺术界的高度赞扬。他创造和发展了的中国画泼墨、泼彩新技法，是他艺术上的一次大飞跃，展现了中国画前所未有的一个新世界。

泼墨法始于唐・王洽，朱景玄《唐朝名画录》记载：王洽(墨)“善泼墨山水，先饮，醺酣之后，即以墨泼”，“脚蹙手抹，或挥或扫，或淡或浓，随其形状，为山为石，为云为水，应手随意，倏若造化。图出云霞，染成风雨，宛若神巧，俯观不见其墨污之迹”。北宋・米芾创造的米氏云山，除了从董源的画法加以变化，也显然受了王洽泼墨法的影响。但王洽、米芾真迹到底是什么样子，已不得见。

所谓泼墨法，按今人理解，即用墨微妙，以墨水随笔泼发于纸上，不见笔迹，犹如泼注。可见，在泼墨画中，对水的把握与运用的重要。清・张式《画谭》云：

> “墨法在用水，以墨为形，以水为气，气行形乃活矣。古人水墨并称，实有至理。”

“以墨为形，以水为气”一语，为人所未道，实用墨之最要关头。清・李鱓自题《冷艳幽香图》卷5云：“八大山人长于笔，而墨不及，石涛用墨最佳，笔次之；笔与墨合作生动，妙在用水，余长于用水而用墨不及二公。”

《刘海粟谈艺录》云：

> “笔墨之间的关系赖水为媒介，它是一种重要的工具，如何用水，关系画法。高迈庵说：‘作画无水，如船搁滩，划不得一桨。’石涛画论有三胜：‘一变于水，二运于墨，三受于蒙。’‘水不变不醒’。齐白石自称：‘白石用水五十年，未能得其妙。’可见对用水不能马马虎虎。”

“用墨难，用水更难。”

海粟老人认为明清画家中用水最好的是徐渭和李鱓，对黄宾虹用水也有过赞语。这对他的泼墨都有一定的影响，他早在1934年就作过泼墨山水，当时泼的规模并不大；到了1979年之后，其泼墨山水大变，即打破了原来的“以墨水随笔泼于纸上”的画法，而用“整碗的水倒上去，晕出深浅浓淡”。我多次见其作泼墨黄山，过程是这样的：先以焦墨、浓墨中锋渴笔勾线，极其简练地写出前景、中景之山石、松林、房屋之基本形貌，犹如铁画；接着以破墨、积墨法画出远山和烟云，或浓破淡，或淡破浓，或点或刷。在两山、两石之间、两块墨团之间，留下一些空白，让水渍透，干了会出现条条白线，以增加用墨之美感；最后，用泼墨法，主要是用水法来调整、统一、丰富画面。他说：“我是用水作为一种颜料来破墨、破色，使水墨化，增加墨次与画面层次，制造出云天水雾的迷离感和湿感。”因此他用水常常是根据画面内容和艺术效果的需要，随手端起一碗水（或刚使用过的水盂中之墨水）大胆地不均匀地倒在画面上。这种大胆，不是无意图地任意乱倒，而是在人意控制指挥之下，不当用处惜墨如金，需要用处则泼墨如雨。有了水，各部分之间气脉联成一片，浓淡自然渗透，相互掩映，虚中有实，实中有虚，虚实相生，真幻交迭，浑沦滋润，使笔墨有尽而妙境无穷、奇趣横生。那变幻无穷的云海，奇特多姿的群松，巍然屹立的山峰，表现得淋漓尽致。《海粟画语》说：“画山水为的是表达对祖国山川的民族自豪感，技法服务于这一目的。我写黄山，勾勒、积墨，积之不足再泼墨，泼墨不足尽意，才产生泼彩，以后才泼水、倒水。”所谓泼彩法，即以色彩为主的纵笔豪放的写意画法。这在中国古代画论中虽不见有此用语，但清·沈宗骞《芥舟学画编》已有“泼色法”等类似的说法：“墨曰泼墨，山色曰泼翠，草色曰泼绿，泼之为用最能发画中之气韵。今以一树一石，作人物主小景，甚觉平平，能以一二处泼色酌而用之，便顿有气象。赵承旨《鹊华秋色》真迹，正泼色法也。”

“泼色法”，与我们今天所说的“泼彩法”，其义相当。然而，依据沈氏之说，这一技法，只在画面“一二处泼色酌而用之”，观其所举赵孟頫《鹊华秋色》卷，华不注山泼以淡青绿，鹊山泼以花青和墨，使用的确是部分泼色法。这一技法，在明末清初蓝瑛《澄观图》册之三《青绿山水》中之白云画法已使用之。而明清以来，从未见一幅全以泼色法画成的泼色画（或泼彩画），直至刘海粟方完美地加以表现

刘海粟作中国画《红梅图》
（1978年）

之,其“泼彩画”之内涵要比“泼色画”丰富得多。

我撰写的《张大千与刘海粟》一文,曾对刘海粟与张大千的艺术作了初步的比较研究,其中有一段谈到了他们都在晚年,差不多同一时期创造发展了中国画大写意泼墨、泼彩画新技法。他们都是从传统泼墨画以及六朝张僧繇、唐代杨昇、明代董其昌等人没骨山水借鉴启发而来,从五六十年代起,他们就开始这方面的研究、实践与探索。

傅申先生文中肯定张大千先生作青绿泼彩最早是定在60年代。朱伯雄先生《张大千》一文也说:“大约自60年代起,张大千的泼彩山水画,往往墨彩兼泼。1965年的《高士寻句》便是此法的早期典例。”

观其图,是在泼墨山水中小部分泼以石青的。而刘海粟先生早在1955年所作的《黄山白龙桥》就墨彩兼泼了,是在泼墨山水之白龙桥下溪水部分泼以白粉、石绿的。可见刘、张开始都是以泼墨山水为主,兼泼少量色彩的。七八十年代,他们同时都创作了大量的泼彩画作品。我不主张在未充分全面掌握资料、未作具体深入研究的情况下去评论谁早谁迟,加以褒贬,并由此武断地得出结论,迟的受早的影响。如果一定要说谁早的话,以目前所见他们的作品看,刘早于张,但我不轻易认为张就一定受刘的影响。他们都具有非凡的才气、悟性、修养、技巧、想象力、创造力,从重彩没骨到泼彩写意,是他们艺术发展的必然趋势。这些泼彩画都是在泼墨画的基础上进行的,将传统中泼墨、没骨和大小青绿及水的技法结合运用,所画山水、花卉,异彩纷葩,都达到了一个很高的境界。但他们的作品都有各自的创造,有着明显的区别:

其一,大千的泼墨、泼彩山水、花卉,色彩以石青、石绿为主,多泼在熟纸或绢上的。多数作品往往先泼墨,在墨色将干未干时予以泼彩,一气呵成。由于熟纸、绢的性能,吸水性不强,在水干后形成边沿水迹斑斓的特殊韵致,有点像水彩画的效果。

海粟的泼墨、泼彩山水、花卉,色彩除以石青、石绿为主外,根据不同的画面需要,有时泼以朱砂、石黄、白粉,甚至连水粉画、丙烯颜料也用上。是泼在生宣上的,这和泼在熟纸、绢上的效果是不同的。他的泼彩,往往待泼墨画完成以后,再将画面打湿,然后泼彩,一般要泼五六次之多,形成五彩缤纷的画面。水墨和重彩的结合,使水、墨、色在生宣上浑化,产生了一种特殊的韵味,有点像油画的效果。

其二,大千所作的大面积的泼墨、泼彩中所露出的树

刘海粟作油画《梅园新村》(1979年)

石、台阁、舟楫,多作比较工整细致的描写。海粟所作大面积的泼墨、泼彩,既浑然一体,又能见其笔力,所露出勾勒的山石、屋宇在泼彩时而不被掩盖,是早已在泼墨阶段时完成了的。海粟在《诗书画漫谈》一文中说:"我的泼彩黄山是在泼墨的基础上形成的。没有泼墨,也就无所谓泼彩。我大胆涂抹,不是故意的,而是不知不觉在中国画中运用了'后期印象派'色块线条的表现方法。我们现在画中国画,也要有新的发展,'洋为中用'。"有人说,大千的泼墨、泼彩也是在不知不觉中吸收了西方抽象艺术和现代艺术的美感因素的。但是他本人否定了这种说法,他说:从唐代王洽、宋代米芾和梁楷、石恪等都已采用泼墨法,我只是在这个基础上加以发挥而已。又说:"我近年的画,因为目力的关系,在表现上似乎变了,但并不是我发明了什么新画法(暗指泼彩法),也是古人用过的画法,只是后来大家都不用了,我再用出来而已!"

可以看出,他们的泼墨法都是走的传统之路;而泼彩法,刘、张虽都立足于传统,刘却走的是中西融合之路。

在总的风格上,刘以大、气、力、厚取胜;张以明、逸、清、秀取胜。刘趋于拙,寓巧于拙;张趋于巧,寓拙于巧。他们的泼墨泼彩山水、花卉,都是中国画苑中的奇葩,深入地加以研究，无疑有利于今天中国画的繁荣发展。

（《美术与设计》南京艺术学院学报 2006 年 2 期，第 88—91 页。）

8. 海粟油画的中国气派 （沈行工）

1979 年的秋天，刘海粟先生在南京画梅园新村，以实地写生的方式完成了一幅油画作品。我有幸地在旁观摩了这次油画写生的整个过程，深受教益，至今铭记不忘。近日重读海粟先生的油画，回忆起当年的观画情景，感触良多。海粟先生当时已年过八旬，面对将近一米见方的画幅挥笔纵横，不辞辛劳地站了几个半天，如此的热情和执著令我们这些后生钦佩不已。写生过程中所体现出来的那种独到的绘画处理手法给予了我极为深刻的印象。

记得先生在梅园的庭院中取景时，特意选择了一个可以将两棵青松与房舍同时画进画面的角度。起笔时先生是以圆头笔饱蘸普蓝与赭石直接勾画树木与房屋的轮廓，用笔沉稳果断，线条朴拙粗放，有时他笔锋一转，自下而上地逆行走笔，色线更显得滞重遒劲，生涩之中透出力度。随后的铺色，先生则常以几乎未经调和的饱和色彩堆积而上，绿叶中透着红瓦，以强烈的补色对比，交相辉映。由于先生用色华滋润厚，笔触灵动奔放，整个画面有一种纷繁斑驳的丰富感和充溢着生机的蓬勃生息。说实话，海粟先生作画的手法当时的确让我们这些五六十年代的学院画风熏染出来的学生眼前一亮。相对于那种讲求明暗块面造型、自然光色关系的写生方法而言，海粟先生的画法无疑是更具有主观表现性和个性特色。后来有机会更多地学习观摩先生的油画，有了深一层的领悟。每次站在先生的画作前，总会感受到一种特有的气势，一种与众不同的气派。应当说，海粟先生的油画风格既是他作为一位艺术大师的学养与个性的自然流露和映现，也是他长期以来不懈追求民族精神内涵的结晶。海粟油画是具有中国气派的油画。

海粟先生学贯中西，国画、书法、诗词及油画四个方面均有很高的造诣。而作为中国最早的油画家之一，他在漫长的艺术人生中始终坚持油画创作，在前辈大家中历时最久，同时也是在油画这一领域中最具探索勇气和创新精神的开拓者。有学者认为："海粟老人作为油画家，最能代表他自己，也最能说明他一生。"可以这样说，海粟先生不仅是近现代中国美术教育的奠基人之一，更是一位具有多方面才华的杰出艺术家，他在将油画艺术全面引进并扎根本

刘海粟作油画《鸡冠花》(1974 年)

土的艰巨工程中，倾注了毕生的心力，建立了彪炳史册的功绩。

说起油画的中国气派，人们一定会联想起一度曾在国内美术界备受关注的"油画民族化"这一话题。尽管长久以来画家、学者各抒己见，观点不一，甚至对于"油画民族化"这一提法本身也存有疑义，但论及油画的中国气派都几乎一致地肯定，中国人画的油画要有中国气派是理所当然的事。当然，在实践中如何真正做到这一点则绝非轻而易举。海粟先生在 20 世纪 80 年代就谈到："'油画民族化'的提法是近 30 年的事；我们追求贯通中西的创作方法却要早得多"。事实正是这样，海粟先生为此数十年如一日，身体力行，孜孜以求。他曾充满自信地宣称："(要使)中西绘画的精华，在我的创作中得到完美的统一。"

深厚的中西文化的功底，坚忍不拔的求索精神以及超凡的才智和创造力是海粟先生实现自己宏大抱负的前提。海粟先生家学渊源，又经名师指点，得到过像康有为这样的国学大师的亲自教诲，因此有着扎实的中国传统文化的根基。青年时代的海粟先生在上海建立美术学校的创举使人们对他的胆魄深为赞佩，这一所中国最早传授欧洲绘画艺术的学校吸引了众多有志于此的莘莘学子。事业有成之后的海粟先生毫不松懈与停顿，继 20 年代东渡日本之后，又于 1929—1935 年期间两次赴欧考察。除讲学、办展等各项学术交流活动外，更重要的工作便是遍访欧洲各地的博物馆、美术馆，追根寻源，深入研究欧洲传统绘画精粹。他曾多次去罗浮宫临摹大师巨作，仰观俯察，悉心钻研；同时他也频繁接触新兴画派的画家与作品，广交同道，博采众长。

如果说，海粟先生的艺术观和绘画美学思想在青年时代已基本确立，那么两次欧游则使之更为坚定与成熟。强调艺术应表现人的情感与个性，应摆脱模仿，根植创造，力求做到古今中外兼容并蓄、融会贯通。这些主张与见解对于他而言已成为艺术人生中的不变信念了。他曾说过：“画之真义，在表现人格与人的生命，非徒囿于视觉，外骛于色彩形象者。故画像乃表现，而非再现也，是造形而非摹形也。”他还在一篇文章中这样写道：“既要有历史眼光，纵观上下两千年的画论画迹，又要有囊括中外的世界眼光，凡属健康向上可以吸收的东西，都要拿过来，经过冶炼升华，化作我们民族艺术的血肉。对古人和外国人都要不亢不卑，冷静客观。要厚积薄发，游刃有余。‘随心所欲，不逾矩’，达到自由和必然统一的境界。”正是这样的艺术观和美学思想，为海粟先生油画的中国气派奠定了基石。

回顾历史可以看到，海粟先生旅欧期间正值西方现代主义艺术思潮方兴未艾，各种革新画派纷纷涌现并逐步走向成熟的阶段。当时的他敏锐而欣喜地接受着这些新鲜的观点和主张，由衷地赞赏着自印象主义起始，经历后印象主义直至野兽主义、表现主义这期间诸位大师的绘画艺术。其中对他影响特别大的应当说是后印象主义的塞尚、凡·高和高更这三位杰出画家。这很自然，对于一位一向崇奉石涛、八大，致力于传统艺术推陈出新的中国画家来说，后印象主义画家们所做的一切恰恰与他自己的追求探索不谋而合。显而易见，海粟先生之所以不为欧洲的学院主义和自然主义画风所动，偏偏钟情于新兴画派的艺术，绝非偶然。这是由于从后印象主义开启的现代主义诸流派有着这样一个不约而同的基本共识，即认为绘画不应停留在自然形态的视觉经验阶段，仅仅满足于对客观物象的再现，而应更为注重内心情感的表现，使艺术家的模仿冲动转向创作冲动，从而采用主观的个性化的造型手法。形成这些艺术观念的原因是多方面的，无须在此一一赘述，其中有一点却是十分重要值得一提的，那就是这些欧洲艺术家从东方艺术中受到的启迪。的确，诸如“外师造化中得心源”、“以形写神”、“遗貌取神”等等这些中国传统画论中卓越见解，原本强调的就是艺术作品中的情感价值和作者的主观创造性。正是由于一种发自内心的认同感，海粟先生从这种东西方思想文化撞击与交汇中悟出了自己的绘画艺术发展之路。

刘海粟作油画《无锡太湖》(1954年)

当我们纵观海粟先生一生中各个时期的绘画作品，不难发觉一种独特的审美取向始终贯穿其中，这种不拘于客观事物表象描摹而着力抒写个人主观感受的创作观念，在他的油画作品中是通过富于表现性的艺术语言来体现的。海粟先生曾经对“再现”与“表现”这两种不同的艺术反映方式有过精辟的论述，他这样说：“在绘画中，‘再现’与‘表现’不同，‘再现’是由外而内的接触；‘表现’是由内而外的开拓”。“艺术家种种的印象，通过心灵的酝酿，用感人的艺术形式呈示出一个新的世界来，这便是‘表现’。”海粟先生认为这两者实际上标明了两种不同的艺术道路，该走哪条路？“我也未敢断言”，海粟先生说得意味深长，但很清楚，他的作品本身就是选择的最好表白。

在讨论“再现”与“表现”的不同含义时，我们会很自然地涉及表现主义或表现派这样的概念。如果我们不是把绘画中的表现主义仅仅看成历史上某个特定画派的名称的话，那么它也就应当同现实主义、写实主义、浪漫主义等等这些词汇一样，是在表明着一种艺术的创作观念和美学取向。就这层意义而言，我认为刘海粟的油画可以称之为中国最早的表现主义油画。

令我为之惊叹的是，即使是海粟先生最早的油画作品已具有那种表现性极强的艺术风格特征。比如作于 1921 年的《北京雍和宫》、作于 1922 年的《北京前门》以及作于 1925 年的《南京夫子庙》等。从这些作品中呈现出来的那种删繁就简、信笔驰骋、直抒胸臆的作画风格，其实也正是海粟先生热烈而豪放的性情的真实写照。所以蔡元培先生在介绍海粟先生那一时期的油画作品时，就非常准确地指出：“他的个性十分强烈，在他的作品里处处可以看得出来。他对于色彩和线条都有强烈的表现，色彩上常用极反照的两种调子互相结构起来，线条也是很单纯很生动的样子，和那细纤女性的技巧主义是完全不同。”

艺术贵在真诚，真诚的艺术是动人的。海粟先生早期的那些油画作品直至现在仍然深深地吸引着我。依我本人研读海粟先生油画的心得而言，我认为，虽然海粟先生在长达近 80 年的艺术生涯中，油画创作可以划分为若干阶段来加以研究，但其总体的绘画语言特色却是相当地鲜明而联贯一致，构成了一种极具个性的、表现性很强的艺术风格。即使是在欧游之后他的作品看上去“其表愈纵恣，其里愈谨严”，然而“彼邦美术家始亦知海粟为海粟，而非所谓西洋画家”（见陆费达《海粟之画》）。至于到 20 世纪七八十年代他的艺术高峰期，也是他画油画最多的时期，作品中这种“经过心灵的酝酿，智力的综合，表现出来”的情感色彩便愈加浓郁深沉，夺目闪光。

当我们试图较为全面地论述海粟先生油画的中国气派时，必然还需要从上述有关艺术观和美学思想这一层面，继续深入分析海粟油画的题材内容、表现形式及作画技法等各个层面的特点。众所周知，作品艺术风格的形成与作品的题材选择有着密切的关系。一种合适的题材的选择往往为作者发挥其潜在的艺术才质提供了施展的天地。我们纵览海粟先生的油画作品，可以看到除了访欧期间在国外的旅行写生外，绝大部分作品是以祖国各地山川风光为题材的风景油画，静物花卉及人物题材较为少见。对于祖国大好河山的炽热之情自不待言，海粟先生更从中华大地的这些景物中感受到了民族的魂魄与精神。他说：“我画八达岭长城很强调中华民族的历史自豪感。利用油画色块的体积感、雕塑感去造型，……因为它的外貌，便是民族化的东西。”顺着先生的思路，我们会发现他对风景题材的选择显然有着人文意义上的深层考虑。

在海粟先生看来，不论是三山五岳还是江南塞北，显现的都是中华大地所特有的自然形态，世世代代的炎黄子孙在这块热土上生存、劳动与延续，因此，一山一水、一石一木无不牵动着民族的情感。在海粟先生长达近一个世纪的人生中，他的足迹几乎遍及全国。最令世人称奇的是，海粟先生曾十次登临黄山，而于1988年第十次上黄山时，先生已是93岁的耄耋老人了。黄山是中华奇观，天下绝秀，确实气象万千，海粟先生一直称之为自己的“良师益友”。黄山的雄奇壮观给予了他取之不尽的创作灵感，就某种意义而言，黄山所具有的独一无二的自然风貌也触发了他对于油画民族化的思索。以黄山为题材的国画与油画是他的作品中数量最多的部分。由于年代久远前几次上黄山所作的绘画多已散失不见了，仅1954年六上黄山的写生作品保存较完全，有不少佳作，其中的《黄山温泉》是他本人认为画得较为抒情与细腻的作品。而画得最为精彩最具气势的还是1981年之后的八上、九上、十上黄山的作品。像《西海门壮观》、《黄山云海》(1981年)，《白龙潭》、《雾笼北海》(1982年)，以及1988年十上黄山所作的《重岩叠峰》、《始信峰晴翠》、《西海晚晴》和《石海云雾》等等。这些作品几乎将黄山的晴岚烟雨、千峰万嶂尽收画中。海粟先生借黄山之奇峻以笔底波澜倾抒胸中豪气。尤

刘海粟作油画《西海门壮观》(1981 年)

其是十上黄山的几幅作品，画得极为简洁生动，较之以前的作品更有一种飘逸轻快的笔致，是我本人特别喜欢的几幅作品。使人几乎难以置信的是，这样的作品竟是一位 93 岁的老人在高山之巅实地写生完成的！

除了黄山之外，桂林、阳朔的漓江，杭州的西湖以及庐山、泰山等等都是海粟先生喜爱的风景题材。在油画的画面上直接题写诗词是海粟先生的一种新尝试，他在 1978 年画的《山色翠浮空》、《阳朔》和《伏波山写漓江》这几幅作品中均有题词。其中《伏波山写漓江》一画中，上半部分的天空未着颜色，在画布上题有大段诗词，其中有这样的句子：“剪取漓江清黛，装点神州风貌，留待后人宗。”这既是老人触景生情的心声，也表明了对自己所作的创新尝试的信念。

海粟先生的风景油画作品还包括一部分以各地的名胜古迹及名人故居为题材的作品。上文提到的《北京雍和宫》、《南京夫子庙》、《北京前门》以及《苏堤夜月》、《三潭印月》等是他早期的作品，后来则有《八达岭长城》、《北京天坛》、《白塔》、《甲秀楼》和《南京梅园新村》、《孙中山故居》、《遵义会议会址》等作品。名胜古迹作为千百年华夏历史的见证其文化意义自然是不言而喻的，而且有些建筑本身也往往体现着本民族的审美意趣。海粟先生在画这些景物时通常并不在意表象的如实再现，而更注重其内在的象征意义。每当画到革命前辈的故居时，老人的景仰之情更是"溢于言表"。他谈到《南京梅园新村》这幅画时说："我要用国画味很浓的笔触，把周总理的精神画出来，要使人回想不断。"还在画上题写了"壮志劲松千秋在"的诗句。1982年海粟先生在广东画《孙中山故居》一画时，在构图上特意把中山先生手植的酸子树安排在画面的突出位置，"作为历史见证的那棵历经风暴，宛如昂首卧龙斜云欲飞的百年老树，与故居殷红的门墙相辉映，庄丽肃穆，谱写了对伟大革命先行者勋业的颂歌。"（见谢海燕教授撰写的《刘海粟》画册前言）。

在海粟先生的油画作品中虽没有那种直接描绘现实生活场景的情节性、主题性的作品，但他始终非常关心祖国的建设与发展，努力以自己的作品来赞颂新的时代、新的社会。他在不同的时期所作的《太湖工人疗养院》、《梅山水库》、《佛子岭水库雪景》、《上海庙会》、《外滩风景》、《苏州河夜景》及《广东大鹏湾》、《头头湾望澳门》等作品表达了老人面对日新月异的祖国面貌的由衷喜悦，也寄托了对于人民美好生活前景的祝福。

同样，甚至从海粟先生静物油画的题材选择上也能对他的达观向上的昂扬个性感知一二。他最爱画的花卉是向日葵和鸡冠花，这两种花都具有花形丰满、枝叶茁壮、色泽浓艳的特点。前者的亮黄、后者的深红，非油画颜料的饱和度无以传达出色彩的庄丽之美。海粟先生早年旅欧期间便曾在法国和比利时分别画过葵花，从那两幅作品的构图、运笔可以看到凡·高的作品对他的影响。而作于1961年的《最爱无花不是红》和1969年的《向日葵》则已然完全是他个人的独特风格了。此后他还曾一再以这两种花为题材，画得有声有色。

寓情于景、借景抒情是艺术家的创作初衷。一位优秀的画家在作画时考虑最多的是如何寻找到最适合于自己表达内心情感的题材与形式。我们可以看到，海粟先生在油画作品题材上的选择与他本人的国画作品题材几乎是完全一致的，而且在表现形式上也有着极为相似的方面，这正是一位性情率真、内外如一的艺术家出自内心的真诚表露。当然,海粟先生绘画作品题材方面的特点,除了个性的原因之外,他显然也受到明清以来中国传统绘画与西方19世纪后期以来诸画派的影响。就油画的题材而言,后者的影响是十分明显的。印象派、后印象派乃至野兽派等画派的绘画作品在题材上与此前文艺复兴以来的绘画有着很大的差异,这说明由于创作观念的改变而导致的绘画表现形式上的革新,同时必然伴随着作品题材重心的转移。

应当承认,作品的题材虽然对绘画作品风格的形成起着至关重要的作用,但有时并非一定是实质性的、根本性的。凸显画家作品风格面貌的更关键的因素往往是作者在运用绘画艺术语言方面的特点。海粟先生在追求油画民族气派的长期探索过程中,曾对于油画的表现形式、艺术语言做过深入的研究。他认为,这种探索不应停留在浅层次的阶段,不能只是一种表面上的嫁接与拼凑,他曾说过:“正如章回体不等于小说的民族特色一样,单线平涂不等于民族化的绘画。”因此,在海粟先生的油画中显现出的中国民族气派实际上是一种经过冶炼熔铸而成的内在气质。

海粟先生一直认为,中国画与油画主要是工具的不同,表现形式的不同,就艺术传达情感的意义而言应当是殊途同归的。他善于从中西绘画中撷取各自所长,有意识地加以融合与强化,来逐步形成自己的绘画语言特色。前面曾提到海粟先生的油画与国画在内容与形式两方面的一致性,尤其是在艺术语言这一层面上,这种一致性对于画家来说是十分宝贵的。我们可以从海粟先生在绘画的构图、色彩、造型、线条、笔触等等诸种形式元素方面看到这种一致性。依我所见,其中最惹人注目的特点之一就是线条的运用。

线条作为绘画艺术中最重要的形式元素之一,不仅在再现客观对象方面具有明确的、生动的造型意义,而且在表达作者主观情感方面更是有着不可替代的作用,线条是运笔过程的记录,这种记录常常将作者作画时的心路历程展现无遗,由此而可能成为画面上最动人心弦的艺术语言。绘画中的点、线、面都是作者运用笔触而成的不同形态。应当说,油画中的笔触有着隐性和显性的区别,某些古典画风的作品画面光洁平滑,几乎难以看出笔触的痕迹,而另外一些作品中则笔触与肌理的效果十分明显醒目。如果说印象派画家尤其是莫奈的散涂式笔触经常呈现为点状的,那么塞尚那样斜扫式的笔触就可称之为块面状的，而凡·高的笔触则更接近于线形的。同时，在很多画家的作品中都能看到绵延流畅的长线条被用于塑造形体，表情达意。

当然，显而易见的是中西画家对于线条的理解是不尽相同的。在文艺复兴前期的近代西方绘画的不少作品中线条也是十分重要的艺术语言，但就总体而言，西方绘画从未有如中国传统绘画那样重视与强调线条自身的表现价值，这与中国画中“书画同源”的传统绘画观念是紧密相关的。海粟先生的书法与绘画齐名，早已广为人知。他的书法有碑学的深厚功底，且正、草、隶、篆莫不兼善，因此他落笔见力、留痕有韵。这对于他的绘画包括油画中线条的运用有着直接的影响，“以书入画”也就必然是海粟先生油画中最为突出的风格特点之一。

人们知道，传统水墨画一向十分讲究“见笔”，在生宣纸上作画可说是“落笔无悔”。很多情况下，画中的线条最初的也就是最终的，不太可能多次重复或更改，这是水墨画的突出特点之一。然而如果仔细研究海粟先生的油画，将会发现他的油画作品中的线条运用有着类似的特点。一般说来，用线来勾画轮廓在油画中是正常的绘画步骤，但由于油画颜料的粘稠度高，覆盖力强，这种轮廓线很少被一直保持到最后。海粟先生作油画常常一开始勾勒轮廓时便非常讲究用笔，线条显得生动有力，而为了保持这种最初的线条的表现性，他在填色时会有意无意地留有空白，露出布面底子，因为如果线条被周围的颜色遮盖，那么原来那种线条的气韵就不连贯了。这种情况在他许多作品中可以看到，他的一些风景油画中树木枝干，房屋建筑一旦以线勾写出来，便努力保持着起初的韵味。令我印象特别深刻的是一幅作于1977年的《杜鹃花》，这幅画中花卉与枝叶画得飘洒灵动，如草书一般，而勾勒红木花儿的线条则遒劲滞重，“力透纸背”，完全是篆书的风范。

海粟先生在油画中的线与西方画家的线是完全不一样的。除了前面说的特点之外，他用笔喜用中锋，无论是在空白的画布上直接抒写，或者是在多遍色层上再次勾画，他总是力避纤弱与轻浮，线条宁粗勿细，宁涩勿滑，宁拙勿巧。作于1957年的《复兴中路雪霁》是一幅多层画法的佳作，画面上冬日的枯枝、行人与积雪相互叠合，以交错用笔的方式作成，产生了一种斑驳丰富、浑朴厚重的视觉效果。另外像《存天阁积雪》、《桂林花桥》、《蠡园晚霞》等作品在用线方面均各有妙处，耐人寻味。及至海粟先生

刘海粟作油画《汕头岩石》(1982年)

1988 年十上黄山所作几幅油画，则可能已是先生最后的油画作品了。这些作品画面气势磅礴、笔姿自如、线条坚韧，真可谓："惊蛇枯藤，随形变幻，如有排云列阵之势，龙蜒凤舞之形。"作品充分显示了一位 93 岁老人顽强的生命力量。

与其他画种相比，色彩在油画中的重要意义是无可置疑的。海粟先生的油画在色彩运用方面同样有着十分鲜明的个性特色。他曾潜心研究过欧洲油画的色彩奥秘，尤其倾心于塞尚、凡·高以及马蒂斯等大师的色彩处理手法。他洞悉中西绘画在色彩表现上的巨大差异，因而立足于从更宽广的视野中体察民族文化中的色彩美学倾向，多方面地汲取营养，取精用宏，融会贯通。海粟先生非常注重色彩的表现性，对于不同色相、不同明度、纯度和冷暖的色彩各自的情感作用有着独到的见解。一般说来，在绘画的形式语言中，形体可以提供确定的式样信息，而色彩更倾向于表情的传达。色彩是较之形体更具有可变性和自由度的形式元素。海粟先生认为，在油画色彩的运用上强调作者主观感受的充分表现是十分必要的。在他以黄山为题材的油画作品中我们可以看到作者是如何在色彩上"借题发挥"的。事实上，从自然景观本身来看，黄山的晴岚烟雨、千姿百态、变幻莫测为绘画色彩运用的灵活多变提供了极佳的客观条件，因而当我们看到海粟先生笔下的黄山油画有着如此绚丽璀璨的色彩交响效果也就不足为奇了。其中作于 1981 年的《西海门壮观》、《莲花峰夕照》，作于 1982 年的《黄山云海》、《光明顶看始信峰》以及作于 1988 年的《始信峰晴翠》、《西海晚晴》和《石海云雾》等，均为在色彩运用方面最为成功的作品。

海粟先生喜爱用对比性强的色彩来表达自己的激情，红与绿、棕与蓝、橙与紫等等具有补色倾向的色彩并置常常成为他的油画作品的主色调。特别是红与绿的对比，他用得最多，也用得最为精彩。《南京梅园新村》与《孙中山故居》是其中的代表作，两幅作品虽同为红绿相映的对比性色调，然而其间亦有微妙的区别，前者的红瓦色泽温暖，近乎朱红；后者的红墙则稍许偏冷，类似玫瑰色。前者画面上有较多的赭石色陪衬朱红，后者则有群青烘托玫瑰色，从而使两幅画各自呈现不同的色彩调性。在海粟先生晚年所作的《福州鼓山》一画中，绿树簇拥着古庙，构图充实饱满，加之庙墙大块的砖红色彩，整个画面显得雍容而富丽。应当说，红与绿是人们最为常见和熟悉的一组对比

刘海粟作中国画《青绿山水》（1975 年）

色彩，它们处于色环的两极，呈互补色的关系，因此对比强度最大，色泽也最为浓艳。在中华民族的日常生活和传统艺术中我们会发现很多这种色彩组合的形式。从中国古典建筑的色彩配置方式中固然可以找到不少这样的例子，而在民间艺术和戏曲艺术中涉及色彩处理时更是经常会看到红与绿对比的广泛运用。海粟先生曾多次提到京剧中的关公戏，他不仅对京剧艺术的表演赞不绝口，也十分欣赏京剧的服装道具设计。比如关羽的枣红色面容与翠绿色战袍所形成的强烈对比就具有一种特有的瑰丽与庄重，有很强的视觉效果。因此，也可以说红与绿的对比是最为通俗、最为人们喜爱、也最具民族特色的一种色彩处理手法。

"大红大绿，亦绮亦庄，神与腕合，古翥今翔"，这是海粟先生在一幅画上的题句。确切地说，这句话并不仅仅是表达了作者对于绘画色彩运用的一种见解，而更是一种博古通今、兼容并蓄、推陈出新的艺术观的宣示。海粟先生油画的艺术风貌是他的品格、学养与艺术观的综合体现。论述海粟油画的中国气派，或许只是涉及了海粟先生绘画艺术的一个方面，尚有多个方面的课题需要作深入的研讨。从总体上看，海粟先生的油画是具有雄肆豪迈气概的一种黄钟大吕式的作品，是一种注重主观情感表现而不拘于再现客观表象的绘画性很强的作品。而令我内心最为钦佩的一点则是海粟先生作品中那种不事雕饰、浑然天成的画风，因为这说明了真正的艺术一定是真诚的、自然的。

（《美术与设计》南京艺术学院学报 2006 年 2 期，第 92—96 页。）

9. 精神的张力——赏析海粟大师鼎盛时期的油画作品 （陈世宁）

本文之所以选择海粟大师鼎盛时期油画作品为研究其艺术成就的切入点，依据是海粟大师这一时期的油画作品在中西融合方面已经达到了炉火纯青的境界，形成了更加鲜明的独具特色的风格面貌。观照中外美术史上众多大师的艺术发展历程，其独特的艺术风格往往集中体现在画家创作的鼎盛时期。无论是毕加索、马蒂斯、卢奥，还是弗拉芒克、苏丁、科柯施卡，或是石涛、吴昌硕、黄宾虹……，可以说基本如此。而其前期的作品往往都有明显的模仿痕迹，呈现出一个学习、借鉴的过程，这是一个艺术家成长的必然规律。同时，我们还可以看到，由于画家自身条件和所处环境的不同，其艺术的磨砺期也相应地或长或短，不尽相同。纵观海粟大师一生所作的油画作品，同样体现了这么一个发展的轨迹，只是因为特定的时代背景，使得海粟大师艺术冶炼和磨砺的时间相对偏长，好在他的长寿为其艺术生涯画上了更为圆满的句号。

如果笼而统之地将海粟大师一生所作的油画作品不做具体分析，那么，对其油画艺术的研究就会出现偏差。坦率地说，20 世纪 90 年代初，我在日本东京有幸通过美术馆和展览会观摩到了非常之多的世界著名大师的原作，兴奋之余，也曾回望过海粟大师的油画艺术，然而，由于当时忽视了客观的和全面的分析与研究，过多地只看到海粟大师油画艺术中后期印象派及野兽派画家们的影响，因此，没能真正认识到海粟大师油画艺术所达到的新境界。

2002 年 12 月 8 日，在南京艺术学院庆祝办学百年、建校 90 周年、并校 50 周年之际，学院举办了全国性的《刘海粟艺术与教育学术研讨会》，我自始至终参与了这次会议，在浓郁的学术研究的氛围中，得以再次审视海粟大师的艺术成就，特别是对其鼎盛时期的油画作品有了新的认识。

绘画讲究技巧，油画更是如此。然而，绘画毕竟是画家内在精神的显现，从某种程度上来说，画家的精神状态如何往往直接制约着作品艺术表现语言的发挥。

一、精神激活技巧

我们看海粟大师早期的油画作品，从表现的对象到表现的技巧确有浓重的西方后期印象派画家以及野兽派画家的影子。但是，到了 20 世纪 50、60 年代，其油画作品明显进入了一个新的发展时期，这期间的主要作品有《无锡梅林》(1953)、《长城》(1953)、《无锡太湖》(1954)、《佛子岭水库》(1954)、《黄山温泉》(1954)、《黄山天都峰》(1954)、《黄山始信峰》(1954)、《太湖疗养院》(1957)、《力田之余》(1960)、《最爱无花不是红》(1961)、《西湖叠翠》(1962)、《九溪秋色》(1963)、《大丽花》(1963)、《鸡冠花》(1974)……从这些作品的表现对象和表现语言来看，已经开始摆脱西方油画的束缚，逐步凸现出海粟大师独具特色的个性风采。这些作品的艺术水准显示，如果不是史无前例的无产阶级文化大革命，海粟大师艺术创作的鼎盛期至少应当提前 10 年。

刘海粟作油画《黄山温泉》
(1954 年)

70 年代后期，伴随着海粟大师艺术青春的焕发，他的油画艺术创作开始步入了其艺术生涯的鼎盛时期。对这一时期的作品，我又将其划分为两个阶段，即十上黄山以前和十上黄山以后。第一阶段，以 1978 年创作的油画《漓江》为标志，先后涌现出《复兴公园雪景》(1978)、《欣欣向荣》(1979)、《南京梅园新村》(1979)、《云谷晴翠》(1980)、《女人体》(1981)、《西海门壮观》(1981)、《莲花峰夕照》(1981)、《白龙潭》(1981)、《黄山云海》(1981)、《天都峰朱砂峰云松》(1981)、《黄山温泉》(1982)、《珠海石景山》(1982)、《石景山廓尽朝晖》(1982)、《广东大鹏湾》(1982)、《蛇口写生》(1982)、《厦门南普陀》(1982)、《日光岩顶霁欲开》(1982)、《西沥写生》(1982)、《方家村晴翠》(1982)、《孙中山故居》(1982)、《光明顶看始信峰》(1982)、《福州鼓山》(80年代)、《甲秀楼》(1985)……这一阶段作品的总体面貌明显区别于他早期的作品，其作品的色彩总体上趋向艳丽明亮，表现技巧明显趋向成熟洗练，这与海粟大师走出挫折，获得新生有着直接的联系，显现出精神激活技巧的显著特征。

他于1978年创作的油画《漓江》，一扫之前深暗的色彩，画得清新而透明，滋润而舒展，且不说与早期的作品相比，就是相对于他在1962年画的《严子陵钓台看富春江》和《富春江七里垅》来说，这些作品中所流露的某种躁动情

刘海粟作油画《云谷晴翠》(1980年)

绪此时已经发生明显的变化，新的作品显得更加明快和响亮，画面的表现也更加充分和完美。1979 年 12 月，他在南京梅园新村进行油画写生，我有机会观看了他作画的全过程，面对这样一个“普通”的场景竟然能画得如此辉煌，如果不是出自于对周总理的敬爱之情，不是出自于一种精神层面上的作用，不是出自于一位具有深厚绘画功力的大师之手，很难想象会达到这样一个高度。对比自然与作品，并不开阔的院落被画得极具空间感，并不明亮的室内被画得仿佛有光的流动，并不艳丽的风景被画得强烈而富有生命力，整幅画面既有中国传统绘画的写意情趣，又有油画的丰富色彩和肌理魅力，尤其是红绿相间高纯度的色彩对比，既体现出海粟大师朝气蓬勃的精神面貌，又呈现出海粟大师在追求中西融合过程中所形成的独特的东方意韵。1980 年 7 月所作的《云谷晴翠》，别致新颖的竖式构图，变化丰富的色彩表现，刚柔相济的质感传递，气韵生动的抒写方式，稚拙纯真的绘画情趣，直逼绘画艺术的本质特征，并显露出强烈的中国气派；1982 年所作的《厦门南普陀》，以交错流动的线条表现了布满画面的树藤，以丰富厚实的色彩表现了巨大而怪异的山石，以流淌模糊的油迹滋润着繁茂的树叶，以大面积的空白直接作为天空的处理，画面疏密得当，点、线、面兼顾，仿佛一气呵成，东方意韵扑面而来；1982 年 2 月所作的《日光岩顶霁欲开》，以简括雄浑的构图表现出山岩的坚实与雄伟，以集束式的手段密集地表现着山石与丛林，以近乎平阔无极的手法渲染出画面的深度空间，再加上画面右上方的即兴题诗，俨然一幅富有中国情结的油画风景。同年 10 月，在南京艺术学院美术系接待室，他曾畅谈了自己的艺术主张与艺术追求，“中国画与油画只是材料和工具上的不同而已，其实是一样的，是表现画家精神的媒介”。简短的话语，折射出他的艺术修养和艺术信念，折射出他那过人的精神气魄。在与海粟大师的接触中，更能深切地感受到他作为一代大师的博大精深的艺术才华和超人的品质，他那豪迈豁达、气势磅礴的性格和贯通古今、融会中外的渊博学养，极大地影响了他油画作品的艺术水准。

可以说，海粟大师这一时期的油画作品，凸现了他重获新生后精神激活技巧的一个事实。

二、精神提升技巧

特别是以海粟大师十上黄山的作品为标志，其艺术水准伴随着他登临黄山进一步达到了登峰造极的程度。这一阶段涌现出《重岩叠峰》(1988)、《雾笼北海》(1988)、《西海晚晴》(1988)、《云谷山庄》(1988)、《九华山肉身殿》(1988)、《始信峰晴翠》(1988)、《后海云雾》(1988)……这些作品显示出海粟大师强劲的绘画实力和日臻完美的东方意韵确实达到了酣畅淋漓的极致。

怀着激动的心情浏览着这些作品,试图揣摩出海粟大师的技艺奥秘,我们不妨来赏析其中的若干幅作品。

1988年8月,海粟大师十上黄山所作的《始信峰晴翠》,画面里的山、松、云天均在流动连贯的笔触中一挥而就,整个画面在气韵的作用和支配下显得生动之极,既显示了作者极为深厚的中国山水画的功底,又展示出作者成熟老到的油画功力。面对这样一幅作品,如果不是对东西方绘画艺术的精深理解和把握,要想达到如此高度的融合实在是不可想象的事;同月所作的《后海云雾》,再次显示了海粟大师融会中西,贯通古今的渊博学养和高超的绘画技巧,龙腾般的雾气行云和卧龙似的群山苍柏,恰似中华民族精神的真实写照。画面颜料以薄涂为主,笔触如行云流水,流畅中又见苍劲浑厚,整个画面仿佛在有法与无法间自由地任意挥洒。1988年的《西海晚晴》,描绘的是晚霞映照下的西海景观,坚实厚重的山峦在夕阳的照耀下呈现出永恒的魅力,急速流动的彩云与寂静的群峰遥相呼应,仿佛就是海粟大师此时此刻的心境写照。整个画面呈现出的油画技巧完全在不经意中提升到了一个更为简括、更为有力的新高度。因为是心境的写照,这一时期海粟大师的作品由于表现对象的不同和心境的变化,其表现手法也颇为丰富。1988年8月30日所画的《云谷山庄》,其面貌就显得格外清新明快,傲然挺立的松树、云山一体的背景、简洁的房屋勾画、大面积的空白,体现出海粟大师对油画技巧的把握与升华。也是十上黄山之作的《重岩叠峰》,竖式的构图、雄健的山峰、挺拔的松柏、翻腾的云气……在简洁遒劲的笔触堆塑中尽显风采。琢磨画法,归于气韵,无法而法,至上至美。同月所作的《雾笼北海》,与其说是一幅画,倒不如说是海粟大师面对云雾笼罩下的大地的一种情感宣泄更为贴切,此时的油画技法似乎已不再能束缚画家内心情绪的表达,而正是在这种自由的"王国"里,海粟大师的油画技法得以升华,达到了绘画的更高境界。同年所作《九华山肉身殿》,更可见海粟大师那超然脱俗的艺术品质,画面里没有刻意去雕琢的痕迹,建筑、树木、人物浑然而成,所有形态的笔意透露出浓浓的童趣,纯朴自然

刘海粟作油画《红棉图》(1982年)

的绘画语境折射出海粟大师旺盛的生命活力及其精神状态。

观赏着海粟大师这一时期的油画作品，一股亢奋激昂的精神气质扑面而来，一股浓烈的中国情结和东方意韵油然而生，如果说海粟大师此时的作品显示出了更加凝练成熟的技巧，那么，我们则有理由说这一技巧更多地是在精神的作用下得以升华的。

三、精神完善技巧

研究海粟大师鼎盛时期油画作品艺术特色的形成，探究其作品中的超然魅力，尽管成因颇多，但这些作品集中体现出的精神与技巧的完美结合则是再鲜明不过的了。

品味中外美术史上历代名家巨匠鼎盛时期作品的显著特点均可以概括为精神与技巧完美结合的典范。所不同的是其结合的显现方式有的比较含蓄，有的比较张扬，海粟大师应当属于比较张扬的一类，这与他的性格有着密切的关系。海粟大师豪爽开朗、雍容大度，对人对事光明磊落、真挚率直，加上他超凡脱俗的学识修养和艺术品位，构筑了独树一帜的精神气质。这种精神气质在海粟大师的艺术鼎盛时期起到了至关重要的作用。我们阅读他这一时期的油画作品，无论是从画面的取材、或是从画面的布局还是画面的表现，包括造型、色彩、线条、笔触以至画面的肌理效果，都仿佛是在跟随着他的情感走向，情绪或强或弱，或激越亢奋或平缓舒畅，使人情不自禁地荡漾在视觉图像和精神意识的相互交织之中。确切地说，在海粟大师这一时期的油画作品中，绘画技巧已经在其高昂精神的作用下达到了十分完美的程度。

绘画创作说到底是一种精神活动，画家将自己感动的东西通过艺术形式和艺术形象表现出来，再去感染他人，使观赏者在审美的过程中，得到精神愉悦和精神享受。从表面上看，传统绘画的形式似乎是在模仿自然，但当我们进一步揣摩时就不难发现，绘画中的形象已经不再是自然形象的简单再现。绘画中的形象经过画家的感悟和表现，或多或少地改变了自然的本来面貌，已经上升为典型的艺术形象了。海粟大师喜爱油画写生，尤其在 80 多岁的高龄以后还数上黄山，遵循的正是“外师造化，中得心源”的艺术主张。在他的这些作品中，主观世界和客观世界已经高度融合与统一，完全是艺术家内在“心源”与自然景物的交汇和贯通。

绘画作品作为一门视觉艺术，它所蕴涵的思想观念和精神意识要靠绘画的本体语言来传递。如果掌握了一定的技法之后，就终日循规蹈矩，缺乏创新，那么就不可能有真正意义上的创造，画家的思想观念和精神意识就难以表达。要想有所创新，就需要摆脱前人的技法束缚，甚至包括不断地超越自己，从而达到由“有法”通往“无法”的自由境界，以创作出富有时代特点的、别具一格的作品。海粟大师特别强调创新意识，早年就提出了“不息的变动”这一艺术主张，纵观他一生的创作实践，这种与日月常新的思想深深地扎根在他的艺术创作实践之中，特别是在其晚年，创新意识非但没有减弱反而表现得更加强烈，也正因为如此，他在油画创作的道路上，在经历了漫长的磨砺与探索之后，终于达到了油画艺术创作的辉煌时期，其艺术表现的手法已完全进入到一种无法而法乃为至法的更高境界。

所谓“无法”，实际上是在“有法”基础上发展起来的，是具有更高层次意义上的“法”。“无法与有法”是一个不可分割的整体，画画太讲法，势必会导致因循守旧；而太不讲法，又必然会出现杂乱无章的局面。石涛云：“至人无法，非无法也，无法而法，乃为至法……”；黄宾虹也云：“古人论画，常有‘无法中有法’、‘乱中不乱’、‘不齐之齐’、‘不似之似’、‘须入乎规矩之中，又超乎规矩之外’的说法。此皆绘画之至理，学者须深悟之。”清代方薰说得好：“有画法而无画理，非也。有画理而无画趣，亦非也。画无定法，物有常理。物理有常，而其动静变化，机趣无方，出之于笔，乃臻神妙。”清代郑绩说的更是简洁明了：“画不可有法也，不可无法也，只可无有一定之法。”明代文学家王世贞在《艺苑卮言》中写到：“人物自顾、陆、展、郑以至僧繇、道玄一变也。山水至大小李一变也，荆、关、董、巨又一变也，李成、范宽又一变也，刘、李、马、夏又一变也，大痴、黄鹤又一变也。”这里的“变”实际上就是一个从有法到无法的发展变化，是“有法与无法”相互作用的结果。西方美术史中形形色色画派的出现，也都可以视为同样的道理，都是在创新精神的引导下，不断地突破前人的技巧表现，有所创造、有所建树的结果。凡是大师巨匠，均能深知其中的奥妙，在无法与有法之间自由地驰骋，不断达到“无法而法”的新境界。

综上所述，海粟大师鼎盛时期油画作品所显示的艺术魅力，充分体现了画家的精神作用，体现了蕴涵在艺术作

刘海粟作油画《后海云雾》(1988 年)

品中的一种精神张力，体现了精神激活技巧、精神提升技巧和精神完善技巧这一绘画的鲜明特点。在绘画手法多样化、绘画形式多元化的当代，绘画里的精神具有更大的包容性，其释放的精神张力也更明显。因此，理解和把握贯穿于海粟大师油画创作中的精神主线，对于更好地研究和认识海粟大师的艺术成就，确实是一个不可忽视的重要方面。同时，对于我们不断地提升和完善绘画的技巧，创造出富有个性色彩的、富有时代特征和民族气派的作品来说，也具有十分重要的现实意义。

10. 为海粟大师一辩　(刘伟冬)

南京师范大学美术系教授陈传席在 1996 年第 5 期的《江苏画刊》上发表了题为《评刘海粟》的文章。紧接着在 8 月 8 日，陈又就该文发表后引起的反响在《岭南文化时报》以"答记者问"的形式撰文进一步陈述了他的观点。在前后两篇文章中，陈对被誉为"一代宗师"的刘海粟的艺术以及为人进行了史无前例的贬低和否定，归结起来为"吹牛”、“不可信”、“中上等画家”、“阿混”和“汉奸”等等。其中,“汉奸”的指责已有政治定性的色彩,因此尤为触目惊心,反响强烈。

反响强烈的原因之一是,陈对刘海粟所作的判断与人们熟悉的艺术大师刘海粟在生前死后所获得的巨大成就、诸多殊荣以及高度评价竟有天壤之别。陈把刘海粟贬之为“吹牛”、“阿混”、“汉奸”,而政府则把他誉之为“我国新美术运动的拓荒者,现代艺术教育的奠基人……是饮誉海内外的杰出的美术教育家和艺术大师……为我国艺术事业的繁荣和发展作出了贡献”(见 1994 年 8 月 9 日国家教委和文化部所发唁函)。由此看来,要澄清这个事实是一个多么严肃的问题。

陈在答记者问时说:“我从来没有说刘海粟是汉奸,而是《新华日报》上公布刘海粟是文化汉奸……”其实,陈无须心虚地作出这样的声明,对资料进行怎样的选择在很大程度上已经是确定了一种立场,而选择的正确与否取决于是否符合辩证唯物主义的历史观,这是一个历史学家最基本的知识,更何况陈现在“旧话重提”,显然是别有一番用心的。陈为了表明他的判断的权威性,又说:“《新华日报》当时社址在重庆,由周恩来主持工作,报纸代表中国共产党的声音,当然也有周恩来的意见……”经查,当时的报上确有陈所说的报导,但值得提醒的是消息的下面附有这样一段“致读者”的编者按,其云:“今天凌照清先生的来函,很好地补充了我。21 日所发表的汉奸名录,这不但编者感慨,也是全国同胞都极注意的。我们希望知道各方面汉奸情形的朋友,都把他们提出来。”由此可见,所谓“汉奸”之说的依据只是当时报纸刊载的一些读者提供的材料。要知道读者来函与报刊发表的社论或评论两者之间的性质是完全不一样的。这一点陈应该是清楚的,也许这也是他“忽略”了编者按的真正原因了。陈在这里用推理替代事实,甚至编造事实,把《新华日报》当时刊载的一些读者提供的信息演绎成周恩来的意见。这种做法对历史是极不负责任的。对于陈本人来说,最起码也是职业道德问题。马克思主义的辩证唯物史观教导我们要以辩证的、发展的态度去看待历史,它反对一切对历史事件和历史人物作狭隘和片面的结论。所以,把一个非常的历史时期报纸上刊载的消息当作绝对真理来接受显然是站不住脚的。在这方面,我们已经有过太多的误会和深刻的教训了。至于周恩来对刘海粟较为直接的评价,1985 年 4 月 17 日邓颖超在中南海西花厅接见刘海粟和夫人夏伊乔时有这样的表述:“欢迎你们到我家来作客。我和恩来同志在30年代就知道您了。您在油画和中国画上的成就,在国内外都享有盛誉,您热爱祖国,热爱社会主义,培养了许多人才,为四个现代化建设,为精神文明的建设,做了许多贡献,大家都尊敬您。我们的国家非常尊敬您这样的老人。”该消息在当时的《光明日报》、《人民日报·海外版》等多种报刊上均有报导,以陈之“钻研”和“客观公允”的治学态度,这样的资料是不应该被“忽略”的。对50年前的读者来函斩头去尾地大做文章,而对10年前的正式报导却置若罔闻,陈传席的居心何在?至少不能称是一个诚实的学者。

陈为贬低刘海粟在现代美术史上的功绩和地位,否认“刘海粟1912年在上海创办的美术专科学校是中国第一所美术院校”的说法,并对刘于1915年首倡人体模特写生的事实提出质疑。毋庸讳言,在上海美专创办之前,李瑞清曾于1906年在两江师范学堂增设了图画手工科,与此同时,北方保定优级师范也援例开办艺术科一班等等。李叔同也的确先于刘海粟使用过人体模特儿。但历史并不是面面俱到的罗列,历史是一种唯物辩证的选择,它总是垂青于那些产生过真正影响的事件与人物。因此,“第一”就有其相对性,它不是编年史意义上的存在,而是历史意义上的评价。众所周知,世界近代史起始于英国资产阶级革命,因为它是“第一场真正意义上”的资产阶级革命。但这种结论并不意味着在此之前不存在着资产阶级性质的革命。这场革命的真正意义就在于它不仅仅改变了英国社会的性质,同时也引发了法国资产阶级革命和美国的独立战争,最终也导致了世界格局和人类生产方式的变更。同样的,刘海粟创办的上海美术专科学校正是以其明确务实的办学宗旨,不断扩大的办学规模,延续统一的办学体系以及在新美术运动和现代中国艺术教育中所起的重要作用才奠定了它为我国第一所美术院校的历史地位。还有,刘海粟提倡模特儿写生事件,在社会上引起的震荡以及对旧中国封建势力和意识的冲击也是他的同时代人所不能望其项背的。

陈传席为了贬低刘海粟的艺术创作成果,在《岭南文化时报》上把塞尚和刘海粟的两幅作品刊印出来作了一番比较,这也是他极具欺骗性的一招。在他看来,构图和图中静物的基本相似再加上刘海粟的一段对“创作经过”的说明,判定刘之作品属抄袭是无疑的了。其实在这个问题

刘海粟作油画《始信峰晴翠》(1988 年)

上恰恰表现了陈的观点因缺乏实践经验和对油画乃至欧洲美术的发展最基本的了解而流于不实、浅薄和浮躁。在油画的学习和创作中，不断演示先辈大师的作品在西方几乎成了一种传统。在这种根据作品用实物还原再作临摹的训练中，作画者往往能比单纯从作品中感悟到更多更深的东西，从而发挥自己的创造性。这种方法在当今的油画教学中仍然是行之有效的手段。陈还把一幅欧洲 19 世纪画着两只狮子的油画和刘海粟的一幅同样题材的作品作了比较，并断言也属抄袭之作。不可置否，两幅作品在构图上确有相似之处，但它们各自透射的气息和精神则不尽相同。前者是写实的，后者则更具有表现的倾向。再者，一位画家喜欢另一位画家的图式，在此基础上再画出一些变体画来是再平常不过的事了。这样的事例不胜枚举，比如凡・高的《播种者》就是临摹米勒的作品而成的；提香的《乌尔宾诺的维纳斯》中的人物姿态明显地参考了乔尔乔纳的《沉睡之维纳斯》。还有法国画家柯罗《戴珍珠的少女》与达·芬奇的《蒙娜丽莎》也有相似之处，但在西方从未有人批评他们有抄袭之嫌疑。退一万步讲，即便刘海粟的《静物》中有塞尚的影子，两幅《雄狮图》在构图上有相似之处，但这些画绝非刘海粟的代表作品，而且它们都完成于二三十年代刘海粟自身也在不断学习和完善的阶段。而真正奠定他在中国现代美术史上崇高地位的是他在近80年从艺生涯中创作的数以千计的带有创新精神和独特风格的作品。尤其在他耄耋之年，十上黄山，吞吐黄岳，尽兴挥洒，使人山合一，山笔交辉；这一时期的作品更是祖国艺术宝库中的瑰宝，这是谁也否定不了的。

文章写到这儿，倒使我想起陈传席先生在他的代表作品《中国山水画史》后记中的一段话："本书完稿之后，我读到了徐复观先生的《中国艺术精神》，有很多观点我们不谋而合，在修改时，其中两段参考了他的一些看法。"假如大家都按照陈先生的逻辑去思考问题的话，那么完全有理由认为他的那段话大有"此地无银"的嫌疑，所谓的不谋而合究竟是在动笔以前还是在成书之后其实是很难弄清楚的。当然，在这里我更愿意相信陈先生的话是真的，也希望他能更真诚地去对待别人和历史。这也是一个真正的学者应有的基本品质。

（《美术与设计》南京艺术学院学报2006年2期，101—102页。）

11.《刘海粟书法选集》序　（沈鹏）

为海粟老师的书法集写点文字，迟迟不思握管，私下总有些"不敢赞一词"的心理。但沈文同志却来信转达海老的话，那意思竟说由我执笔是再好不过的。

海老海涵。他对后生的爱护、鼓励、奖掖，令人感动。从17岁开始即创办图画美术院的美术界前辈，毕生为美术界培养的人才岂止是"桃李满天下"一语所能道尽。我每见海老，留下印象最深的便是他的豁然大度和循循善诱。历经将近一个世纪的风霜雨露，老人身上积淀了那么多的智慧、仁厚，那么深邃的洞察力。作为晚辈，他值得我学习的何止一两门艺事。

海老嘉惠后学，我们可以追溯到他的一生，看作是他全部人格的一个表现。但是如果从他青年时代算起，只说一件事——南海康有为对他的影响，也具有不可忽略的重要性。我曾多次听海老谈他青年时代师事康有为的经过。当刘海粟年仅26岁，康有为早已是名扬天下的耆宿，而刘海粟在事业上的建树，使康有为第一次见面发出了"你是

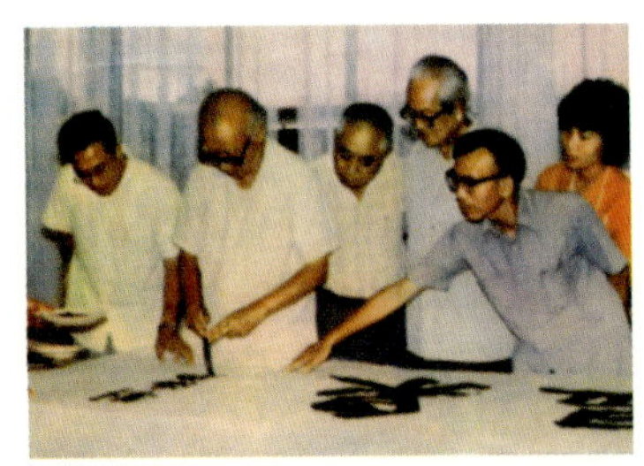
刘海粟 1982 年为“中山温泉”题匾

刘海翁的儿子吗?”这样的询问,——每次说到这里,海老常常陷入欢快的回忆,发出爽朗的笑声。1921 年,康有为乐育英才,收刘海粟为学生,教他书法与古文、诗词。从此,由整个社会和艺术历史滋养成长的刘海粟的一生中,康有为也产生了种种或隐或显的影响终于不可磨灭。

而康有为对待后辈的热情与教诲的精神,肯定也积聚为刘海粟身上可贵素质的一个来源。海粟老师巨大的热情,能够一连几个小时面对一个初学画者滔滔不绝地讲解“六法”,面对一个初学书法的青年从甲骨文开始讲起一直说到书法的流绪与出新。人们不会忘记,他已是“百岁开二”的老人,是一位世界讲台上的艺术大师,然而,上述小事更足以表明他是一个具有赤子之心的长者。

在书法上,康有为对当时以及后代的影响是世所公认的。针对书坛馆阁体为代表的萎靡风气,清代自阮元启端开辟了碑学道路,经过包世臣发扬光大,直到康有为集大成,形成了完整的碑学体系。当刘海粟从康有为手里接过老师所赠《书镜》(即《广艺舟双楫》)的时候,也即奠定了刘海粟一生的书法道路,康有为一整套重体变、尊北碑、强调笔法力度等等思想,确定了刘海粟的理论与实践的走向。

“学书必从篆入”。海老经过几十年实践得出的经验之谈,同当初康有为教他“学书应从钟鼎、石鼓文入手”一脉相承。“从篆入”,以尊碑来说是追本溯源,以中锋用笔来说是必由之路;“从篆入”,为海粟雄浑、宽博的书风奠定了重要的根基。海老雄浑、宽博的书风必然要以篆书为支柱,虽然书家在登堂入室之后,所涉猎的远不限于篆书一体。

古人常将书法当作余事。按照“文以载道”的儒家观念,诗词是文章之余,书法之类更在其余了。书法艺术的功利作用与文章相比不可同日而语,甚至也不足以比诗词,然而文人墨客往往在书法艺术当中见出真性灵、真情感,因此书法的作用又是文章、诗词不能替代的。刘海粟作为一名学养深厚的艺术家,尊重传统又反传统的“艺术叛徒”,无论是他的雄肆豪放、浓丽沉厚的油画,或是苍茫华滋、纵横洒泼的中国画,都极富浪漫主义精神,可以说是至老而愈深广。这种绘画创作中的浪漫主义精神,其实也是老人一生特殊经历、素养、精神、气质、个性等等的集中升华。早在 1930 年即他获得比利时独立一百周年国际美术展览会国际荣誉奖的那年,在写给友人的信中便有“誓必力学苦读,旷观大地”的豪壮语言,它用独特方式表达了“读万卷书,行万里路”的古训。将近一个世纪的风霜雨露，老人畅游五洲，九上黄山，战逆境，历险阻，矢志不渝，老而弥笃。直到1985年重游巴黎冒风雨登铁塔感极而赋“云涌风驰九十秋，攀登忘喜亦忘忧”，真是何等胸怀，何等境界！潜意识中最深的积淀，对雄浑、宽博书风的形成起了难以估量的铺垫作用。证之历代大家到刘海粟，所谓“通会之际，人书俱老”（孙过庭语），岂是区区点划所能道其底蕴？“学如其人”，又岂是某些简单的社会学概念所能译解？我们即使将绘画对海粟老人书法的直接影响撇在一边，单看精博的论著与豪迈的诗词，也可以确定老人书法的意境肯定归于壮美一类。“学如其人”包含着相当宽泛的主体与客体之间的相互作用。“字”，不可能是“人”的全部众多侧面的反映，但“字”不可能不是人的某个侧面、某种折光的反映。有海粟老人的阅历、学问与精神气质，才有海粟老人的书法艺术，这是千真万确的。

海粟老人“从篆入”但决不像有些迂腐学者走入小径。他讲究多方博采；他尚厚重，却又爱好“拙而生秀”。海粟老人的书法达到崇高境界，应当归功于他学书的正确途径。青年时代的刘海粟曾经受康有为书体很重的影响（如对联“逸气感清淑，良辰入奇怀”），以后很快度过追踪形似的阶段。碑与帖交叉练习，使老人书艺建立在广阔的基础上，不褊狭，不刻急。1927年后他曾数临《散氏盘》、《石门铭》、《石门颂》，后又间隔着苏轼、黄庭坚、米芾，分别取其“趣”、“韵”、“姿”；临写《毛公鼎》，间隔着张旭、怀素，取其狂放不羁；数十年来学篆书与行、草、楷齐头并进，其中颜真卿的影响始终贯穿着。老人的书法正因为渊源有自，所以功力不凡；又正因为不独宗一家，所以显出多姿多彩。仅从浩如烟海的书法作品中所选出的少数墨迹，我们就可以欣赏到《康有为墓碑》的端庄凝重，笔无妄下。碑文结语：“公生南海，归之黄海。吾从公兮上海，吾铭公兮历沧海。”一唱三叹，慷慨而有余哀。还有像《水龙吟·铁骨红梅》经过石刻，萧散含蓄，一派魏碑风范。《秋兴八首》、《百寿杖》、《归去来辞》，则是代表了老人常见的行草书的风貌，连绵奇崛，转折处不稍懈怠，如枯藤老树之盘根错节，如蛟龙虺蛇之腾空排云。除此以外，老人的书法还有两点是我特别感兴趣的，在此一提。一是他的信札，无论叙家常，问寒暑，都是真性情流露。白话中杂文言，并不生涩，却增添了风采。作为书法看，无拘无束，不囿一格。古人重视文人信札是有道理的。宋代韩元吉曾谓蔡襄简札“语简而意亲，无复世俗不情之态，前辈尺牍多类此，可敬而法

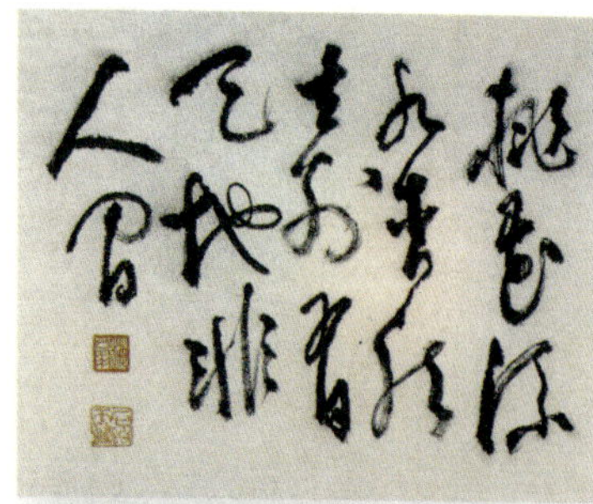

刘海粟作中国画《桃花溪》(1980 年)

哉”。返观蔡襄其余诸作,论者谓“如礼法之士……不散少有舒肆之意”(张栻)。以上略引数语以见简札被人重视之原由。再是刘海粟临写的《群玉堂帖》中米芾自叙学书部分,吸收原作的跳荡骏快,又参以己意,这份临书稿是老人在“文革”身处逆境的情况下与夫人夏伊乔独处陋室,搜拣旧藏残损的印本用破笔碎纸临写的,老人自喜“写来别有风味”,其时正是 1967 年 3 月,室外锣鼓喧天之际。我读着老人的临书,揣摩字里行间宁静淡远的境界,一点看不出动乱环境的干扰,越发觉得难能可贵。

“画法关通书法津”,作为画家兼书法家并且精通“六法”理论的刘海粟,在气韵生动、骨法用笔、经营位置、传移模写诸方面,都能将书法与绘画的基本道理互相沟通、渗透。绘画滋养书法,书法给绘画的笔法、构图等等提供了基础。而刘海粟确认“中国画最大的特征,就是一个‘意’字,‘气韵生动’可以说就是‘意’字的最高境界”,这与他的“画家乃表现而非再现”的观念一脉相通。半个多世纪以来,海粟老人一直为争取表现和创意而不懈努力,融今古,通中外,以至不断在各门艺术中找寻通感、共性,丰富表现力。刘海粟画上的色线,不但采自中国传统书画,并且,按老人自叙,“在一定程度上,我感到有塞尚、高更、凡·高、莫奈、蓬那等强烈的色彩和简练线条的影响”。刘海粟书法中的线条运动,也是在“气韵生动”的原则驱使下不断争取表现、创意的轨迹。

作为画家兼书法家的刘海粟,书法对绘画还有一个直接功能,那就是在画上书写题记。海粟老人告诫后学:“画家要多练几种字体,以适应不同画面之需要,……莫要死抱住一体不变。”古代画家石涛、扬州八怪便是这样做的,海老切身经验也是这样总结的。老人题画,以他广博的学识,兼长诗、书、画的才能,题“大鹏”时用米芾《多景楼》句:“云移怒翼搏千里,气霁刚风御九秋”;题“葡萄”有《怀素自叙帖》中形容怀素草书的名句:“奔蛇走虺势入座,骤雨旋风声满堂”,读来令人叫绝,非通才是想不出这等妙句的。老人如何稔熟古人名迹并自觉地将狂草入画,已经是很清楚了。

写至此,我又想起以上引用过的“攀登忘喜亦忘忧”的佳句。将近一个世纪云涌风驰的岁月积淀在老人心田,一切都渐渐淡去,忘却;潜意识层中的凝聚着的智慧,是那样惊人的丰厚,不断地输送出创造的灵感,激发起创造的伟力。就在笔者写作本文的不久以前,海粟老人还在不停笔地挥写六尺至盈丈的泼墨山水与行草。毕生执著艺术的“艺术叛徒”,他的无穷的力量来自现代生活与历史传统的底蕴和二者的交叉点。

香港《书谱》杂志1988年第5期,“刘海粟专集”

12. 刘海粟先生题画艺术浅识 (陈履生)

绘画与书法、文学的结合,是形成中国画民族风貌的因素之一,在我国具有悠久的历史。早在汉末的蔡邕就把书、画、文荟集一起。东晋王廙提出“自书自画”论,更推动了书画艺术紧密结合、齐头并进的发展。画坛上“郑虔三绝”的佳话,就是说郑虔画了《沧州图》题诗献给唐玄宗,得到李隆基的赞赏并予题签的故事。此后,众向效尤,千百年来在中国绘画史上曾出现过无数诗书画三绝的大师,题画艺术也成为我国民族绘画特有的传统艺术形式。然而,在“四人帮”文化专制的棍棒下,美术园地百花凋零,题画艺术也被窒息了。

粉碎“四人帮”后,文艺园地出现了一派生气蓬勃的景象,优秀的美术作品也层出不穷;但广大美术工作者和人民群众总还感到有所不足,特别对国画作品提出了更高的要求。在高超的画艺之外,还要欣赏优美的书法和感人的题款,希望能见到富有时代气息的书、诗、画并茂的作品。为此,当我们听到前辈刘海粟先生主张画家应“注意诗书画的结合”,指出“没有诗书画结合的画就不高”,并鼓励大家“大胆作诗题画”,“恢复民族绘画的优良传统”时,是令人高兴的。综观刘先生在宁举行的绘画展览中一些国画作品,他也正是这样身体力行的。

刘海粟先生是我国当代著名的画家和美术教育家。他“平生汗漫、虎步西洋东海”,为我国美术事业作出了巨大贡献。如今虽年逾八四,却神采奕奕,仍不间断地挥毫作画,“笔歌色舞,要写胸次一轮红,装点神州新貌,留待后人宗”。这种精神就很值得我们学习。由于文化大革命中刘老先生盈箱累箧的作品遭洗劫,这次画展中陈列的自1922年以来他创作的油画、国画和书法作品,除了一大批系粉碎“四人帮”后的新作外,劫后余烬已寥寥可数。但从展览的作品及其题款中,我们仍然如睹其人,可以看到刘老的思想感情、气质和修养,也看到他的艺术创作态度和创作方法。他不拘成法大胆创新,独具一格,运笔精熟遒劲,潇洒豪放,神采生动,笔墨相辉。由于他学识渊博,善于诗文,加上书法根底深厚,配合他的绘画艺术,珠联璧

刘海粟作中国画《红杜鹃花图》（1963 年）

合，成为一个综合的艺术整体，他为我们树立了诗、书、画结合的楷模，其中学问，值得细细探索。

“一枝画笔舞东风，点染梅花彻底红，更有新诗记今日，神州都在彩霞中”。这是刘海粟先生于 1978 年《红梅》画中的题诗。画家笔下的红梅清香四溢，沁人心脾，倾注了老人对党和人民无限的爱慕之情。党的十一大胜利召开，薄海腾欢，老人“研朱墨写松志庆”并填《水龙吟》词一阕云：

> “擎天华岳峰高，九州生气，风雷换。云冈千仞，涛声万里，紫烟生暖。
>
> 夭娇挚空，峥嵘立节，乾坤新转。看千霄磅礴，葱葱郁郁，虬枝直，同舒腕。最喜膻腥尽洗，去荆榛，征途夷坦。百花齐放，层林尽爽，三松长健。琥珀脂凝，笙簧韵协，朝辉光灿。万旌旗，红遍江山锦绣，遂苍生愿。”

三棵朱颜苍松，直耸云天，沐浴着朝辉。老人用他独特的艺术构思，加上确切凝炼而又不同一般的文学语言，热情讴歌了党中央一举粉碎“四人帮”，赞美了举国上下“笙簧韵协”，为团结一致，为实现四个现代化而努力奋斗的大好形势。与此同时，老人还不顾年迈，去上海西郊公园画了两幅泼墨荷花，题诗曰：

> 毕竟西郊八月中，风光不与四时同，
> 接天莲叶无穷碧，今日荷花别样红。

刘海粟先生这种政治上的热情，也不是在一两幅作品中偶然出现的。在画展中还可以见到早在 1963 年他的题《红杜鹃花》道：“最爱无处不是红，艳阳凭借有东风。”1979 年，为庆祝建国卅周年，刘老画了巨幅献礼作品《匡庐图》，题云：

> 建国卅年庆甲周，欢声雷动遍神州。
> 长者吾土金瓯满，万里河山一望收。

也正因为他对祖国的前途似锦充满了希望，才在画面上恣意泼写，气象万千。

在 1960 年的一幅《墨梅》画上，刘老先生题道：“不是一番寒彻骨，哪得梅花扑鼻香”。这是老人高尚情操的真实写照。他把“在得意时淡然，在失意时坦然”作为自己的座右铭，确是难能可贵的。刘老一生经历社会替兴，世事乱象：20 年代，军阀孙传芳的通缉、恐吓，未能使他屈服；

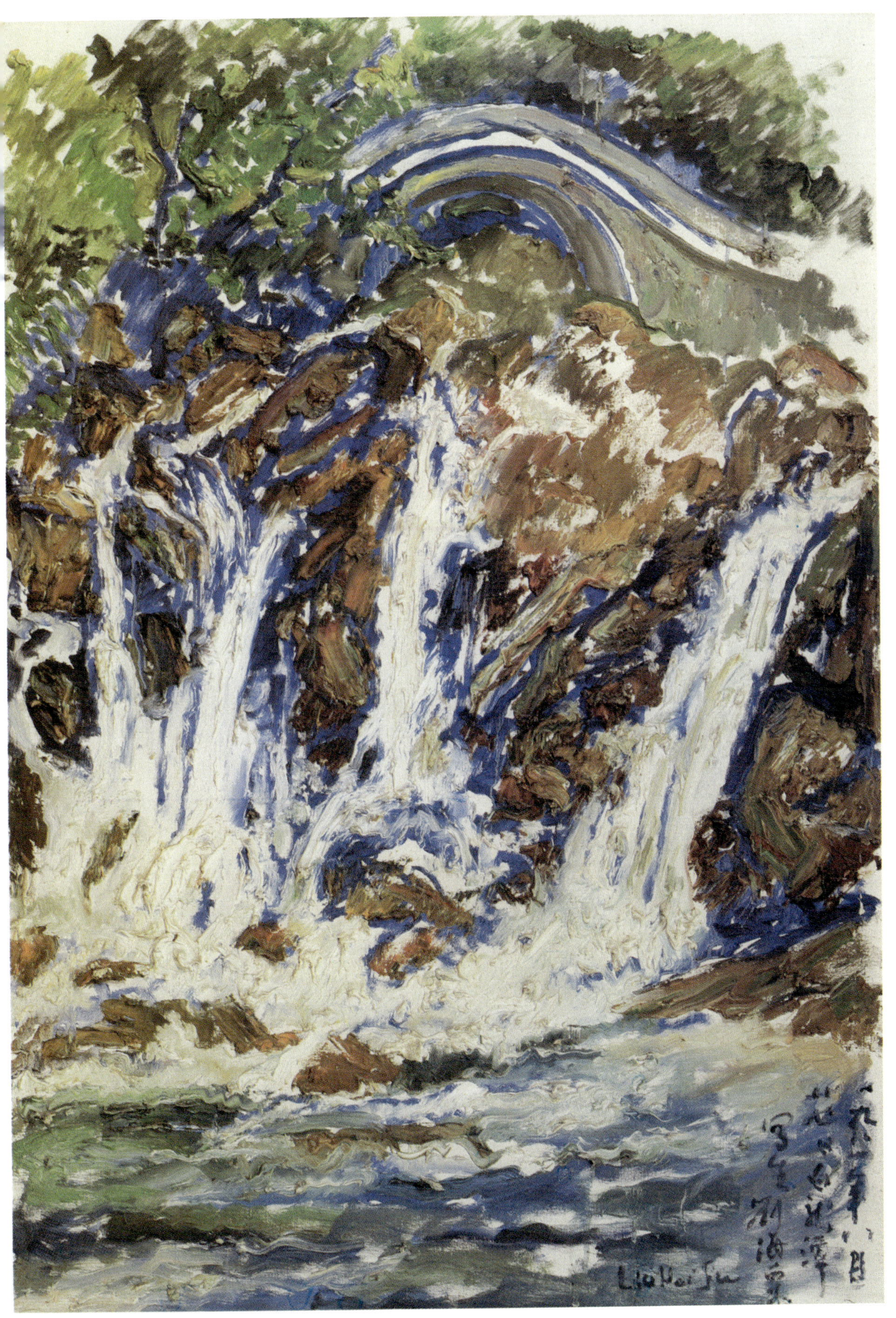

刘海粟作油画《白龙潭》(1981 年)

1957年反右受冤，未能使他气馁；十年浩劫中种种打击和非人折磨，虽曾两次中风，却傲然挺立，依然未能压他倒下。社会政治生活中的阴晴风雨，磨炼了老人的铁骨，他坚信真理，酷爱艺术，即使被驱赶在阴暗潮湿的斗室里，他还伏床作画写字，孜孜不倦，在艺术上他也达到了别开生面而又炉火纯青的境地。

我国题画，历来有个“诗画并茂”的特色。画写物外形，诗传画外意，把诗画之长融而为一。以诗情丰富画的意境，以画面增加诗的形象性，所以历来许多知名的诗人工画，画家工诗，每每佳作都是“神妙之处，能令有声之画与无声之诗并传”。由此，一般画家都特别重视文学修养，清代方薰在《山静居画论》中说：“画法可学而得之，画意非学而有之者，惟多书卷以发之，广闻见以廓之”。刘海粟先生非常了解诗与画的密切关系，因而他也常对学生们强调“读万卷书，行万里路”，以加强见闻和修养，指出它们对绘画创作的促进作用。刘老自己在文革期间几乎被剥夺画画的权利，但他仍不断作诗填词，学习不懈，所以在他的大量新作中都运用了诗词来题画。虽然有些只题上一句或数字，也是语言凝炼优美，意境深幽，表现出相当高的文学水平。如“黄山云海滴翠”、“清风”、“立雪台晓翠”等，都具有生动的形象，并使画中蕴藏的思想感情得到鲜明强烈的透露。

有时，刘老也采用某些名家诗词来题画，却往往稍加改动就赋予新意。如上述在西郊公园画的荷花题诗，他就采用南宋诗人杨万里的《晓出净慈寺送林子方》诗，仅仅换了地名、时间和末句一个字，就完全产生了新的思想内容，表达了他对社会主义祖国的无限热爱。

刘海粟作中国画《梅园雪景》（1956年）

刘老一生游历了为数众多的祖国名山大川，风景胜地。他曾多次上黄山并写道：“昔日黄山是我师，今日我是黄山友”。他搜尽奇峰打草稿，不食他人残羹。在他的画里无法找到完全师某家笔，法某家皴的痕迹，无法按图索骥以“案城域、辨方州、标城阜、划清流”（《叙画》）。因而他的画“落笔如翻扬子江，兴来往往欺造化”（郭沫若题诗）。他一生画了大量的山水画，真是“笔迹超越，亦有奇观”，“一点一拂，动笔皆奇”（谢赫）。他的作品笔含春雨，墨透烟雨，抒发着他对锦绣山河的无限深情，而他巧妙地运用了题画这个中国绘画特有的艺术手段，总结了前人之长而又有所独创，不仅使画面的意境更加深远，满足了观众的艺术欣赏要求，也还能让观众寻求作品思想内容时找出重要线索，从中看到作者所表现的艺术观点和创作意图。因而，这样的题画，足以成为观众与画家之间产生联想和共鸣的桥梁。这比之前几年那些把题画作为图画的说明文字或贴膏药式地写上某些名人语录的作品，实有千里之遥，不可同日而语。

他在1975年画的《黄山图》上用石涛诗写道："漫将一砚梨花雨，泼洒黄山几段云"，而在另外两幅画中又分别题了"终古雷声四时雪，满山云气半窗烟"和"溪流中断石，树老半横枝"，短短数语，诗情画意互相补充，增强了黄山美不胜收的诱人魅力。

1979年，刘先生题《泼墨山水》：

初画黄山四五峰，再移山上万株松。
涛声怒吼风雷起，泼墨淋漓贯长虹。

这首诗反映了作者背对自然风景作画，"咸记心目"的艺术素养，也是老人几十年作画的经验之谈。由于他观察自然景物的精熟，掌握了自然景物的规律性，"应目会心为理"(《画山水序》)，故"一往迹求，皆得仿佛"(《叙画》)。

1956年2月，刘先生在无锡梅园写生《雪景》，他在画上题曰：

梅园写生未为难，只要稀疏不要繁。
雪月风烟俱属我，一时收拾付毫端。

漫天皆白，银装素裹，"雪月风烟"这样的景物可谓难画矣。然而刘老先生在此提出了他的有益的经验："只要稀疏不要繁"。处理疏密关系原是每个画家终身都在求解决的问题，力尚简洁以胜繁杂，落笔即考虑到一以当十的效果。写生不是单纯对自然的临摹，有取有舍才有所成，这需要画家对自然景物不仅精心熟悉，而且具有鬼斧神工的熟练技巧。这里看到蔡元培先生在1935年为刘海粟《古松图》上的题诗："黄山之松名天下，天矫盘拏态万方。漫说盆栽能放大，且凭笔力与夸张。"这不是对刘先生的艺术功力的最好评价吗！事实也正说明刘老这种艺术素养决非一日之功。而他的题画又恰恰如同给后学者传授经验，使我们看画读诗，在欣赏艺术之余，技艺也有所长益。

题画时，写诗题句有赖于书法。作为一种艺术，书法不仅是记录语言的符号，单纯由一些长短纵横的线条组合。同时，它也具有引入艺术欣赏的效果。汉魏两晋时期如蔡邕、王廙的书画结合，只是书法加上绘画，两者并不熔于一炉。宋后，对书法的研究，讲究体势动静，正草隶篆遂各有所择，不同的写法又各有特殊的艺术效果。观乎刘海粟先生的书法作品，其功力深厚，笔迹苍劲，具有很好的造型美，深沉宏大而无丝毫矫揉造作之气，他的绘画也正透露着他书法的功力、特色和用笔的方法。而在他的题画中，还又明显地看到他很注意字体的选择和位置的经营。他画山水一般题用行书，画"风荷"则用草体，如同行云流水，一气呵成，加上位置恰当，除表达着强烈的诗情外，还加强了画面的动势，看来目际犹闻刷刷之风响，使人感到是画而不只是字，字与画构成了一个完整的艺术品。

刘海粟先生在作品中题画很多。我只是初学，了解得自然很浅薄，然而我却从看刘先生的题跋，感到对于理解他的作品和他艺术风格形成的过程有很大帮助。从 1921 年的《言子墓》到 1979 年的《匡庐图》，60 年间社会政治风云变幻，刘老的艺术创作在风格上也相应有很多变化。他的一系列题画正记录了他在各个历史时期的不同思想、艺术风貌。如果没有题跋，甚至连那张画作于什么年月也分辨不清，对深入系统地研究难免不是一个巨大障碍。由此，使我觉得必须重视题画艺术，它还似乎应作为一项画史的重要资料来收集和研究。

在饱览刘海粟先生的展览作品，聆听老人学术报告，并目睹其示范挥毫之余，我们更被老人几十年来锲而不舍的学习精神所感动。今年，他为自己的书画题曰"年方八四"，正显示了他的一片童心。我联想起他在 1978 年 3 月游漓江时速写画上题赋的《水调歌头》，词云：

"万里扶摇空，一笑偶相逢。画友刘关周邓，落笔起飘风。老海平生汗漫，虎步西洋东海，妒杀米南宫。上下三千载，挥洒任纵横。

从欧约，添鹤鼻，未龙钟。笔歌色舞，要写胸次一轮红。剪取漓江春黛，妆点神州新貌，留待后人宗。绝巘我能上，谈笑明月峰。"

（《刘海粟研究》江苏美术出版社 2003 年 8 月版第 235—241 页）

第四篇　活动年表

第八章 艺术、生活年表

萌发期(1903—1911)

1896年(光绪二十二年 丙申)3月16日(农历二月初三) 1岁

生于江苏省常州府武进县青云坊刘氏旧宅。初名槃,字季芳。在同胞九人(男六女三)中居末,故习称刘九。到上海兴办美术教育后始更名海粟。父家凤,青年时曾参加太平军,归里后营钱庄业;母洪淑宜,系清代乾隆进士、经学家、诗人洪亮吉之后代。

1901年(光绪二十七年 辛丑) 6岁

蒙学开始。进家塾诵读《三字经》、《百家姓》、《千字文》等;在家亦受母亲教诲。

1903年(光绪二十九年 癸卯) 8岁

于家宅"静远堂"书坊读书、练字、习画。字临颜、柳二体;画取《芥子园画传》、恽南田花卉为范本,蒙油竹纸勾描摹习,成后即任意涂画,被塾师斥为乱涂。成名后有"海粟乱涂"印章,源出于此。

1904年(光绪三十年 甲辰) 9岁

老师授《论语》课,中有"曲肱而枕之"句;之后又有"割不正不食"句,他感到不像出于一人之口,遂问塾师,师无以对,并斥之"不准问"。海粟心怀不满,过数日,暗藏爆竹趁师返家途中突然燃放,师怒而告其父母,此后便转往绳正书院。

1905年(光绪三十一年 乙巳) 10岁

就读于绳正书院,有新知识传授(西学课程的开设)。同学中他年龄最小。在学校举行的游艺会上,曾当众书写

《玄秘塔碑》中“逢源会委、勇智宏辩”联句，受到大家的赞誉。课余时聆听姑父屠寄讲述古文及故事，司马迁《报任少卿书》给他以难忘的印象。

1906 年（光绪三十二年　丙午）　11 岁

又改往刘家所办名义庄学校就读。太祖母照顾“鳏、寡、孤、独”的“四不分”主张，这样为善的道德取向，对他深有影响。

1908 年（光绪三十四年　戊申）　13 岁

始学篆书。将在书院为文习作装订成册，并自题《刘槃策论》。

1909 年（宣统元年　己酉）　14 岁

母亲病逝。绳正书院地理教员谭廉介绍他去上海布景画传习所学习，该所系周湘主办，址于上海八仙桥。学画计半年时间。其间常往外滩“别发”和“普鲁华”两家外文书店翻阅美术图籍，曾购得西班牙画家委拉斯贵兹、戈雅画集等，临摹研习。

1910 年（宣统二年　庚戌）　15 岁

在姑父的倡议、支持和表兄的帮助下，于常州青云坊办起一所图画专修馆，就学者限于亲戚中的十多个女孩。

1911 年（宣统三年　辛亥）　16 岁

迫于父命，与丹阳一大户家的小姐林佳结婚。因违背他与表妹杨韫玉的爱恋之情和结为伉俪的强烈意愿，故成礼后终未合卺。与命运抗争的执拗性格，使之陷入困惑之中。

奠基期（1912—1928）

1912 年（民国元年）　17 岁

与乌始光等几位画友一道在上海乍浦路创办上海图画美术院。由年长的乌始光、张聿光先后担任校长。刘海粟自任副校长，丁悚为学监，到“五四运动”前夕担任校长。是为我国建立最早的美术学校。他在《上海美专十年回顾》一文中曾提到当时发表的三条宣言：“第一，我们要发展东方固有的艺术，研究西方艺术的蕴奥；第二，我们要在极残酷无情、干燥枯寂的社会里，尽宣传艺术的责任，因为我们相信艺术能够救济现在中国民众的烦苦，能够惊觉一般人的睡梦;第三,我们原没什么学问,我们却自信有这样研究和宣传的诚心。”

1913 年　18 岁

上海图画美术院 28 日在《申报》刊登招生广告,称该院“专授各种法兰西图画及西法摄影照相、铜版等美术,并附属英文课”。

2 月

上海图画美术院正式开课。学科分绘画正科和选科两班。师生常往苏州河畔赏景、写生。

上海图画美术院迁址爱而近路(今安庆路)东首 6 号洋房,并增设速成科。

10 月 27 日

上海图画美术院迁址于北四川路横浜桥南全福里 7 号。有函授学生五十余名,住宿及走读学生四十余名。

1914 年　19 岁

2 月

上海图画美术院半夜炭像速成科(即夜校)刊出招生广告。

7 月 12 日

上海图画美术院迁址海宁路 10 号三层楼洋房(启秀女校旧址)。学校章程也重加修订,西洋画正科、选科改为两年毕业。

7 月 21 日

上海图画美术院假期速成科招生。

10 月 11 日

与丁悚、张聿光等人的绘画作品,同被编入《振青社书画集》第一集。

11 月 30 日

《申报》载《介绍习画范本》一文,文云:“画家丁悚、张聿光、刘海粟、陈抱一(洪钧)诸君因学堂习画范本,坊间所售者,流行已久,各处学生已习见之或不足以资鼓励,于是分类担任。每月合绘铅笔画 12 张,精印发行,以飨学习。其第一期业已出版。”

1915 年　20 岁

1 月

上海图画美术院自海宁路迁至西门外江苏省教育会

右首新屋。

上海图画美术院更名为上海图画美术学院。

3月

由他倡导，学校雇了一个名和尚的15岁的男孩做画室模特儿。

7月

上海图画美术学院暨函授部在招生广告中表明，学校开办以来，先后毕业者二百余人。

8月

上海图画美术学院因办学规模扩大，“迁入斜对过南洋女子师范原址”。

学校招聘并使用成年男子模特儿。

是年

刘海粟与张韵士成婚（张系浙江宁波人，生于1899年，卒于1970年）。

1916年　21岁

为筹建学校印刷部，经费求助于大哥刘际昌。际昌对海粟办学之志十分钦佩，表示愿意节衣缩食，大力资助：从1916年12月起，拟每月惠寄200元以应急需。

1917年　22岁

1月

上海图画美术学院以校长张聿光、刘海粟名义刊出广告，添聘江新为学监，杨锡冶为主任教员，张邕为帮教员。

3月

学校奉沪海道尹公署第216号指令，称查该校所呈章程及各科范本讲义均称完备，成绩亦属可观，准予备案。

4月15日

教育部佥事沈彭年（商耆）视察上海图画美术学院，“院长刘海粟适赴龙华野外写生，未及接待，由教务长丁悚、函授部主任刘庸熙招待参观各级教室暨标本模型室等。沈彭年谓教育部六年度预算已将美术学校列入”。

7月

上海图画美术学院在张园安垲第举办成绩展览会，有人体习作展出，观众较多惊诧者。城东女校校长杨白民携夫人、子女往观，看后大骂：“刘海粟是艺术叛徒，教育界之蟊贼。”海粟因以“艺术叛徒”自号自励。

8月

读蔡元培《以美育代宗教说》一文，深受启发。

9月

学校迁址于上海西门外白云观东的宝隆里。

是年

次子刘虎（字福增）出生于上海。

1918年　23岁

1月24日

在上海图画美术学院第四届毕业典礼上致勉词，云："吾人立身社会，以敦品行为第一要义。品行如有亏，学问虽优，仍不能为完全人格。诸生就职他方，当以不背此旨为最要。"

2月

上海图画美术学院更名为上海图画美术学校。

2月4日

在上海图画美术学校新学年开学典礼上作求学三要素之演讲："一，立志。诸生来校必有一定之趋向，然少年之时，往往不知利害关系，一旦遇外界之感触，摇乱胸臆，诸生若自谋不忠必贻将来无穷之害。二，责任。吾人处事，无论社会国家，须具有一种责任心，方能谋事业之发达。求学之道亦然。诸生能于规程上学业上一一淬砺，在学校可为完全之学生，在社会可为完全之国民。三，择交。诸生程度未必能齐，循谨者固能恪守规则，旷达者难免放浪形骸，近朱近墨，古训昭然，设或不慎，受累匪浅，迨至觉悟，深恐莫及。故诸生交友不可不慎。"

2月20日

上海图画美术学校函授部召开教职员会议，推刘海粟为主席。

上海图画美术学校学生在龙华写生

3 月 13 日

学校举行全体教职员会议，报告去年收支相抵，不敷银七百余金，均系刘海粟私人筹填。

4 月 16 日

和王济远率学生赴龙华写生。

4 月 17 日

北京大学校长蔡元培书赠上海图画美术学校之“闳约深美”匾额，邮递到校；5 月 11 日悬于大礼堂。

4 月 30 日

率领第四年级及第二年乙级学生乘火车赴杭州西湖野外写生。

5 月 7 日

率外出写生学生由杭州回校，将二百多幅写生习作陈列于学校礼堂供观摩。

在杭期间作油画《西湖烟霞》。

7 月 6 日

上海图画美术学校第一届成绩展览会举行，展出师生画件 2 238 幅。展出 14 天，至 19 日结束。参观者共 4 335 人。受到教育界、美术界、新闻出版界好评。张聿光、刘海粟同兼任展览会会长。

8 月 19 日

将郑光照题赠之“美术先河”匾额悬于学校礼堂，跋云：“武进刘海粟先生于民国元年冬月创办图画美术学院于上海，尔时吾国研究此学者阒无其人，海粟嘤求同志，山阴张聿光先生毅然以提倡学科自任……海粟以叩学卓行，为吾国未经创办主事，用心于成，可为伟矣。今以‘美术先河’四字额其校内礼堂，洵无愧云。”

8 月 21 日

当选为江苏省教育会干事员。

10 月 6 日

出席江苏省教育会美术研究会成立大会。并报告江苏省教育会组织美术研究会缘起，谓“人生斯世，皆有振兴美术之责任，好美之心，尤所同具。吾人有此感觉，宜乘此将亡未亡之际，师欧美诸国之良规，挽吾国美术之噩运，截长补短，亟起直追，责在吾人，义无旁贷”。美术研究会发起人为刘海粟。通过选举，沈恩孚当选为正会长，刘海粟当选为副会长。

11 月 25 日

上海图画美术学校《美术》杂志创刊。沈恩孚题封面，扉页为校训“诚实”两字，分学术、记载、杂俎、美术思潮四大栏目，还印有插画及增刊《历年教职员表和同学录》。

11 月 29 日

鲁迅以“庚言”的笔名在《每周评论》第二号发表评论文章《美术杂志第一期》，热情评介美术学校及刊物“开创之初，自然不能便望统一。就大体着眼，总是有益的事居多，其余记述，也可以看出主持者如何热心经营，以及推广的劳苦的痕迹”。

1919 年 24 岁

1 月 19 日

下午 2 时乘火车赴杭州作寒假写生。在车中作速写 3 幅。寓杭州旧旗营新泰第二旅馆。

1 月 20 日

是日起，连续 3 天偕学生周伯华、徐维邦至三潭印月、平湖秋月、孤山等处作雪景写生。

3 月 18 日

主持上海图画美术学校演讲会，请江苏省教育会会长沈恩孚作题为《美育之原理》演讲。

3 月 27 日

因父刘家凤病危回常州。

3 月 28 日(农历二月二十七日)

刘家凤去世。

4 月 17 日、23 日

日本画家石井柏亭赴欧洲各国考察美术后归国，途经上海，参观上海图画美术学校，赞赏之余作《吾人为什么要学画》之演讲。

4 月 28 日

上午 7 时，“上海图画美术学校校长刘海粟、教员王济远率同二三年级学生 35 人乘沪杭快车赴杭州举行春季旅行写生”。时张聿光已脱离该校。

5 月 12 日

和王济远率学生自杭州返回学校。

8 月 26 日

与汪亚尘、王济远、陈国良、丁悚、江新等人集百余幅作品在环球中国学生会举办的美术展览会开幕。展期 5 天。

9 月初

上海图画美术学校开始实行男女同校。源于神州女学图画专修科毕业的丁素贞、史述、陈慧纕、庞静娴诸女士屡次联名来函要求插班，并来校谈话、陈述志愿。

9 月 28 日

新兴美术团体天马会在上海图画美术学校大礼堂举行成立大会，被推为特别会员。该会以涵养人类之美感、实现美的人生、反对仿模固守传统、反对游戏式的玩赏艺术为信条，倡导写生、写意、写实，倡导工艺美术。

9 月

在上海西郊作油画《秋》。

赴日本考察美术，至 10 月归。其间参观了帝国美术院第一回展览会、日本美术院第六回展览会、日本美术协会第六十一回展览会等大型展览会；走访了东京美术学校、东京女子美术学校、太平洋画会研究所等单位；会晤了日本画家、艺术教育家藤岛武二、石井柏亭等人。

10 月

所编著的《画学真诠第一集铅笔画写生》一书由商务印书馆出版发行。1920 年 4 月又再版发行。

12 月

天马会在江苏省教育会举行第一届绘画展览会。刘海粟为西洋画审查委员之一。为巩固和发展学校，刘海粟发起组织校董会。敦请蔡元培、梁启超、赵菊椒、王一亭、沈恩孚、黄炎培等人为校董。议决校董会章程 16 条。

1920 年　25 岁

1 月

上海图画美术学校刊出特别启事，称自本年起改名为上海美术学校，并修改学则，设中国画、西洋画、工艺图案、雕塑、高等师范及初级师范六科。与汪亚尘合撰之《日本之帝展》一文在《美术》杂志第 2 卷第 1 号发表。

4 月

所撰《近代底三个美术家》一文在《美术》杂志第 2 卷第 2 号发表。

7 月

江苏省教育会举行全省小学图画手工成绩展览会，被推为展览会主任。上海美术学校开始设法雇用一俄女为模特儿，风气既开，此后如北京美专、上海之神州女学以及其他美术研究所等亦有人体模特儿实习；画家个人雇用者亦日有所闻。

与李超士等编绘的铅画集五卷合装出版。

8月

所撰《日本美术院》一文在《美术》杂志第2卷第3号发表。

9月

撰《日本新美术的新印象·自序》,云:"我们生活在新文化、新思想演进的现代,要求从事美术运动,那是一定要晓得世界各民族的美术运动怎样,方才能有一种彻底发展的方法。"刘海粟选择了以日本做考察世界美术的出发点。

12月

在上海美术学校校友会上讲话,称"务须联络校内外诸同学,共同发展美术,以期改良社会"。

1921年 26岁

4月

与李超士、周淑静、程虚白率领学生110余人赴杭州旅行写生。

将旅杭师生写生作品八百余幅展出于杭县青年会。

在杭州西湖作油画《春晓》。

5月

将于日本考察美术及美术教育事业之所得,编著为《日本新美术的新印象》一书,由商务印书馆出版发行。其书计分两篇,第一篇为日本美术展览会鸟瞰;第二篇为日本的艺术教育。作者行文着力点在"创造",以期唤起国人注意。

7月

上海美术学校改名为上海美术专门学校(简称"上海美专")。辟初级师范科校舍17幢于英租界康脑脱路(今康定路)。

5~15日,上海美术专门学校举办成立10周年纪念绘画展览会。展出作品1 300多件。学校发行《上海美术专门学校10周年纪念绘画展览会会刊》。刘海粟在会刊《宣言》中说:"正像这炽热的气候里谁都觉得更不可不有一点凉风,现在浑浊的社会里也再不可不有点清新的空气。我们学校借纪念成立10年的机会举行一个绘画展览会,其先也是因着这一动机。"

所撰《塞尚奴的艺术》在《美术》杂志第3卷第1号后期印象派专号发表。

10月

与李超士等率西洋画科及师范科学生计170余人去杭州西湖旅行写生,并在杭举办写生作品展览。

上世纪二三十年代刘海粟欧游考察艺术留影

在杭州作油画《红籁所感》和《回光》；画作“情涛怒发”，燃着了“生命之火”。

12 月 5 日

带学生丁远同抵北京。此行系应蔡元培之邀，北上进行讲演、写生等活动。

12 月 6 日

在北京高等师范平民教育社讲演《什么叫做社会艺术化》，意谓艺术为平民所拥有，每个人都可享受，并提倡艺术家的创造精神和个性。

12 月 7 日

在北京高等师范美术研究会讲演《为什么要研究艺术》，要求发扬民族特性和在艺术中表现时代精神。

12月23日

在北京大学画法研究会讲演《西洋现代绘画之新趋势》。

12月26日

赴天津,作油画《最惨之印象》。

在北京雍和宫作油画《雍和宫》;在天坛作油画《柏》等。

数次去医院看望住院的蔡元培,并为之作素描肖像和油画肖像。

作油画《暮》。

1922年 27岁

1月

为配合刘海粟绘画展览,蔡元培(时为北京大学校长)14日于《京报》发表《介绍画家刘海粟》一文,指出其艺术倾向于后期印象主义,“绝不修饰、绝不夸张”,“自己走自己要走的道路,自己抒发自己要抒发的情感”。

1月15日

刘海粟绘画展览会在北京琉璃厂高等师范风雨操场举行。展览计3天,至17日结束。展出作品共36幅,如油画《在德国医院之蔡孑民》、《上海日晖港附近》、《北京中央公园之巨柏》、《西湖苏堤》、《上海新世界》、《北京天安门》、《北京天坛》等。

1月16日

王文培、张耀翔、陈宝泉、蔡元培、袁希涛、李建勋、汪祖懋、经亨颐联名在北京《黄报》发表《介绍艺术家刘海粟》一文,称“刘先生为天才艺术家,提倡民众艺术,久为各界所敬仰”。

在北京作油画《北京前门》。下旬,离京南归。

2月6日

蔡元培复函刘海粟,感谢他在生病住院时刘为之画像事。

2月20日

在上海美专春季开学典礼上作报告,决定将美专分为三科,分别设西洋画科、高等师范科、普通师范科。

3月17日

在上海霞飞路(淮海中路)尚贤堂商科大学内举行天马会第五届绘画展览,刘展出油画《北京前门》、《天安门》和《自画像》。

1985 年刘海粟在青岛为其师康有为撰写墓志铭并参加迁葬仪式

3 月 18 日

康有为参观画展，与刘海粟相识，康赞赏刘的艺术，并表示收刘为弟子，授之诗文、书法。

上海美专董事会修改会章，公推蔡元培为董事会主席，并由蔡元培聘请黄炎培为驻沪代表。

4 月 14 日

陪同教育部专门以上学校委员会常任委员冯承钧、伍灵视察上海美专。

4 月 23 日

与汪亚尘等率西洋画科、普通师范科学生赴常熟写生。作油画《言子墓》、《虞山之下》、《埠》、《流动》。

在上海作油画《日出》。

5 月 8 日

带学生由常熟返上海。13～15 日举行师生虞山野外实习绘画展览会。

5 月 25 日

将《上海美专十年回顾》一文交《中日美术》杂志发表，该文见刊于《中日美术》杂志第 1 卷第 3 号中日美术协会创立 3 周年纪念号，1922 年 7 月 20 日出版。又连载于 1922 年 9 月 17～22 日上海《时事新报》副刊《学灯》。又载 1983 年 8 月 15 日出版之中国美术家协会上海分会编

《上海美术通讯》第 18 期。

6 月 23 日

请陈独秀到上海美专校友会演讲。

7 月 3～8 日出席中华教育改进社在山东省济南市召开的第一次年会。出席年会的有蔡元培、马寅初、陶行知、张嘉森、吴法鼎、陈师曾等 300 余人。蔡元培被推为大会主席，陶行知任总干事。会议期间，和蔡元培、张嘉森共同提出“请政府创设国立美术展览会案”。

在南京作油画《钟鼓楼》。

7 月 23 日

在天马会举行的常年大会上被推为干事。

与夫人张韵士、子刘虎及吴法鼎游杭州西湖，宿康有为杭州寓所丁家山之天园，作油画《康庄休暑》、《松社之花》(罂粟花)。

8 月

请梁启超来上海美专讲演，题为《美术与生活》。

作油画《静物》。

11 月

在南京作油画《群众》和水彩画《燕子矶》。

12 月

为冷红社第一届美术展览会撰写《为什么要开美术展览会》一文。文中云：美术是人为美的一种，又可以叫艺术美。狭义地说又可分为纯粹美术与工艺美术。纯粹美术，不受物质的压迫，不受虚荣的役使，是生命的表现。在浑浊的社会里，美术可以安慰人们的杂乱和悲哀，可以超拔人们的绝望和堕落，不以供奉少数人的叹赏为满足。所以要举行美术展览会，黑暗的社会因着美术的发达而同化于光明。

是年

作素描《静坐》，水彩画《小贩》，中国画《三位一体》(松、竹、灵芝)、《和平》(双鸽)和《溪山风松图》。蔡元培为《溪山风松图》题词。

1923 年　28 岁

1 月

主持上海美术专门学校 11 周年纪念展览会开幕。

2 月 9 日

与沈恩孚、黄炎培、袁希涛、朱经农、吴研因等出席江苏省教育会干事会议。

2 月 19 日

作《制作艺术就是生命的表现》的讲演。他说:“表现在画面上的线条、韵律、色调,是感情在里面,精神也在里面,生命更是永久地存在里面。”讲演全文刊载于是年 3 月 18 日的《学灯》。

与袁希涛、黄炎培和英国伦敦世界美术协会交际员休士女士会谈两次,商议在上海设立分会及征集世界美术展览会出品事,拟就简章,由休士女士带回伦敦总部。

3 月

受教育部新学制课程起草委员会委托,审核新学制中小学艺术科课程纲要。并有《审核新学制艺术科课程纲要以后》一文,于 10～17 日连载于《学灯》上,该文的发表,引发了艺术教育界的讨论。

4 月

为上海美专西洋画科学生讲学,题为《研究风景画以来》,分“风景画之起源”、“风景画之变迁”等十余章。

撰写《新学制艺术科课程究竟怎样定》一文。

为上海美专艺术学会编辑的《艺术》(创刊号)撰写《宣言》并发表。文中表示“确信‘艺术’是开掘新社会的铁铲子,导引新生活的安全灯”。

为上海美专高等师范科学生讲演《近代美术发展之现象及其趋向》。

率领学生赴杭州旅行写生。在杭期间作油画《春》、《春暮》,作中国画《叠嶂》、《层峦》等。

4 月 24～26 日

于《学灯》发表《为新学制艺术科课程和吴研因著作最后之解释》。

作中国画《遥山过雨》。

5 月

在杭州西湖作油画《虹》。

所编《海粟之画》由上海美术用品社出版发行。

6 月 12 日

三子刘豹(字福音)出生于上海。

7 月

和吴法鼎到西湖避暑,住丁家山。

8 月

撰写《天马会究竟是什么》一文,刊载于《艺术》第 13 期(8 月 4 日)。

主持江苏省教育会美术研究会会议,讨论新学制艺术科课程实施法。议决将美术研究会之名改为艺术研究会，沈恩孚被选为会长，刘海粟为副会长。

8月10日

江苏省美术展览会起草委员会成立，并担任会长。

8月25日

所撰《石涛与后期印象派》一文在《时事新报·学灯》发表。文中谓："观夫石涛之画，悉本其主观情感而行也，其画像皆表现而非再现也……在三百年前，其思想与今世所谓后期印象派、表现派者竟完全契合，而陈义之高且过之。"

9月

《画什么》一文发表于《艺术》第19期。

10月

撰写《论艺术上之主义——近代绘画发展之现象》。

11月

所撰《〈文人画集〉序》在《艺术》第26期发表。文中云："一般冬烘，有盲于国画而大骂西洋新派画者；一般乳臭，有迷离于西洋画而滥施攻击国画者。其皆未明国画之为国画，西洋画之为西洋画也。殊不知万国作画，皆逐时代而递嬗。"

在杭州期间作中国画《九溪十八涧》，题云："西湖风景以九溪十八涧为最胜，峥嵘奇崛，盘薄睥睨，迂回缭曲，身历其境，疑非人间。归而写其一角，犹依恋不止也。"对该画郭沫若题之曰："艺术叛徒胆量大，别开蹊径作奇画。落笔如翻扬子江，兴来往往欺造化。此图九溪十八涧，溪涧何如此峻险。鞭策山岳入胸怀，奔来腕下听驱遣。石涛老人对此应一笑，笑说吾道不孤了。"

12月

将所得罗丹雕塑《接吻》之照片发表于《艺术》第30期上，并撰短文《罗丹之〈接吻〉》，文中云，这一雕塑"表现其自我之思想者也。即此《接吻》一像……曾因观者之反对，而别闭于私室焉！盖此自然的恋爱之表现，亦为衣冠禽兽之道德家所不容也"。

撰写《马蒂斯之素描》一文，发表于《艺术》第32期(12月23日)。赞马蒂斯之素描，"既真挚而活泼，又严格而生动"。

12月21日

主持上海美专12周年纪念会，并致开幕词。词云："……吾人所期成者，为中国艺术之中兴……故一方面固当尽量输入西洋之新艺术，一方面仍当努力发挥光大中国故有之艺术。"所撰《浪漫主义之绘画》一文在《艺术》第32期发表。文云："有古典主义之模仿典型、崇尚形式，乃有浪漫主义舍寒冷之形式而求热烈之感情；弃幽黯之空想世界，而吸清新之自然，盖亦时势所必然也。"

所撰《画圣拉斐尔》一文，在《艺术》第34期发表。

1924年　29岁

1月

撰写《介绍现今艺坛之硕学——吴法鼎》一文，刊于《艺术》第35期。文中云："画家的思想怎样充实，他的艺术就怎样充实。艺术是有了内容再有外形的。有了新吾那样温和纯正的性情，才能表现他温和纯正的艺术；有了新吾那悠久的修养，再有他那稳练的技巧。"

撰写《为商务印书馆做图画教科书述意》，该文载1月20日《艺术》第36期。所编图画教科书，注重理论教授、实地观察和实技练习，分六册，供初中三学年六个学期图画授课用。

出席江苏省美术展览会筹备会议。

2月

痛悼吴法鼎猝然去世，撰文《征求吴新吾先生作品启事》刊于《艺术》第39期上。拟集其作品编集行世。评吴之艺术为："笔锋劲逸，气局宏崇，活气拂拂指腕间，一洗古法，独辟新径，乃合中西而为画学新纪元者。"

撰《图画应该怎样教学》一文在《艺术》第39期发表。文中强调尊重个性、注意创造力的培养，反对无意味的因袭。

撰《哀新吾先生》一文，发表于《艺术》第40期。

3月

为刘梅庵所著《雕刻学》撰写序文，发表于《艺术》第41期。文中呼吁："吾愿国人一方面固当研究欧洲艺术之新思想，一方面益当努力发掘吾国固有之宝藏！"

江苏省第一届美术展览会开幕。刘海粟致词说："吾国美术发源于黄帝之时，至晋唐而大盛。""现代一般人说美术发源于希腊、意大利，这是错了。与其说起源于意大利，不若说起源于吾国，影响于欧西。"

撰写《彻底感觉的艺术》一文，论述印象主义绘画对于色与光的研究，是对古典派、浪漫派的革新。该文刊于《艺术》第46期。

4月

偕徐志摩往功德林素食处访问来上海之印度诗哲泰戈尔,并为之作速写肖像。

率高师科、初师科学生80余人于29日乘火车赴南京写生。

5月

上述写生作品假江苏省教育会三楼举行展览,刘海粟展出油画《秦淮河》(《秦淮渡舟》)。

6月

所撰《印象主义运动之经过》一文在《艺术》第55期发表。

8月15日

在上海美专礼堂主持江苏省教育会美术研究会常年大会,报告江苏省第一届美术展览会概况。

天马会会员投票选举第七届绘画展览会审查员:吴昌硕、王一亭、刘海粟为国画部审查员,刘海粟、汪亚尘、王济远为西洋画部审查员。

9月1日

在上海美专新学期开学典礼上演讲,云:“艺术纯粹是个人生命的表白。但是各人个性不同,所以他们所表现的、所创作的全是各异。”

作中国画《言子墓》,题云;“壬戌之春,涅槃阁主游虞山,峰峦林壑,蔚然生秀,意得忘倦。每日跋涉岩穴野芳,抒情于画面,其中言子墓巨幅油绘,自觉尚有深昧。越二年,甲子秋,江浙大战,群众惶恐走租界。9月21日,炮声隆隆,终夜不绝。不成寐,孤坐画室,对言子墓油绘,回想当时情景,遂以不堪书画之笔墨更成之,聊以自乐。”1926年秋,吴昌硕和蔡元培题词其上。吴昌硕题云:“吴中文学传千言,海色天光拜墓门。云水高寒,天风瑟瑟。海粟画此,有神助耶!”

10月

撰《古典主义之艺术及批判》一文,载10月19日《艺术》第74期。

撰《古典主义与浪漫主义之美术及其批判》一文,载11月25日《东方杂志》第21卷第2号。

撰《艺术与人格》一文,载《艺术》第75期。文中云:“要打破一切物质的网罗、传统的网罗、势力的网罗、机械的网罗,从黑沉沉的世界里解放出纯粹的自我!表现自我的生命。这才是做人的人格!艺术就是我们自我生命的表现！是我们人格的表现！”

上海美专毕业生、江西《正义报》艺术周刊编辑兼赣华中学艺术教员饶桂举于10日～12日在江西南昌举行绘画展览会，陈列人体作品。江西警察厅于13日在《江西新民报》发布禁令。饶桂举将此情函告刘海粟。刘认为这不只是对饶桂举个人的诋诬，关系到新艺术的发展，因此分别致函教育部部长黄郛及江西督军蔡咸勋，请撤销原令。

为徐朗西所作中国画题跋：“吾友徐朗西先生，性爽直豪放，今之义士也。毁家革命而不居其名，近年深痛政客军阀之无耻，而以画为乐，所作逸淡而有天趣。”

11月

撰写《自然主义及其主要人物》一文，载《艺术》第78期。

11月24日

约俄国名画家司托宾及本埠中外名画家在上海美专商谈司托宾画作展览事。

11月30日

经上海几个画会团体会谈，推荐刘海粟为海外中国美术展览会上海办事处主任。

12月

所撰《艺术与生命表白》一文在《晨报·六周年纪念增刊》上发表。指出：“艺术品的表白，就是艺术家生命的表白！不能表白生命的，就不是艺术家！”

在上海虹口举行的洋画联合展览会上，刘海粟展出《斜阳》、《清凉山下》、《菊》、《南京夫子庙》、《秋》、《流动》、《秦淮河之春》、《秋林清溪》、《南京大中桥之暮色》和《暮色》。

在《艺术》周刊第84期，为上海美专13周年纪念展览会出版的专号上发表《上海美专十三周年纪念感言》。云：“上海美专既具有奋斗之勇力，既得有民众之信仰，吾望其为中国之文艺复兴运动而救中国也。”

1925年　30岁

1月2日

“上海美专13周年纪念展览会”在法租界徐家汇路菜市路(今顺昌路)校内举行。刘海粟展出油画《夕阳》、《文德桥》和中国画《山水》、《篱菊》等作品。

4月

撰《民众的艺术化》一文，载4月5日《艺术》第97期。

文谓："吾人欲普及艺术，俾民众领略艺术之趣味，而使人人的生活艺术化，而悟其所以生也！所谓人人生活艺术化，非期人人为画家、音乐家、诗人；而望人人具艺术之感受性。"

4月3日

聘请郭沫若到上海美专讲演《生活的艺术化》。

4月5日

以《秋林》、《疏林薄暮》、《自然之舞》、《牌楼》等参加"上海洋画家联合展览会"，址于上海三洋泾桥安乐宫二楼。展出至12日。7日，日本名画家桥本关雪到会参观。

4月27日

与陈宏、李超士等教师率上海美专高年级学生赴杭州旅行写生。在杭作油画《南高峰绝顶》、《苏堤夜月》、《杭州灵隐》和中国画《西湖写景》。

作中国画《峦树草堂》，题云："愚画无师并无法，不为形役，不求合矩，但求笔与物化，心与天游。"该画为日本青浦奎吾子爵收藏。

5月

以《九溪十八涧》、《言子墓》、《兰竹》、《篱菊》等作品参加"中国现代名家近作展览会"。

6月

为支持"五卅运动"，与美专几位教授义卖绘画作品1个月。《申报》6月20日、21日登载上海美专学生会启事："沪上罢业工人二十万，无以为生，由各界设法援助。敝校学生会除举办救济'五卅'事件书画展览会外，特恳本校教授刘海粟、王陶民、许醉侯、钱瘦铁、潘天寿五先生卖画一月，所得润资悉数由敝会捐助罢业工人。"

7月

上海美专第七届暑期学校开学。刘海粟与李毅士、李超士等轮流担任实习课程，每日下年则作艺术思潮讲演。

作中国画《西湖高庄写生》(扇面)。背面有胡适、张嘉森、黄炎培题诗。

8月1日

参加在学艺大学举行的天马会第七届美术展览会展品审查会。

8月10日

天马会第七届美术展览会开幕。刘海粟参展作品《兰竹彩菊》被11日《申报》载文誉为"才气横溢，独辟天地"。《艺术》第112期刊有刘海粟《天马考》一文。

8 月 11 日

与章伯寅、滕固、黄炎培夫妇等赴山西出席将在太原举行的中华教育改进社本年大会。

8 月 17 日

出席在太原山西大学举行的中华教育改进社第四次年会，会议至 23 日结束。

8 月 18 日

出席中华教育改进社年会美育组第一次会议，任主席。提议筹设国民美术馆案和举办全国美术展览会案。

8 月 20 日

应山西美术研究会之请，在文庙图书馆大会堂讲演《艺术与人生》。

8 月 22 日

应山西美术专门学校之请，讲演《东西艺术及其趋向》。

8 月 24 日

刘海粟在北京，见江苏省教育会大会通过禁止模特儿之提案，遂致函质询。得回函始悉，所禁者系社会轻薄少年出售之裸体画，沟通后误会消释。

9 月 13 日

所撰《模特儿问题》一文在《艺术》第 116 期发表。

上海美专西洋画系本学期设专家教室，辟有海粟教室、毅士教室、济远教室、亚尘教室等十余教室，不限年级，可随其性之所近自由抉择。

9 月 23 日

在上海美专讲演《人体模特儿》，同时由开洛公司做无线电广播。由宋寿昌、杨枝记录了讲演内容。整理后分“模特儿应运始末”、“模特儿曷为而必用人体”、“生命之流动”、“国人厌恶人体之病源”四部分刊于《时事新报》双十增刊。

9 月 26 日

上海闸北市议会议员姜怀素在《新闻报》和《申报》发表呈北洋政府段执政、章教长、郑省长请禁裸体画文，文谓“欲维沪埠风化，必先禁止裸体淫画；欲禁淫画，必先查禁堂皇于众之上海美专学校模特儿一科；欲查禁模特儿，则尤须严惩作俑祸首之上海美专校长刘海粟”。

10 月 1 日

徐志摩致函刘海粟：“来书言之慨然。世固俗极陋极，不可以为伍，则惟有斗之斥之，以警其俗而破其陋。”“副刊新图案何似？胡不为我造新？”

10月8日

所撰《德拉克洛瓦与浪漫主义》一文在《晨报·副刊》发表。

10月10日

就模特儿问题撰文刊于《时事新报》，为斥姜怀素之谬，指出“姜君不察，以市侩行为，强纳于艺学尊严之轨而并行，黑白不辨，是非荡然，是乌可不辩者哉”。

上海正俗社（朱葆三为董事长）具名盖章致函刘海粟，妄言“主张正俗”，“何必定以模特儿曲线美名词导人于邪”。刘海粟即复函朱葆三，申明“执事名鄙人为艺术叛徒固善，名鄙人为名教叛徒亦善也。真理如经天日月，亘万古而长明，容有晦冥，亦一时之暂耳！鄙人无所畏焉！今之违执事劝告者，执事实自违真理。强鄙人不得不重违执事也，惟执事明察之”。

10月12日

召集全国美术展览会筹备委员会，编选预算并按照展览会大纲推举各项职员，案交北京总事务所。

10月13日

朱葆三函复刘海粟：“弟年近大耋，精力已衰，养疴在家，不预外事久矣。承示一节，不禁骇然。究属何社擅列弟名，深滋疑虑，便望赐示。”刘海粟接函再复：“奉读惠示，疑团顿释。查前日来函系列名为上海正俗社署名，先生为董事长……”

10月15日

聘请胡适到上海美专做题为《天才与修养》的讲演。

10月19日，被江苏省政府聘任为江苏省全省地方物品展览会美术部审查员。

10月22日，聘请吴经熊到上海美专做题为《英国文学上之浪漫主义》的讲演。

10月24日，参加四川美术研究社于上海法租界天祥里9号举行的峨嵋画会成立大会。

10月25日，被四川美术专门学校校长聘为名誉校长；是日，该校校长李德培在沪召开欢迎会。

10月28日，率学生赴杭州作秋季旅行写生。晚，作中国画《寒梅篝灯》。作中国画《生命之泉》（又名《雨后》）。题云：“画为灵感之活跃。无灵感，笔墨无法，乃知点墨落纸，大非易事……”

11 月 17 日

致函胡适："你在海上写了不少扇面，好了，现在都招到我的头上来了。他们都是一样说：要合两叛徒于一扇方成完璧，但是苦了我了！"

11 月 21 日

为俞寄凡所著《人体美之研究》撰写的序文在《艺术》第 126 期发表。

12 月 2 日

在江苏省教育会美术研究会改选中当选为会长。沈恩孚当选为副会长，汪亚尘、王济远、俞寄凡等当选为评议员。

12 月 4 日

在《艺术》第 128 期发表《复周石人函》，对周提出何以人生要艺术等问题作答，函谓："有社会，即有艺术。盖吾人生活于社会，物质方面有衣食住之要求；精神方面有知识、道德、艺术之要求。人类愈进化，其要求愈奢。"

12 月 19 日

《倡国画》在《艺术》第 130 期发表。

在上海美专大型国画展览会上，刘海粟展出作品《生命之泉》、《泰山飞瀑》、《寒山古寺》、《溪流》、《绯竹乌鸦》、《老杆》、《老少年》和《寒梅篝灯》等，胡适在《老少年》画面上题句："寒不怕，老不怕，朋友们，看此画。"在《寒梅篝灯》画面上题句："不嫌孤寂不嫌寒，也不嫌添盏灯儿作伴。"在《老杆》画面上自题："不怕狂风，不怕暴雨，永久保持着倔强和枯秃，玉洁的白菊，雅驯的绿竹，拥抱着旷的壮生命。"

是年

作油画《西溪》、《静物》和中国画《牧牛图》、《三千年之桃实》。

1926 年　31 岁

3 月 19 日

应南洋大学之邀，为南洋学会书画部做题为《中西艺学及其批评》主讲演。

3 月 26 日

《申报》刊登《刘海粟条陈美术品送费城展览会》。主张在五省之内广征美术作品，聘请专家，严事审查，慎择出类拔萃之作，参加费城展览会，"得与世界争长，博万邦之瞻仰，而吾国国际地位，藉以提高"。

5月4日

姜怀素呈文孙传芳，再次请禁模特儿。该文次日刊登于《申报》。文中有言："今为沪埠风化正本清源之计……则非严惩作俑祸首之刘海粟，不足以儆效尤。"

5月8日

于西湖孤山作中国画《放鹤亭》(蔡元培藏)。

5月11日

上海县知事危道丰发令严禁上海美专裸体画。文刊《申报》5月13日、15日。刘海粟在杭州见报得知危道丰严禁美专模特儿的消息后，愤而病发，将率学生写生任务交王济远，决定即返沪与之论战。

5月16日

清晨乘沪杭快车返上海。即请几位教师到家中商量对策。除首先稳定师生情绪外，于家抱病撰文申斥危道丰。

5月17日

《刘海粟为模特儿事致孙陈函》在《申报》发表，18日续完。文中强调美术学校设置人体实习课的必要性，驳斥危道丰所发禁令之荒谬，要求尽快对议员姜怀素、知事危道丰严加申斥，"以儆谬妄而彰真理"。

6月3日

孙传芳就模特儿争论事复函刘海粟，劝其停止使用模特儿。言谓"凡事当以适国性为本，不必徇人舍己，依样葫芦。东西各国达者，亦必不以保存衣冠礼教为非是。模特儿止为西洋画之一端，是西洋画之范围，必不以缺此一端而有所不足。美亦多术矣，去此模特儿，人必不议贵校美术之不完善……如必怙过强辩，窃为贤者不取也"。

6月10日

刘海粟再致孙传芳函在《申报》和《新闻报》同时刊登。函谓："敝校设西洋画科，务本务实，励行新制，不徒模仿西学已耳……今主人体模特儿，但用于学理基本练习，不事公开，当亦无损于圣道。""愿吾公垂念学术兴废之巨大，邀集当世学界宏达之士，从详审议，体察利害。如其认为非然者……当先自请处分，刀锯鼎镬，所不敢辞！"孙传芳读函勃然大怒，即发出通缉刘海粟的密令，由危道丰执办，但遭到法国驻沪领事的阻挠。

6月13日

上海美专在菜市路新建之三层楼上大礼堂举行新校舍落成典礼。受校董事会主席蔡元培委托，刘海粟代为做报告，后康有为、黄炎培、沈恩孚、汪亚尘相继演说。接着由来宾参观新校舍落成纪念展览会。新校舍之一室名存天阁，“乃校长刘海粟之画室，布置绝精，陈列刘氏杰作数十幅，魏造像三件，刘根碑一块，文艺复兴大师画两幅，关仝、赵千里、王石谷大幅各一幅，其他佛像数尊，另有安格尔、拉斐尔、伦勃朗名画数帧，皆刘氏私藏，观者皆叹为不易多见之精品，洵大观也”(《申报》6 月 15 日)。

6 月 23 日

法国驻沪领事通知上海美专，请暂时撤去西洋画系所用人体模特儿，并告刘海粟曰：中国官厅攻击贵校甚力，已来交涉四次，本领事为贵校辩护四次，并告以各国美术学校皆有此项设施，今中国官厅请求不休，似属意气之争……最好请将人体模特儿撤去，免得再来攻击。刘海粟以领事意在敷衍华官，无可理喻，即允许 6 月 30 日起暂时不用人体模特儿。

7 月 6 日

因闸北市议员姜怀素以刘海粟侮辱个人名誉向地检厅提起刑诉，刘与律师陈霆锐赴法庭应诉。原告姜怀素以《刘海粟为模特儿事致孙陈函》中，有“招摇”、“狼狈”、“不学无术”等言词，指斥为侮辱个人名誉，请求法庭责成刘经济赔偿。上海美专总务主任薛演中就《刘海粟为模特儿事致孙陈函》油印件送报馆事做了说明。被告律师与原告律师相继作了辩论。9 日上午 10 时，宣判结果，判罚刘海粟 50 元了结此案。

8 月 19 日

《申报》刊登上海美专董事会宣言，根据官厅禁止市上淫画淫舞以至涉及上海美专西洋画系高年级学生画模特儿一事，而发表宣言，以正视听。言称：“如谓淫画淫舞既利用模特儿之名词，以为非作恶，而西洋画系之置有生人模型者，皆当负败坏风俗人心之罪戾，是何异盗以武器伤人，而谓兵工厂之设备模型，即为诲盗之具文不可言也。要之生人模型，为描写人体真相者最后必须经历之工夫，无之即艺术上留一缺点，而画科中将永无人体之真相可见。”在宣言上具名者为负责董事梁启超、袁希涛、李钟珏、沈恩孚、黄炎培、张嘉森、阮性存、徐朗西、张东荪、章慰高、屠方。

8 月 24 日

与江新、王济远、滕固、俞寄凡等会见来沪访问的日本艺术家。

9月3日

徐志摩致函刘海粟："海粟，你的精力是可以的；我常常替你担忧，因为你在上海'非艺术'的责任太多、太重，体气娇些的竟许早叫压倒了。但你还是这自在的矫健，真使我欣慰。但俗累终究不是艺术家的补剂，海粟，你有的是力量，你已经跑到了艺术的海边，你得下决心绷紧了腰身往更深处跑，那边你可以找到更伟大的伙伴：凡高、石涛、提香、塞尚。"

9月12日

接教育部第129号令，被委派赴欧美、日本各国考察美术。

10月17日

《申报》载：江苏省教育会美术研究会选举刘海粟为会长，沈恩孚为副会长，汪亚尘、王济远等12人为评议员，刘利宾、朱屺瞻等8人为干事员。

是年

作中国画《秋江饮马图》和《鹿》等。

1927年　32岁

1月

作中国画《月落乌啼丛林寒》，日本久迩宫邦彦王藏。

3月26日

上海美专离校学生返校，与学校当局发生冲突。刘海粟辞职，由校务委员会主持校务。

3月27日

上海美专发表启事，称"本校为集思广益起见，已改组委员会，一切校务概由委员会负责办理"，署名为委员蔡元培、江新、汪亚尘、高铣、滕固。

3月31日

蔡元培、江新、汪亚尘、高铣、滕固在报上发表启事，宣布辞去上海美专校务委员会职务。

4月1日

农复、魏道明律师代表上海美专宣告停办。

4月12日

为上海美专事刘海粟发表告各界书："海粟鉴于中国近代艺术沉滞不进，既不足以继历史之光辉，又不足以接世界之潮流，慨然毁家创立美专，冀中国艺苑稍得新异之收获……不图去年十一月有少数学生借端激起风潮与学校为难……为学校前途计，得毋以一人之故而累及安全，

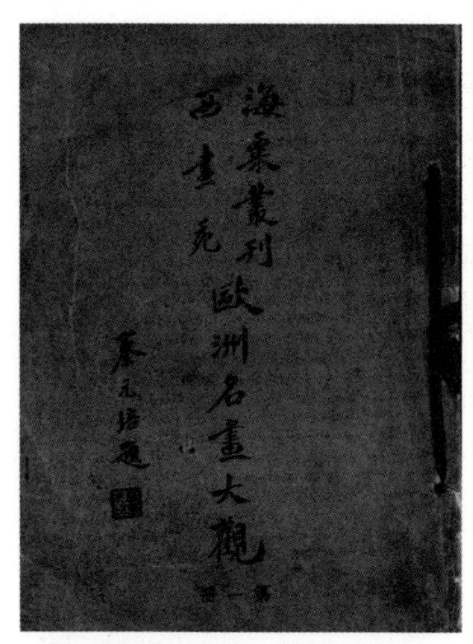

蔡元培题刘海粟出版物《海粟丛刊西画苑·欧洲名画大观》封面

海粟诚陋，因引退以谢天下，不料彼等对于委员会亦同样中伤，委员亦以办理困难辞。全体教职员商议再四，更无良法，忍使十六年艰辛缔造之美专骤形滞顿，岂海粟始料所及哉。”

军阀白崇禧的部下杨虎、陈群，趁“四·一二”白色恐怖，以“学阀”的罪名通缉章太炎、袁观澜、黄炎培、刘海粟等 13 位知名学者，刘海粟不得不避难日本。

6 月

在日本东京市外井之头公园中，第一次遇到了柳亚子。柳亚子在回忆文章中说：“1927 年，我在日本东京市外井之头公园中，第一次遇到了他，却大家都在过着亡命的生涯。这时候的当局者，大概嫌我的思想太左倾了，以为有什么嫌疑之类；而对于海粟，却又认为太右，加以学阀的头衔。做人是这样的不容易吧，我们一见面就笑起来。”柳亚子赠诗海粟：“相逢海外不寻常，十载才名各老苍，一卷拜伦遗集在，断鸿零雁话苏郎。白衣送酒陶元亮，皂帽居夷管幼安，一笑劝君钳口好，人间鸡犬尽淮南。”

7 月 1 日

在东京朝日新闻社举行画展，原定画展至 10 日结束，后应各方要求，延至 13 日，参观者达几万人。杰作被购藏一空。国画《泰山飞瀑》、《月落乌啼霜满林》为日本天皇购藏于宫内。天皇赠刘海粟以银杯。这一期间，讲演两次，被日本舆论界称为“艺术界列宁”。

夏

在日本箱根长兴山庄作中国画《山水》，题曰：“丁卯夏，宿箱根长兴山庄，清幽严澈，滃然如置身清古之域。放笔为此，长兴主人(画家小室翠云)莞尔顾予曰：吾子画愈(变)形愈略而意趣愈丰，此又如张大风矣。予曰：张风乎好好，就算大风是了。”

从日本返回上海。

10 月

上海美专复校。

作中国画《松鹰图》，王一亭补凌霄花并题字，裘子端藏。

11 月 20 日

作中国画《山水》。题云：“灯下戏作，目昏指直，设色若有若无。侵晓披视，如有苍然暮色在毫楮之外，因知画不必刻求也。”

11 月 23 日

致函蔡元培，感谢大学院派他赴欧洲研究艺术。函谓："屡蒙我公嘉惠提携，窃以为生平大幸。尝自傲曰：生平无师，惟公是我师矣。故敬仰之诚，无时或移。今更蒙许由大学院派赴欧洲研究，足见先生爱我之切，亦无时或易也。感激之情。更非区区楮墨所可表于万一。并希望此项使命形式先期发表，俾晚早日收束国内琐事，以决心渡欧也。"

12 月 17 日

近作展览会在上海尚贤堂举行，展出中国画 50 幅、油画 35 幅。展览至 23 日结束。

12 月 21 日

上海县长江眉仲等参观"刘海粟近作展览会"。并购油画《潮音》与中国画《娘子关》；王茂亭购中国画《华岩泷》、《篱东秋色》、《烟寺晚钟》、《平沙落雁》、《潇湘夜雨》和《远浦归帆》6 幅。

蔡元培题写的
《海粟近作》出版物

1928 年　33 岁

2 月 11 日

因准备赴欧考察，聘徐朗西代理校长。

编《海粟丛刊・西画苑》，至年终成。中华书局 1932 年 9 月出版两册本，1936 年 6 月又出版 5 册本。书中收集欧洲文艺复兴期至印象主义以后之各派绘画 262 幅。撰文谓："愚编本书之意，在谋艺术之民众化。盖艺术品者乃万人之所共有，天才巨匠之作品，应贡献于全人类，不宜死藏于一二私人之手，或贮于伽蓝教堂之中，永做神秘之保存；兹为使民众得接近艺术巨制之机缘，乃取东西古今数千年来天才巨匠之名作神品……供献于大众之前。"

春

作中国画《老梅》，题曰："近水穿篱压众芳，檀心一点滴春光。世情多厌冰霜面，故作东风艳冶妆。"

5 月 11 日

所提《举办全国美术展览会议案》在《申报》发表。议案中强调，对于社会上不安定现象的"救济之策"，"宜乎倡导审美文化"，提高"民众之艺术教养"，"以故国家美术展览会之举办实为当务之急也……拟请大学院每年举办全国美术展览会，征集洋画、国画、雕刻以及工艺美术，定期在国都及大都市举行之"。

5 月 20 日

作中国画《凝寒》。

夏

作中国画《石鼎栽萱》。

9 月 20 日

《海粟近作》由上海美术用品社出版，辑入 1923 年至 1927 年所作中国画 7 幅、油画 6 幅。中有蔡元培题词，词谓："海粟先生之画，用笔遒挺，设色强炽，颇于高更及凡高为近，而从无摹仿此二家作品之举，常就目前所接触之对象而按其主观之所剧感纵笔写生，故纵横如意，使观者能即作品而契会其感想。"

11 月 13 日

杨杏佛为刘海粟即将出国题词赠行："老氏谓'既雕且琢，复归于朴'，实为美术之极则。海粟先生之画，寓工力于浑厚之中，古朴雄伟，是能得老氏之三昧者。书此以志景仰，且祝海粟先生赴欧研究艺术之大成。"

11 月 16 日

"刘海粟去国纪念展览会"在上海宁波同乡会开幕。《上海画报》(15 日)为此发行《刘海粟先生去国纪念展览会特刊》，载有蔡元培、史量才、徐朗西、经亨颐、陆费逵为画展的题词，贺天健、刘穗九、郑午昌、倪贻德等人之文章。贺天健在《序艺学大师刘海粟先生去国纪念展览会特刊之首》中谓："先生学问艺术之渊博邃深，固足为世重，而其于我东方艺术界起衰振颓而另辟一新路径，实占文化史上重要之一页，盖其功尤不可泯也。"

扩展期(1929—1936)

1929 年　34 岁

1 月

在上海作油画《新世界》和《上海之夜》。

2 月

赴欧洲考察美术。经越南，登岸作油画《西贡公园》。

3 月 15 日

抵达法国马赛。晚 8 时，乘火车往巴黎。

3 月 16 日

凌晨 1 时，经里昂，上午 8 时到巴黎。参观卢森堡、罗浮宫两个博物馆。

4 月 1 日

与吴恒勤、张弦及夫人张韵士、子刘虎游巴黎圣母院。

4 月 14 日

以发扬中国艺术、介绍欧洲艺术、联络留法同志感情为宗旨，在巴黎成立中华留法艺术协会，和方君璧、李风白、范年、杨秀涛、吴恒勤、张弦、汪亚尘、司徒乔等为会务委员。

4 月 18 日

在巴黎上海楼召开中华留法艺术协会第一次会务会议，讨论委员职务之分工及经费筹备等。

4 月 25 日

与陈人浩、刘抗、刘虎等同游凡尔赛宫，参观罗丹美术馆。

春

在卢浮尔博物馆临摹塞尚的《缢死者之屋》、德拉克洛瓦的《但丁和维吉尔》和伦勃朗的《裴西芭的出浴》等文艺复兴期以来的名画。

5 月 1 日

法国“春季沙龙美术展览会”开幕，前往参观，后数次到会观摩。

为办理中法交换展览会致函蒋梦麟，请教育部精选百件或两百件全国美展精品运往巴黎展览，此后再将法国美展之精品运华展览，双向交流，沟通中西艺术。

5 月 10 日

中华留法艺术协会在中国公使馆举行全体会议，议决本年 11 月在巴黎举行“中国美术展览会”，与高鲁、汪亚尘、方君璧、张弦、范年等 12 人被推为筹备委员。

5 月 15 日

迁居巴黎郊外。

5 月 31 日

在巴黎参观库尔贝纪念展。

6 月 5 日

再次参观库尔贝纪念展，叹曰：“雄浑奇伟，朴实严肃，近代画人，无其匹矣。”

6 月 20 日

参观日本美术展览会，感慨系之，云：“装饰辉煌谲丽，而内容干枯，设色取材，均自我出，居然以之横行宇内，自尊高于大地者也。五千年文化之吾国，反寂然无闻，独生冥想，怃然若失！”

8 月 8 日

离巴黎，避暑于瑞士并作画，寓莱蒙湖畔白格朗之别墅，其室题为“白峰寥天画室”。

8 月 18 日

画阿尔卑斯山飞瀑，题为《流不尽的源泉》。

8 月 20 日

与傅雷、刘抗、陈人浩等去莱蒙湖畔赏月。三更后，独自凭窗对月，作画至天明。

9 月 6 日

和傅雷、陈人浩等同赴日内瓦。

9 月 7 日

参观日内瓦美术与历史博物院。

9 月 20 日

从瑞士回到法国巴黎。在瑞士期间，作油画《陋室》、《旧教堂》、《古堡》、《西陇古堡》、《莱蒙湖畔》、《莱蒙湖之夕阳》、《阿尔卑斯山》、《山涧》、《快车》、《农夫》、《卢梭桥》。

9 月 28 日

晚，与陈人浩、刘抗、傅雷、张弦等谈论法国秋季沙龙，准备将旧作油画《北京前门》送选。

9 月 29 日

冒雨将作品送往秋季沙龙办公室，作品编号为 7611 号。

10 月 2 日

与傅雷、张弦送夫人张韵士到离巴黎 50 里的白丛女子学校住读。归途中参观现代巴黎画派展览会，会中展出多系野兽派的作品。

10 月 4 日

与彭师勤、傅雷、张弦等参加法国雕刻家布尔德尔的丧仪，瞻仰遗容良久。

10 月 20 日

收到法国秋季沙龙会长夏邓的来函："尊作已经入选了，请于 10 月 30 日下午到会整理你的作品。附上招待日观览券二张、长期券一张。"

10 月 30 日

前往秋季沙龙整理作品并得事先观赏。

11 月 1 日

参加秋季沙龙开幕式。

是年

在法国巴黎作油画《塞纳河之桥》、《教堂》、《阿拉伯人》、《裸女》、《玫瑰村之秋》、《白玫瑰》、《夜月》、《夕阳》、《静物》、《花》、《落日》、《乡邻》、《田园》。

1930 年　35 岁

2 月

临摹柯罗的油画《珍珠少女》。

与张韵士参观巴黎冬季沙龙。

春

在巴黎和何香凝合作中国画《松竹梅三友图》。

5 月 25 日

致函驻法公使高曙青，请办外交护照，并借赴意大利旅费 3 000 法郎。

5 月 27 日

高公使寄给刘海粟护照并 3 000 法郎。

5 月 28 日

美术学院教授朗特斯基来访。

5 月 29 日

上午应贝纳尔等邀，将《森林》、《夜月》、《圣扬乔而夫之陋室》和《玫瑰村之初春》4 幅油画送至蒂勒里沙龙事务所参加展出。此沙龙为法国艺术巨星贝纳尔、阿孟琼、马蒂斯、玛利斯特尼、亨利・玛当所组成之美术展览会，出品者多为欧洲艺坛第一流画家，不征求普通作品。下午，赴贝纳尔夫人举行之茶会。

5 月 30 日晚 10 时，由里昂车站乘快车往意大利。同行者有颜文樑、孙福熙、杨秀涛、吴恒勤。

6 月 1 日

晨，抵达意大利罗马，寓亚玛利夫人家。上午，去罗马新美术馆参观“西班牙杰作展览会”。下午，到罗马市展览会会场参观“日本美术展览会”。

6 月 2 日

先参观罗马古斗兽场、君士坦丁大帝凯旋门。后参观公元 217 年的遗迹——观拉加拉共同浴场，继又参观了圣撒白司地下教堂。

6 月 3 日

参观圣彼得大教堂、梵蒂冈教皇宫、梵蒂冈美术馆及西斯廷教堂。在西斯廷教堂观赏了拉斐尔的壁画《雅典学派》、《波尔哥宫的火警》、《彼得被救出狱》等；观赏了米开朗琪罗的拱顶画及大壁画《最后的审判》等。此后又去圣彼得芃诃里教堂，观看了米开朗琪罗所作摩西巨像。

6 月 4 日

参观罗马新美术院之近代作品、玛利亚马其亚教堂和

刘海粟在巴黎与何香凝合作《瑞士勃郎崖》(1930 年)

意大利国家博物院(又名特而美博物院)。

6 月 6 日

参观波尔盖世画廊和圣保罗大教堂。

是月

在米兰、威尼斯、佛罗伦萨参观研究文艺复兴期之绘画、雕刻、建筑的主要作品。在佛罗伦萨作油画《翡冷翠》,然后回法国巴黎。

夏

偕张韵士、傅雷、张弦往访巴黎美术学院院长贝纳尔。

7 月 28 日

被"比利时独立百年纪念展览会"聘为国际美术展览会评审委员,偕褚民谊、谢寿康赴比利时。

7 月 29 日

评览展品;其国画作品《九溪十八涧》参加展出,获国际荣誉奖。在比利时期间,作油画《窗》、《L 夫人》、《向日葵》、《自画像》、《刘夫人像》等。

作中国画《狮》两幅。撰《安特莱·特朗》一文,刊于所编世界名画集第一集《特朗》(1932 年 8 月中华书局出版)之首。

秋

在比利时所作之油画《向日葵》和《休息》,入选法国秋季沙龙。

在巴黎和何香凝合作中国画《瑞士勃朗崖》,柳亚子于 1932 年 4 月 15 日题诗:"异域风光写旧游,归来风雨感同舟。江山已逐纤儿坏,尚遣桃源海外留。"

是年

在法国巴黎作油画《巴黎圣母院夕照》、《鲤鱼》、《塞纳河》、《落日》、《卢森堡公园》、《罗丹模特儿》等。

1931 年　36 岁

1 月

作油画《卢森堡之雪》、《卢森堡雪霁》、《巴黎之冬》、《卢浮宫之雪》(法国莫须氏藏)等。

2 月 9 日

徐志摩致函刘海粟,云:"兄到欧后,天才横溢,常闻称道瑞士、古罗马之游,更拓心胸,益发气概。偶读游记,想见海翁负杖放眼,光焰自生,未尝不神往心羡。可怜中国,云何谈艺。"

3 月

受德国法兰克福中国学院之聘,讲演中国画学,并在法兰克福美术馆举行“中国现代画展”,6 月又移海德堡展览。

4 月

出席由我驻德使馆邀请屈梅尔教授等人的茶会,并即席挥毫。会上由使馆正式与东方艺术会、普鲁士美术院谈判,定于 1934 年 2 月在普鲁士美术院举行“中国现代画展”(后称为“中国现代美术展览会”)。且先推定德国东方艺术会会长佐尔法博士等 10 人为德方组织委员,中方则推教育部部长、中央研究院院长及刘海粟等为委员,共同从事筹备工作。

4 月 24 日

在巴黎腊丁区撰《中国绘画上的六法论·序言》。

5 月

油画《巴黎圣母院夕照》、《绣球花》、《鲁文教堂》和《静物》等作品被邀参加蒂勒里沙龙展出。

6 月 23 日

与其夫人张韵士、儿子刘虎以及朋友傅雷、刘抗、陈人浩一行 6 人,去奥维到保罗·卡休先生家观赏德拉克洛瓦的素描和莫奈、毕沙罗、裘奥门、雷诺阿的小品,并重点赏析了凡高的珍品。

在巴黎克莱蒙画院举行个人画展,展出在法、瑞士、比、意、德各国所作油画,计 40 幅。其中《卢森堡之雪》,为法国政府购藏于国家美术馆。路易·赖鲁阿以《中国文艺复兴大师》为题为画展撰序,序文云:“刘海粟确是一位大师,在这字的真意与古义上的大师,因为他有他的信徒。这不但是中国文艺复兴的先锋,即于欧洲艺坛,亦是一支生力军。”

7 月

《罗马西斯廷壁画》一文在《东方杂志》第 28 卷第 14 号发表。

8 月 14 日

接教育部电,偕夫人及傅雷离巴黎乘轮归国。

9 月

返抵上海。归国途中,于香南沙舟次作油画《路易·赖鲁阿像》和《赖鲁阿素描》。途经越南西贡,又作油画《西贡公园》。

撰《东归后告国人书》,汇报欧游考察情况,提出整理与建立博物馆、设立国家美术院、改善美术学校学制等关于改善中国艺术设施之“刍议”。

刘海粟作油画《雍和宫》(1921 年)

10月4日

收到徐志摩来信，谓“海翁此行，所得当可比玄奘之于西土”。

10月13日

“现代名画家近作展览会”在上海宁波同乡会举行3天，刘海粟等40人的作品参加展览。

秋

作中国画《鸡冠花》，于右任、章太炎、沈恩孚、林森均在诗塘题词。

11月14日

徐志摩来访，一见油画《巴黎圣母院夕照》即大呼：“啊！你的力量已到画的外面去了。”又说：“中国只有你一个人，然而一人亦够了！”

11月15日

离沪赴杭州、普陀作画。在杭州作油画《三潭印月》、《暮秋》等；在普陀作油画《潮音》、《涛声》等。在浙江定海公园望海楼初晤谢海燕。

11月20日

和周碧初、鄢克昌同去丁家山作画。晚，严次平和林风眠均请吃晚餐，先到严次平处喝了几杯酒，姜丹书来简催，赶回旅店，方知徐志摩乘飞机遇难事，恸极痛极。

11月21日

由杭州回到上海。先到滃洲别墅去看王文柏，知道志摩遇难无疑。即到志摩家吊唁。

著述《中国绘画上的六法论》由中华书局以连史纸印制聚珍仿宋版发行。内分《谢赫以前的画论》、《谢赫的六法论》、《谢赫以后的六法论》、《气韵生动说的分歧与辩护》四章，探源索论，纵横论述。1932年9月再版。1957年8月由上海人民美术出版社重新排印出版。

12月4日

所撰《志摩之死》一文在《申报·自由谈》发表，连载至8日止。

12月6日

下午3时，出席在华安大厦八楼举行的由何香凝发起的抗日书画会第一次筹备会。

12月15日

致函胡适：“时局糟到如此，无话可说，惟有放声痛哭而已。此间定二十日公祭志摩。昨晤申如先生(徐志摩之父)，渠愿瘗之于硖石。其余一切均待吾兄到沪商定。”是日，胡适致函刘海粟："南京别后，世界更不像样了！志摩死后，我在他房内检点遗物，有你送他的画一幅。今日读来书，更增感叹。"

12月22日

教育部第2146号训令，令上海市教育局为私立上海美术专科学校暂准立案。

是年

作油画《树》、《林小姐》。

1932年　37岁

1月18日

陈公博致函刘海粟，邀其次日相见，称"久闻先生为艺术叛徒，而弟则今日为政治之叛徒，两叛徒相见，当能一雄谈也"。

2月5日

作中国画《葫芦》。

2月23日

陶行知致函刘海粟，介绍友人罗馨甫之女罗珊和入上海美专肄业。

2月26日

主持上海美专校务特别会议，讨论授课教室和课程分配等问题。

3月9日

作中国画《飞瀑》自寿37岁生日，林森题"如松长青，如水长流"为祝。

4月

上海市教育局核准设立上海美术专科学校附设成美中学校，分设初、高中两部。刘海粟任校长，蔡元培为董事会主席。

6月

经行政院第42次会议通过，刘海粟与蔡元培、叶恭绰、陈树人、高奇峰、徐悲鸿等12人被聘为柏林"中国现代绘画展览会"筹备委员。

7月10日

在教育部专科以上学校校长会议上提出美术学校音乐学校学制改善一案，认为3年的年限太短促，至少5年，并应改为独立学院，且附属造就师资之科系。

8月1日

与王济远、张弦、王远勃、关良等发起组织的摩社假中

刘海粟作油画《巴黎圣母院夕照》(1930 年)

华学艺社举行成立大会。宗旨为发扬固有文化,表现时代精神。9月1日起编辑发行《艺术旬刊》。

8月6日

柏林"中国现代美术展览会"筹备委员会第一次会议议决在上海亚尔培路(今陕西南路)331号中央研究院出版品国际交换处内成立筹备处,蔡元培为主席,刘海粟、叶恭绰、陈树人、徐悲鸿等6人为常务委员。

8月17日

《申报》刊登《刘海粟为美专筹款鬻画特例》:"'一·二八'事起,海上各大学并罢,上海美术专科学校虽未直接遭殃,然间接所受损失实巨,求之政府,政府无能应付;求之社会,社会疮痍满目。无已求诸余腕,更订特例如左,以300件为限,所有画资悉充美专经费,限满仍照原有直例。三尺至四尺(整张与条幅同),不论山水、花卉、翎毛、走兽,一律三十金;五尺至六尺(整张与条幅同),不论山水、花卉、翎毛、走兽,一律五十金;扇面册页,每件二十金;劣纸不应,金笺加倍,墨费一成,润资先惠,旬日取件。"

是月

所编世界名画集第一集《特朗》、第二集《刘海粟》(傅雷编)由中华书局出版。其余第三集《凡高》和第四集《塞尚》为1933年4月出版,第五集《雷诺阿》于1933年11月出版,第六集《马蒂斯》和第七集《莫奈》于1936年2月出版。

为侄儿刘狮个人画展题词:"以美利天下"、"伯兄子狮子,生而颖异,就愚请画法,愚作《王羲之学书画图》以励之。吾余事虽不足法,而画固可法。狮子学画,当知积学可以致远。"聘王济远为副校长,同时开办绘画研究所,容纳本校和同等学校之毕业生,以及一般有基础的画家入所研究。

9月1日

所撰《石涛的艺术及其艺术论》在《画学月刊》第1卷第1期发表。所撰《凡高的热情》在《艺术旬刊》创刊号上发表。

9月12日

国民政府主席林森到上海美专访问刘海粟。谈拟于首都兴建美术馆事,并询问有关柏林"中国现代美术展览会"筹备情况。刘海粟为林森画像。

9月21日

傅雷在《艺术旬刊》第1卷第3期发表《刘海粟论》,指出："海粟生平就有两位最好的朋友在精神上扶掖他、鼓励他，这便是他的自信力和弹力——这两点特性可说是海粟得天独厚，与他的艺术天才同时秉受的。因了他的自信力的坚强，他在任何恶劣的环境中从不曾有过半些怀疑和踌躇；因了他的弹力，故愈是外界的压力来得险恶和凶猛，愈使他坚韧。"

是月

《海粟丛刊·西画苑》上下两册由中华书局出版。

10月1日

所撰《欧游素描·罗马巡礼》在《艺术旬刊》第1卷第4期发表。后编入《欧游随笔》。

10月15日

上海市政府主办的"刘海粟欧游作品展览会"在北京路贵州路口湖社举行，至31日结束。展出油画、国画作品共225幅。《新晚报》(晨报晚刊)为此推出特刊，除发表海粟肖像照片及画作外，刊有吴铁城、陈公博、沈恩孚、蔡元培、章衣萍、陆费逵、潘公展等人的序文及评介文章。

10月16日

《上海画报》为"刘海粟欧游作品展览会"出版特刊。刊有蒋介石"海天鸿藻"、马相伯"西崇实地，中尚虚神，以薪传薪，谁主谁宾"、陈树人"艺术革命之先导"、吴稚晖"前无古人，后开来者"等题词，以及叶恭绰、狄平子、顾树森、曾今可、徐新六等人的评介文章。曾今可撰文云："刘海粟先生是中国的一个伟大的艺术家，同时是个世界的伟大的艺术家，他的画已经有了国际的荣誉，已经被法国政府购藏于巴黎国家美术馆，且被誉为'中国文艺复兴之大师'了；国内从事艺术者，多半出自他的门下。"

10月18日

孙科、张群及美国领事克银汉、法国领事梅礼等参观刘海粟画展。

10月21日

《艺术旬刊》第1卷第6期为刘海粟画展特刊，载有倪贻德、柳亚子等人的评介文章。

10月30日

教育部高等教育司司长沈鹏飞、北京画家梦白、蔡元培夫妇、杨杏佛，日本驻沪领事石射等参观刘海粟画展。展览会参观者已达11万人。

11月3日

徐悲鸿在《申报》登载启事："民国初年，有甬人乌某，

刘海粟翻译的《现代绘画论》书稿封面

在沪爱尔近路(后迁横浜路)设一图画美术院者，与其同学刘某等，俱周湘之徒也。该院既无解剖、透视、美术史等要科，并半身石膏模型一具都无，惟赖北京路旧书中插图为范，盖一纯粹之野鸡学校也。时吾年未二十，来自田间，诚悫之愚，惑于广告，茫然不知其详；既而鄙画亦成该院函授稿本，数月他去。乃学于震旦，始习素描。后游日本乃留学欧洲。今有曾某者为一文，载某杂志，指吾为刘某之徒。不识刘某亦此野鸡学校中人否？鄙人于此野鸡学校，固不认一切人为师也。鄙人在欧八年，虽无荣誉，却未尝持一与美术学校校长照片视为无上荣宠。此类照片，吾有甚多，只作纪念，不作他用，博物院画人皆有之，吾亦有之，既不奉赠，亦不央求。伟大牛皮，通人齿冷，以此为艺，其艺可知。昔玄奘入印，询求正教；今流氓西渡，惟学吹牛，学术前途，有何希望？师道应尊，但不存于野鸡学校，因其目的在营业欺诈，为学术界蟊贼败类，无耻之尤也。曾某意在侮辱，故不容缄默。惟海上鬼域，难以究诘，恕不再登，伏祈公鉴。”

11 月 5 日

刘海粟在《申报》发表启事，与徐悲鸿争议：“第三卷第三期《新时代》杂志，曾今可先生刊有批评拙作画展一文，曾先生亦非素识，文中所言，纯出衷心，固不失文艺批评家之风度。不谓引起徐某嫉视，不惜谩骂，指图画美术院为野鸡学校。实则图画美术院即美专前身。彼时鄙人年未弱冠，苦心经营。即以徐某所指石膏模型一具都无而言，须知在中国之创用石膏模型及人体模特儿者，即为图画美术院，经几次苦斗，为国人所共知，非艺术绅士如徐某者所能抹杀。且美专 21 年来生徒遍海内外，影响所及，已成时代思潮，亦非一二人所能以爱恶生死之。鄙人身许艺学，本良知良能，独行其是，谗言毁谤，受之有素，无所顾惜。徐某尝为文斥近世艺坛宗师塞尚、马蒂斯为流氓，其思想如此，早为识者所鄙。今影射鄙人为流氓，殊不足奇，今后鄙人又多一‘艺术流氓’之头衔矣。惟彼日以艺术绅士自期，故其艺沦于官学派而不能自拔。法国画院之尊严，稍具常识者皆知之，奉赠既所不受，央求亦不得，嫉视何为？真理如经天日月，亘万古而长明，容有晦冥，亦一时之暂耳。鄙人无所畏焉。”《申报》同日还刊出曾今可启事：“昨阅《申报》徐悲鸿先生启事，以《新时代》月刊三卷三期拙稿《刘海粟欧游作品展览会序》一文为‘意在侮辱’。曾今可认识徐悲鸿先生在认识刘海粟先生之前，彼此都是朋友，

刘海粟编写出版的《新学制·图画教科书》封面

固无所厚薄，拙文中亦无侮辱徐先生之处。此启。”

11 月 7 日

《中华日报》副刊《小贡献》在刊登徐悲鸿、刘海粟、曾今可 3 人的启事后评论道：“悲鸿先生艺术之成功，国人自有定评，除开继续地努力研究创作外，可不必管自己是不是谁人的‘徒’，而‘徒’之为荣为辱为毁为誉，实无伤于自己艺术的价值。就是要批评海粟的画，也应该站在纯粹的艺术批评的立场上，正不必拉杂出许多‘野鸡’、‘照片’、‘吹牛’、‘画院’、‘流氓’等等和艺术批评无关的问题。而海粟先生呢，自己做了艺术的‘画宗’、‘大师’、‘领袖’，当然免不了许多非画宗大师和领袖的艺术家要做叛徒。而且刘先生之得到今日，正是由于叛徒之努力，对于艺术的叛徒们，应当鼓励之不暇，又何必以‘艺术绅士’之恶名向人家对骂？这未免有一点失了艺术的画宗大师领袖的风度。”

11 月 9 日

徐悲鸿再次在《申报》刊出启事：“海粟启事谓不佞‘法国院体……’此又用其所长厚诬他人之故智也。人体研究务极精确，西洋古今老牌大师未有不然者也。不佞主张写实主义，不自今日，不止一年，试征吾向所标榜之中外人物与己所发表之数百幅稿与画有自背其旨者否？惟知耻者虽不剽窃他人一笔，不敢贸然自夸创造，今乃指为院体，其彰明之诬如此。范人模型之始见于中国，在北京，在上海，抑在广东，考证者当知其详，特此物之用，用在取作师资，其名之所由立也。今立范而无取，是投机也。文艺之兴，须见真美，丑恶之增，适形衰落。日月经天，江河行地，伟大哉。牛皮急不忘皮念念在兹，但乞灵于皮曷若乞灵于学，学而可致，何必甘心认为流氓笔墨之争。汝仍不及(除非撒谎)绘画主事容有可为先洗俗骨除骄气,亲有道用苦功,待汝十年。我不诬汝(乞阅报诸公恕我放肆,罪过,罪过)。”此启事发布后,刘海粟未作答辩。

11 月 22 日

梁宗岱在北京大学写 3 000 字的长信给刘海粟。此信作为 1933 年 8 月商务印书馆出版的《海粟油画》的“代序”。

11 月 23 日

刘海粟在上海美专补行 20 周年校庆典礼上指出：本校创办了 20 年,可是 20 年前,200 年前,2000 年前,中国并不是没有美术,中国本来有很好的美术,不过新兴的美术教育,却是民元本校为之首创……我们感受到民族生存,国家之崛起,是要艺术、哲学、科学、政治整个的活动,美术更是代表时代精神和民族特性的象征。

12 月 13 日

在中华基督教青年会讲演《中西美术之异同》。

12 月 29 日

江苏省教育院主办“刘海粟欧游作品展览会”在无锡举行。刘海粟偕夫人赴无锡。展览至 1933 年 1 月 3 日结束。

12 月 31 日

在江苏省立教育院大礼堂演讲。

是年

在上海作油画《冬》、《画室里》、《水仙》、《马相伯先生像》;在普陀作油画《渔舟》、《潮音》、《古柏》、《洪涛》、《水牛》、《老牛》、《普陀晚钟》、《法雨寺》。

1933 年　38 岁

1 月 1 日

离无锡返上海。

1 月 23 日

为郑慎斋编《世界名画选集》作序,指出:“墨守传统,安于不动的死的生活,而相信维持现状的人,已经是时代的落伍者。他是徒具躯壳而没有精神的了,也等于已死的死人。所以现代的真的有深味的艺术,必定是向着动的活的那里进行,由创造的方面建立一种人生……郑君慎斋编这部书,他所选的作品是以具有色的美形的美和现代的艺术为准则,这实在是很有意义的。”

参加在上海国立中央研究院举行的柏林“中国现代美术展览会”筹备委员会第二次会议。

是月，所撰《现代艺术》一文在摩社出版的《艺术》月刊发表。

上海美专创办工艺图案系，内设工艺美术、广告图案两个专业，课程着重应用工艺。聘东京归国之女图案画家龚希岌等任教授。

2月2日

戴季陶为刘海粟所作中国画《良马图》题词："秉乾之德，具坤之性。驰骋六合，复于中正。"

2月13日

和蔡元培、叶恭绰等举行柏林"中国现代美术展览会"筹备委员会第四次常务会议，议决通信征求作品人员名单。

2月15日

蔡元培为《海粟丛刊》撰写序言，对所编《中国画苑》、《西洋画苑》评介云："记事插图，钩元提要，虽不能不发挥其个人之特见，而于每时期中适应时期之名家杰作，均不没其优点，使读者不致为编者一人之意见所囿，诚善本也。"

4月1日

和蔡元培、吴铁城等参加在香港路银行公会举行的上海美专筹建新校舍暨美术馆委员会会议。

4月8日

和吴铁城、叶恭绰等参加在香港路银行公会举行的上海美专筹建新校舍暨美术馆委员会募款队长会议。

春

林森题赠"百折不回"，并作跋，跋末云："余独喜海粟既富有创造性，而又坚苦卓绝，独排众议，自成一家，爰缀四言，以志景仰云尔。"

5月19日

出席上海美专筹建新校舍暨美术馆委员会举行的第二次募款队长会议。

作中国画《马》、《山水》、《荷花》、《双马》。

7月17日

上海美专主办的暑期艺术师范讲习会开始讲习，学员系中学艺术教师，共150余人。

7月19日

上海教育局局长潘公展主讲上海教育情况。

7月20日

刘海粟主讲《近代艺术思潮》。

1933年上海美专新制第十二届毕业同学会全体合影
（中立戴帽者为赵丹）

8月

《海粟油画》由商务印书馆出版，编入油画12幅，梁宗岱作代序。

9月1日

所撰《十七八世纪的裸体美术》在《大学杂志》第1卷第2期发表。

9月3日

偕新结识的恋人成家和、侄儿刘狮游苏州，4日返沪（时已与张韵士分居）。

9月7日

《申报》载，上海美专校长刘海粟以为图案乃工艺之母，欲图增进工艺生产力，必须首先普及图案。自本学期起，特设免费学额，以资鼓励，而谋学校教育与工厂得有切实联络机会。免费学额为8名，须高中毕业或同等学历，并由各著名工厂或教育机关保送。

10月

与高奇峰被柏林"中国现代美术展览会"筹备委员会常务委员会议推为赴德代表。高奇峰乘轮至上海，因病逝世。

《刘海粟国画》由商务印书馆出版，辑入1923年至1933年间所作18幅作品，章衣萍撰《刘海粟小传》刊于册首。

刘海粟(右)与成家和(中)在埃及

10 月 27 日

赴南京。途中购阅《中央日报》及南京各报，报上载有王祺、李毅士等请求教育部重定中德美展办法之消息。晚 7 时，在南京接受中央社记者采访，略述中德美展起源及意义和筹备过程。

10 月 28 日

在南京与成家和举行婚礼，郑洪年证婚。

11 月 1 日

乘晚车离宁返沪。

11 月 2 日

晨抵上海。上午，赴叶恭绰家谈柏林中国美展在上海举行预展事。

11 月 10 日

柏林“中国现代美术展览会”第一批征品三百余件在上海福开森路（今武康路）世界社预展，为期两天。

11 月 12 日

蔡元培、李石曾、陈公博及上海美专同人在文艺春秋社为刘海粟赴德举行欢送宴会。

11 月 14 日

携带展品乘意大利邮船“康丁凡特”号启程赴德。上海美专校务由副校长王济远代理。

11 月 16 日

乘轮抵香港。当地名流数十人登轮欢迎。中午，香港文艺界人士在石塘西陶园酒家设宴欢迎。晚 7 时，复登轮启行。

12 月 8 日

抵柏林。受到德方委员屈梅尔、孔威廉、莱特曼士及中国驻德使馆代办的欢迎。

12 月 13 日

赴东方美术馆，出席中德双方执行委员会联席会议。前已决定 1934 年 1 月 13 日开幕至 3 月 4 日闭幕，但刘海粟提出鉴于准备工作来不及应考虑延期开幕，经会议商定，1 月 20 日开幕，3 月 4 日闭幕。中德双方委员共同启箱检画，均称满意。惟目录太简，议决重编。要求每幅作品注明纸心或绢心、题款内容、制作年月、作家籍贯，以飨观众。并嘱刘海粟撰一长序介绍中国画之特点及各画派之源流，刊于目录之首。次日起，刘海粟每日至东方美术馆办公。

是年

作油画《棕树》、《红与绿的和谐》，中国画《秋滩息影》等。

1934 年　39 岁

1 月 5 日

出席中德执行委员会联席会议。议决下列各项：一、请柬由普鲁士美术院负责，致外交团、各官署、各地方政府、各学术团体及名流、记者，以 4 000 份为限。二、19 日，招待各国记者及政府要人，举行预展。三、印制广告 10 万张。四、在德国境内由无线电播音。另由中国方面精印《中国现代名画》，附以《中国画派》一文，预备在开幕时分赠德国务机关及学者。

1 月 20 日

上午 10 时，“中国现代美术展览会”在德国柏林普鲁士美术院开幕。德国教育部长茹斯特、外交部长赖拉提、东方艺术会会长佐尔法博士、柏林美术馆总馆长屈梅尔博士等及各国驻德大使三千余人出席，为当时欧洲艺坛空前之盛况。

1 月 28 日

在柏林普鲁士美术院演讲《中国画派之变迁》。

2 月 10 日

在柏林大学东方语言学校演讲《何谓气韵》。并即席挥毫。

3 月 8 日

德国教育部长茹斯特在普鲁士美术院举行盛大茶会，庆贺中国画展成功，刘海粟在会上即席挥毫。

3 月 9 日

刘海粟致函《晨报》，称此次画展，不但轰动一时，且予德国学术界以极大影响。各地各国要求前往展览。吾国绘画为欧人引重也如是，确已轰动全欧，吸集艺苑视线，乘此时机，吾当博全身之力以赴之，使吾国艺术辉耀于群星间。

3 月 24 日

“中国现代美术展览会”移至德国汉堡举行。开幕式上，刘海粟代表中国政府与画作作者向公众致谢。展览至 4 月 8 日闭幕。

蒋复璁致函刘海粟，谓“我国艺术，代有名手，致现代而融会各家以鸣于时，传之海外，使欧洲人士观而感兴，赞叹不已者，邦国之荣，执事之功也”。

3 月 25 日

在汉堡市长迦那格蒙和德国政府参事莫尔陪同下参

观汉堡港及市政府，并参拜名相俾斯麦墓。

3月26日

在汉堡美术院演讲《中国画家之思想与生活》。

3月29日

作中国画《飞瀑》。

4月6日

偕夫人成家和等4人抵达杜塞尔多夫。杜城市长霭丕、杜城美术院院长佛朗特博士、美术学校校长刚特教授迎接。安排住宿后即参观杜城名胜。

4月7日

上午，参观美术学校。中午，杜城美术院招待午宴。下午，乘车赴科隆，参观东方美术馆。晚，返杜城，市长霭丕等陪同往歌剧院观剧。

4月8日

“中国现代美术展览会”在杜塞尔多夫美术院举行开幕典礼，杜城市长霭丕、美术院院长佛朗特博士和刘海粟先后致词，来宾两千多人。在杜城美术院演讲《中国画与诗书》。

4月9日

作油画《蓝绣球花》。

4月25日

于柏林近郊梵尔特作油画《梵尔特之春》。

5月3日

携带展品由德国抵达荷兰阿姆斯特丹。市美术馆馆长梵司铎白、荷中协会会长瑞立博士等到车站欢迎。

5月5日

下午3时，“中国现代美术展览会”在荷兰阿姆斯特丹美术馆举行开幕典礼，中国代表刘海粟、中国驻荷公使金问泗及王宠惠博士相继在开幕式上致词。展览至6月1日闭幕。

5月7日

在阿姆斯特丹演讲《中国画之精神要素》。

5月15日

驻法公使顾维钧复函刘海粟，函谓“顷接手书，敬谂历游德、荷举行美展，宣扬国艺，荣誉光昭，企佩曷已。莅法有日，无任欢迎”。

6月8日

“中国现代美术展览会”移至荷兰海牙博物馆举行，展览至7月5日结束。

6 月 10 日

个人画展在法国巴黎特吕霭画院举行，陈列油画 45 幅、中国画 80 幅。顾维钧剪彩，马蒂斯、毕加索等著名画家参加开幕式。油画《西湖之秋》和中国画《三千年蟠桃》由法国国家画院购藏。展览至 7 月 15 日结束。

7 月 19 日

“中国现代美术展览会”在瑞士日内瓦历史美术博物馆举行。

7 月 27 日

在瑞士洛桑作油画《朝》。

在瑞士作中国画《瑞士烟霭》，题：“二十三年愚展画德、荷、法、瑞。七月，避暑瑞山，偶遇雨辰，四山蓊翳，衣袖间皆蓬蓬出云，仙境也。泼墨成此图，一扫唐宋元明清之画为快。”致函陈树人，告以“中国现代美术展览会”在日内瓦“开幕以来，参观者四万余人，学者名流皆集焉。大文豪罗曼·罗兰观后称扬不止，对大作《西风消息》尤注意，称为有音乐的节奏”。

8 月 25 日

“中国现代美术展览会”在瑞士泊尔尼美术院开幕。瑞士联邦政府主席林特致词。泊尔尼美术院院长干格尔博士和刘海粟也在开幕式上致词。社会名流千余人出席开幕式。

8 月 27 日

在瑞士泊尔尼美术院演讲《中国绘画上的六法论》。

所编教科书《色粉画》由商务印书馆出版。

9 月 2 日

“中国现代美术展览会”瑞方组织委员费许博士在泊尔尼美术院演讲《院体画与文人画》。

9 月 12 日

国际联盟大会在日内瓦举行期间，各国人士咸集，日内瓦国际图书馆委托刘海粟主办中国美展，俾资宣传。

9 月 19 日

在法国夏马尼克作油画《舞瀑》。

9 月 29 日

在瑞士作油画《勃朗崖晚霭》。

9 月 30 日

在瑞士圣扬乔而夫作油画《栗树林》。

10 月 2 日

在法国夏马尼克作油画《云峰高涧》。

10 月 9 日

在法国巴黎作油画《凯旋门之夕阳》。

所编教科书《木炭画》由商务印书馆出版。

在巴黎作中国画《清潭水牛》。

11 月 23 日

上海美专新校舍于创校纪念日在徐家汇镇之南、漕河泾镇之北的漕溪路新址举行奠基典礼。

1935 年 40 岁

1 月 6 日

出席中国驻英公使郭泰祺在使馆举行的招待会。

1 月 12 日、13 日

作油画《威士敏斯达桥雾景》、《赫姆士敦》。

作油画《凫》、《威士敏斯达落日》。

2 月 7 日

在英国《泰晤士报》发表《中国绘画之演进》。

“中国现代美术展览会”在英国伦敦新百灵顿画院开幕。英国教育部长、伦敦市市长等贵宾出席。开幕式数千来宾参加。英国教育部长赫利法克勋爵在开幕词中说：“中国的古美术久已蜚声欧洲，一般恒以中国古代灿烂美妙之艺术，至今已成绝响，岂知看了此次刘海粟教授之作品及其所搜集之现代名作，其气概之雄厚，神韵之深长，确是最高雅的艺术。”其他贵宾相继致词后由刘海粟陪同参观展览。展览至 3 月 23 日结束。

2 月 26 日

在伦敦演讲《中国近代美术之趋势》，由戏剧家熊式一翻译。

3 月 12 日

在伦敦中华协会演讲《中国画与六法》。

3 月 16 日

长女刘英伦出生于英国伦敦。

所著《欧游随笔》由中华书局出版。作者在《卷端·附志》中云：“自 1929 年至 1931 年，旅欧三载，漫游各国；兴之所至，辄将所见所闻，信笔漫记……”

4 月 1 日

“中国现代美术展览会”在捷克布拉格市布拉格博物馆举行，展览至 28 日结束。

5 月

中国现代美术于欧洲各国巡回展览之后，刘海粟撰写

刘海粟 1935 年摄于英国伦敦

《欧洲中国画展始末》一文，以为书面报告。

6月25日

在欧展览完毕，由德国乘大轮返国，于晚8时抵达上海公和祥码头，欢迎者百余人，下榻新亚酒楼。

6月27日

上海美专在艺海堂举行欢迎刘校长归国暨新制第16届毕业、附属成美中学第1届毕业典礼。刘海粟在会上报告欧行经过。

6月29日

“柏林中国现代美术展览会”筹备处、上海各文艺团体等为刘海粟赴欧返国举行欢迎宴会，地点在上海青年会。

7月

参与发起成立中国博物馆协会，并指出：“吾国文献艺术，实为民族之精英，世界之瑰宝，外国学者得一鳞一片，珍如拱璧，穷年累月以研究，而国人反泛然视之，历年毁损及窃运外国损失滋巨，亟宜集中做科学的保存与管理。”

7月21日

柏林“中国现代美术展览会”筹备委员会假座上海华安大厦八楼宴请刘海粟、蔡元培、李石曾、叶恭绰、吴铁城、李大超、王一亭、钱新之、潘公弼、潘序伦、黄宾虹、吴湖帆、王济远、吴东迈、王个簃等数十人出席。筹备委员会主席蔡元培说：“刘海粟先生此次代表吾国赴德举办中国现代画展，获得无上光荣与极大成功……”

8月11日～15日

先后由英使馆、陈公博和陈树人、褚民谊、居正、朱家骅等宴请刘海粟。

9月11日

与谢公展、黄宾虹、夏敬观、李仲乾、诸乐三在存天阁合作中国画《鸷鸟欲下将安之》，由夏敬观题诗。

9月24日

《致教育部王部长条陈改善美术学校学制意见函》在《晨报》发表，《申报》次日转载。

撰写的《石涛与后期印象派》，由黑谷正人译为日文在日本《南画鉴赏》杂志发表，10月、11月连载。

10月

《海粟丛刊·国画苑》由中华书局出版。

刘海粟40岁，蔡元培为之书写祝寿联一首：“技进乎道庶几不惑；名副其实何虑无闻。”

11月7日

《关于米勒》一文在上海《新闻报》开始连载，13日续完。

游黄山，作中国画《古松图》、《朱松》、《孤松》、《黄山云海》和《黄山松石》。

12月

《海粟油画·第二集》由商务印书馆出版。编入1934年和1935年二度欧游所作油画12幅。

所编《世界裸体美术》(二册)由中华书局出版。

是年，刘海粟聘谢海燕为上海美专教授兼教务主任。

1936年　41岁

1月4日

在上海美专新学制第17届毕业典礼上演讲："艺术为民族精神之寄托，且为时代的前锋，每个有希望之民族，无不重视艺术，如德、法诸国称中国为优秀之民族，有悠久光荣艺术史。诸同学三年求学，尚不能谓为深造，希望毕业后，继续不断努力之。"

3月3日

在上海存天阁为《柏林人文博物馆所藏中国现代名画集》撰序。

3月31日

五子刘麟出生于上海。

作中国画《寒江独钓》。

4月

发起组织中华美术协会。

春

作中国画《重林叠嶂》和《威而不厉》等。

5月10日

文稿《艺术的革命观——给青年画家》在中国画学出版社编辑的《国画》第2号发表，提出："艺术的目的决不是照抄实在的外形，也决不是供给帝王、权贵、富豪们消遣的玩意儿。艺术的目的，要使人众得到美的陶冶。"(此文又载1947年《美术年鉴》)

5月15日

在上海存天阁撰写《〈现代绘画论〉译者序》。

作中国画《秋柳八哥》、《白猿》、《溪山林薮图》等。

7月1日

刘海粟"二度欧游作品展览会"在上海南京路大新公

司4楼新厦开幕，由中央研究院院长蔡元培主持开幕典礼，上海市市长吴铁城揭幕，教育部长王世杰作序。展出中国画、油画300幅。

7月2日

上海《新闻夜报》出版《刘海粟君欧游画展特刊》。

7月5日

作中国画《仿李流芳山水图》。

7月6～16日

《辛报》刊登署名刘子英的文章《读叛徒画展》后引发了学术争论；刘海粟撰写《关于评〈刘海粟画展〉的总答复》一文，就气韵生动、临摹、创作题材、题诗、展览绘画的意义等方面阐述了自己的观点。

7月19日

“二度欧游作品展览会”延期4天至是日闭幕。被购藏作品57幅，所得数万金全部移交上海美专。

8月8日

青岛市政府主办的“刘海粟近作展览会”在青岛太平路博物馆筹备处开幕，13日闭幕。

8月23日

由山东艺术学会主办的“刘海粟近作展览会”在济南青年会2楼开幕。次日，《山东日报》为之出版特刊。

8月24日

在济南青年会大礼堂演讲《中国艺术西渐》。

8月25日

由山东教育厅长何思源陪同，赴曲阜、泰安游览。在泰安岱庙作中国画《古柏图》。

9月24日

“中华美术协会第一届美术展览会”举行，至10月2日闭幕。刘海粟系筹备委员会委员之一。

11月23日

上海美专成立25周年纪念活动，举行了美术展览会、音乐会、游艺会等。

冬

游黄山，作中国画《黄山耸翠》。

是年

蔡元培、胡适之等商议请刘海粟去南京监狱探望陈独秀。两人相见拥抱，互颂伟大。陈书对联“人无愧作心常坦，身处艰难气若虹”赠刘。

冶炼期(1937—1948)

1937 年　42 岁

1 月 1 日

于右任在刘海粟所作中国画《踞虎图》上题句:“矫矫桓桓,威慑百兽。虎虎踞踞,慎勿私斗。”

1 月 27 日

致函中英庚款董事会,请求拨款以帮助发展艺术事业。

2 月

《刘海粟国画三集》由商务印书馆出版。

4 月

教育部为举办“第二次全国美术展览会”组织筹备委员会,刘海粟与吴湖帆、徐悲鸿、林风眠、颜文樑、张大千等为筹备委员和审查委员。

作中国画《墨梅图》和《泉声松韵图》等。

5 月

作中国画《古木寒云图》。郭沫若题句云:“寒云接地,古木参天。独往独来,心地泰然。”

7 月 7 日

卢沟桥事变。

7 月 19 日

作中国画《仿吴仲圭夏山欲雨图卷》。

8 月 13 日

日军进攻上海,淞沪战争爆发。

10 月 28 日

作油画《四行仓库》,以反映“八百孤军”苦守四行仓库的壮举。

是年

将个人所珍藏的《黄石斋松石图卷》出卖给粤中某君,以补充上海美专学校经费之不足。卖前曾临写一幅留作纪念。

1938 年　43 岁

作中国画《雉图》、《秋日山居图》、《渔父图》、《红渠雨过图》、《白牡丹图》等。

秋

题清代邹喆《山居图》,题句云:“……邹方鲁传世真迹颇少,此幅精美入神,绵密秀润,当为天下邹画第一。”

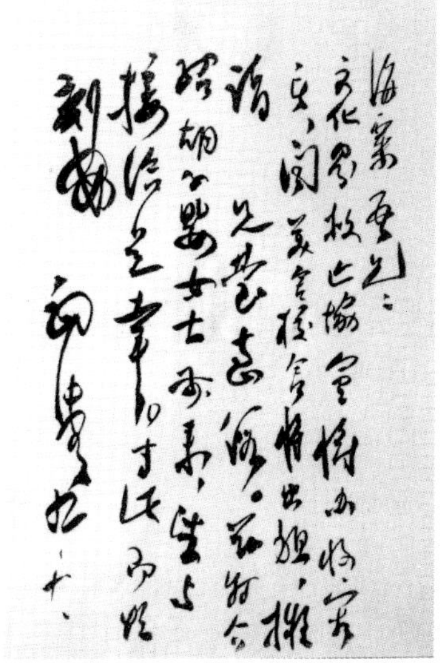

抗战时期郭沫若写给刘海粟的信

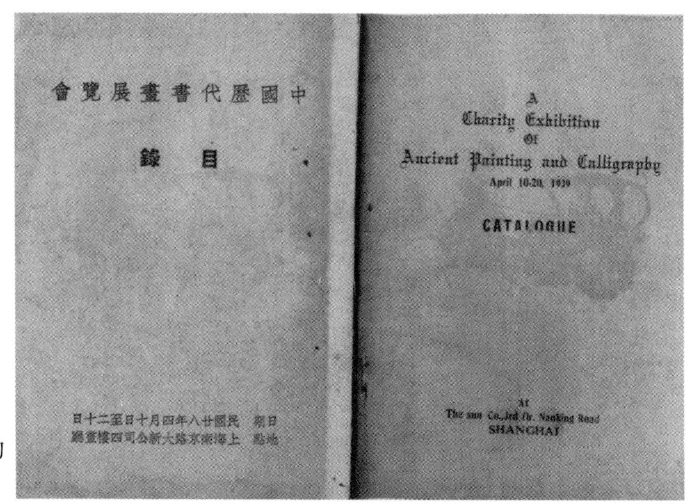

1939 年在上海南京路大新公司举办的《本国历代书画展览会 ·目录》

1939 年　44 岁

1 月 15 日

举行近作展览会。

1 月 25 日

上海美专师生救济难民书画展览会在大新公司画厅展出，至 31 日结束。

4 月 11 日

与丁惠康、吴湖帆等人发起的“中国历代书画展览会”在上海大新公司画厅开幕，至 25 日结束。门票收入，交给上海医师公会作为医药救济之用。

11 月 30 日

乘船离上海往南洋。教务主任谢海燕代理上海美专校长。

12 月 11 日

至印尼爪哇。

《刘海粟国画近作》出版。

1940 年　45 岁

1 月 20 日

“中国现代名画筹赈展览会”在巴城(印度尼西亚之雅加达)中华总商会开幕。展出刘海粟、王济远、朱文侯、吴杏芬等 92 人的作品计 342 件。

为《天声日报》出版的《中国现代名画展览筹赈大会特刊》题写刊头。

1 月 23 日

新加坡《星洲日报 · 繁星》发表郁达夫《为君濂题海粟

刘海粟东南亚为抗战展画筹赈

刘海粟陈述在巴城等地为抗战展画筹赈函

刘海粟1939年12月挟画南渡，在印尼之巴城、垅川、泗水、万隆、茂物、巨港、棉兰等地为抗战展画筹赈，得到各地华侨的热烈响应，并受到当地政府当局的尊崇。宣扬我抗日战争伟大意义，传播祖国文化艺术，促进中外文化交流影响至为深远。特征得刘海粟先生同意，公布于后。

刘海粟至陈立夫函 1941年2月

为陈报事：窃海粟于二十八年十二月被迫离沪，挟画南渡，先至爪哇各埠展画筹赈，宣扬文化，慰劳侨胞，以尽国民天职。二十九年一月画展首次在巴城举行，葛总领事、慈善会丘主席元荣主持其事。会场在中华总商会，会期共九天。全场陈列本人作品，如：九溪十八涧、寒林、饮马、寒山雪霁、言子墓、啸虎、松鹰等三百幅。侨胞以拙作在国际艺坛占有地位，莫不奔走呼号，眉飞色舞，流连欣赏，踊跃认购，既可助赈，又得珍藏，结果得国币十五万元余。荷印经济部长及各高官仕女、各国领事多前来参观购画，咸啧啧赞赏东方艺术之高深，予国际人士以不可磨灭之印象。三月间移展泗水，由驻泗曹领事、筹赈会主席黄超龙等主持，成绩亦达国币十四万元。东爪哇省长偕夫人、儿女三度来观，对拙作极口赞叹，诚心敬服，购藏寒山雪霁等画三帧，高悬省长署内正厅之中，足见外人重视之一斑。五月间在垅川举行，由慈善会主席张天聪君等主其事，成绩亦达国币七万元。七月间移到万隆，主持人为慈善会当局，数日之间亦售得四万元，并予该地荷人以绝大之哄动，自动购画者极众，计共售得国币四十余万元。扫数由各地慈善会直接汇寄贵阳万国红十字会。每次画展开幕，海粟对众演讲，皆以吾国有伟大悠久之文化，暂时受外侮侵凌，吾人必须戮力同心，共度难关，同时提出文人画的注意松竹梅岁寒三友，是坚忍、高洁、劲节、不屈。故对同侨勉以应有松竹梅之精神，这不单是艺术之欣赏，同时是人格与民族的象征。

吾国与荷印重洋远隔，已往的关系多属商业的，对于文化的交流机会甚少，从这次画展以来，给予异邦人士以惊赞的认识，美术界尤为研究赞赏。于是荷印美术馆当局乃借一部作品约百余幅，次第在茂物、巴城、万隆、棉兰、巨港等大城市举行展览。画到之处，各界人士皆踊跃赴会，悉心观摩。咸认东方艺术确有其独特之精神、异样之画面、奥妙之表现，以单纯的墨色、简赅的线条，描写自然界的无穷景色，提取精神，极其神似。对于邦交敦睦、人民友谊方面确增加了不少亲密。一切经过情形，已由葛总领事呈报外部有案。海粟此次南来展画，结果实极圆满。不特筹得巨额赈款，于联络邦交、播扬文化、慰劳侨胞，均有深助。爰将经过情形据实陈报，希钧座垂察焉。刻应新加坡南洋华侨筹赈总会之聘，来此继续展画。星州结束，当续至马来亚各埠大规模展览。所有经过情形，将来另行陈报。此致教育部长陈立夫。

刘海粟谨呈

刘海粟展画筹赈见刊于当年《天声日报》(1940年)

画梅》诗："孤山归梦未全荒，苦寒梅花立草堂；展画时闻香暗散，陇头春满感刘郎。"

作油画《椰林落日》。

3月5日

蔡元培病逝于香港。上海美专决定设立蔡孑民先生纪念奖学金，并筹设孑民美术图书馆，建立铜像等。

3月27日

在东爪哇作油画《双马》。

是月

筹赈画展在泗水举行，共筹得国币14万元。东爪哇省长购藏刘海粟所作《寒山雪霁》等画。

在泗水举行的蔡元培追悼会上致悼词。

在泗水作油画《泗水别墅》。

5月

筹赈画展移至垅川举行，得国币4万元。

7月13日

在万隆作油画《万隆瀑布》。

筹赈画展移至万隆举行，得国币4万元。

8月

在三宝垄作油画《菩利菩达佛塔》。

10月

作中国画《桃》。

11月8日

作油画《万隆火山》（又名《巴巴大仰火山》）。

12月21日

从雅加达启程赴新加坡。

12月28日

上海美术专科学校旅新加坡全体学友假南天酒楼设宴欢迎刘海粟校长。

本年

收在印尼美术学院学习绘画的华侨女生夏伊乔为弟子。

作油画《斗鸡》、《巴厘舞女》、《凤尾树》等。

1941年　46岁

1月1日

在住处会见郁达夫及南来献艺筹赈的紫罗兰女士，并为女士作速写像。发表于1月11日《星洲日报》。

1月14日

叶泰华《艺术大师刘海粟在爪哇》一文，于《星洲日报》发表，该文介绍了刘海粟在巴城、泗水、垅川、万隆等地主持筹赈画展的情况。

1月18日

在华人美术会演讲《东方艺术之西渐》，讲毕当众挥毫，作中国画《芦雁》和《松鹰》。

1月20～24日

《南洋商报》连载叶泰华所撰《艺术大师刘海粟传》。

2月1日

应南洋美术专科学校校长林学大之请，演讲《现代艺术》。

2月10日

应邀到新加坡中正中学作人格教育问题的演讲。

2月22日

《星洲日报》辟《刘海粟先生画展特刊》。

2月23日

由星华筹赈会主办的“刘海粟教授筹赈画展”在新加

坡中华总商会举行开幕式。

是月

致函当时教育部长陈立夫，陈述在巴城、泗水、垅川、万隆等地为抗战画展筹赈情况。

3月8日

下午4～6时，“刘海粟教授筹赈画展”主办者举行招待会。

3月12日

应新加坡无线电台之请，播讲《中国画之精神》，指出：“盖必具伟大之人格，然后有伟大之艺术也。”

3月29日

于新加坡青年励志社讲演《文化问题》，云：“‘气节’乃中国人之传统精神。惟有‘气节’者，始能临大节而不可夺。所以我们做人，要做到像梅花一样，独能在大风雪之中而开着花，不变其颜色。”

7月30日

应马来亚怡保侨领刘伯群之邀，启程赴怡保举办助赈画展。

9月18日

筹赈画展在怡保韩江公会开幕。大会主席张珠代表霹雳筹赈会赠送题有“艺术救国”的锦旗。画展结束后返回新加坡。

1942年 47岁

1月8日

在新加坡作中国画《烟柳斜阳》赠余世鹏。

2月6日

乘船离新加坡赴爪哇，后到万隆山中邦加冷岩避难。

春

从邦加冷岩转往万隆，住上海同乡董麟玉家中。

上海美专除留部分人继续办学外，由代理校长谢海燕和倪贻德教授等带领学生去浙江金华，参加国立东南联大，成立艺术专修科；后并入国立英士大学。

夏

侵入爪哇的日军强迫所有的华侨去登记，是时刘海粟以古董商身份为掩护改名罗赫。移居巴城郊外小镇米司脱闭室作画。

1943年　48岁

2～3月

日本特务发现了他的真实身份。由“华侨维持会”副会长刘启明偕同“日军政部华侨班”平山带他去班长丰岛的办公室问话。日参谋丸崎大佐对刘说：“过去的事，我们不算旧账好了。现在我们大东亚共荣，尤其是有学问有思想的人，应该大家合作。”又说：“你对于南京国民政府汪主席的感想怎样？”刘未正面答复，只是说：“我是中国人，我爱我的祖国，凡是爱国主义者，我都崇拜敬佩……”最后丸崎说：“现在仍旧送你回米司脱去住，你可以自由。”名为自由，其实被软禁起来。

5月

被日本特务押送回国。25日下午4时，飞抵上海大场机场。作中国画《孤雁》，题：“天涯一孤雁，嘹唳叹离群。若问知心者，而今有几人。”为潮汕救灾义赈作中国画《英雄落魄图》，并撰《英雄落魄歌》，“……素描写出家国悲，泼墨狂扫风云壮。世人不识英雄面，窃窃私语笑相向。富贵不淫贫不移，坦荡原来江海量。将钵沽酒万虑轻，衔杯对月羁怀畅。君不见弥天寇氛杖雄才？遍地哀鸿苍生望。风雷际遇如有时，会须直薄青云上。”

与成家和离婚。

6月

作中国画《孤笛图》，题：“颖川身逸心犹进，默默平生此意深。昨夜江风起扬子，自吹孤笛自知音。”

在寓所接待新闻界、文化界人士，拒绝发表对于时局、文化、艺术等方面的谈话，表示只从事个人艺术研究。

向华侨友人陈维龙借款20万元，10万元用于修理上海美专校舍，10万元用于补助美专的常规开支。

7月

陈公博以中日文化协会上海分会的名义请客，后又以他私人名义请客，均被刘海粟拒绝。陈遂以中日文化协会会长名义致函刘海粟，称大会公推刘为名誉理事，刘以“绝对不能担任”作答。

9月

临明末画家倪元璐十段锦卷。

10月

日本驻上海领事岩井英一访刘，云，大使馆正在计划组织艺术考察团，去东京考察大东亚战后的日本艺术，请刘海粟为团长，遭刘拒绝。

冬

致电在印尼的夏伊乔,说已与成家和离婚,希望夏来上海。夏伊乔经新加坡、西贡、广州来到上海,住进华懋饭店(今和平饭店),傍晚与刘相见。刘告诉夏伊乔,心情很乱,拒绝了很多人给他介绍的女朋友,问夏愿不愿意和他结婚? 夏说给她 3 天时间考虑,后表示同意。

1944 年　49 岁

1 月 15 日

和夏伊乔在上海结婚。

5 月 20 日

计划离开上海往内地,被日本特务发现未成功。

终日闭门在家看书作画。

6 月 26 日

《申报》登载《刘海粟启事》:"历劫重归,杜门守拙,书画自娱。迩来各界争以画件相薄,情难固拒,爰订直例如左……"

9 月 13 日

子刘虬出生于上海。

1945 年　50 岁

9 月

在上海美专复职。15 日新学期开学,20 日正式上课。

12 月 24 日

次女刘虹出生于上海。

1946 年　51 岁

2 月

上海美专成立复兴委员会,调整学制,恢复各科系。

3 月 25 日

上海美术协会成立,与郑午昌、汪亚尘、马公愚、郎静山、张充仁、唐云、朱屺瞻、颜文樑、王福庵等被选为理事。

5 月 31 日

上海美术协会假西藏路宁波同乡会及成都路中国画苑两处举行"庆祝抗战胜利美术展览会"。至 6 月 6 日结束。

是月

撰《南海历劫回忆录》(未刊稿),记抗日战争期间自1939 年秋由上海赴南洋各埠展画筹赈,太平洋战争爆发后流落爪哇,至被软禁送回上海,以及在上海的境况,感叹说“最后胜利的今日，思之尚有余恸”。

1947年　52岁

1月1日

在《艺术论坛》创刊号发表《现代绘画运动概说》（即《〈现代绘画论〉译者序》）。

6月21日

在上海举行个人画展。展出《瑞山烟雨图》、《红梅》、《云移怒翼搏千里》、《群牛图》等。潘公展、顾树森等发表评论文章。

6月22日

上海青年会为增强青年的文艺知识，充实德业修养，自即日起每周日举行文艺讲座，几位专家轮流，刘海粟讲《现代绘画思潮》。

是年

作中国画《红梅》、《仿邹方鲁山水》，作油画《复兴公园之夏》、《钱塘江》、《紫云洞夕阳》。

1948年53岁

1月1日

作中国画《松鹰图》。

2月21日

在台北中山堂举行个人画展。

3月16日

在寓所主持上海美专教导联席会议，谢海燕、潘天寿、俞剑华、王云阶、温肇桐、陈盛铎、来楚生、宋寿昌、冉熙出席，讨论恢复旅行写生、加重平时作业、提高学术水平等问题。

是月

作中国画《牡丹》。

6月5日

上海当局镇压学生运动。上海美专有8名学生被打并被逮捕入狱。刘得知情况后，即向上海当局提出严正抗议，要求立即释放被捕学生，严惩凶手；并到监狱看望被捕学生。

秋

作油画《鸡冠花》、《秋山图》。

冬

货币贬值，上海美专学生伙食团处境困难。刘作画交

刘海粟作油画《巴厘舞女》(1940 年)

学生会，将卖画所得解决学生断炊之虞。

本年

又作油画《刘庄红叶》，中国画《石鼎萱画》、《蟠桃图》、《乱点红梅》等。

陶铸期(1949—1956)

1949 年(中华人民共和国成立)　54 岁

7 月 2 日

中华全国文学艺术工作者代表大会在北京举行，至 19 日结束。会议期间，举办了“全国第一次美术作品展览会”。

中华全国美术工作者协会成立，徐悲鸿任主席。

8 月

三女刘蟾出生于上海。

游苏州光福，作中国画《汉柏图》。

10 月 1 日

中华人民共和国成立。

1950 年　55 岁

作油画《静物》、《螃蟹》。

上海美专开办工人夜校，招收工人进行文化教育。

1951 年　56 岁

作油画《复兴公园之夏》。

作中国画《群牛图》。

刘海粟作中国画《群牛图》(1951 年)

1952年　57岁

5月

参加华东文艺整风运动，至6月底结束。

7月

华东军政委员会文化部、教育部根据全国高等学校实行院系调整的精神决定："在华东成立艺术专科学校一所，以山东大学艺术系美术组及音乐组为骨干，并合并上海美术专科学校及苏州美术专科学校，校址设在上海。"

8月

鉴于上海校址无着，最后确定并校于无锡，址于无锡社桥原"苏南社教学院"旧宅。

9月15日

致函郭沫若，推荐常州杨守玉绣制的斯大林和毛泽东巨幅绣像，奉献于10月在北京召开的亚洲及太平洋地区和平会议；同时对杨创制的"乱针绣"绣法特点作了介绍。

10月4日

华东军政委员会任命刘海粟为华东艺术专科学校校长，臧云远为副校长。同时宣布，刘海粟校长主要从事艺术创作与研究，学校工作由副校长主持。（华东艺术专科学校隶属于中央文化部，由文化部委托华东军政委员会文化部直接领导）

10月5日

赴无锡就任。下午，举行全体教职员工谈话会，接见教师；晚上，举办晚会，气氛热烈。

12月8日

华东艺术专科学校在无锡召开了建校大会，确定这一天为校庆纪念日。

1953年　58岁

春

游太湖，作油画《太湖渔舟》等。

6月

赴北京。作油画《八达岭长城》。

夏

受到周恩来总理的接见。总理鼓励美术界要加强团结，为新中国美术事业多贡献力量。

8月

作油画《颐和园后湖》，作中国画《鹰击长空》。

9月

全国国画展览会在北京举行,《群牛图》参展。

9月23日

中国文学艺术工作者第二次代表大会在北京举行。

中华全国美术工作者协会改组为中国美术家协会。

1954年　59岁

1月

中国美术家协会编辑的《美术》月刊创刊号由人民美术出版社出版。

2～3月

作油画《梅园》、《鼋头渚劲松》,作中国画《无锡太湖》。

4月

与黄宾虹、钱松嵒、贺天健、林风眠、潘天寿、钱瘦铁、傅抱石等出席在上海举行的华东美术家协会成立大会。

游杭州,作中国画《虎跑泉写生》、油画《龙井流泉》等。

6月

游黄山,作油画《玉屏楼望天都峰彩云》、《黄山散花坞云海》。

7～10月

作油画《黄山清凉台》、《黄山西海门》、《黄山云海》、《黄山狮子峰》、《黄山始信峰》、《黄山温泉》等,作中国画《莲花峰天都峰》、《黄山西海门图卷》、《黄山清凉台》、《黄山东海门》等,曾自白:"通过我的感受,通过我的心灵深处,表达我对黄山的深厚感情。入黄山而又出黄山,我的黄山画中,有许多自己的影子。"

12月

作中国画《太湖胜概图卷》,有多人题跋,其中周谷城题云:"中外古今冶于一体,始能见其大;方圆平直一丝不苟,始能见其精。偶观海粟大师近作太湖一览,觉其既大且精,无任兴奋,特此志之。"

1955年　60岁

4月

游常熟虞山并作国画长卷。

出席中国人民政治协商会议江苏省第一届委员会第一次全体会议。

是年

作油画《东山雨花台》、《东山日出》、《佛子岭水库雪景》、

刘海粟作中国画《芭蕉秋菊》(1956 年)

《佛子岭初雪》、《佛子岭水库》、《梅山水库》等；作中国画《莫厘缥缈图卷》、《洞庭渔村图卷》、《清奇古怪图卷》、《富春江渔乐图卷》、《洞庭西山图卷》、《太湖广福寺》、《莫干山剑池》等。

1956 年 61 岁

2～8 月

作中国画《无锡梅园写生》、《富春江严陵濑朝雾》、《庐山青玉峡》、《玉涧流泉》等，作油画《太湖渔舟》、《太湖渔家》等。

9 月 29 日

和副校长臧云远率华东艺术专科学校参观团抵达西安。在西安逗留 8 天。参观了西北艺术专科学校、西安的文化教育建设和西安附近的古代文物，3 次去西安历史博物馆，反复欣赏“昭陵六骏”和其他古代艺术品。

10 月

作中国画《骊山图卷》。1966 年加题《庄子》外篇一则。1962 年叶恭绰、张伯驹为之题跋，表述了刘海粟与徐悲鸿“不应当存芥蒂”的感想，并说“刘君其努力艺术，前途期乎远大，为吾国增其声誉，则一时之得失，及交谊之亲疏，皆可置之勿关念虑矣”。

11月

中国人民解放军总政治部、文化部为次年举行“中国人民解放军建军30周年军史美术展览会”而特约征求创作以梅山水库工地为题材的作品。

是年

被定为一级教授。

磨砺期(1957—1976)

1957年　62岁

3月

在上海美术展览馆举行个人画展。展出1919年至当年所作中国画69幅、油画119幅以及在巴黎临摹的油画6幅。谢海燕在“展览目录”中作文介绍:“刘海粟先生在艺学上的主张是兼容并包,学习传统,学习生活。办学校是这样,自己的创作实践也是这样。”

刘海粟作中国画《山茶锦鸡图》
(约20世纪50至60年代)

4月21日

在江苏省政协小组会议上提倡说真话、画真画，批评在美术教学上“几年来画是千篇一律，在北京、西北、南京、无锡的美术学校，画的都是一样”，“没有生命、没有感情”。

5月16日

在中共上海市委宣传工作会议上发言，主张“华东艺专美术系留在上海，免得将来需要时另起炉灶”，“上海美专有传统、有经验，不应该连根拔掉”。

6月15日

所撰《谈中国画的特征》在《美术》杂志6月号上发表。

8月1日

油画《梅山水库晨曦》和中国画《佛子岭水库》参加中国人民解放军总政治部、中华人民共和国文化部、中国美术家协会联合在北京主办的“中国人民解放军30周年纪念美术展览会”。

是月

所著《中国绘画上的六法论》由上海人民美术出版社重新排印出版。

10月22日

参加江苏省文联举行的会议，遭受错误批判并被错划为右派分子。《美术》杂志11月号刊载《江苏省文艺界揭发批判右派分子刘海粟》。

冬

作油画《存天阁积雪》和《复兴中路雪霁》。

1958年 63岁

2月

华东艺术专科学校由无锡迁至南京丁家桥，更名南京艺术专科学校，归江苏省领导。3月1日起正式上课。

4月

被撤销华东艺术专科学校校长职务，从一级教授降为四级教授，并被撤销中国人民政治协商会议江苏省委员会委员和南京美协筹备委员会委员等职。

是年

在南京突然中风，经医院抢救后回上海养病。

1959年 64岁

是年

在家养病，以观摩家藏书画为遣。

刘海粟作中国画《重九雨霁》(1946 年)

南京艺术专科学校升格为南京艺术学院，纵翰民任院长，陈之佛任副院长。

1960年 65岁

3月24日

病渐愈，作油画《东风吹开朵朵红》。

是年

作中国画《斗鸡》、《牡丹》、《牧牛图》、《万古长青》等，作油画《水牛》。

1961年 66岁

是年

作中国画《牡丹》、《江山渔乐图》(长卷)，作油画《最爱无花不是红》、《黄山天门坎风云》、《兔子花》、《花卉》等。

1962年 67岁

春

作中国画《临石涛松壑鸣泉图卷》，录石涛原题及何绍基原跋。题"壬寅春分，刘海粟对临一遍，与清湘血战"。

应特邀出席全国政治协商会议，并列席全国人民代表大会。在京欢晤周恩来总理、陈毅、何香凝、郭沫若、黄炎培、陈叔通、章士钊、叶恭绰等。

7月15日

出席中国人民政治协商会议上海市第三届委员会会议，谈了近日到杭州、建德、桐庐、富阳、绍兴等地参观、创作的情形，他努力作画，"在于热衷于描写人民在改造大地改变自然风景中所起的作用"。

是年

作油画《灵隐》、《严子陵钓台观富春江》、《七里垅》、《上海庙会》等，作中国画《庐山青玉峡》、《水墨荷花》、《五老峰雪霁》等。被摘掉"右派分子"帽子。

1963年 68岁

5月22日

又患中风。"住华东医院半年。经名家悉心治疗，始转危为安，经长期休养，渐渐元复。"(刘海粟1964年12月11日致黄葆芳函)

9月

病起手颤，作中国画《设色荷花》。

是年

作油画《九溪秋色》、《大丽花》、《葵花》和中国画《泼墨荷花》、《红杜鹃花》等。

1964 年　69 岁

2 月 3 日

作中国画《黄山图》，题句："黄山千峰万嶂，干霄直上，不赘不附，如矢如林，瑰诡耸拔，奇幻百出，虽善绘，妙处不传也。昔人题曰：'到此方知。'又曰：'岂有此理。'又曰：'不可思议。'得此十二字，千万篇游记可炬也。偶触余怀，用积墨法写此图。然黄山一松一石，无不耐人思。思无穷，画亦无穷，安有尽乎？"

5 月

作中国画《花好月圆人寿》赠李家耀。

7 月

在上海大厦作油画《上海大厦俯瞰黄浦江》、《上海大厦瞰视》和《苏州河夜景》。

8 月

作中国画《冬云》。

是年

作油画《雁来红》、《无限风光在险峰》。

1965 年　70 岁

是年

吴仲坰刻"海粟长寿"白文印，钱君匋刻"刘海粟印"、"鹰击长空"一对白文巨印，为之祝寿。

作中国画《艳斗汉宫春》、《双梅图》、《墨兰》、《天都梦痕》、《红梅》等。

1966 年　71 岁

1 月

作中国画《五老峰雪霁图》。

7～8 月

作中国画《秋山红树图》、《云山图》等。

是年

十年动乱开始，多次被抄家、批斗。从复兴中路寓所被迫搬到瑞金二路弄堂小房间内。他想到了司马迁，坚持在黑暗和潮湿中度日。"自问光明磊落，问心无愧，真正能心平气和地在床板上睡觉和创作。"

刘海粟作油画《外滩风景》（1964年）

作中国画《溪流中断石》、《松壑鸣泉》、《黄山云海奇观》等。

1967 年　72 岁

2 月 27 日

在复黄葆芳的信中说："一病数月，体力大衰，目昏腕颤，心手双瘁。"

3 月

迁回复兴中路寓所，住 4 楼阁楼，房内遭殃，书、画狼藉。用破笔临米芾字。

10 月

作中国画《拟沈石田青绿山水》。

秋

作中国画《葡萄》，题徐渭句："笔底明珠无卖处，闲抛闲掷野藤中。"

是年

以黄麻纸作工笔重彩，积而复染，成中国画《临韩滉五牛图》（长卷），赠张振通。

1968 年　73 岁

2 月

作中国画《葡萄》、《湖乡清景》。

3 月

作中国画《梅花》，赠长女刘英伦。题中有"万花敢向雪中出，一树独先天下春"句。

春

作中国画《霜归林影赤》、《水亭图》。

是年

作中国画《牡丹》、《葫芦》、《松石》和《寥廓江天万里霜》。

刘海粟作中国画《泼墨荷花》
（1970 年）

1969 年　74 岁

7 月

作中国画《水墨牡丹》。

10 月 20 日

作中国画《泼墨葡萄》，以狂草题"奔虬走虺势入座，骤雨旋风声满堂"。

是年

作中国画《水墨荷花》、《风雨图》、《黄山西海门图》、

《黄山云海》、《黄山白龙潭》、《拟董玄宰没骨山水》。

嘱徐云叔刻"静远老人"朱文印。嘱吴子建刻"刘海粟印"、"一洗万古凡马空"白文印一对。

1970 年　75 岁

3 月 10 日

作中国画《泼墨葡萄》自寿，题云："庚戌二月，为予 75 岁生日，乘兴作此，视予豪气犹昔。"

春

作中国画《泼墨葡萄》、《墨气琳琅》。

是年

作中国画《葡萄》、《风雷激》、《泼墨荷花》、《渔翁图》、《黄山松》、《江山如此多娇》、《秋山图》等。在《渔翁图》上题诗："行藏山水双蓬鬓，啸傲乾坤一布衣。抛却纶竿坐终日，清风明月伴渔矶。"

1971 年　76 岁

1～6 月

作中国画《葡萄》、《雨中牡丹》、《五老峰图》等。

7 月 15 日

作中国画《泼墨山水》，题云："东坡诗：'作画以形似，见与儿童邻'，此写景真诠也。俗学昧此理，以刻画求胜，徒拘构于迹象，而忽于神韵，于是画愈工而神愈晦，虽欲近似，又何可得？"

秋

作中国画《拟唐韩晋公五牛图卷》、《清风》、《设色荷花》等。

12 月

作中国画《泼墨荷花》，题诗："莲叶古镜秋波贮，莲花古月秋风举。古月古镜颜色好，拍拍鸳鸯照同处。"

被上海市公检法军管会宣布为"反革命分子"。

是年

收到章士钊寄赠新著《柳文指要》，翻阅中深感欣慰。

1972 年　77 岁

春

作中国画《雨中荷花》，题句："用墨难，施水更难。秃笔病臂写雨中荷花，虽点画烂漫，而真气流衍。"（此画为南京艺术学院收藏）

刘海粟作中国画《清凉顶》(1988 年)

会见由马来西亚来沪的弟子李家耀，为《家耀书画选集》题写书名及作序。

7月

作中国画《菊花》(扇面)、《红梅》、《墨荷》等。

夏

作中国画《听瀑图》、《雨山图》，作油画《寒岩积雪》。

8月3日

作中国画《寒岩积雪图》、《锦鸡山茶图》分赠儿子刘虎和媳妇。又与刘虎及孙子刘璞合作中国画《江山一览》；和夫人夏伊乔、孙女刘英合作中国画《岁寒三友图》。为其最钟爱的孙子刘璞初次试笔所作中国画《江山如此多娇》题字。

8月24日

作中国画《退却红衣学淡妆》。

11月

作中国画《铁骨红梅》，题《水龙吟》："直教身历冰霜，看来凡骨经全换。冻蛟危立，珊瑚冷挂，绛云烘暖。劲足神完，英华内蕴，风光流转。爱琅玕石鼓，毫端郁勃，敛元气，奔吾腕。迅见山花齐绽，醉琼卮，襟怀舒坦。乾坤纵览，朱颜共庆，异香同泛。三五添筹，腾天照海，六洲红灿。正芳枝并倚，阳和转播，称生平愿。"画赠长女刘英伦。

周颖南来访，作中国画《铁骨红》、《牡丹》和书法杜甫《秋兴》之一节相赠；又将叶恭绰所赠之《百川东注资流凿》七律以及康有为大幅书法转赠。

会见英中了解协会英纳丝·海顿夫人(静如)，作中国画《铁骨红梅》并题《水龙吟》相赠。

是年

作中国画山水小景册页10幅，赠周颖南。作中国画《泼墨山水》、《荷花》、《山水扇面》，赠长女刘英伦。作中国画《雨中牡丹》赠长婿周良复等。

1973年 78岁

1月21日

复函陈人浩、刘抗，谈近作感想，"笔墨蹊径，设色渲染，另开生面，自谓晚年得意笔"。

4月20日

致函周颖南，信中写道："没有劳动和辛苦，决不能得到真善美的东西，因为这是一定的规律。假如你想要享受地上的果实，你必须去耕地下种；假使你想要得到人群的崇敬，你必须为他们的幸福工作。”

10月8日

旧疾复发，突然口目歪斜。经中西医悉心治疗，加之此后每天针灸，身体逐渐康复。

12月5日

上海市公检法军管会(73)沪公政二(4)字第333号决定，“摘掉刘海粟反革命分子帽子”。

是年

作中国画《黄山》赠黄镇，题：“黄镇大使属画黄山图，久而未就。病起得佳纸，忆写后海群峰，乱点大抹，墨浆淋漓。孙过庭论书曰：偶然为一合也。大使亦擅此技，画名垂数十年，艺林高手也。”

1974年　79岁

1月20日

为长女刘英伦40岁生日作中国画《古艳》相赠。

3月29日

背临沈石田《大石山图卷》，题云：“余热爱石田画，故所藏尤多。《大石山图卷》，点画奇肆，苍秀浑厚效北苑，神品也。丙午(1966年)失去，叹息背临，如逢旧雨，顾恋之情不能已。”

7月

子刘虎全家二度回国探亲，作中国画《设色荷花》、《黄山》、《鹰》及书法相赠。

8月30日

会见以刘抗为团长的新加坡访华美术考察团。与一别37年的刘抗、黄葆芳、陈人浩等人会晤，兴奋、激动之至。

9月

作中国画《水墨荷花》赠弟子洪世清。

11月10日

偕次女刘虹游中山公园，作油画《鸡冠花》。

是年

作中国画《庐山青玉峡》赠张振通。又作中国画《写高房山意》。传略入刊英国艺术界出版社出版的《艺术界名人录》(第17版)。

1975年 80岁

1月7日

作中国画《终古雷声四时雪》。

3月16日

作中国画《重彩雨山图》为80岁自寿。又作中国画《篱菊》(扇面)。

是月

两次作篆书《临散氏盘铭》卷,其一加跋赠周颖南。另作中国画《水墨熊猫》,题诗:“心手相师势转奇,诡形怪状翻合宜。人人欲问此中妙,海粟自言初不知。”

5月3日

作中国画《黄山图》。

5月26日

将1962年所作中国画《水墨荷花》和近作中国画《庐山五老峰雪霁》赠老友蒋彝教授。

5月31日

游南翔古漪园,作水墨写生《芭蕉》数幅。

6月

游松江石湖荡,作中国画《万古长青》。

7月

新加坡出版《海粟大师山水小景》,计册页10幅,按原寸印制。饶宗颐作序云:“今观此册,寥寥数纸,下笔尽屋漏痕、虫蚀木,以渴笔写懵懂山,浑厚处视董又进一境。”每幅由潘受题五绝一首。

9~10月

作油画《莲塘图》、《鸡冠花》,作中国画《荷》、《鹰》、《熊猫》、《临倪元璐山水长卷》等。

12月22日

为夫人夏伊乔作中国画《五老峰雪霁》。次年将此画赠与长女刘英伦。又作中国画《铁骨红梅》并题《水龙吟》赠香港大学中文系教授罗慷烈。

1976年 81岁

1月1日

游无锡太湖。并为太湖饭店作巨幅中国画《铁骨红梅》和《鲲鹏展翅九万里》。

1月2日

在蠡园招待所阳台作油画《蠡园日出》。

刘海粟作中国画《白鹅岭写天都峰》（1988年）

1月17日

上午作油画《太湖鼋头渚》,下午作油画《蠡园晚霞》。

作油画《太湖》。

3月16日

复函罗慷烈,谓"海尝言画家作品矜多炫少,技巧而已;胸襟气度,实为第一要点……"

3月20日

作中国画《拟以石涛松壑鸣泉图》(长卷)。

春

作中国画《荷花》赠李家耀。

5月18日

上午,在上海锦江饭店会见李光耀总理率领的新加坡友好访问团,将近作中国画《五松图》和《朱砂峰》赠与李炯才。

6月25日

为幼女刘蟾所作中国画《牡丹》题字:"妞儿兴酣频点墨,灯下驰毫写来真。"次日又作《雨中牡丹》,题诗中有"须知真艳原无艳,色相多从空里生"句。

6月27日

作中国画《松鹰图》。

7月27日

在西郊公园作中国画《荷花》。

7月29日

作行草书法长卷《重湖接屋水迢迢》,云:"兴酣落纸,运笔纵横,自觉越写越精彩,忘了规矩而点画狼藉。"

10月7日

致函潘受,谓"海自髫龄,即摹写金石文字,心有所好,而力未逮也。书法之汪洋恣肆,必以胸臆精神气质出之。老子'有无相生,难易相成,长短相形,高下相倾,音声相和,前后相随'之言,乃可移作书画之法则。数十年来弗敢失,以此中有深意在焉,虽作书作画未尝悖此旨"。

10月8日

作中国画《清荫横舟图》。

10月12日

致函黄葆芳,云"心悸频发,衰庸可鄙,但每晨仍以书画为乐不敢废"。

10月24日、25日

作中国画《江南烟雨》、《渔父图》。

刘海粟作中国画《艳斗汉宫春》(1977 年)

冬

书写楹联:“人莫心高,自有生成造化;事有天定,何须苦用机关。”

作中国画《彩荷》、《黄山一线天奇观》、《天海滴翠》。

辉煌期(1977—1988)

1977 年　82 岁

1 月 20 日

复函黄葆芳:“锣鼓炮竹震天响,四害灭除喜气扬。千家万户迎新岁,八亿神州心欢畅。深受‘四人帮’迫害的我,心情万分激动,精神更加振奋。”

3 月

作中国画《古松图》、《红梅》等。

为 82 岁寿,喜答罗慷烈寄赠之《水调歌头》,中有“笔歌墨舞,要写胸次一轮红。商略平生画稿,开拓新来境界,留待后人宗”句。

4 月 19 日

作中国画《艳斗汉宫春》。

4 月 20 日

于中山公园观赏牡丹花。作狂草:“静虚群动息,年雅一心清。春色凭谁记,梅花插座瓶。”

6 月

《海粟老人书画》在香港出版;《海粟老人近作》在新加坡出版。

夏

刘虎回国省亲,以泼墨国画《万古长青》相赠,并题《水龙吟》。

作中国画《荷花鸳鸯》送刘英伦、周良复。

8 月 20 日、21 日

作中国画《三松图》、《五松图》。

8 月 22 日

出席在上海美术展览馆大厅举行的赛诗赛画会，陈列《五松图》，吟诵《水龙吟》。即席作巨幅中国画《鲲鹏展翅九万里》。

8 月 23 日

“海粟老人书画展览”在香港大会堂高座 8 楼展览馆举行。展出中国画、书法、油画作品共 60 幅。展览 25 日结束。

8 月 30 日

去西郊公园写生，作中国画《荷花》。

9 月 19 日

应邀赴国际饭店晚宴，与蒋彝畅谈。

11 月

往龙华苗圃作中国画，写就《石榴》册页，并题徐渭句：“山深熟石榴，向日便开口。深山少人收，颗颗明珠走。”

12 月 25 日

出席中国人民政治协商会议上海市第五届委员会第一次会议。翌日，与沈迈士、谢稚柳、唐云、万籁鸣、张雪父诸委员合作中国画《鲲鹏展翅》。

作中国画《松》，并题《满江红》：“玉宇澄清，正辉映天光大赤。黄浦岸，云龙风虎，群贤毕集。四害同归槐穴梦，万民重见尧时日。况白头强健又逢春，欢何极……”

1978 年　83 岁

1 月 8 日

由夫人、女儿等陪同，在复兴公园作油画写生，画成《复兴公园雪景》。是时朔风凛冽。

1 月 9 日

再往复兴公园作油画《复兴公园雪景》，题曰：“一九七八年一月九日大雪，在零下十度至复兴公园写生，手龟足僵，无所畏惮。”

1 月 23 日

在广州，出席广东画院招待会。

2 月

观赏广州迎春花市；应邀出席广州美术学院欢迎会；去肇庆、佛山等地参观，作中国画《鹰击长空》、《风荷》等，并作书法长卷《杜甫秋兴四首》(为黄笃维索藏)。

刘海粟作油画《漓江》(1978 年)

3 月

为广东省文学艺术界联合会作中国画《熊猫图》。

游漓江、阳朔等地,作油画《伏波山写漓江》、《漓江》、《漓江春》、《桂林花桥》、《山色翠浮空》、《阳朔》等,作中国画《漓江写生》(册页)、《阳朔山水写生》、《阳朔大榕树》、《重彩荷花》等。

5 月 27 日

应文化部邀请,由上海飞往北京;寓西郊友谊宾馆作画。

6 月 5 日

致函谢海燕,信谓:"此次来京,大家都很关心,连日见了许多老友,几十年不见的老友。童第周同志也来几次,约我们一家晚餐,很亲切……今天很高兴,画了一天画,不觉疲瘁。"

6 月 12 日

出席文化部部长黄镇举行的午餐会,与首都艺术家见面,四十余人欢聚一堂,酒酣即席挥毫。

7 月 7 日

作中国画《石榴图》邮赠温肇桐。

7 月 10 日

致函李宝森,兴奋地谈及北大学报编辑委员会复刊之《北大学报》,发表了鲁迅佚文《美术第一期》事,此文是对上海图画美术院早期出版《美术》杂志的极好评价。

作中国画《荷花鸳鸯》、《拟董北苑夏山欲雨图》、《墨松熊猫》、《红梅图》等。

8 月

作中国画《松鹰图》、《泼彩黄山图》；为中国社会科学出版社题词："百花齐放，百家争鸣。"

8 月 20 日

到大连避暑，寓棒棰岛宾馆。

9 月 16 日

作中国画《设色熊猫》和《水墨熊猫》；书狂草《归去来辞》（长卷，1986 年江苏美术出版社出版发行）。

9 月 20 日

参观大连华侨果树农场，作泼墨葡萄 2 幅。

9 月 21 日

在给李宝森的复函中，谈及北京的创作情况，第一幅用真朱砂绘 5 株巨松，后又画大型松鹰图、黄山云海奇观图、梅花长卷等，并说："许多老友都爱书画，只要体力许可，我就写字作画，创作是无休止的，没有劳动和辛苦，决不能得到真善美的东西。"

9 月 29 日

由大连回到北京，欢度国庆。

10 月 9 日

作中国画《熊猫图》。

在北京西郊友谊宾馆作中国画《鸳鸯》。

刘海粟作油画《香山红叶》（1978 年）

11 月 6 日

在中国美术馆作《中国画的继承与创新》的讲演:“模仿不是死摹,要吸取和发扬传统的精神。”“画家要深入到各方面去,到生活里去,要细致地观察自然。创作要应目会心。”

11 月 8 日

去北京香山作油画写生《香山红叶》,且题诗曰:“诗情画意两无心,苍松红叶意自深。兴到图成秋思远,人间又道是凡高。”

11 月 10 日

香港大学中文系中国古典文学教授罗慷烈教授撰写《海粟老人·诗·词》一文,对其主要诗词作品做了分析评论。文载香港《海洋文艺》第 5 卷第 12 期。

11 月 18 日

作中国画《松鹰图》,并题《金缕曲》:“吐哺周公志。为中华,繁荣强盛,鞠躬尽瘁。堪恨四凶翻波浪,篡党结帮乱纪。怕万里江山红坠。病体一身当团结,奈无何,牝雉司晨计。难瞑目,长辞世。天安门外英雄起,讨奸邪、高呼振臂,血流涂地。共喜极峰回天力,瞬使阴谋粉碎。岂可压?人心民意?壮气劲松千秋在,巩金瓯、实践看真理。前者去,来者继。”

12 月 23 日

在北京饭店为《刘海粟黄山纪游》画册撰写自序。

12 月 31 日

与文化部部长黄镇等商谈筹办中国画研究院事。

1979 年　84 岁

1 月 1 日

作中国画《莫干山剑池》赠曾涛;为《李骆公书法篆刻》撰序。

1 月 16 日

上海市公安局(79)沪公改二(4)第 990 号文为刘海粟彻底平反,恢复名誉,文中论定“将刘定为反革命分子是林彪四人帮反革命修正主义路线干扰下造成的错案”。

1 月 28 日

为《财贸战线》作中国画《鹰击长空》。

2 月 20 日

在北京致函周颖南,告知将最近完成的巨幅泼墨山水《匡庐图》作为庆祝建国 30 周年的献礼。

3月29日

在上海给谢海燕复函，告知在北京和上海的近况，“事情太多太忙，时间不够用”。

作中国画《江山如此多娇》。

4月4日

检得1938年所拟石涛山水，重为点染，并加题识：“石涛、石溪、八大，以雄绝之姿，历遭时艰，沉郁莫偶，托迹缁流，放情山水，以天地为寄旅，浑古今为一途，万化生身，宇宙在手，每一挥毫，奔赴笔下，此其所以神也。”

4月9日

作中国画《双鹰突出霜崖高》。

4月20日

为幼女刘蟾所作中国画题字。南京艺术学院举行大会，宣布改正其被错划成的“右派分子”，恢复名誉，恢复一级教授。

书法《题画红梅市》，参加为上海和大阪结成友好城市5周年而举办的书法交流展览会。

5月1日

复函谢海燕，告以个人画展准备情况：“美术展览馆来8位同志帮同整理画件，先运去83幅油画，今天上午，又理出30幅”，“文化局长、柔坚、吕蒙、朱金楼等数十人一道看我所作的油画，大家很感动，都说应该全部运京展览，给大众看看……”

作中国画《圆荷清晓露淋漓》、《红荷翠羽》、《泼墨黄山》、《黄山白龙桥》、《立雪台晚翠》，作油画《欣欣向荣》。

6月5日

与陆定一、刘澜涛等被增补为政协全国委员会委员。

6月6日

去北京，出席中国人民政治协商会议第五届全国委员会第二次会议，列席第五届全国人民代表大会第二次会议。

6月24日

由中国美术家协会、中国美术馆和中国美术家协会上海分会主办的“刘海粟绘画展览”在中国美术馆举行预展。26日起正式公开展览一个月。展出从1922年至1979年创作的中国画108幅、书法7幅、油画69幅。展览期间经文化部同意，由美国友人卜合先生出资7万元购藏《牧牛图》和《大红牡丹》两幅作品。刘海粟决定将这笔款项捐献给国家。

刘海粟作中国画《白荷华发秋正好》(1980年)

刘海粟作中国画《忆写黄山第一峰》（1989年）

刘海粟(右二)与颜文樑(右三)、应野平(左二)等艺友在一起

6月30日

出任南京艺术学院院长。

7月

为人民大会堂上海厅作巨幅中国画《黄山狮子林》。

8月3日

致函朱金楼,嘱为《刘海粟油画选集》作序。

赴大连棒棰岛避暑,作中国画《重彩牡丹》。

10月30日

到北京,出席中国文学艺术工作者第四次代表大会。11月16日代表大会闭幕,当选为中国文学艺术界联合会第四届全国委员会委员。

11月5日

在北京颐和园藻鉴堂为《胡厥文诗文集》题词。

11月7日

到南京,出席中国美术家协会江苏分会、南京艺术学院和江苏省美术馆联合在江苏省美术馆主办的"刘海粟绘画展览"开幕式。这次展览展出中国画107幅、书法6幅、油画76幅。

12月5日

在南京艺术学院作巨幅中国画《鲲鹏展翅》。

12月18日

在南京梅园新村作油画写生,成《南京梅园新村》一幅,赠南京艺术学院。

作中国画《泼墨葡萄》。

在江苏省美术馆、江苏省国画院等处作学术报告。

1980年　85岁

1月1日

作中国画《牡丹花》、《红梅图》。

1月24日

由中国美术家协会上海分会主办的"刘海粟绘画展览"在上海美术展览馆开幕。展出中国画108幅、书法6幅、油画80幅。开幕时,陪同颜文樑、王个簃、关良、谢海燕、陈秋草、沈柔坚、吕蒙、张甦平、杨可扬等参观画展。中国美术家协会主席江丰在"前言"中说:"刘海粟先生是我国美术界的老前辈,是我国近代美术教育事业的奠基人之一。""粉碎四人帮以后,海粟先生的思想更加解放,对艺术的探求更加努力,创作精力之充沛不减当年。"

作中国画《莲花沟卿云图》。

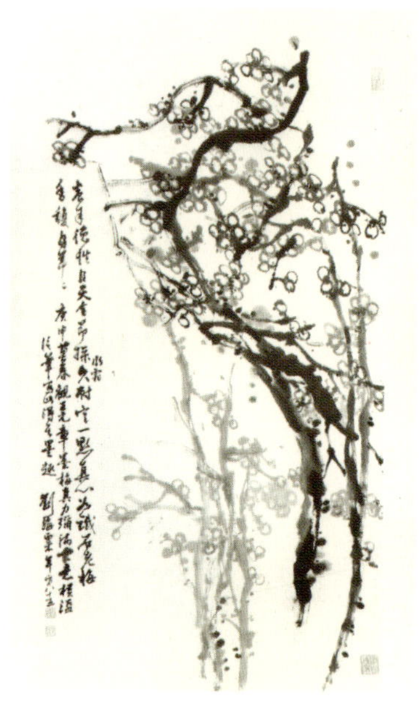
刘海粟作中国画《墨梅图》(1980年)

《美术》刊载其5幅绘画作品。

2月6日

在上海美术展览馆以《诗书画漫谈》为题作学术讲座。讲稿载《文汇增刊》1980年第3期。

2月8日

去杭州,出席西泠书画社成立大会,被聘为特约画师。10日由杭州回上海。

2月20日

进华东医院疗养,做全身健康检查。

2月26日

上海《文汇报》发表朱金楼《中西画法熔铸腕底——略评刘海粟的画》一文。

《庐山园林》、《九溪秋色》、《令箭荷花》和《山色翠浮空》4幅油画,由上海人民美术出版社出版单张画页。

3月4日

为纪念蔡元培先生逝世40周年,在医院作中国画《苍松图》。

4月14日

由上海到南京。

作中国画《九龙瀑》、《墨梅图》,为莫愁湖题词:"莫愁湖边千首诗,紫金山上万株松。"

5月

作中国画《六松图》、《庐山至涧流泉》等。

6月

作中国画《万壑争流》、《葡萄棚架有斗鸡》和《葫芦》等。

7月2日

由凡一、张文俊等陪同由南京去苏州。由四张六尺宣纸横接,作巨幅中国画《清奇古怪古柏》写生,画题:"重游光福,驰毫骤墨为古柏写真,风落雷转,一挥而成……"

4日回到上海。

7月11日

由上海到南京。

7月16日

应安徽省书画院邀请,做七上黄山之游。安徽省委宣传部副部长戴岳等人专程到南京迎接;南京艺术学院副院长谢海燕陪同离开南京。途经芜湖、泾县,参观了采石矶、太白楼、芜湖美术厂、泾县笔厂、宣纸厂。18日下午,抵达黄山桃溪别墅。

刘海粟作中国画《青龙潭》(1980 年)

刘海粟作中国画《秋滩息影》
（1980年）

7月20日

作中国画《百丈泉》。

7月21日

作中国画《白龙潭》。

是月

作中国画《青龙潭》、《莲花峰烟云》、《始信峰松林》、《云海天都外》、《泼墨黄山》、《五龙潭》、《黄山山上万峰奇》、《青鸾舞处看天都》等，作油画《云谷晴翠》、《青龙潭》等。

8月10日

作油画《黄山白龙潭》。

8月19日

在黄山桃溪别墅复函李宝森："黄山世无其匹的自然美景，诱发了不可遏止的创作激情，连日作诗填词，并画了国画、油画16幅，尚有新的进境。与自然较量结果，豪情不减当年，堪以告慰。黄山最近连降大雨，山洪暴发，瀑布和急湍溪流，汹涌澎湃，交相轰鸣，蔚为奇观。"

在黄山作巨幅泼彩中国画《锦绣河山》（1981年在香港举行个人画展时此画以百万港元售出）。又作油画《黄山小景》和中国画《白龙潭》等。

赴京出席中国人民政治协商会议第五届全国委员会第三次会议。9月12日会议闭幕，返回南京。

9月28日

周积寅、丁涛等前往南京"西康宾馆"拜望刘老，他兴奋地谈到，看了"未名画展"认为千篇一律的院体画时代结束了，很高兴。

10月

回故乡常州。为近园的西野草堂题写匾额；为常州书画院作中国画《松鹰图》；又往苏州光福，作巨幅中国画《清奇古怪古柏》赠苏州博物馆。

11月29日

周积寅、丁涛于"西康宾馆"访刘老，刘说到："作为一个艺术家，首先要有伟大的品格，然后才有伟大的艺术。"

12月22日

出席在上海举行的香港著名摄影家简庆福摄影艺术作品展览开幕式。

是年

在南京作书法《精神万古气节千载》、《云水襟怀松柏气节》和中国画《泼彩荷花》。

1981年 86岁

1月3日、4日

由郭铁松和谢海燕陪同，偕夫人夏伊乔由上海乘机经广州飞往香港展画和讲学。

1月4日

出席由香港集古斋主办、新鸿基(中国)有限公司赞助举办的"刘海粟书画展览"开幕酒会。在香港大会堂低座展览厅，由财政司夏鼎基爵士夫人剪彩，新鸿基(中国)有限公司主席冯景禧致词。霍英东、何鸿燊、李嘉诚、邵逸夫，邓肇坚、包玉刚等文化工商界人士数百人到场祝贺。展出作品155幅，其中中国画108幅、书法7幅、油画40幅。巨幅书法作品《精神万古气节千载》，被包玉刚以10万港元购藏。

1月9日

应香港大学亚洲研究中心邀请，做《谈谈中国现代艺术》的学术讲座。

1月10日

应邀访问香港中文大学艺术系。

1月12日

"刘海粟书画展览"闭幕。

1月16日

应邀出席香港《文汇报》社晚宴。

1月28日

应邀访问香港美术专科学校。

2月14日

接受香港中文大学艺术系客座教授的邀聘。每逢星期六下午，连续6次主讲中国现代艺术。

3月14日

作《鹰击长空》赠香港大学。

3月18日

作油画人体写生《巴黎少女》。

3月21日

在香港中文大学艺术系讲学，示范作丈二巨幅中国画《泼墨黄山》。

4月3日

《人民日报》载："刘海粟从香港给南京艺术学院副院长谢海燕等人发来电报说：'我爱祖国、爱南艺、爱下一代，画款港币100万元献给南艺，1/3作为奖学金，其余购买图书、器材。'"

上海京剧团在香港演出，刘海粟上台向演员祝贺时留影。左起：张浚生、俞振飞、刘海粟、夏伊乔

《刘海粟油画选集》由上海人民美术出版社出版。

5 月 31 日

结束在香港的活动后，乘飞机返回上海。

当选为中国书法家协会名誉理事。

6 月 24 日

与朱屺瞻、王个簃、唐云、谢稚柳、张雪父等在上海市政协书画室合作巨幅国画，庆祝中国共产党成立 60 周年。

作《满庭芳・中国共产党成立六十周年献词》。

6 月 28 日

作书法《风闻四海，雷奔三峡》，赠福建《海峡》杂志。

7 月 22 日

在上海大厦作巨幅中国画《泼墨庐山》。

7 月 23 日

为 11 岁女孩夏惠瑛所作中国画《四鸡图》题词："鸡鸣震旦，一声啼醒神州。"

7 月 25 日

在上海西郊公园作中国画《重彩荷花》；在复兴公园作油画《复兴公园之夏》。

7 月 27 日

在上海金山海滨作油画《金山旭日》。

7 月 31 日

晨，乘汽车离上海，做八上黄山之行。晚 6 时，抵黄山人字瀑下的听涛居。

8 月

在黄山作中国画《百丈泉》、《黄山人字瀑》、《莲花峰天都峰风云际会图》、《万古此山此风雨》等；作油画《黄山桃源》、《天都峰朱砂峰云松》、《白龙潭》、《汤口速写》等。

刘海粟作油画《汤口速写》(1981 年)

为《刘抗画集》撰序。

将巨幅中国画《黄山图》赠黄山管理局。

9 月

登上黄山北海，下榻散花精舍。

作中国画《黑虎松》、《天都峰夕照》、《望仙峰奇松》、《黄山光明顶》等；作油画《始信峰》、《仙女峰烟云》、《西海门壮观》、《清凉台写十八罗汉诸峰云烟》等。

9 月 24 日

周积寅、丁涛于黄山散花精舍拜谒刘海粟院长，甚欢。谈到黄山作画，刘说："我第一次上黄山在 1921 年，那是很荒凉，只有几个和尚在山上。"

9 月 26 日

上午 8：30，从北海宾馆出发，刘老坐"藤椅轿"(两人抬着)，随从有袁拿恩、潘小娴、朱峰、杜雪松、周积寅和丁涛，沿石阶西行，步入山路，途中小憩，面对美丽高耸的群峰，海老说："我到过好多国家，日本的富士山，欧洲的阿尔卑斯山，都没有黄山的美丽和气魄。黄山真是美极了！"

10 月 1 日

作中国画《望仙峰风云》和《黄山狮子林》。

10 月 14 日

结束八上黄山之行，由黄山温泉启程经合肥往南京。

1981 年 9 月刘海粟
八上黄山作画

1981年庆贺中国画研究院成立。左起：习仲勋、李可染、刘海粟、夏伊乔

10月23日

《闳约深美——和青年朋友们谈治学》在《浙江日报》发表。

11月1日

上午，出席在北京饭店西大厅举行的中国画研究院成立大会。

11月2日

为庆贺中国画研究院的成立，作巨幅中国画《水墨黄山图》。与李可染、蔡若虹、叶浅予、许麟庐、黄胄、吴作人、赵无极、刘国松等书画名家欢聚。

11月3日

与李可染、李苦禅、陆俨少、吴作人、邵宇等出席在颐和园藻鉴堂举行的中国画研究院第一次院务委员会会议，提出："繁荣祖国文化，提倡学术大公，欢迎后来居上，开创一代新风。"

11月8日

往潭柏寺作中国画写生《墨松图》。

11月27日

由上海乘机飞往北京，出席五届四次全国政协会议。12月20日回上海。

是年

被意大利国家艺术学院聘任为院士并获金质奖章。

1982年　87岁

1月1日

为上海《新民晚报》复刊题词致贺。

1月7日

为上海中国画院题“美在斯”。

1月13日

赴上海市政协书画室，与沈迈士、王个簃、田桓等参加迎春书画活动。下午，应福建省出版局之邀，乘火车离上海去福建。次日抵福州。

1月15日

在福州华侨大厦会见福建省出版界人士。

1月16日

在福建省出版界、文艺界座谈会上，作中国画《劲质贞心图》，赠福建人民出版社。

1月18日

出席福建省政协举行的欢迎茶话会。

1月20日

访问福建人民出版社，为《海峡》、《福建画报》题字。

1月21日

游览鼓山，作油画《福州鼓山》。

离福州，抵泉州，参观泉州开元寺。缅怀在此圆寂的弘一法师(李叔同)。

1月23日

离泉州往厦门。

1月24日

在厦门除夕座谈会上，赋诗一首：“岁月堂堂又及春，每逢佳节倍思亲。长桥若可连双峡，我辈甘为担石人。”

2月6日

为《郭沫若闽游手迹》题词。

2月8日

参观厦门郑成功纪念馆。

1982年刘海粟在广州写生创作《红棉图》

1982年1月24日，在厦门宾馆会客厅，举行记者招待会，希望台湾亲友为统一大业作出贡献

2月9日

作油画《厦门日光岩》。在厦门还另作了油画《厦门景色》、《厦门南普陀》等。

2月14日

应汕头元宵画会邀请，前往下榻鮀岛宾馆。

2月15日

出席汕头市举行的茶话会。

2月19日

游汕头海门莲花峰，分别在莲花峰和观海亭作中国画《古莲花峰》和《双壁擎天》。另纸书写“海天砥柱”。又作中国画《海门莲花峰》。

2月24日

作油画《妈屿潮音》；书写“潮音”、“长啸迎天风”、“云龙风虎”。

2月26日

出席在潮汕的上海美专校友为老校长举行的祝寿活动。为校友合作的中国画题词。游鮀岛，欢度87岁生日，作中国画《层波叠浪》，并题《金缕曲》。

在汕头作油画《汕头妈屿》和《妈屿渡头》。

3月

作中国画《杏园远眺》、《磐石桃源》、油画《海阔天空春无极》等。

在陈大羽陪同下离汕头往广州。

4月6日

下午，在夏伊乔、陈大羽、金尧如等陪同下，伫立广州东方宾馆前街头两个多小时作成油画《红棉》。

4月15日

由广州抵深圳。

作油画《广东大鹏湾》、《西沥秀色》、《蛇口》，中国画《大鹏展翅图》。

4月30日

由深圳去广州。

5月

谷牧副总理到广州南湖宾馆探望刘海粟夫妇，在座的还有广东省委书记吴南生。

5月15日

由广州去珠海，次日参观石景山旅游中心、海滨公园和珠海宾馆工地。

刘海粟1982年在广东

作中国画《石景山廓尽朝晖》、《珠海石景山》，油画《珠海海棠》、《水头湾望澳门》、《石景山晚霭》等。

6月3日

到中山翠亨村参观中山故居，作油画《孙中山故居》；在中山温泉作中国画《樱桃芭蕉》。

作中国画《孙中山故居》、《竹石》、《设色香蕉月季》、《三千里外蕉犹青》、《奇石名物图》、《白石桥边开睡莲》、《池面好丰神》、《清到叶俱香》、《红了樱桃绿了芭蕉》等。

刘海粟1982年在深圳写生

7月15日

由广东抵上海。

7月28日

参加中国美术家协会上海分会为庆祝颜文樑90寿辰而举办的茶话会。

8月8日

应江苏省文联和黄山管理局邀请九上黄山。作中国画《百丈泉》赠江苏省美术馆。

作油画《黄山温泉》、《白龙潭》，作中国画《翠微峰》、《天都峰云烟》、《壁裂千仞》、《雷瀑奔腾》、《黄山天都峰》等。

由儿子刘豹代将中国画《熊猫》赠到上海访问的联合国秘书长佩雷斯·德奎利亚尔。

9月1日

在微雨中登上黄山北海，下榻散花精舍。

作中国画《清凉顶奇松》、《光明顶速写》、《可以横抱西海巅》、《天都峰莲花峰》、《天都峰古松》、《回音壁壮观》、《到此始信》、《白鹅岭道中》、《黄山光明顶》、《立雪台晚翠》(之二)、《后海云雾》、《黄山白龙桥》、《慈光阁》、《桃花溪》、《黄岳雄姿》、《黄山松涛》、《黄山天门坎》、《天都峰飞云》等，作油画《西海门晚霞》、《石笋矼风云际会图》、《回音壁壮观》等。

刘海粟作中国画《黄山人字瀑》(1982年)

10月1日

作中国画《白龙潭》、《青龙潭之秋》，另完成丈二巨幅泼彩中国画《曙光普照乾坤》。

10月6日

由黄山到南京。次日与南京艺术学院师生畅谈游闽粤、登黄山的感受和创作情况。

10月20日

登南京清凉山，在龚贤故居画室为东吴古迹“驻马坡”、“听松亭”及“江光一线阁”题字。

10月26日

在南京作中国画《水墨牡丹》。下午，去扬州。

刘海粟作中国画《黄山颂》(1983 年)

10月29日

游瘦西湖，作油画《扬州瘦西湖》。

《刘海粟常用印集》由杭州西湖艺苑以原印手拓100部出版。

11月4日

在扬州作油画《鸡冠花》。由扬州抵上海。

11月16日

出席上海美专在沪校友为祝贺老校长从事艺术创作和艺术教育活动70年的聚会。

11月19日

出席上海市美术教育研究会成立大会，被推为名誉会长。

11月24日

在北京出席中国人民政治协商会议第五届全国委员会第五次会议。

是日下午，丁涛、李海陆前往专程拜访，为南艺校庆70周年征集校友美术作品事。刘老分别致信黄镇、蔡若虹、常书鸿、吴芳、许幸之、李可染、米谷、蒋兆和等美专校友名家。谈话间，著名京剧表演艺术家张君秋来访，求题字“京剧生活五十年”。

12月8日

出席南京艺术学院庆祝建校70周年并校30周年大会，亲自颁发首次刘海粟奖学金，并向优秀毕业生授予文学硕士、文学学士学位。

12月9日

出席中国美术家协会上海分会为庆祝刘海粟从事艺术活动70年而举行的大型茶话会。130多位美术界人士及同辈好友、学生参与。会上发言的有朱屺瞻、王个簃、关良、张充仁、朱鹰、颜文樑、唐云、刘靖基、周谷城、李咏森、万籁鸣、江岚、吕蒙、杨可扬、应野平、黄若舟、程十发、洪世清等人。

12月18日

出席坐落在广州流花湖畔的广东画院新址落成典礼。

12月25日

出席由江苏省高教局、江苏省文化局、江苏省文学艺术界联合会、中国美术家协会江苏分会、南京艺术学院和江苏省美术馆联合在南京举行的庆祝刘海粟教授从事艺术教育和美术创作70年大会，接受刘海粟奖学金获得者代表敬献的鲜花。华君武宣读了中华全国文学艺术界联

在中国美术家协会上海分会合影。前排左起：沈柔坚、夏伊乔、刘海粟及朱屺瞻夫妇等

合会和中国美术家协会给刘海粟教授的贺信。会上，由刘海粟、钱松喦、魏紫熙、谢海燕、陈大羽、夏伊乔、华君武、黄胄、亚明、宋文治等，合作了巨幅中国画《寿比南山图》。大会还收到黄镇、张爱萍、莫朴、邵宇等人以及中国画研究院等有关单位发来的贺电。

12 月 26 日

上午 9 时，出席由江苏省高教局、江苏省文化局、江苏省文联、美协江苏分会、南京艺术学院和江苏省美术馆为庆祝刘海粟教授从事艺术教育和美术创作 70 年而联合在江苏省美术馆举办的"刘海粟绘画近作展览"开幕式。这次共展出 165 幅作品，其中中国画 104 幅、书法 3 幅、油画 58 幅。展览到次年 1 月 9 日闭幕。

1983 年　88 岁

1 月 3 日

江苏《新华日报》以整版篇幅选载刘海粟绘画近作展览中的中国画 6 幅、油画 4 幅，并刊江苏省文学艺术界联合会主席李进的文章《艺术生涯 70 年》。

1 月 14 日

作书法《闻鸡起舞　跃马争春》，留存南京艺术学院。

2 月 10 日

南京艺术学院学报《艺苑》1983 年第 1 期出版，该期为《刘海粟教授艺术活动 70 年专刊》。

2 月 24 日

《文学报》刊登日前在病榻上题写的"精耕二载，香花百束，佳作如林，新人辈出"。祝贺该报出版 100 期。

3 月 2 日

在医院会见了正在南京举办画展的台湾省画家刘国松。

1983年刘海粟夫妇与汪道涵(时任上海市市长,右一)等人参加在上海美术馆举办的"刘海粟绘画展览"开幕典礼

3月27日

从医院到玄武湖翠虹厅,参加祝贺香港《文汇报》创刊35周年的著名书画家聚会活动。

3月28日

病愈出院。

4月2日

张大千在台北逝世,终年84岁。

4月4日

请香港《文汇报》社金尧如转致张夫人唁电:"睽隔卅五年,相望双峡。天人永诀,实吾中华民族一大损失!幸节哀。"

4月6日

出席由上海市高等教育局、上海市文化局、上海市文学艺术界联合会、中国美术家协会上海分会和南京艺术学院为庆祝刘海粟教授从事艺术教育和美术创作70年而联合在上海美术展览馆举办的"刘海粟绘画近作展览"开幕式,上海市市长汪道涵为画展剪彩,各界人士一千多人参加了开幕式。展出中国画117幅、书法7幅、油画60幅。展览至22日闭幕。

4月13日

参加中国美术家协会上海分会在上海文艺会堂举行的张大千逝世悼念会。

4月17日

参加上海美术专科学校校友会在上海美术展览馆召开的成立大会,被推为名誉会长。

4月18日

出席由中国人民政治协商会议上海市委员会和中国美术家协会上海分会联合举行的座谈会。70余人参加,由

刘海粟 1983 年在北京中国美术馆举办书画展览

市政协副主席张承宗主持，上海美协副主席沈柔坚概述刘海粟先生蜚声世界的艺术成就，与会者纷纷发言盛赞海翁的艺术造诣。

4 月 30 日

出席由中国文学艺术界联合会、中国美术家协会、中国画研究院、江苏省文学艺术界联合会、中国美术家协会江苏分会和南京艺术学院为庆祝刘海粟教授从事艺术教育和美术创作 70 年而在中国美术馆联合主办的“刘海粟绘画近作展览”的预展。出席预展的有黄镇、韩念龙、曹瑛、周而复、艾青、宋振庭、华君武、黄永玉、张仃、王朝闻、蔡若虹、张君秋、吴素秋、刘开渠、姚仲明、周怀民、金尧如等数百人。展出中国画、油画、书法共 123 幅。5 月 1 日正式对外展览，至 15 日结束。

春

在北京钓鱼台国宾馆作中国画《忆写黄山白鹅岭》。为范曾、金尧如合作之中国画《米颠拜石图》题词。

6 月 4 日

出席中国人民政治协商会议第六届全国委员会第一次会议。会议期间，和李可染、黄胄等人联合提出要办好中国画研究院案；作书法：“万里春光　九州生气。”

6 月 28 日

在北京为张大千遗作展览会题词：“一管擎天笔，千秋动地歌。看琳琅满壁，似踏浪归来。”

7 月 3 日

在北京钓鱼台清露堂撰写《〈康有为先生墨迹〉序》。

夏

在北京钓鱼台国宾馆作大型中国画《曙光普照神州》

（高 2 米、宽 5 米），题七言律诗："黄岳雄姿峙古今，百年九度此登临。目空云海千层浪，耳熟松风万古音。莲座结跏疑息壤，天都招手上遥岑。一轮最爱腾天镜，中有彤彤报国心。"画幅载《人民画报》同年第 11 期跨页。在这期间，又作中国画《金笺红牡丹》、《金笺泼墨葡萄》、《清露堂画葡萄》、《水墨熊猫》、《四顾九霄动矫翅》等。为陈醉所著《裸体艺术论》题写书名。

8 月

在钓鱼台国宾馆会见日本国爱知县日中友好协会理事、中部日本书道会理事长稻垣菘圃、副理事长伊藤穿石和事务局长中林路风等，对于参加 1984 年的书道会成立 50 周年纪念活动和举办个人书画展的邀请表示接受。

于北京作中国画《一片孤云千树低》；又作中国画《牧牛图》赠张甦平，作书法赠《北京日报》社。

9 月 6 日

由北京抵达山东济南。

9 月 12 日

在泰安市岱庙，作中国画《岱庙古柏》和《风雷发虬柯》；次日，再作中国画《岱庙汉柏》和《汉柏长健》。并书写"汉柏"、"乔岳"、"云海"、"黑龙潭"赠泰安市文物局作石刻用。

9 月 14 日

乘索道登泰山南天门，作油画《徂徕山云海》。赠泰山索道接待室"崔嵬泰岱凌霄汉"书法一幅。

9 月 17 日

游曲阜孔庙、孔府、孔林，为新建的"阙里宾舍"题匾。

在济南游大明湖、千佛山、趵突泉，凭吊李清照、辛弃疾。于多处题写匾额、题词相赠。作中国画《泰山南天门》

1983 年 10 月刘海粟在青岛

和《东岳大观峰》。

10月1日

出席在山东省美术馆举行的"刘海粟绘画近作展览"。展出中国画、油画、书法共166幅。展览至16日结束。

10月10日

《大众日报》以整版刊载展览会作品及余修《画坛巨匠艺苑英华》的评介文章。

10月12日

参观青岛市博物馆，作书法留赠。

10月14日

游览青岛崂山下清宫，瞻仰康有为书法摩崖石刻，并作书法"道法自然"和对联"爱民乃永固，节欲以修身"赠下清宫。

10月15日

出席青岛市政协、市文联联合举行的欢迎茶话会。

10月20日

参观烟台市博物馆。

10月24日

游蓬莱阁，观摩卧碑亭。书写"神奇壮观蓬莱阁，气势雄峻丹崖山"等赠蓬莱阁。

10月26日

冒雨登蓬莱阁作油画写生《蓬莱阁》。

10月27日

游掖县，登云峰山，观赏郑道昭的摩崖石刻"郑文公碑"并题词"云峰千仞，涛声万里；一代文宗，万方光灿"。

10月29日

为烟台市国画院作中国画《古松》。

10月31日

在威海作油画《刘公岛》。

11月8日

作中国画《黄山图》，赠中国书法家协会名誉理事、国防部部长张爱萍。

为湘潭齐白石纪念馆题词，盛赞白石老人画"游乎规矩之中，超乎绳墨之外"。

为临淄齐国故城遗址博物馆、山东省美术馆、山东省政协、山东画报社等作书法题赠。

参观灵岩宋彩塑、孝堂山汉画像石室并题词。

《刘海粟中国画选集》由上海人民美术出版社出版；《刘海粟作品选集》由人民美术出版社出版。

12月4日

在江苏省武进县马杭镇出席为纪念清初著名画家、"常州画派"创始人恽南田诞辰350周年暨恽南田纪念馆开馆仪式。次日,参观常州工艺美术研究所。

是年

由中央新闻纪录电影制片厂拍摄的《绘画大师刘海粟》彩色纪录影片制作完成,公开放映,并发行国外。

由南京电视台和南京艺术学院联合录制的电视文献艺术片《彤彤报国心——记艺术大师刘海粟》制作完成、公开播映。

获意大利国家学院、意大利艺术大学国际艺术传播发展协会颁发的功勋证书(表彰在发展艺术方面有重大、特殊业绩者)。

被意大利国家学术研究中心任命为国家院士,获国家院士证书。

1984年89岁

1月

作中国画《忆写黄山旧游》。

3月16日

参加广东省和广州市各界人士在东方宾馆为其祝贺89岁生日的庆典活动,省长梁灵光刚从日本回到广州,即从机场赶来祝寿。

3月17日

在广州中国大酒店举行答谢宴会,招待16日前来祝寿的一百多位来宾。

3月18日

出任南京艺术学院名誉院长。

4月《海粟艺术集评》由福建人民出版社出版。选辑了自1918年至1983年六十多年间国内外人士对刘海粟艺术的评论文章67篇,胡厥文作序。

5月11日

由广州飞往北京。出席中国人民政治协商会议第六届全国委员会第二次会议。

5月26日

被中国人民政治协商会议第六届全国委员会第二次会议增选为常务委员。

《海粟黄山谈艺录》由福建人民出版社出版。

6月5日

为纪念中部日本书道会创立50周年，由中部日本书道会和中日新闻社主办的中国南京艺术学院名誉院长“刘海粟教授书画展”和“中国江苏书画展”在日本爱知县美术馆展出。展览至6月10日结束。

6月6日

在上海和朱屺瞻、王个簃、陈大羽合作中国画《延年图》，贺赠上海《文汇报》复刊35周年。

6月8日

应中部日本书道会的邀请，率江苏书画家代表团陈大羽、郁宏达等由上海飞往日本，参加中部日本书道会创立50周年纪念活动和出席“刘海粟教授书画展”、“中国江苏书画展”。

6月9日

上午去爱知县美术馆参观两个画展及中部日本书道会部分会员的作品。参观后，拜会爱知县县厅和名古屋市政府，互送纪念礼品。下午，访问中日新闻社。晚上，出席在观光大厦举行的恳谈宴会。

6月10日

出席庆祝中部日本书道会创立50周年纪念仪式，和与会者一同观看大型纪录影片《绘画大师刘海粟》。在艺术交流的书画挥毫会上作巨幅中国画《鲲鹏展翅图》和书法《满江红·中部日本书道会50周年庆典》。江苏书画家代表团和中部日本书道会的十多位成员都即席挥毫交流艺术。

6月11日

上午，偕江苏书画家代表团由名古屋去东京。中午，抵达我国驻日本国大使馆，受到宋之光大使和日本著名画家平山郁夫等热烈欢迎。晚，在京王饭店会见日本南画院院长片桐白登。

6月12日

在中部日本书道会理事长等陪同下，参观东京近代美术馆和浅草庙宇等处。

6月14日

游览京都岚山，瞻仰周恩来1919年留下的诗草石碣。另还游览了金阁寺、南禅寺，领略日本古老的民俗风情。

6月15日

率江苏书画家代表团离大阪飞返上海。

6月21日

和朱复戡、夏伊乔合作中国画《劲松图》。

7月9日

为岳阳楼书写楹联："南极潇湘千里月，北通巫峡万重山。"

7月26日

在南京艺术学院会见以中部日本书道会理事长稻垣菘圃为团长的中部日本书道会文化艺术交流友好之翼访华团一行。

8月4日

应康同环(康有为之七女)之请，为李云光将康同环藏康有为书法97幅编成的《南海先生法书》题写封面并撰写序言。

8月5日

为重建康有为墓园，由南京去青岛。

8月9日

参加中国人民政治协商会议青岛市委员会的欢迎晚宴，同席有全国政协副主席萧华、茅以升等。

被上海市第三次文代会选举为上海市文学艺术界联合会第三届委员会委员。

8月10日

去青岛东郊浮山察看康有为新墓址，又去福山支路5号访康有为故居。

8月23日

为武进县撰写"重修恽南田墓记"，刻石于恽南田墓地。

8月25日

驱车赴平度县。

8月26日

去天柱山访郑道昭书郑文公碑(上碑)，并作擘窠大字"瑰玮博达绝壁生辉"，镌刻于摩崖。次日，返青岛。

刘海粟1984年在青岛与南京少儿书画会小会员们一起联欢

8 月 29 日

为武汉黄鹤楼撰书九尺楹联:“由是路,入是门,奇树穿云,诗外蓬瀛来眼底;登斯楼,览斯景,怒江劈峡,画中天地壮人间。”

9 月 9 日

为掖县云峰山郑文公碑(下碑)碑亭书写楹联:“四顾苍茫,天海云吟天外海;一碑突兀,画中人醉画中山。”并书写牌楼匾额:“山壁增辉。”

9 月 12 日

出席青岛画院举办的茶话会,发表讲话并作中国画《红梅》。

为重建康有为墓,书写康有为墓碑和撰书《南海康公墓志铭》。

中国画《翠微峰》参加江苏省政协庆祝建国 35 周年书画展。

10 月 4 日

在青岛八大关海滨作油画写生《海景》。

10 月 10 日

中国画《黄山颂》参加苏联为庆祝中华人民共和国成立 35 周年而在莫斯科东方艺术博物馆举行的“中国现代绘画展览”。

10 月 23 日

在八大关海滨作中国画写生《松》3 幅。

中国画《黄山白龙潭》和油画《福州鼓山》参加第六届全国美术作品展览。前幅画获中华人民共和国文化部、中国美术家协会颁发的荣誉奖章及获奖证书。

中国画《黄山颂》由上海书画出版社出版单张画页。

11 月 2 日

中国画《富春江严陵濑朝雾》参加在常熟举行的纪念黄公望逝世 630 周年书画展览。

11 月 10 日

由青岛抵北京,住丽都饭店,出席全国政协第七次常务委员会议。

11 月 11 日

往天坛作油画写生《天坛古柏》。

11 月 25 日

在钓鱼台国宾馆欢晤世界影坛著名导演伊文思。两位老人热烈拥抱、互表问候。

12 月 22 日

作中国画《钟馗》，并题《西江月》。

是年

传略入刊英国剑桥国际传略中心出版的《世界成功人录》1984 版第 10 册。

1985 年　90 岁

1 月 5 日

出席在全国政协礼堂举行的中国人民政治协商会议全国委员会书画室成立大会，被推选为主任，并作中国画《泼墨葡萄》。华君武、黄胄、黄苗子为副主任。

3 月 23 日

由相关领导陪同，偕夫人夏伊乔，出席深圳市各界人士在银湖度假村清露堂举行的祝寿庆典。

3 月 27 日

出席中国旅行社深圳口岸社和华侨酒家为之举办的祝寿宴会及歌舞晚会。

4 月 2 日

从深圳经广州飞往北京，参加中国人民政治协商会议第六届全国委员会第三次会议。

4 月 11 日

赴北京师范学院，为“卫天霖油画展”开幕式剪彩。张爱萍、刘迅、罗工柳、吴冠中等出席。

4 月 17 日

在中南海西花厅受到中国人民政治协商会议全国委员会主席邓颖超的亲切接见。邓颖超说：“欢迎您到我家来做客。我和恩来同志在 30 年代就知道您了。您在油画和中国画上的成就，在国内外都享有盛誉。您热爱祖国，热爱社会主义，培养了许多人才，为四个现代化建设、为精神文明的建设做了许多贡献，大家都尊敬您。我们的国家非常尊敬您这样的老人。”“听说在十年内乱中您受了很大的委屈，我向您慰问、向您道歉。”邓颖超还称赞刘老的夫人：“您把大半生的精力都花在刘老身上，使他集中精力从事艺术事业，我们感谢您。我们感谢像您那样全心全意帮助丈夫从事艺术创造的夫人们。”刘海粟说：“我应该感激您和周恩来总理。是周总理使我懂得了为人民服务的道理。我今年 90 岁了，我想起周总理，就觉得自己还年轻，还有不少事要做。我不服老，还要学习。”并将《刘海粟作品选集》题字赠送给邓颖超。

4 月 19 日

作长歌答谢中国书法家协会名誉理事、国防部部长张爱萍在其 90 寿辰时赠百寿杖。

4 月 29 日

由北京飞抵南京。

4 月 30 日

出席由江苏省文学艺术界联合会、中国美术家协会江苏分会、中国书法家协会江苏省分会、江苏省国画院、江苏省美术馆、南京艺术学院和金陵饭店联合在金陵饭店举行的庆贺艺术大师刘海粟教授 90 寿辰活动。

《刘海粟名画集》由福建人民出版社、福建美术出版社出版。编入中国画 57 幅、油画 27 幅，并附图录 107 幅。叶圣陶题序诗。

5 月 4 日

出席由上海市文学艺术界联合会、中国美术家协会上海分会、中国书法家协会上海分会、上海中国画院、中国民主同盟上海市委员会、上海美术专科学校校友会和上海如意酒家联合举行的祝贺艺术大师刘海粟 90 大寿庆祝会。上海市市长汪道涵举杯祝酒，赞扬他在艺术继承、创新上有着不可磨灭的功绩，祝他有更多的珍品留在艺术史上。

5 月 7 日

应邀偕夫人夏伊乔由上海飞往日本。

5 月 9 日

出席由朝日新闻社和日中友好服务中心在东京高岛屋画廊主办的“刘海粟中国画展”开幕式，并在热烈的掌声中致词；我国驻日本大使宋之光和日本著名画家平山郁夫为画展剪彩，并先后致词。

1985 年 3 月 23 日，深圳各界为海粟大师九十华诞举行庆祝活动

5 月 15 日

日本首相中曾根康弘在东京永田町的首相官邸与刘海粟夫妇会晤。刘赠予《刘海粟名画集》和中国画《后海云雾》。首相高度称赏大师的水墨画同西洋画有机地结合在一起，创造出一种新的艺术境界，无愧为世界美术史上一个光辉的里程碑。

5 月 16 日

“刘海粟中国画展”移至大阪展出，到 21 日结束。

5 月 22 日

由日本大阪飞返上海。

6 月 10 日

出席由中国人民政治协商会议上海市委员会、上海市欧美同学会和市委统战部在上海龙柏饭店联合举行的庆祝艺术大师刘海粟 90 寿辰宴会。

6 月 22 日

入华东医院治病，7 月 19 日病愈出院。

8 月 3 日

作中国画《泰岱》。为将在上海举办的潘玉良画展题写展览会会标。

8 月 4 日

应中国人民政治协商会议贵州省委员会的邀请，偕夫人夏伊乔等由上海飞抵贵阳。

8 月 6 日

在花溪宾馆与贵州省省长王朝文和省政协、省文联负责人会晤，亲切交谈。并出席贵州省美协在宏福寺迎宾楼举行的欢迎会，题写“后来居上”相赠。

8 月 7 日

去安顺，住黄果树宾馆。次日观赏黄果树瀑布。

8 月 9～11 日

用中国画和油画分别作《黄果树瀑布》，作中国画《龙门瀑布》。

8 月 15 日

出席贵州省文联举行的欢迎会，书写“释回增美”相赠。

8 月 20 日

出席贵州省政协、省文联、省民盟等部门在政协礼堂联合举行的庆祝艺术大师刘海粟 90 大寿祝寿会。

8 月 23 日

抵遵义，参观遵义会议会址。

贵州遵义地委的领导同志到花溪宾馆看望刘海粟夫妇(1985 年)

8 月 25 日

去娄山关。在关隘口作油画《娄山关》。

8 月 27 日

再次去遵义会议会址,作油画《遵义会议会址》。

8 月 29 日

出席遵义文化艺术界举行的欢迎会。

8 月 31 日

结束对遵义的访问返回贵阳。

在贵州作中国画《飞流直下三千尺》。为常州"抱月堂"题写匾额。作中国画《荷花图》寄赠《半月谈》杂志社,祝贺创刊 5 周年。

9 月 4 日

在南明河畔的甲秀楼,即兴作油画《甲秀楼》,并题诗。

9 月 7 日

出席贵州省政协举行的送别会,与贵州省省长王朝文、省人大常务委员会主任张玉环、省政协主席苗春亭等亲切话别。

9 月 8 日

乘飞机返回上海。

9 月 10 日

出席在上海静安公园举行的蔡元培先生塑像奠基仪式。塑像将于 1988 年 1 月 11 日蔡元培先生诞辰 120 周年时落成。

9 月 12 日

出席在上海衡山宾馆举行的 8 集电视连续剧《沧海一粟》开机典礼。

刘海粟于 1985 年出席美国传略研究所荣誉纪念章授予典礼

10 月 3 日

由上海赴北京出席全国政协常委会，15 日返上海。

10 月 18 日

参加上海市陶行知研究会在锦江饭店小礼堂召开的纪念陶行知先生诞辰 94 周年座谈会。

10 月 23 日

赴青岛参加康有为墓迁葬仪式。翌日抵青岛。

10 月 26 日

应邀出席山东省和青岛市领导为欢迎前来参加康有为迁葬活动的亲属、弟子而举行的招待会。

10 月 27 日

出席康有为先生迁葬暨墓碑揭幕仪式，敬献花篮，花篮的缎带上写着："爱国主义者、伟大的思想家康南海老师永垂不朽。"参加仪式的有山东省和青岛市领导、康有为的亲属以及有关部门负责人。

10 月 29 日

返回上海。

10 月 31 日

在上海衡山宾馆会见江苏出版部门工作人员，欣赏影印出版的《康有为大同书手稿》。

11 月 5 日

从上海到无锡。次日，出席在无锡召开的中华全国书法教育学会第二次常务理事扩大会议，受到热烈欢迎。在会上应聘担任该学会名誉主席。会毕，翌日回上海。

12 月 9 日

出席南京艺术学院 73 周年校庆和"一二・九运动"50 周年纪念会，在会上亲自颁发 1985 年度刘海粟奖学金。

12 月 24 日

参加上海海外联谊会举行的迎新年联欢晚会，和周谷城、刘靖基、董寅初、张承宗、冯德培等欢叙。

12 月 27 日

和关良合作中国画《鲁智深》。

是年

为江西南昌青云谱八大山人纪念馆题额。

获美国传略研究所荣誉纪念章及确认证书。

获意大利国家学术研究中心世界文化奖（胜利塑像）、意大利国家学院奥斯卡奖、欧洲学院欧洲艺术大纛奖等。

1986年　91岁

1月1日

热情接待前来作节日问候的上海市市长江泽民和市委书记芮杏文。

1月17日

参观在上海博物馆举行的“傅雷家书墨迹展”。

1月23日

作中国画《红梅图》。

《刘海粟中国画近作选》由江苏美术出版社出版。编入1981年至1985年的作品20幅。

2月9日(农历丙寅年正月初一)

参加上海市人民政府在上海展览中心举行的各界人士春节联欢活动。

3月17日

出席六届全国政协常委会第十一次会议。

3月23日

出席中国人民政治协商会议第六届全国委员会第四次会议。会上建议加强文物保护。

3月29日

油画《遵义会议会址》参加中国美术家协会和中国艺术研究院在中国美术馆主办的“当代油画展”。

3月30日

参加全国政协书画室举办的书画联谊会活动。

作巨幅中国画《笑播彩雨绣神州》。

朱金楼所撰《刘海粟大师的艺术事业和美学思想》一文在南京艺术学院学报《艺苑》美术版本年第1期至第4期连载。

4月10日

出席在北京大学举行的蔡元培研究会成立会。

4月11日

应法国对外关系部文化科学技术总局的邀请,偕夫人夏伊乔、幼女刘蟾离开北京赴法国游览访问。次日,飞抵巴黎,下榻卢浮尔·协和宾馆。

冒雨参观艾菲尔铁塔。登上塔顶,站在巴黎最高处,阅尽花都风貌。

5月9日

应邀将部分中国画作品参加由香港中文大学在香港大会堂低座展览厅主办的“当代中国绘画展览”。参加画家有朱屺瞻、李可染、陆俨少、赵无极等50多位。

5月20日

应邀赴巴黎大元酒家参加晚宴。

5月22日

参观法国国立美术学院和位于残疾军人院内的拿破仑墓。

5月24日

前往巴黎郊外巴比松画派所在地，参观法国画家的作品。

应邀前往访问法国著名画家苏拉杰。

6月10日

应《欧洲时报》社的请求，题写“热爱祖国精诚团结”，与巴黎侨胞共勉。

6月16日

应邀前往爱丽舍宫总统府出席法国总统为欢迎中共中央总书记胡耀邦而举行的晚宴。密特朗总统和夫人会见刘海粟及夫人夏伊乔，对日前赠送给他的中国画《黄山白龙桥》表示感谢。

6月18日

胡耀邦和李鹏等在我国驻法国大使馆会见刘老和夫人。胡耀邦亲切地询问刘老的生活和工作情况，刘老将中国画《黄山》赠送给胡耀邦。

6月20日

结束对法国的访问。法国外交部代表柯乃柏、我国驻法国大使馆文化参赞李志华及其他官员和许多老友新知都前往机场送行。中午12时，离开巴黎。

7月16日

香港《文汇报》载：“康有为基金会近期已在青岛成立。康有为基金会是根据康有为的弟子、艺术大师刘海粟先生的提议，经过国内外诸位同好半年多的热心筹备而成立的。”刘老被聘为康有为基金会名誉会长。

8月28日

作中国画《天马行空图》。

8月29日

与康有为之女康同环一道，主持在香港中文大学中国文化研究所文物馆举行的“康有为书法展览”揭幕仪式剪彩典礼。展览至10月5日闭幕。

10月

《刘海粟画选》由人民美术出版社编辑出版，收入中国画、书法、油画共160幅。

11 月 28 日

离开香港返回上海。在香港机场送行的有新华通讯社香港分社郑华、陈伯坚等以及香港《文汇报》社社长李子诵等人。

12 月 6 日

出席中国作家协会上海分会、上海新闻工作者协会和上海归国华侨联合会在上海作协大厅召开的纪念现代著名作家郁达夫烈士诞辰 90 周年座谈会，并在会上发言。

12 月 12 日

上午，在江苏省政协礼堂为江苏省文学艺术界联合会主办的报告会作访法报告。晚上，出席江苏省文学艺术界联合会主席李进举行的欢迎宴会。

12 月 24 日

在南京市副市长徐英锐陪同下参观侵华日军南京大屠杀遇难同胞纪念馆，对日军的暴行深表愤慨，并题词“历史悲剧　人类耻辱”。

12 月 26 日

在南京艺术学院作中国画《泼墨葡萄》，并和谢海燕、陈大羽、张文俊、夏伊乔等合作中国画。

中国画《芙蓉鸳鸯》、《石榴》、《绿树成荫》、《天际归舟》由上海书画出版社以木版水印出版，装裱成绫裱镜片发行。

是年

为武进博物馆题写馆名。为四川省内江市张大千纪念馆题写馆名。为《书法艺术报》题写报名。为金坛华罗庚纪念馆题写匾额“算学巨星”等等。

获欧洲学院欧洲棕榈胜利金奖、美国世界证书金焰奖、英国剑桥国际传略中心杰出成就奖等等。

1987 年　92 岁

1 月 16 日

与前来看望的中共上海市委统战部部长毛经权畅谈赴日本、法国、香港访问的观感。毛经权向刘老祝贺新春幸福。

1 月 20 日

中国画《慈光阁》、《泰岱》、《金笺红牡丹》参加“上海中国画院迎春画展”。

1 月 23 日

在上海文联大厅做访问法国的报告，最后说：“上海是全国的工业中心、经济中心，也是文化中心，我希望多出几个权威，为我们祖国争气、争光。”

1月26日

离开上海经广州抵达珠海，下榻拱北宾馆。

3月14日

由珠海乘车到广州，再飞往北京，寓远望楼宾馆。

3月15日

出席中国人民政治协商会议第六届全国委员会常务委员会第十四次会议，至20日闭幕。

3月16日

丁涛撰写的《海粟之路》开始在《中国美术报》1987年第11期发表，连载至1987年9月28日第39期结束。同期《中国美术报》发表海翁《九溪十八涧》和《曙光普照乾坤》两幅中国画，并载《周总理关心刘海粟和徐悲鸿》、《江丰论刘海粟》和郎绍君《刘海粟及其评介》3篇文章。

20世纪80年代初海粟大师与丁涛合影

3月24日

出席中国人民政治协商会议第六届全国委员会第五次会议，至4月8日闭幕。

3月25日

列席第六届全国人民代表大会第五次会议开幕式。出席在北京师范大学举行的“卫天霖教授油画回顾展”开幕式。

4月1日

作中国画《红梅》赠中央电视台。

4月2日

与董寿平、黄苗子、黎雄才、周而复、胡絜青、潘素等参加政协委员书画会。作中国画《黄山云雾图》留赠，题诗云：“浇尽生平磊块胸，衰颜今喜发春红。愿携茗水无双笔，十上黄山第一峰。”

4月7日

和李可染、华君武、叶浅予、古元等30多位艺术家联合向全国政协六届五次会议递交一份提案，建议大力抢救中华民族珍贵的民间艺术遗产，并提出两条措施：成立中国民族民间美术学院和恢复中央工艺美术研究所。

4月12日

去京郊八达岭长城烽火台作中国画写生。

5月25日

应新加坡艺术协会邀请，与夫人一道离京飞往新加坡。

5 月 28 日

参加刘抗、陈人浩金婚庆宴，并书赠《瑶台聚八仙》。

6 月 1 日

出席何家良为画展举行的记者招待会。

6 月 2 日

出席在新加坡国家博物院画廊举行的“刘海粟画展”开幕式并致词。这次画展共展出中国画 50 幅，至 28 日结束。

6 月 4 日

出席新加坡各美术团体 200 多人联合举行的欢迎晚宴。

6 月 8 日

油画《娄山关》参加上海国际艺术节美术作品展览。

6 月 9 日

出席三江会馆举行的欢迎茶会。

6 月 13 日

应新加坡财政部长胡赐道之邀，偕夫人赴广东园晚宴。

6 月 16 日

偕夫人往总统府拜会新加坡总统黄金辉夫妇。

6 月 20 日

作中国画《梅花园》赠新加坡国家博物院画廊。

6 月 21 日

出席由新加坡《联合早报》和《联合晚报》主办的刘海粟大师艺术讲座，畅谈艺术创作问题，并示范作中国画《泼墨黄山图》。

6 月 27 日

在新加坡摄影家蔡斯民的工作室作油画写生《坐着的女人体》。

7 月 8 日

应邀到南洋美术专科学校演讲，并作中国画《鲲鹏展翅图》惠赠。

7 月 16 日

应邀为在新加坡凯悦酒店举行的亚太区国际旅游交易展览会主持开幕式，并参观了展览。

8 月 25 日

为清代著名画家黄慎塑像座基题词。

9 月 6 日

中国画《红荷翠羽》被第一届中国艺术节美术展览选

入中国美术馆部分藏品陈列展出。

9月7日

与贺绿汀、朱东润等获上海市文学艺术界联合会为从事文学艺术教育工作30年以上而发的荣誉证书。

9月12日

结束对新加坡的展览访问，偕夫人飞抵香港。

9月15日

应邀任第十一届亚洲运动会基金会顾问。

9月30日

出席新华社香港分社举行的庆祝中华人民共和国成立38周年酒会。

中国画《苍松挂壁》参加全国教师节书画展览；书法《先天下之忧而忧，后天下之乐而乐》参加“江苏省教师书法绘画摄影作品展览”。

秋

在九龙凯悦酒店作泼彩中国画《黄山天海朝晖》。

在香港御花园作中国画《黄山万壑奔腾出》。

12月9日

《黄果树瀑布》参加中国美术家协会上海分会主办的“上海油画展览”。

12月19日

中国画《汉柏长健》和油画《甲秀楼》，参加由中国美术家协会上海分会和大地文化社主办的上海、台湾画家作品联展。

作中国画《设色荷花》贺赠上海《文汇报》创刊50周年。

是年

被法国文化及通讯部授予文化艺术荣誉团一级勋章，传略入刊英国剑桥国际传略中心出版之《国际成功人传略专集》等等。

1988年　93岁

1月

为南京艺术学院一女模特儿受到社会非议后的不幸遭遇，在香港接受新华社南京分社记者的电话采访，愤然说：“70年后的今天，模特儿的处境仍是这么艰难，说明反封建的任务还十分艰巨。”此外，他向南京汇寄1 000元港币，为该女模特儿治病提供资助。

2月20日

出席香港《文汇报》社在香港海港大酒店举办的祝贺

93 岁寿宴。

2 月 29 日

由香港飞往北京。

3 月 1 日

出席中国人民政治协商会议第六届全国委员会常务委员会第十七次会议。会议至 3 月 8 日闭幕。

3 月 23 日

出席中国人民政治协商会议第七届全国委员会第一次会议预备会议；出席全国政协第七届第一次会议主席团第一次会议。

3 月 25 日

列席第七届全国人民代表大会第一次会议。

4 月 6 日

出席在北京大学举行的蔡元培研究会理事会扩大会议，当场为蔡元培基金会募捐作中国画一幅，并另作中国画《泼墨葡萄》赠蔡元培研究会理事会副会长高平叔。

4 月 12 日

出席中国人民政治协商会议常务委员会第一次会议。

5 月 1 日

作中国画《八哥》。

5 月 5 日

被上海辞书出版社聘请为《中国名画鉴赏辞典》顾问，并为此书题写封面。

在北京钓鱼台国宾馆养源斋作中国画《国色朝酣图》（金笺牡丹）。

6 月 6 日

出席中国人民政治协商会议第七届全国委员会第二次会议，至 6 月 9 日闭幕。

6 月 11 日

中国画《黄山光明顶》参加在日本东京举行的“第 24 回亚细亚现代美术展”。

6 月 15 日

作中国画《红梅图》祝贺《人民日报》创刊 40 周年，此图在该报发表。

6 月 16 日

从北京飞抵上海。

6 月 18 日

出席在上海南京东路新华书店举行的《刘海粟艺术文选》新闻发布会。

6月28日

在上海中国画院作学术报告，内容为中国画的传统与创新问题。

6月30日

上海《文汇报》社在和平饭店为刘海粟十上黄山饯行，朱屺瞻、沈柔坚等作陪。

福建美术出版社出版《海粟诗词选》，选入1925年至1986年间所作诗词111首。

7月1日

会见当年上海市市长朱镕基。朱市长祝愿刘老实现十上黄山的宿愿。

7月2日

乘火车去南京。

7月12日

上午9时，冒着酷暑乘汽车由南京前往黄山。行前曾赋诗一首："年方九三何尝老，劫历三千亦自豪。贾勇绝顶今十上，黄山白发看争高。"晚，抵达黄山云谷山庄。

7月13日

在桃花溪边作中国画《龙虎斗》。次日晨，乘电缆车到黄山北海山顶，寓散花精舍。午后，作中国画《散花精舍写梦笔生花》。

在黄山作中国画《石笋矼奇松》、《清凉顶》、《壁裂云岚石笋寒》、《清凉台烟雨》、《金笺红牡丹》、《墨牡丹》、《狮子顶》、《梦笔生花》、《文光亭泼墨》、《吞吐黄山》、《松涛呼啸乱云飞》、《云谷寺雨溟图》、《光怪陆离泼彩黄山》，作油画《今日黄山》(白鹅岭索道)。

8月1日

作中国画《云山缥缈》。

8月2日

作油画《始信峰晴翠》。晚上，会见专程前来拜访的台湾画家江明贤。

8月4～7日

作油画《黄海奇观》，作中国画《苍龙》、《晨光青岚》、《白鹅岭写天都峰》。

8月9日

以金笺作中国画《黑虎松》，题云："1954年夏与可染同学同画黑虎松及西海，朝夕讨论，乐不可忘。今可染已自成风格，蔚然大家，松下忆之，忽忽34年矣。"

8 月 11～12 日

作中国画《升仙台二松》、《始信峰石壁》。

8 月 16 日

上午，作中国画《清凉台写生》并题《鹊踏枝》；下午，黄山管理局和黄山市在散花精舍联合举行艺术大师刘海粟 70 年十上黄山庆祝会，即席为黄山管理局作中国画《黄山杜鹃图》。

8 月 18 日

作中国画《朱墨奇松》。

8 月 22～27 日

应邀去九华山游览寺庙。作中国画《凤凰松》，作油画《九华山肉身殿》。

8 月 28 日

离开九华山，重返黄山寓云谷山庄。

8 月 30 日

作油画《云谷山庄》，作中国画《丞相源》。

9 月 9 日

结束十上黄山之行返回上海。

9 月 12 日

出席上海市文化局、中国美术家协会上海分会和上海市公共关系协会在上海美术馆主办的"刘海粟十上黄山画展"开幕式。画展组织委员会主任汪道涵为画展剪彩。参加开幕式者达一千多人。江泽民为画展撰写序文并到场向刘老祝贺。展出十上黄山新作及历次黄山之作中国画 70 幅，油画 30 幅。展览至 23 日闭幕。

9 月 13 日

上海《文汇报》刊载沈柔坚《观刘海粟十上黄山画展》一文；《解放日报》刊载端木复《有情与无情之间——刘海粟十上黄山纪实》长篇报道。

9 月 14 日

出席在上海市文化局会议厅举行的庆祝刘海粟从艺 75 周年学术座谈会。上海市文化局局长孙滨及艺术界人士 80 多人参加。

10 月 2 日

由上海飞抵香港。

10 月 6 日

出席在香港大会堂低座展览厅举行的"刘海粟 80 年代作品展"揭幕酒会。

展出中国画、油画共 74 幅。7 日、8 日预展，9 日至 15

日公开展览。

10月17日

出席美国大通银行在香港文华酒店举行的中国画《九龙瀑》慈善拍卖会。售出31万港元,款项全部捐作香港公益金。

香港《书谱》杂志1988年第5期为“刘海粟专集”刊载行草、狂草、大篆等书法墨迹及沈鹏《〈刘海粟书法〉序言》。

11月8日

中国文学艺术界联合会第五次代表大会在北京人民大会堂开幕。

是年

上海书店出版《刘海粟中国画》1989年月历。

传略入刊英国欧洲出版社出版之《国际名人录》第51版;入刊英国剑桥国际传略中心出版之《国际事业成功领袖人物传略集》第1版等等。

晚岁期(1989—1994)

1989年 94岁

3月16日

由香港飞抵北京,出席全国政协七届二次会议。

5月9日

中国美协上海分会举行第四届会员代表大会,和林风眠同当选为名誉主席,沈柔坚为主席,吕蒙为副主席。

5月12日

由北京回上海。

5月16日

出席上海科学电影制片厂拍摄的《艺术大师刘海粟绘画艺术》的首映式。

6月4日

离开上海,乘飞机经香港赴德意志联邦共和国科隆。

6月9日

刘海粟画展在科隆市德累斯顿银行大厦举行,展览至7月4日结束。

8月6日

访问瑞士。在日内瓦举行的华人学会第五届年会上作《中国绘画上的六法论》学术报告,并即席挥毫。

8月11日

至联邦德国汉堡。

刘海粟于美国加利福尼亚大峡谷写生(1990年)

10月

由德意志联邦共和国飞往美国洛杉矶访问。

11月18日

在洛杉矶出席华夏画廊开幕式,并为之剪彩。

12月8日

台湾董氏基金会与台湾历史博物馆以“上海美专师生联展”的名义举办刘海粟画展。是日,运抵台湾的100件美术作品在台湾历史博物馆开箱(书法作品5件由其随身携带)。

12月27日

晚6时15分,由美国洛杉矶飞抵台北。

12月29日

下午,在台湾历史博物馆举行记者招待会,强调绘画的创新必须有深厚的传统根基。会后,拜会旧友蒋纬国先生。晚上,应台湾《中国时报》社和《工商时报》社之邀,与98岁的摄影家郎静山和93岁的国画家黄君璧欢聚,畅叙几十年别后之情。

1990年　95岁

1月1日

“上海美专师生联展”在台北历史博物馆正式开幕。展期3周。除刘海粟作品外,上海美专在台湾的校友有20位参展作品。台湾历史博物馆馆长陈癸淼以荣誉金章相赠,董氏基金会也赠给一座镌有“中华之光”的双凤奖座。刘海粟说:“务必要让炎黄子孙扬眉吐气,使中华文化光大。”

1月4日

在台北南港,参观台湾“中国电视公司”,并当众挥毫,完成水墨画一幅。

1月8日

参观台湾故宫博物院和摩耶精舍张大千故居。

1月13日

在台湾历史博物馆画展现场当众挥毫作画。

4月19日

离开台湾，飞抵美国洛杉矶。

4月28日

下午，出席美国加州河滨市美术馆举行的欢迎大会。

5月12日

偕同夫人夏伊乔重临洛杉矶西来寺，和星云大师共进素食午餐，相研禅道；并为母亲节书写"精忠报国"四字作纪念。

5月30日

出席加州大学河滨分校颁赠"杰出国际友人徽章"仪式。题写"瑰玮博达"横幅回赠。游览美国亚利桑那州大峡谷，在大峡谷作油画写生2幅、中国画1幅。

1991年　96岁

1月16日

致函南京艺术学院党委书记潘忠哲、院长冯健亲及全体师生员工，通报赴欧美访问期间概况，并在信中表示："大耋之年，精力已衰，日日夜夜，孜孜不倦，志在报国；弘扬中华文化，为世界人类作出贡献，为炎黄子孙扬眉吐气。"在信中同时指出："我们学校虽局限于江苏地方院校，只要有成绩出人才，也可以驰誉国际。"

3月24日

应香港大学校长王赓武之邀，去港接受荣誉博士学位，由夫人夏伊乔及女儿刘蟾陪同，由美国乘飞机抵达香港。

3月26日

出席由香港总督卫奕信以香港大学校监名义主持的香港大学第141届学位颁发典礼，接受卫奕信代表校方颁发的香港大学"名誉文学博士"学位。

4月5日

上海"刘海粟艺术馆"(筹备中)正式挂牌。

6月30日

出席香港华润集团董事长朱友蓝等的宴请，席间说："昔日黄山是我师，今日黄山是我友。我吞吐黄山，黄山跃然纸上”;又说:“我今年 96 岁,到 1996 年就 100 岁了,香港比我还‘小’1 岁呢。”在回答长寿之道时他打趣地说:“餐餐七分饱,时时待人好;书画宜勤作,健康活到老。”

7 月 18 日

美国南加州“刘海粟文化基金会”为援助中国抗洪救灾,“桑梓情深,慷慨相助”,捐资 3 000 美元。

10 月 21 日

致函挚友、前上海美术专科学校副校长、原南京艺术学院副院长谢海燕教授,叙述彼此间真诚的友情:“灵犀相通,心心相印,息息相关。”信中表达了支持香港大学筹建“刘海粟美术馆”的心愿,希望该馆能成为有代表性的刘海粟艺术馆,从而“对弘扬中华文化,促进中西交流,以及发展美术教育,作出积极贡献”。

11 月 8 日

江苏省教育委员会发文,通知南京艺术学院:刘海粟教授已获国务院首批颁发的“政府特殊津贴证书”。

1992 年　97 岁

1 月 21 日

与夫人夏伊乔出席向正在筹建“刘海粟中国现代美术馆”的香港大学捐赠绘画作品仪式,与香港大学校长王赓武教授相互交接捐赠文件。捐赠的绘画作品共 40 幅,分别为油画 11 幅、中国画 29 幅,其中包括早期作品《黄山孤松》,以及 80 年代创作的山水、人物、花卉等作品。夏伊乔珍藏的刘海粟画作 40 幅,也将一并借予香港大学长期陈列。刘海粟在仪式上致词说:“我的画作能在香港长期展出,为弘扬中华民族文化和精神文明尽绵薄之力,感到无限欣慰。”捐赠仪式是于当日下午 5 时,在香港大学本部冯平山博物馆举行的。“刘海粟中国现代美术馆”建于香港大学冯平山博物馆附近,总面积 14 000 平方米。

3 月 16 日

出席香港华润集团主办,在香港华润大厦 50 楼举办的“艺术大师刘海粟 97 华诞”寿宴,并致词说:“主人家为我摆寿宴,这样做是在鼓励我,因为就算 100 岁、150 岁,还是短寿,我现在还是小学生,还应该不断地学习。”席间即兴题诗:“一管擎天笔,千秋动地歌,天地铮铮骨,黄山耿耿情。”又说:“我一生是硬骨头,要不断地努力,不断地奋斗,更要有吞吐黄山的气势。”华润集团董事长沈觉人、新华社香港分社副社长张浚生等出席寿宴,并致贺词。

在接待香港《明报》记者林翠芬时谈到：艺术要不断创新，新时代要有新面目，但首先要懂得古代传统，才能古为今用，融会贯通。自己的泼彩国画就是源于传统的创新。唐代有“没骨山水”，宋代也已有“泼墨山水”。自己将国画传统与欧洲的油画结合，大胆尝试以泼墨形式点染出黄山变幻的云彩。关于伪造假画的话题，他说：“伪造假画是中国的坏传统，从明朝开始有假画。在海内外常见到模仿自己的假画。至于如何鉴别假画，就要靠自己的眼光和学问。画廊应具备鉴别真伪的能力，才能建立权威性。”

关于改革开放的话题，他回答说：“中国要彻底改革开放，这是非常重要的。要改革，不要关闭，祖国一定好，不弄好不成。”

4月6日

致函常州市政府，并书赠“刘海粟美术馆”馆名题词。信中说：“大耄之年，精力正衰，日日夜夜，孜孜不倦，志在报国，弘扬中华文化，为世界人类作贡献，为炎黄子孙扬眉吐气，为社会主义祖国争光。”

8月16～22日

两次会见南京艺术学院党委书记潘忠哲、院长冯健亲，听取学校近况及南京艺术学院建校80周年校庆活动的准备情况，并表示要回校参加校庆活动。

8月26日

致函陈祖安，信中说：“邓大姐仙逝，悲痛欲绝。中南海西花厅谈话，往事历历，一幕幕浮现在眼前……我们对周总理、邓大姐感激与怀念之情是难以用语言笔墨表达的。”

9月30日

应邀参加新华社香港分社举办的国庆招待会。其间，与电影《大决战》的主要演员和获得巴塞罗那奥运会冠军的我国运动员合影。

12月5日

电话告南京艺术学院党委书记潘忠哲，表示感谢江苏省委及中央有关部门对他的关心。回校参加校庆的心情很迫切，但因年事已高，近又患感冒，故不能按时赶回南京参加校庆活动，委托挚友谢海燕代表他祝贺校庆80周年，并向全院师生员工和广大校友致意问好。

12月8日

电贺南京艺术学院校庆80周年。电文说：“南京艺术学院为中国教育史上第一所正式的高等艺术学院，培养大量人才，遍及海内外，在中国美术史有转旋历史机运之功。值此80周年大典，我衷心向全体师生员工热烈祝贺，团结努力，弘扬中华艺术，推陈出新，为社会主义祖国增光。”

12月31日

与新华社香港分社副社长张浚生及香港有关的知名人士共同主持“当代紫砂艺术珍品展”及“韩美林艺术作品展”的开幕剪彩典礼。

1993年　98岁

2月

出席在北京举行的全国政治协商会议常务委员会会议。

3月9日

香港华宇公司为刘海粟举行98岁华诞寿庆会，海翁因感冒缺席，由夫人夏伊乔作代表。寿庆会于当日晚举行，新华社香港分社副社长张浚生及香港有关著名人士出席。会上，播放了刘海粟在香港九龙法国医院住院的实况录像。南京艺术学院院长冯健亲代表全体师生员工应邀赴港出席寿庆会，并赠送巨幅寿幛。寿幛由著名书画家、南京艺术学院陈大羽教授撰写镂空寿字，全体师生员工千余人在其中签名。是日，上海市文化局负责人代表中共上海市委、上海市政府到医院探望刘海粟，并展示上海市筹建的“刘海粟美术馆”模型。刘海粟在模型上签字。

3月16日

在医院会见专程前来探望的南京艺术学院院长冯健亲。

7月3日

上海市筹建的“刘海粟美术馆”在其馆址上海舞蹈学校校园内举行奠基仪式，上海市副市长金炳华以及在沪著名画家、原上海美专校友朱屺瞻、程十发等人参加。美术馆建筑面积为3 400多平方米。

8月2～4日

为香港保良局于香港铜锣湾富豪香港酒店举行书法作品义展义卖，亲自出席开幕式，并即席挥毫题字。义卖的书法作品共29件，所得全部捐给保良局用于社会服务。

1994年 99岁

2月

在香港女儿刘蟾的住所，会见专程赴港探望他的中共江苏省委统战部副部长戴振基、处长钟文祥和南京艺术学院党委书记张永。

2月28日

刘海粟偕夫人夏伊乔、女儿刘蟾，由南京艺术学院党委书记张永陪同，乘飞机到上海，住宿上海衡山宾馆。

3月1日

会见前来看望的中共上海市委副书记陈至立。

3月2日

会见前来看望的常州市委市政府及常州刘海粟美术馆负责人一行。

3月13日

会见挚友谢海燕教授及其夫人张嘉言。

3月16日

偕夫人夏伊乔和女儿刘蟾出席上海市在虹桥宾馆隆重举行的“艺术大师刘海粟百岁华诞”庆祝会。上海市委副书记陈至立，市委常委、组织部长罗世谦，市委常委、宣传部长金炳华，市人大常委会副主任胡正昌，副市长龚学平，老同志胡立教、汪道涵、陈沂，来自美国、新加坡、德国、日本、港澳台地区的70多位嘉宾，以及全国十几个省市的艺术家、海老的学生、上海美术界、新闻界及各方人士500多人到场为海老祝寿。陈至立代表中共上海市委、市政府致贺词，并赠送吉祥如意木雕一只，祝老人健康长寿。上海戏剧学校的10位小朋友敬献了100枝红玫瑰；上海京剧院演员唐元才、李炳淑献上了海老喜爱的京剧唱段《铡美案》、《穆桂英挂帅》。

4月

上海市文化局组织人员在刘海粟本人指导下，开始对藏于海翁上海住宅中的艺术品进行清理工作。

5月14日

住进上海华东医院治病。

7月14日

由香港《大公报》和广东政协等发起的名家书画赈灾义卖会在港揭幕，举行了为期三天的义卖活动。海翁连连表示说“这是善事，我一定要参加”。

7月19日

著名雕塑家张充仁及上海闸北区领导到华东医院探

海老安详地静卧在水晶棺内

望刘海粟，并在闸北区领导带去的册页上签写了“神州万古灵秀”几个字。

7月26日

南京艺术学院冯健亲、张永、丁涛、李国杰等人专程前往上海华东医院，看望刘海粟及其夫人夏伊乔。

8月7日

因肺部感染导致心力衰竭，经抢救无效，于0点38分在上海华东医院仙逝。

8月18日

上午9时至10时，在上海龙华殡仪馆大厅，举行向刘海粟教授遗体告别仪式。刘海粟大师治丧小组由文化部副部长高占祥、上海市委副书记陈至立、江苏省委副书记曹克明等三人任治丧小组组长。江泽民、胡锦涛、王兆国等党和国家领导人，宋任穷、习仲勋、张爱萍等刘海粟大师的生前好友，先后发来唁电，对一代宗师的逝世深表哀悼！

第九章 论文、论著、演讲、画册出版年表(任大庆辑编)

题 目	时间	发 表	注
《刘槃策论》(自题)	1908		在绳正书院写的多篇感世策论习作,并装订成册
《上海图画美术院宣言》	1912.11	载于报纸	与乌始光等合作
《学堂习画范本》	1914.11		丁悚、张聿光、刘海粟、陈抱一合绘。《申报》载"坊间所售者,流行已久"
《铅笔集》一、二、三集	1916.11	上海图画美术学院出版部	每集12幅,每人4幅。张聿光、刘海粟、丁悚合作
《求学三要素》	1918.02		上海图画美术学校新学年开学典礼上之演讲
《铅笔画》四集	1918.10	上海图画美术学校出版部	每集12幅。刘海粟、张聿光、丁悚合作
《美术》杂志发刊词	1918.11	《美术》杂志第1期	
《绘画上必要之点》			
《西洋风景画略史》			
《参观法总会美术博览会记略》	1919.6	《美术》杂志第2期	
《画学真诠第一集·铅笔画写生》	1919.10	商务印书馆出版 1920年4月再版	
《日本之帝展》	1920.01	《美术》杂志第2卷第1号	与汪亚尘合撰
《近代底三个美术家》	1920.04	《美术》杂志第2卷第2号	
《铅笔画》全五卷	1920.07	合装出版	与李超士等编绘
《日本美术院》	1920.08	《美术》杂志第2卷第3号	
《日本新美术的新印象·自序》	1920.09		
《日本新美术的新印象》	1921.05	商务印书馆出版	记述了1919年9～10月期间在东京参加帝国美术院首次展览会,并考察日本的美术和美术教育事业。1920年10月撰成
《上海美术专门学校10周年纪念绘画展览会会刊宣言》	1921.07		
《塞尚的艺术》	1921.07	《美术》杂志第3卷第1号后期印象派专号	

续表

题　　目	时间	发　　表	注
《西洋现代绘画之新趋势》(《欧洲近代艺术思潮》)	1921.12		在北京大学画法研究会的讲演
《什么叫做社会艺术化》	1921.12		在北京高等师范平民教育社的讲演
《为什么要研究艺术》	1921.12		在北京高等师范美术研究会的讲演
《上海美专十年回顾》	1922.05	《中日美术》杂志第1卷第3号中日美术协会创立3周年纪念号。1922年7月20日出版。又连载于1922年9月17～22日上海《时事新报》副刊《学灯》。又载1983年8月15日出版之中国美术家协会上海分会编《上海美术通讯》第18期	
《为什么要开美术展览会》	1922.12		为冷红社第一届美术展览会撰写
《制作艺术就是生命的表现》	1923.02	3月18日《学灯》	2月19日的演讲，由李文华、王轸远整理
《审核新学制艺术科课程纲要以后》	1923.03	连载于3月10～17日《学灯》	受教育部新学制课程起草委员会委托
《研究风景画以来》	1923.04		为上海美专西洋画科学生讲学用
《新学制艺术科课程究竟怎样定》	1923.04	4月14日《学灯》	旋有讨论文章数篇刊于《学灯》
《宣言》	1923.04	上海美专艺术学会编辑的《艺术》(创刊号)	
《近代美术发展之现象及其趋向》	1923.04		为上海美专高等师范科学生讲演用
《为新学制艺术科课程和吴研因著作最后之解释》	1923.04	4月24～26日《学灯》	
《天马会究竟是什么》	1923.08	《艺术》第13期 (8月4日)	
《石涛与后期印象派》	1923.08	《时事新报·学灯》(8月25日) 又见《国画月刊》第10期，1936年10月7日	1935年9月由黑谷正人译为日文在日本《南画鉴赏》杂志发表，10月、11月连载
《画什么》	1923.09	《艺术》第19期	
《论艺术上之主义——近代绘画发展之现象》	1923.10		
《〈文人画集〉序》	1923.11	《艺术》第26期	

续表

题　目	时间	发　表	注
《罗丹之〈接吻〉》	1923.12	《艺术》第 30 期	
《马蒂斯之素描》	1923.12	《艺术》第 32 期(12 月 23 日)	
《浪漫主义之绘画》	1923.12	《艺术》第 32 期	
《画圣拉斐尔》	1923.12	《艺术》第 34 期	
《海粟之画》	1923	上海美术用品社出版	
《介绍现今艺坛之硕学——吴法鼎》	1924.01	《艺术》第 35 期	
《为商务印书馆做图画教科书述意》	1924.01	《艺术》第 36 期(1 月 20 日)	
《征求吴新吾先生作品启事》	1924.02	《艺术》第 39 期	
《图画应该怎样教学》	1924.02	《艺术》第 39 期	
《哀新吾先生》	1924.02	《艺术》第 40 期	
《雕刻学・序》	1924.03	《艺术》第 41 期	为刘梅庵所著《雕刻学》撰写之序文
《彻底感觉的艺术》	1924.03	《艺术》第 46 期	
《印象主义运动之经过》	1924.06	《艺术》第 55 期	
《古典主义之艺术及批判》	1924.10	《艺术》第 74 期(10 月 19 日)	
《古典主义与浪漫主义之美术及其批判》	1924.10	《东方杂志》第 21 卷第 2 号(11 月 25 日)	
《艺术与人格》	1924.10	《艺术》第 75 期	
《自然主义及其主要人物》	1924.11	《艺术》第 78 期	
《艺术与生命表白》	1924.12	《晨报・六周年纪念增刊》	
《上海美专十三周年纪念感言》	1924.12	《艺术》周刊第 84 期，为上海美专 13 周年纪念展览会出版的专号	
《艺术叛徒》	1925.01		1925 年 1 月 10 日于槃槃阁
《民众的艺术化》	1925.04	《艺术》第 97 期(4 月 5 日)	
《天马考》	1925.08	《艺术》第 112 期	
《艺术与人生》	1925.08		应山西美术研究会之请，在文庙图书馆大会堂的讲演
《东西艺术及其趋向》	1925.08		在山西美术专门学校的讲演
《模特儿问题》	1925.09	《艺术》第 116 期	

续表

题　　目	时间	发　　表	注
《人体模特儿》	1925.09	开洛公司无线电广播。并由宋寿昌、杨枝记录了讲演内容，整理后分“模特儿应运始末”、“模特儿曷为而必用人体”、“生命之流动”、“国人厌恶人体之病源”四部分，刊于《时事新报》双十增刊	9月23日在上海美专的讲演
《德拉克洛瓦与浪漫主义》	1925.10	《晨报·副刊》(10月8日)	
《模特儿问题》	1925.10	《时事新报》(10月10日)	与姜怀素辩论
《人体美之研究·序》	1925.11	《艺术》第126期(11月21日)	为俞寄凡所著《人体美之研究》撰写的序文
《复周石人函》	1925.12	《艺术》第128期(12月2日)	对周提出何以人生要艺术等问题作答
《倡国画》	1925.12	《艺术》第130期(12月19日)	
《中西艺学及其批评》	1926.03		应南洋大学之邀，为南洋学会书画部作讲演
《刘海粟条陈美术品送费城展览会》	1926.03	3月26日《申报》	
《刘海粟为模特儿事致孙陈函》	1926.05	5月17日在《申报》发表，18日续完	
《刘海粟再致孙传芳函》	1926.06	6月10日在《申报》和《新闻报》同时刊登	
《海粟丛刊·西画苑》	1928		
《海粟近作》	1929.09.	9月20日上海美术用品社出版	1926年8月27日，蔡元培为刘海粟画集《海粟近作》题词，称其作品：“用笔遒挺，设色强炽……按其主观之所剧感，纵笔写之，故纵横如意，使观者能即作品而契会其感想”
《举办全国美术展览会议案》	1928.05	5月11日《申报》	
《安特莱·特朗》	1930.07	刊于所编世界名画集第一集《特朗》(1932年8月中华书局出版)之首	
《罗马西斯廷壁画》	1931.07	《东方杂志》第28卷第14号	
《东归后告国人书》	1931.09		

续表

题　目	时间	发　表	注
《中国绘画上的六法论》	1931.11	由中华书局以连史纸印制聚珍仿宋版发行。1932年9月再版。1957年8月由上海人民美术出版社重新排印出版	作者在首次欧游期间应德国法兰克福中国学院聘讲"中国艺术"的讲稿，1931年4月24日写成于法国巴黎拉丁区。分《谢赫以前的画论》、《谢赫的六法论》、《谢赫以后的六法论》、《气韵生动说的分歧与辩护》四章
《志摩之死》	1931.12	《申报·自由谈》12月4日连载至8日	
《刘海粟为美专筹款鬻画特例》	1931.08	8月17日《申报》	
《世界名画集第一集·特朗》	1932.08	中华书局1932年8月	
《世界名画集·刘海粟》	1932.	中华书局	傅雷编
《石涛的艺术及其艺术论》	1932.09	《画学月刊》第1卷第1期(9月1日)	
《凡高的热情》	1932.09	《艺术旬刊》创刊号(9月1日)	
《海粟丛刊·西画苑》上下两册	1932.09	中华书局1932年9月出版两册本，1936年6月又出版5册本	1928年编写。 1933年2月15日蔡元培为《海粟丛刊》撰写序言称："刘海粟先生素以艺术叛徒自命，所作皆表现个性，迥绝恒蹊。"
《欧游素描·罗马巡礼》	1932.10	《艺术旬刊》第1卷第4期。后编入《欧游随笔》	
《启事》	1932.11	11月5日《申报》	与徐悲鸿争议师徒之说
《中西美术之异同》	1932.12		12月13日在中华基督教青年会的讲演
《世界名画选集·序》	1933.01		1933年1月23日为郑慎斋编《世界名画选集》作序
《现代艺术》	1933.01	摩社出版的《艺术》月刊	
《世界名画集第三集·凡高》	1933.04	1933年4月出版	
《世界名画集第四集·塞尚》	1933.04	1933年4月出版	
《世界名画集第五集·雷诺阿》	1933.11	1933年11月出版	
《近代艺术思潮》	1933.07		上海美专主办的暑期艺术师范讲习会讲演
《海粟油画》	1933.08	商务印书馆出版	编入油画12幅，梁宗岱作序

续表

题　　目	时间	发　　表	注
《十七八世纪的裸体美术》	1933.09	《大学杂志》第1卷第2期(9月1日)	
《刘海粟国画》	1933.10	商务印书馆出版	编入1923年至1933年间所作18幅作品，章衣萍撰《刘海粟小传》刊于册首
《中国画派之变迁》	1934.01		1月28日在德国柏林普鲁士美术院演讲
《何谓气韵》	1934.02		2月10日在德国柏林大学东方语言学校演讲
《中国画家之思想与生活》	1934.03		3月26日在德国汉堡美术院演讲
《中国画与诗书》	1934.04		4月8日在德国杜城美术院演讲
《中国画之精神要素》	1934.05		5月7日在荷兰阿姆斯特丹演讲
《中国绘画上的六法论》	1934.08		8月27日在瑞士伯尔尼美术院演讲
《色粉画》	1934.08	商务印书馆出版	编写的教科书
《木炭画》	1934.09	商务印书馆出版	编写的教科书
《中国绘画之演进》	1935.02	2月7日英国《泰晤士报》	
《中国近代美术之趋势》	1935.02		2月26日在伦敦演讲，戏剧家熊式一翻译
《中国画与六法》	1935.03		3月12日在伦敦中华协会演讲
《欧游随笔》	1935.03	中华书局出版；1983年湖南人民出版社再版；2006年东方出版社再版	记录了作者1929至1931年"欧游三载，漫游各国；兴之所致，辄将所见所闻，信笔漫记"。1933年10月23日章衣萍为之作序
《欧洲中国画展始末》	1935.05		中国现代美术于欧洲各国巡回展览之后，刘海粟撰写的书面报告
《致教育部王部长条陈改善美术学校学制意见函》	1935.09	9月24日在《晨报》发表，《申报》次日转载	
《海粟丛刊·国画苑》	1935.10	中华书局出版	
《关于米勒》	1935.11	11月7日在上海《新闻报》开始连载，13日续完	
《海粟油画·第二集》	1935.12	商务印书馆出版	编入1934年和1935年二度欧游所作油画12幅
《世界裸体美术》(二册)	1935.12	中华书局出版	
《十九世纪法兰西的美术》	1935	中华书局出版	

续表

题　　目	时间	发　　表	注
《世界名画集第六集·马蒂斯》	1936.02	1936年2月出版	
《世界名画集第七集·莫奈》	1936.02	1936年2月出版	
《柏林人文博物馆所藏中国现代名画集·序》	1936.03	商务印书馆用珂罗版宣纸精印出版	3月3日撰写于上海存天阁。蔡元培为此书题了封面
《艺术的革命观——给青年画家》	1936.05	中国画学出版社编辑的《国画》月刊第2号(5月10日),又载1947年《美术年鉴》	
《〈现代绘画论〉译者序》	1936.05		5月15日撰写于上海存天阁
《刘海粟君欧游画展特刊》	1936.07	上海《新闻夜报》出版(7月2日)	
《关于评〈刘海粟画展〉的总答复》	1936.07	《辛报》7月16～23日	《辛报》刊登署名刘子英的文章《读叛徒画展》后引发了学术争论;刘写此文,就气韵生动、临摹、创作题材、题诗、展览绘画的意义等方面阐述了自己的观点
《中国艺术西渐》	1936.08		8月24日晚8时在济南青年会大礼堂演讲
《刘海粟国画三集》	1937.02	商务印书馆出版	
《现代绘画论》,英国T.W.厄普原著	1937	商务印书馆出版	译著
《刘海粟国画近作》	1938.12	印尼爪哇出版	
《国画源流概述》	1939.04	4月11日《中国历代书画展览会目录》中编印	7 000字
《东方艺术之西渐》	1941.01		1月18日在新加坡华人美术会演讲
《现代艺术》	1941.02		应南洋美术专科学校校长林学大之请,2月1日演讲
《人格教育问题》	1941.02		应新加坡中正中学邀请,2月10日演讲
《中国画之精神》	1941.03		应新加坡无线电台之请,3月12日播讲
《文化问题》	1941.03		3月29日在新加坡青年励志社讲演
《刘海粟启事》	1944.06	6月26日《申报》	
《南海历劫回忆录》	1946.05	未刊稿	记录了抗日战争期间自1939年秋由上海赴南洋各埠展画筹赈,太平洋战争爆发后流落爪哇,至被软禁送回上海,以及在上海的境况

续表

题　　目	时间	发　　表	注
《现代绘画运动概说》	1947.01	《艺术论坛》创刊号(1月1日)	即《〈现代绘画论〉译者序》
《现代绘画思潮》	1947.06		在上海青年会的文艺讲座
《谈中国画的特征》	1957.06	《美术》杂志6月号(6月15日)	
《中国绘画上的六法论》	1957.08	上海人民美术出版社重新排印出版	
《九溪秋色》	1963.02	上海人民美术出版社	油画作品,出版单页画片
《家耀书画选集·序》	1972年春		会见由马来西亚来沪的弟子李家耀,为之题写书名及作序
《海粟大师山水小景》	1975.07	新加坡出版	编入册页10幅,按原寸印制。饶宗颐作序云:"今观此册,寥寥数纸,下笔尽屋漏痕、虫蚀木,以渴笔写懵懂山,浑厚处视董又进一境。"
《海粟老人书画集》	1977.06	在香港出版	
《海粟老人近作》	1977.06	在新加坡出版	
《中国画的继承与创新》	1978.11		11月6日在中国美术馆讲演
《刘海粟黄山纪游·自序》	1978.12		12月23日在北京饭店为《刘海粟黄山纪游》画册撰自序
《刘海粟黄山纪游》	1979	人民美术出版社	
《李骆公书法篆刻·序》	1979.01		1月1日为李骆公撰序
《诗书画漫谈》	1980.02	讲稿载《文汇增刊》1980年第3期	在上海美术展览馆以《诗书画漫谈》为题作学术讲座
《庐山园林》	1980.02	这四幅油画由上海人民美术出版社出版单张画页	
《九溪秋色》	1980.02		
《令箭荷花》	1980.02		
《山色翠浮空》	1980.02		
《谈谈中国现代艺术》	1981.01		应香港大学亚洲研究中心邀请,1月9日做学术讲座
《中国现代艺术》	1981.02		接受香港中文大学艺术系客座教授的邀聘,作6次讲演
《刘海粟油画选集》	1981.04	上海人民美术出版社出版	
《刘抗画集·序》	1981.08		
《闳约深美——和青年朋友们谈治学》	1981.10	在10月23日《浙江日报》发表	
《刘海粟常用印集》	1982.10	杭州西湖艺苑以原印手拓100部出版	

续表

题　　目	时间	发　　表	注
《刘海粟教授艺术活动70年专刊》	1983.02	南京艺术学院学报《艺苑》1983年第1期(2月10日)	
《刘海粟中国画选集》	1983.11	上海人民美术出版社	
《刘海粟作品选集》	1983.11	人民美术出版社	
《绘画大师刘海粟》(彩色纪录影片)	1983	中央新闻纪录电影制片厂拍摄	公开放映,并发行国外
《彤彤报国心——记艺术大师刘海粟》(电视文献艺术片)	1983	南京电视台和南京艺术学院联合录制	公开播映
《海粟艺术集评》	1984.04	福建人民出版社	选辑了自1918年至1983年六十多年间国内外人士对刘海粟艺术的评论文章67篇,胡厥文作序
《海粟黄山谈艺录》	1984.05	福建人民出版社	柯文辉整理
《南海先生法书·序》	1984.08		应康同环(康有为之七女)之请,为李云光将康同环藏康有为书法97幅编成的《南海先生法书》题写封面并撰序
《黄山颂》	1984.10	上海书画出版社出版单张画页	中国画
《刘海粟名画集》	1985.04	福建人民出版社、福建美术出版社出版	编入中国画57幅、油画27幅,并附图录107幅。叶圣陶题序诗
《齐鲁谈艺录》	1985	山东美术出版社	柯文辉整理
《刘海粟大师论艺类辑》	1985	日本艺林社	日文版
《刘海粟中国画近作选》	1986.01	江苏美术出版社	编入1981年至1985年的作品20幅
《刘海粟画选》	1986.10	人民美术出版社	收入中国画、书法、油画共160幅
《芙蓉鸳鸯》	1986.12	上海书画出版社以木版水印出版,装裱成绫裱镜片发行	中国画
《石榴》			
《绿树成荫》			
《天际归舟》			
狂草《归去来辞》(书法长卷)	1986	江苏美术出版社	1978年9月16日书写
《回忆吴昌硕》	1986	上海人民美术出版社	与王个簃等合撰
《海粟画语》	1986	江苏美术出版社	丁涛、周积寅编
《谈艺术创作》	1987.06		6月21日晚在新加坡《联合晚报》礼堂作专题讲座

续表

题　　目	时间	发　　表	注
《刘海粟艺术文选》	1987.06	上海人民美术出版社	朱金楼、袁志煌选编
《花溪语丝》	1987	贵州美术出版社	柯文辉执笔、整理
《中国画的传统与创新问题》	1988.06		6月28日在上海中国画院作学术报告
《海粟诗词选》	1988.06	福建美术出版社	选入1925年至1986年间所作诗词111首
《刘海粟专集》	1988.10	香港《书谱》杂志1988年第5期	刊载行草、狂草、大篆等书法墨迹及沈鹏《〈刘海粟书法〉序言》
《刘海粟中国画》	1988	上海书店出版	1989年月历
《艺术大师刘海粟绘画艺术》	1989.05	上海科学电影制片厂	5月16日首映
《刘海粟书画集》	1989	台湾历史博物馆版	
《存天阁谈艺录》	1990	中国青年出版社	沈祖安整理
《刘海粟洞庭渔村图卷》	1993	山东美术出版社	
《刘海粟画语》	1997	上海人民美术出版社	沈虎编
《刘海粟谈艺录》	2000	河南美术出版社	周积寅、金建荣编
《刘海粟艺术随笔》	2001	上海文艺出版社	选录了刘海粟不同时期的38篇文章，沈虎编
《刘海粟》(大型画册)	2002	江苏美术出版社	谢海燕撰文，丁涛编年表
《荣宝斋画谱(154)——山水部分》	2003	荣宝斋出版社	八开彩色印刷
《刘海粟画集》(上下卷)	2006	北京工艺美术出版社	编入国画、书法、油画416幅
《艺术叛徒》(艺术大师随笔)	2006	江苏美术出版社	从其著录中选录了不同时期的24篇文章，周积寅、李芹选编
《刘海粟》8集电视片	2007	南京电影制片厂	DVD版，每套两碟

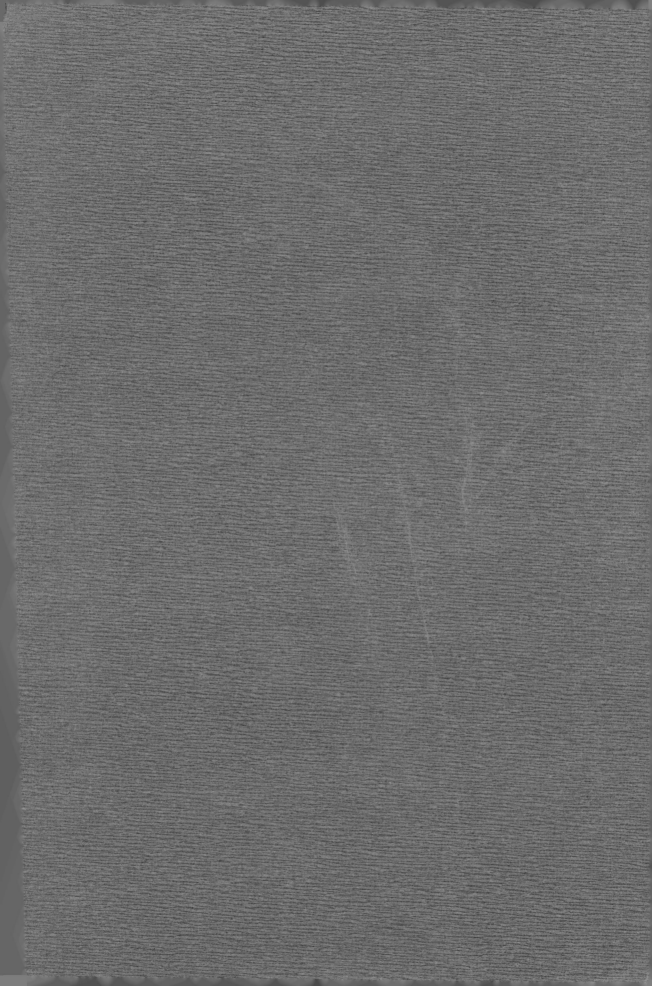